Dicho y hecho, 10th Edition

Author

Potowski

ISBN 9781119181088

Printed in the United States of America 10 9 8 7 6 5 4 3 2 1

List of Titles

Dicho y hecho: Beginning Spanish, 10th edition
by Kim Potowski, Silvia Sobral, and Laila M. Dawson
Copyright © 2015, ISBN: 978-1-118-61561-4

Table of Contents

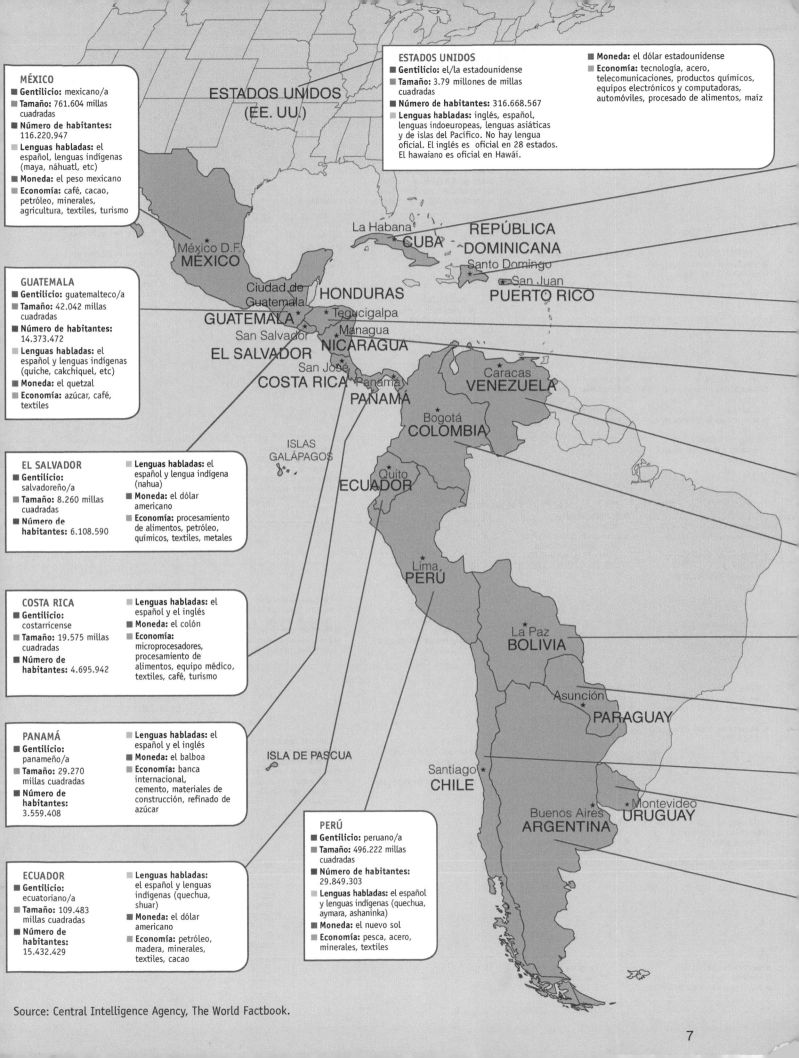

MÉXICO
- **Gentilicio:** mexicano/a
- **Tamaño:** 761.604 millas cuadradas
- **Número de habitantes:** 116.220.947
- **Lenguas habladas:** el español, lenguas indígenas (maya, náhuatl, etc)
- **Moneda:** el peso mexicano
- **Economía:** café, cacao, petróleo, minerales, agricultura, textiles, turismo

GUATEMALA
- **Gentilicio:** guatemalteco/a
- **Tamaño:** 42.042 millas cuadradas
- **Número de habitantes:** 14.373.472
- **Lenguas habladas:** el español y lenguas indígenas (quiche, cakchiquel, etc)
- **Moneda:** el quetzal
- **Economía:** azúcar, café, textiles

EL SALVADOR
- **Gentilicio:** salvadoreño/a
- **Tamaño:** 8.260 millas cuadradas
- **Número de habitantes:** 6.108.590
- **Lenguas habladas:** el español y lengua indígena (nahua)
- **Moneda:** el dólar americano
- **Economía:** procesamiento de alimentos, petróleo, químicos, textiles, metales

COSTA RICA
- **Gentilicio:** costarricense
- **Tamaño:** 19.575 millas cuadradas
- **Número de habitantes:** 4.695.942
- **Lenguas habladas:** el español y el inglés
- **Moneda:** el colón
- **Economía:** microprocesadores, procesamiento de alimentos, equipo médico, textiles, café, turismo

PANAMÁ
- **Gentilicio:** panameño/a
- **Tamaño:** 29.270 millas cuadradas
- **Número de habitantes:** 3.559.408
- **Lenguas habladas:** el español y el inglés
- **Moneda:** el balboa
- **Economía:** banca internacional, cemento, materiales de construcción, refinado de azúcar

ECUADOR
- **Gentilicio:** ecuatoriano/a
- **Tamaño:** 109.483 millas cuadradas
- **Número de habitantes:** 15.432.429
- **Lenguas habladas:** el español y lenguas indígenas (quechua, shuar)
- **Moneda:** el dólar americano
- **Economía:** petróleo, madera, minerales, textiles, cacao

ESTADOS UNIDOS
- **Gentilicio:** el/la estadounidense
- **Tamaño:** 3.79 millones de millas cuadradas
- **Número de habitantes:** 316.668.567
- **Lenguas habladas:** inglés, español, lenguas indoeuropeas, lenguas asiáticas y de islas del Pacífico. No hay lengua oficial. El inglés es oficial en 28 estados. El hawaiano es oficial en Hawái.
- **Moneda:** el dólar estadounidense
- **Economía:** tecnología, acero, telecomunicaciones, productos químicos, equipos electrónicos y computadoras, automóviles, procesado de alimentos, maíz

PERÚ
- **Gentilicio:** peruano/a
- **Tamaño:** 496.222 millas cuadradas
- **Número de habitantes:** 29.849.303
- **Lenguas habladas:** el español y lenguas indígenas (quechua, aymara, ashaninka)
- **Moneda:** el nuevo sol
- **Economía:** pesca, acero, minerales, textiles

ESTADOS UNIDOS (EE. UU.)

MÉXICO
México D.F.

La Habana
CUBA
REPÚBLICA DOMINICANA
Santo Domingo
San Juan
PUERTO RICO

Ciudad de Guatemala
HONDURAS
GUATEMALA
Tegucigalpa
San Salvador
Managua
EL SALVADOR
NICARAGUA
San José
COSTA RICA
Panamá
PANAMÁ

Caracas
VENEZUELA

Bogotá
COLOMBIA

ISLAS GALÁPAGOS

Quito
ECUADOR

Lima
PERÚ

La Paz
BOLIVIA

Asunción
PARAGUAY

ISLA DE PASCUA

Santiago
CHILE

Buenos Aires
ARGENTINA
Montevideo
URUGUAY

Source: Central Intelligence Agency, The World Factbook.

7

PAÍSES DE HABLA HISPANA

CUBA
- **Gentilicio:** cubano/a
- **Tamaño:** 44.218 millas cuadradas
- **Número de habitantes:** 11.061.886
- **Lenguas habladas:** el español
- **Moneda:** el peso cubano, el peso convertible
- **Economía:** azúcar, tabaco, turismo

REPÚBLICA DOMINICANA
- **Gentilicio:** dominicano/a
- **Tamaño:** 18.816 millas cuadradas
- **Número de habitantes:** 10.219.630
- **Lenguas habladas:** el español
- **Moneda:** el peso dominicano
- **Economía:** azúcar, café, cacao, tabaco, cemento

ESPAÑA
- **Gentilicio:** español/a
- **Tamaño:** 194.896 millas cuadradas
- **Número de habitantes:** 47.370.542
- **Lenguas habladas:** el castellano (español), el catalán, el gallego, el euskera
- **Moneda:** el euro
- **Economía:** maquinaria, textiles, metales, farmacéutica, aceituna, vino, turismo, textiles, metales

PUERTO RICO
- **Gentilicio:** puertorriqueño/a
- **Tamaño:** 3.435 millas cuadradas
- **Número de habitantes:** 3.674.209
- **Lenguas habladas:** el español y el inglés
- **Moneda:** el dólar americano
- **Economía:** manufactura (farmacéuticos), turismo

HONDURAS
- **Gentilicio:** hondureño/a
- **Tamaño:** 43.277 millas cuadradas
- **Número de habitantes:** 8.448.465
- **Lenguas habladas:** el español y lenguas indígenas amerindias
- **Moneda:** el lempira
- **Economía:** bananas, café, azúcar, madera, textiles

NICARAGUA
- **Gentilicio:** nicaragüense
- **Tamaño:** 50.193 millas cuadradas
- **Número de habitantes:** 5.788.531
- **Lenguas habladas:** el español y lengua indígena (miskito)
- **Moneda:** el córdoba
- **Economía:** procesamiento de alimentos, químicos, metales, petróleo, calzado, tabaco

VENEZUELA
- **Gentilicio:** venezolano/a
- **Tamaño:** 362.143 millas cuadradas
- **Número de habitantes:** 28.459.085
- **Lenguas habladas:** el español y lenguas indígenas
- **Moneda:** el bolívar fuerte
- **Economía:** petróleo, metales, materiales de construcción

COLOMBIA
- **Gentilicio:** colombiano/a
- **Tamaño:** 439.735 millas cuadradas
- **Número de habitantes:** 47.745.783
- **Lenguas habladas:** el español
- **Moneda:** el peso colombiano
- **Economía:** procesamiento de alimentos, petróleo, calzado, oro, esmeraldas, café, cacao, flores, textiles

BOLIVIA
- **Gentilicio:** boliviano/a
- **Tamaño:** 424.165 millas cuadradas
- **Número de habitantes:** 10.461.053
- **Lenguas habladas:** el español y lenguas indígenas (quechua, aymara)
- **Moneda:** el boliviano
- **Economía:** gas, petróleo, minerales, tabaco, textiles

GUINEA ECUATORIAL
- **Gentilicio:** guineano/a, ecuatoguineano/a
- **Tamaño:** 10.830 millas cuadradas
- **Número de habitantes:** 701.001
- **Lenguas habladas:** el español, el francés y lenguas indígenas (fang, bubi)
- **Moneda:** el franco CFA
- **Economía:** petróleo, madera, cacao, café

PARAGUAY
- **Gentilicio:** paraguayo/a
- **Tamaño:** 157.047 millas cuadradas
- **Número de habitantes:** 6.623.252
- **Lenguas habladas:** el español y lengua indígena (guaraní)
- **Moneda:** el guaraní
- **Economía:** azúcar, carne, textiles, cemento, madera, minerales

CHILE
- **Gentilicio:** chileno/a
- **Tamaño:** 292.257 millas cuadradas
- **Número de habitantes:** 17.216.945
- **Lenguas habladas:** el español y lengua indígena (mapudungun)
- **Moneda:** el peso chileno
- **Economía:** minerales (cobre), agricultura, pesca, vino

URUGUAY
- **Gentilicio:** uruguayo/a
- **Tamaño:** 68.037 millas cuadradas
- **Número de habitantes:** 3.324.460
- **Lenguas habladas:** el español
- **Moneda:** el peso uruguayo
- **Economía:** carne, metales, textiles, productos agrícolas

ARGENTINA
- **Gentilicio:** argentino/a
- **Tamaño:** 1.065.000 millas cuadradas
- **Número de habitantes:** 42.610.981
- **Lenguas habladas:** el español y lenguas indígenas (mapudungun, quechua)
- **Moneda oficial:** el peso argentino
- **Economía:** carne, trigo, lana, petróleo

- **Gentilicio:** Nationality
- **Tamaño:** Size
- **Número de habitantes:** Population
- **Lenguas habladas:** Spoken Languages
- **Moneda oficial:** Currency
- **Economía:** Economy

WileyPLUS with ORION

Based on cognitive science, *WileyPLUS* with ORION provides students with a personal, adaptive learning experience so they can build their proficiency on topics and use their study time most effectively.

Unique to ORION, students **BEGIN** by taking a quick diagnostic for any chapter. This will determine each student's baseline proficiency on each topic in the chapter. Students see their individual diagnostic report to help them decide what to do next with the help of ORION's recommendations.

BEGIN

For each topic, students can either **STUDY**, or **PRACTICE**. Study directs students to the specific topic they choose in *WileyPLUS*, where they can read from the e-textbook or use the variety of relevant resources available there. Students can also practice, using questions and feedback powered by ORION's adaptive learning engine. Based on the results of their diagnostic and ongoing practice, ORION will present students with questions appropriate for their current level of understanding, and will continuously adapt to each student to help build proficiency.

PRACTICE

ORION includes a number of reports and ongoing recommendations for students to help them **MAINTAIN** their proficiency over time for each topic.

MAINTAIN

Students can easily access ORION from multiple places within *WileyPLUS*. It does not require any additional registration, and there will not be any additional charge for students using this adaptive learning system.

ABOUT THE ADAPTIVE ENGINE

ORION includes a powerful algorithm that feeds questions to students based on their responses to the diagnostic and to the practice questions. Students who answer questions correctly at one difficulty level will soon be given questions at the next difficulty level. If students start to answer some of those questions incorrectly, the system will present questions of lower difficulty. The adaptive engine also takes into account other factors, such as reported confidence levels, time spent on each question, and changes in response options before submitting answers.

The questions used for the adaptive practice are numerous and are not found in the WileyPLUS assignment area. This ensures that students will not be encountering questions in ORION that they may also encounter in their WileyPLUS assessments.

ORION also offers a number of reporting options available for instructors, so that instructors can easily monitor student usage and performance.

WileyPLUS with ORION helps students learn by learning about them.™

Dicho y hecho

EDITION 10

Beginning Spanish

Kim Potowski
University of Illinois at Chicago

Silvia Sobral
Brown University

Laila M. Dawson
Professor Emerita, University of Richmond

WILEY

VICE PRESIDENT AND PUBLISHER	Laurie Rosatone
SPONSORING EDITOR	Elena Herrero
PROJECT EDITOR	Maruja Malavé
ASSISTANT EDITOR	Alejandra Barciela
EDITORIAL ASSISTANT	Joe Romano
EDITORIAL OPERATIONS MANAGER	Yana Mermel
DIRECTOR, MARKETING COMMUNICATIONS	Jeffrey Rucker
MARKETING MANAGER	Kimberly Kanakes
SENIOR MARKET SPECIALIST	Glenn A. Wilson
SENIOR PRODUCT DESIGNER	Thomas Kulesa
SENIOR PRODUCTION EDITOR	William A. Murray
MEDIA SPECIALISTS	Beth Pearson and James Metzger
PHOTO RESEARCH	Billy Ray
SENIOR DESIGNER	Thomas Nery
ILLUSTRATION STUDIO	Escletxa, Barcelona, Spain
COVER DESIGNER	Thomas Nery
COVER PHOTO CREDIT	Getty Images/traffic_analyzer

This book was set in ITC Highlander Book by codeMantra and printed and bound by Quad/Graphics.

Founded in 1807, John Wiley & Sons, Inc. has been a valued source of knowledge and understanding for more than 200 years, helping people around the world meet their needs and fulfill their aspirations. Our company is built on a foundation of principles that include responsibility to the communities we serve and where we live and work. In 2008, we launched a Corporate Citizenship Initiative, a global effort to address the environmental, social, economic, and ethical challenges we face in our business. Among the issues we are addressing are carbon impact, paper specifications and procurement, ethical conduct within our business and among our vendors, and community and charitable support. For more information, please visit our website: www.wiley.com/go/citizenship.

ISBN: 978-1-118-61561-4
BRV ISBN: 978-1-119-02117-9

Printed in the United States of America

10 9 8 7 6 5 4 3 2 1

Kim Potowski

I was raised on Long Island, New York, where my interest in Spanish was nurtured by my teachers Mr. Martin Stone and Mr. Paul Ferrotti. After finishing my B.A. in Spanish at Washington University in St. Louis (and a wonderful sophomore year in Salamanca, Spain), I completed an M.A. in Hispanic linguistics at the University of Illinois at Urbana-Champaign. I took a two-year hiatus to teach English in Mexico City and an additional few months in Colmar, France, then returned to Urbana and completed a Ph.D. in Hispanic linguistics with a concentration in second language acquisition and teacher education. I have been at the University of Illinois at Chicago since 1999, where I direct the Spanish for Heritage Speakers program.

I thank my husband Cliff Meece and his parents, Gayle Meece and Cliff Meece Sr., for all of their support.

Soon after becoming *Licenciada* in English Philology in Spain, I arrived at the University of Illinois at Urbana-Champaign to pursue an M.A. in Teaching English as a Second Language. A few weeks later, I first faced a classroom believing that my job consisted in explaining grammar rules and their exceptions, giving examples, and correcting mistakes. My academic work in Applied Linguistics and experience teaching English and Spanish have proved to me that language learning and teaching are much more complex and exciting processes. **Dicho y hecho** brings together my experience and that of my co-authors for a text that we hope will facilitate teaching and learning while making it a meaningful, enjoyable endeavor.

Dedico este trabajo a mis profesores, estudiantes y colegas, de quienes sigo aprendiendo, y especialmente a mis padres, Eusebio y María de los Ángeles, por enseñarme, inspirarme y apoyarme siempre.

Silvia Sobral

Laila Dawson

Dicho y hecho's first edition had its beginnings during an 11,000-mile road trip through Mexico in the late 1970s. Since that time, **Dicho** has been an integral part of my life journey, with inspiration drawn from my passion for teaching and my love for Hispanic cultures. I was born in Buenos Aires and attended bilingual schools there and in Mexico City. This foundation led me to graduate studies at the University of Wisconsin and a teaching career, first at Virginia Union University and then at the University of Richmond, where I directed the Intensive Spanish Program. I also accompanied students on study-abroad programs in Spain and South America, and on service-learning experiences in Honduras. In my retirement I participate in community integration projects in the bicultural town of Leadville, Colorado and teach ESL to immigrant women. I continue to travel extensively and enjoy being *madrina* to four orphaned girls in Honduras

This tenth edition of **Dicho** will be my *despedida*, knowing that it will live on in the hands of Kim and Silvia, two truly extraordinary professionals. I dedicate it to the many generations of students who have been touched by **Dicho**, discovering in its pages open doors to the Hispanic world.

Preface

The *Dicho y hecho* that became one of the most widely used Spanish textbooks in the 20th century, has evolved over the last two editions into an innovative language program fit for 21st century learners and teachers. This edition retains its characteristic easy-to-implement and lively approach, preserves its emphasis on a sound, proven pedagogy, and is committed to innovation both in content and delivery of the materials for a learning and teaching experience that is highly flexible, enjoyable, and effective.

Over 40 years of research in second-language acquisition has shown that people learn languages best through focusing on meaning and authentic communication, and it is optimized when students are presented with new language in context and then use it in a carefully sequenced set of activities. This sequence starts with input-based activities, in which students are required to understand and respond to the new language. Only after this stage are they asked to produce output, moving from guided communicative practice to open-ended, task-based activities. This empirically proven language-teaching methodology informs the entire program:

- *Dicho y hecho*'s revised vocabulary and grammar presentations allow the students to see the new language used in context.
- Activity sequences continue to be refined in an input-before-output and then guided-before-open-ended approach for a smooth learning process that not only puts the learners at the center of the learning experience but also works with learners' natural acquisition process.
- Throughout each chapter, a number of stepped activities take learners through all phases of the process—input, guided output with a focus on form-meaning connection, and open-ended expression/task completion—in a unified context.

Developing cultural competence is also an essential component of language learning.

- *Dicho y hecho* Edition 10 continues to integrate cultural information at strategic points throughout the chapter, providing students with multiple opportunities to learn about other cultures.
- Students are encouraged to develop cultural awareness by discovering connections and making cross-cultural comparisons. Real-life stories personalize the intertwining of language and culture and invite learners to reflect on their own cultural perspectives.
- The cultures of all Spanish-speaking countries are explored, underscoring commonalities and at the same time exposing the wealth of diversity among Spanish-speaking communities around the world.

The dynamic yet manageable approach so characteristic of *Dicho y hecho* motivates students, makes learning Spanish an attainable goal, and offers students and instructors alike a truly enjoyable experience.

Hallmarks of the *Dicho y hecho* program

A complete program. With nearly 400,000 satisfied users and counting, *Dicho y hecho* offers a complete program designed to support you and your students as you create and carry out your course. Each chapter, integrating vocabulary, grammar, and cultural content into a cohesive unit, has been carefully developed to follow a consistent sequence of linguistic and cultural presentations, practice activities, and skill-building tasks both in print and online.

ACTFL Standards. From its first edition, *Dicho y hecho* has provided a framework for the development of language skills in activities that focus on meaningful and achievable communication. In recent editions, ACTFL's five Cs (communication, culture, connections, comparisons, and communities) have informed explanations, activities, culture notes, and cultural essays, strengthening the fabric of the entire program. This edition maximizes students' opportunities to develop all modes of communication (interpersonal, interpretive and presentational) by ensuring that all activities require interpreting and/or producing a message, and that there are more opportunities to listen and write than ever before.

Grammar as a means for communication. New grammar is first presented in context, allowing students to see it as a means for communication and observe how it works before a formal presentation is offered. Grammar explanations continue to be precise and simple, with clear charts and abundant examples that reinforce the connections between forms and their communicative use. Carefully sequenced activities take students from input comprehension to effective self-expression and task completion.

High-frequency vocabulary and active use. Thematic units in each chapter present a selection of varied, practical, and high-frequency vocabulary in visual and written contexts. Activities range from identification in the chapter-opening art scenes and other input-based exercises (e.g. categorizing, associations, etc.) to personal expression and situational conversations that require use of the new vocabulary, resulting in effective acquisition of new words.

Diverse and engaging activities. *Dicho y hecho* combines a broad array of class-tested and innovative activities that involve all language skills and communicative modes and range from input processing, to guided and structured output and opportunities for spontaneous and open-ended expression. Whole-class activities are interwoven with individual, paired, and small group exercises, all of which are sequenced to provide a varied pace and rhythm to every class meeting.

Integrated and interesting cultural information throughout. Through an appealing combination of readings, maps, photos, and realia in the *Cultura* section, and *Notas culturales* that appear frequently throughout each chapter, **Dicho y hecho** introduces students to the geography, politics, arts, history, and both traditional and contemporary cultural aspects of the countries and peoples that make up the Spanish-speaking world. In the *En mi experiencia* feature, students not unlike those using the book relate their experiences integrating into Spanish-speaking communities.

Flexible and easy-to-adapt. *Dicho y hecho* Edition 10 offers great flexibility to fit the increasing variety of course formats, contact hours, and determinations of scope for beginning level courses. The program is available in its traditional 15-chapter format, or in a briefer 12-chapter format, each of which is thoroughly supported by *WileyPLUS*, an innovative, research-based, online environment for effective teaching and learning that supplements and complements the printed book.

Highlights of the Tenth Edition

This edition continues to focus on authentic, purposeful communication in activities driven by input-processing principles that move students comfortably and naturally from comprehension of input to production of output in meaningful, personal interactions.

- Improved presentation of new material, optimizing learners' ability to integrate new language while engaging and motivating them:

  - New dialogues and paragraphs introduce and contextualize new grammar, giving learners an opportunity to observe the forms and experience the meaning of the new language before formal explanations or English equivalents are offered.
  - New illustrations introduce vocabulary in the *Así se dice* spreads.

- Cultural content is updated throughout and includes more experiential, investigative, cross-cultural tasks in *Cultura* pages and *Notas culturales* and the new *En mi experiencia* boxes stories told by American college students about their experiences in Spanish-speaking countries. Culture is also more integrated within activities.

- Activity sets that optimize students' acquisition and lead to confidence in their communication skills.

  - Revised and refined activity sets to ensure a well-developed sequence that takes learners from input-based practice, through meaningful form-focused practice, and concluding with guided output and open-ended activities.
  - *Dicho* ensures a balance in the use of different skills as well as types of interaction throughout each chapter.
  - A new *Proyecto* spread after every five chapters gives students an opportunity to use the language they are learning creatively, in engaging collaborative tasks where they have to think critically, negotiate in groups and present their work to the rest of the class. In this section, students assimilate language from all five preceding chapters and put their knowledge into practice.

- Activity directions are in Spanish beginning in *Capítulo 5*.
- A new design visually enhances the straightforward, user-friendly nature of the program. Lexical and structural information is more clearly identified, and the progression from presentation to practice is now more obvious to students. A series of helpful icons also point out the skills being practiced, whether the activity involves pair work or group work, and when the use of technology can be integrated.
- Updated content and photos, focusing on key aspects of current lifestyles such as technology, social media, concerns about the environment, etc.
- Updated Teacher Annotations in the Instructors Annotated edition, including suggestions for students who are Heritage Speakers of Spanish, as well as additional suggestions and alternatives for the use of *WileyPLUS*.
- With the new edition of **Dicho y hecho**, *WileyPLUS* has evolved to include ORION, a powerful adaptive learning experience. Following a simple set of diagnostic questions based on each of the chapter's learning objectives, ORION presents learners with a *Study* path leading to resources linked to a specific learning objective or a *Practice* path with additional questions that adapt to the individual learner's perceptions and performance. Reports for both learners and instructors allow all to monitor strengths and weaknesses and work efficiently and effectively to build confidence and proficiency.

Visual Walkthrough

Overview

Chapter openers establish the theme and Learning Objectives and set the cultural focus, listing all of the chapter's vocabulary, grammar, and culture sections, as well as the topics around which skills will be developed in the *Dicho y hecho* section.

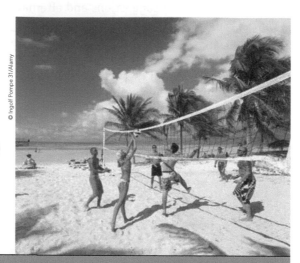

© Ingolf Pompe 31/Alamy

CAPÍTULO

5

Nuestro tiempo libre

LEARNING OBJECTIVES

In this chapter, you will learn to:

- talk about hobbies, pastimes, and activities.
- talk about the weather and the seasons.
- express future actions.
- describe an action in progress.
- be familiar with recreational activities in Spanish-speaking countries.
- explore the importance of soccer.
- recognize African influences in the Caribbean islands.

Entrando al tema

1. ¿Cuál es tu deporte favorito? ¿Qué deporte crees que tiene el mayor número de fans en los Estados Unidos? Y ¿en el mundo hispanohablante?

2. ¿Has escuchado/bailado alguno de estos tipos de música: la salsa, el merengue, la bachata o el reguetón?

121

Entrando al tema

Thought-provoking questions spark thinking about the chapter theme and cultural topics.

Así se dice

Active vocabulary is presented not only in newly redrawn, updated illustrations with labels and speech bubbles, or in highly contextualized comprehensible texts, but also it is presented in texts or smaller illustrations throughout. English translations are provided for items that may be particularly difficult to understand solely through visual or textual context. *WileyPLUS* provides audio for each of the vocabulary words in *Así se dice* sections.

After each chapter opening vocabulary spread, new *¿Qué ves?* comprehension questions provide a first input-based activity based on the illustration. More *¿Qué ves?* questions are available in *WileyPLUS*. Also, new *¿Y tú?* questions invite students to think about the chapter topic from a personal perspective early on.

Así se forma

New grammar is first introduced in context, through a brief dialogue or text that allows learners to start making form-meaning connections. Formal presentations are precise, clear and visually enhanced. Explanations feature example sentences using the chapter context and vocabulary. *WileyPLUS* offers *Animated Grammar Tutorial* for each of the grammar points, and *Verb Conjugator* where needed.

Nota de lengua

Short notes throughout each chapter provide additional grammatical and usage information relevant to the vocabulary and major structures presented as well as practiced in the activities.

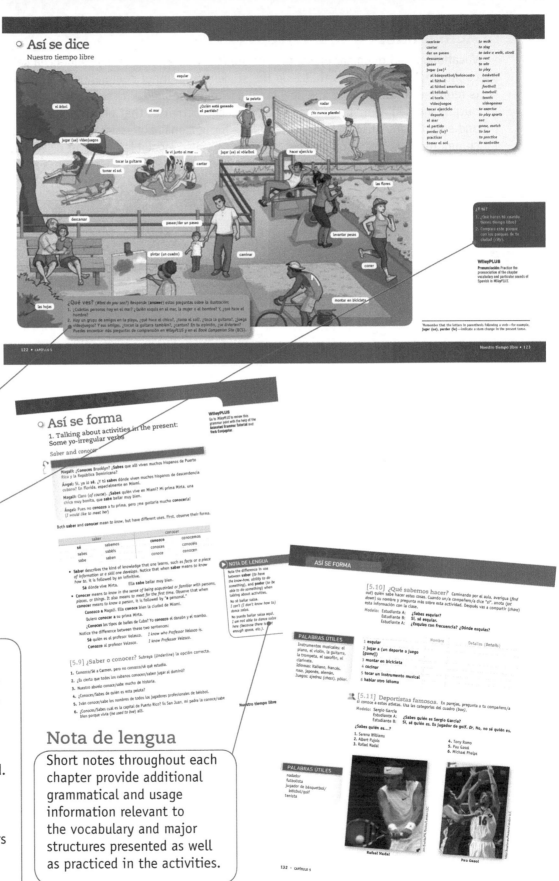

Actividades

Vocabulary and grammar presentations are followed by a carefully sequenced set of communicative activities that lead the student from input comprehension (student is required to understand the new language and respond to it) to production of output, guided at first and then in open-ended activities that invite original and spontaneous use of the new language for personal expression and authentic communication. Many of the text activities are also available online in *WileyPLUS*.

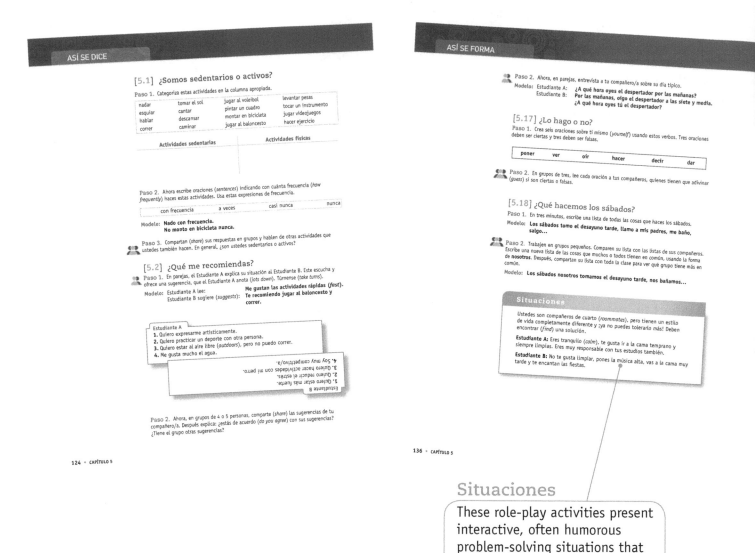

Situaciones

These role-play activities present interactive, often humorous problem-solving situations that must be worked out using the language presented and practiced in the chapter.

Cultura

The *Cultura* sections focus on a particular country or group of countries and offer an eclectic mix of brief readings, captioned photographs, and realia that bring to life the cultures of Spanish speakers around the world. Students are also asked related questions about their own cultures in order to make comparisons and build their cultural awareness.

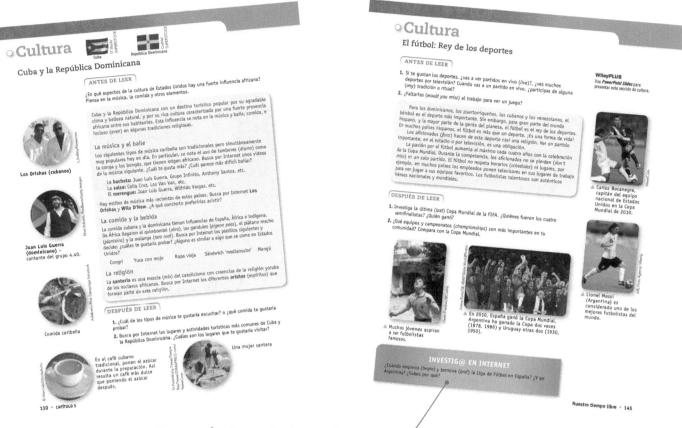

Investig@ en Internet

These boxes prompt exploration of authentic Spanish-language Internet sources with specific goals for finding, bringing back, and sharing information.

Nota cultural

These notes on the products, practices, and important people of the country or countries featured in the chapter's *Cultura* section, as well as notes about cultural phenomena common to Spanish speakers across national boundaries, appear throughout each chapter, and appeal to a wide array of interests.

En mi experiencia
John, Boise, ID

Enrique de la Osa/EPA/Newscom

"I thought I'd get to practice playing soccer when I spent two months in the Dominican Republic, but baseball is definitely the preferred sport. They have a league called the *Liga de Béisbol Profesional de la República Dominicana* with six teams spread across the island; many of the players eventually join U.S. Major League teams. The champion of LIDOM plays in the yearly Caribbean Series against Mexico, Venezuela, Cuba, and Puerto Rico. I lived in Santo Domingo in 2013 and since that team won the LIDOM, it was a lot of fun!"

The Dominican Republic holds the greatest number of Caribbean Series championships. Do you know of any Dominican players on U.S. baseball teams? If not, do a quick search on Internet. What other professional sports in the U.S. attract athletes from other nations?

En mi experiencia

This feature, new to the tenth edition, involves real experiences recounted by students raised in the U.S. who studied or lived abroad in Spanish-speaking countries. Their descriptions of sometimes humorous misunderstandings and situations they encountered constitute first-hand examples of cross-cultural comparisons. Each anecdote is followed with personalized questions for students to make connections to their own lives and to understand that all cultures have underlying values and ways of making sense of the world.

VideoEscenas

Activities based on a short, situational video segment develop listening practice. Each video segment uses the chapter's vocabulary and grammar in a concise, practical, and natural context. Activities that follow move from pre-viewing questions establishing the general context and triggering recall of vocabulary, to comprehension questions that check for understanding, and expansion questions that invite personal or critical response. Video for *VideoEscenas* can be found in *WileyPLUS*.

VideoEscenas WileyPLUS
Un fin de semana en Sevilla

ANTES DE VER EL VIDEO

Escribe una lista de actividades de un fin de semana ideal. Después, comparte tu lista con un/a compañero/a.

A VER EL VIDEO

Paso 1. Mira el video una vez y selecciona la afirmación que describe mejor (*best*) la idea principal.

☐ Rocío y Carmen hacen planes para el fin de semana.
☐ Rocío y Carmen hablan sobre sus planes para el fin de semana.

▲ Rocío y Carmen se encuentran (*run into each other*) en el Parque del Retiro, en Madrid (España).

© John Wiley & Sons, Inc.

Paso 2. Mira el video otra vez (*again*), prestando atención a los detalles, y marca todas las opciones que son verdad para cada afirmación. Lee las afirmaciones ahora para saber qué detalles debes escuchar más atentamente.

1. Rocío va a...
☐ ver la tele.
☐ salir con su novio.
☐ ver un partido de fútbol.
☐ jugar un partido de fútbol.
☐ ir de compras.

2. Carmen va a...
☐ visitar a su prima.
☐ ir a todos los parques.
☐ pasear por Sevilla.
☐ montar en bicicleta.

Paso 3. Completa las siguientes oraciones:

1. ¿Cuándo sale Carmen para Sevilla?

2. ¿Qué recomendaciones tiene Rocío para Carmen?

DESPUÉS DE VER EL VIDEO

En grupos pequeños, imaginen que Carmen viene a su ciudad para el fin de semana. ¿Qué sugerencias tienen para ella?

Modelo: Tiene que visitar... Puede ir a ...

Nuestro tiempo libre • 141

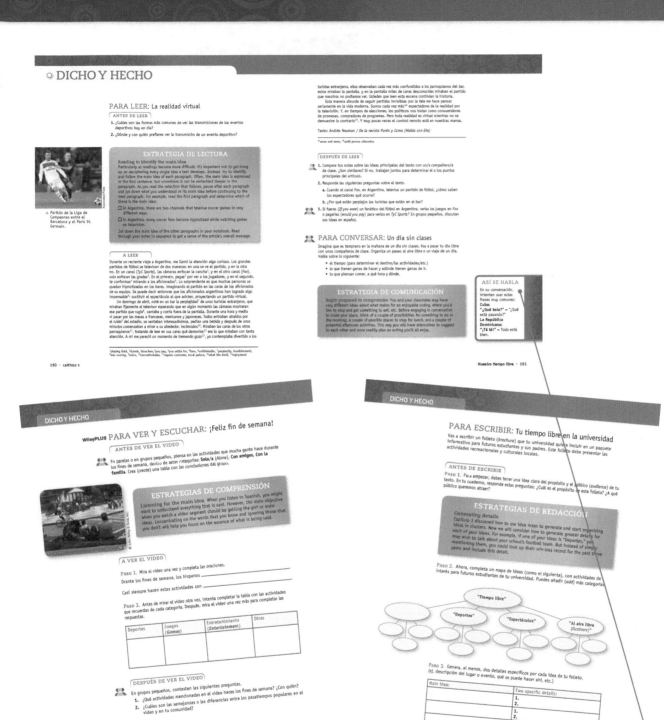

○ DICHO Y HECHO

PARA LEER: La realidad virtual

ANTES DE LEER

1. ¿Cuáles son las formas más comunes de ver las transmisiones de los eventos deportivos hoy en día?
2. ¿Dónde y con quién prefieres ver la transmisión de un evento deportivo?

▲ Partido de la Liga de Campeones entre el Barcelona y el París St. Germain.

ESTRATEGIA DE LECTURA

Reading to identify the main idea
Particularly as readings become more difficult, it's important not to get hung up on deciphering every single idea a text develops. Instead, try to identify and follow the main idea of each paragraph. Often, the main idea is expressed in the first sentence, but sometimes it can be embedded deeper in the paragraph. As you read the selection that follows, pause after each paragraph and jot down what you understood as its main idea before continuing to the next paragraph. For example, read the first paragraph and determine which of these is the main idea:

☐ In Argentina, there are two channels that televise soccer games in very different ways.
☐ In Argentina, many soccer fans become hypnotized while watching games on television.

Jot down the main idea of the other paragraphs in your notebook. Read through your notes in sequence to get a sense of the article's overall message.

A LEER

Durante un reciente viaje a Argentina, me llamó la atención algo curioso. Los grandes partidos de fútbol se televisan de dos maneras: en una se ve el partido, y en la otra no. En un canal (TyC Sports), las cámaras enfocan la cancha[1], y en el otro canal (Fox), solo enfocan las gradas[2]. En el primero, pagas[3] por ver a los jugadores, y en el segundo, te conformas[4] mirando a los aficionados[5]. Lo sorprendente es que muchas personas se quedan hipnotizadas en los bares, imaginando el partido en las caras de los aficionados de su equipo. Se puede decir entonces que los aficionados argentinos han logrado algo impensable[6]: sustituir el espectáculo al que asisten, proyectando un partido virtual.

Un domingo de abril, noté en un bar la perplejidad[7] de unos turistas extranjeros, que miraban fijamente el televisor esperando por un algún momento las cámaras mostraran ese partido que nunca[8], cantaba y corría fuera de la pantalla. Durante una hora y media vi pasar por las mesas a franceses, mexicanos y japoneses. Todos entraban atraídos por el ruido[9] del estadio, se sentaban interesadísimos, mirando una bebida y después de unos minutos comenzaban a mirar a su alrededor, incómodos[10]. Miraban las caras de los otros parroquianos[11], tratando de leer en sus caras qué demonios[12] era lo que miraban con tanta atención. A mí me pareció un momento de tremendo gozo[13], yo contemplaba divertido a los

turistas extranjeros, ellos observaban cada vez más confundidos a los parroquianos del bar, estos miraban la pantalla, y en la pantalla miles de caras desconocidas miraban el partido que nosotros no podíamos ver. Ustedes que leen esta escena continúan la historia.

Esta manera absurda de seguir partidos invisibles por la tele me hace pensar seriamente en la vida moderna. Somos cada vez más[14] espectadores de la realidad por la televisión. Y, en tiempos de elecciones, los políticos nos tratan como consumidores de promesas, compradores de programas. Pero toda realidad es virtual mientras no se demuestre lo contrario[15]. Y muy pocas veces el control remoto está en nuestras manos.

Texto: Andrés Neuman / De la revista Punto y Coma (Habla con Eñe)

[14] more and more, [15] until proven otherwise

DESPUÉS DE LEER

1. Compara tus notas sobre las ideas principales del texto con un/a compañero/a de clase. ¿Son similares? Si no, trabajen juntos para determinar el o los puntos principales del artículo.

2. Responde las siguientes preguntas sobre el texto.
   a. Cuando el canal Fox, en Argentina, televisa un partido de fútbol, ¿cómo saben los espectadores qué ocurre?
   b. ¿Por qué están perplejos los turistas que están en el bar?

3. Si fueras (If you were) un fanático del fútbol en Argentina, verías los juegos en Fox o pagarías (would you pay) para verlos en TyC Sports? En grupos pequeños, discutan sus ideas en español.

PARA CONVERSAR: Un día sin clases

Imagina que es temprano en la mañana de un día sin clases. Vas a pasar tu día libre con unos compañeros de clase. Organiza un paseo al aire libre o un viaje de un día. Habla sobre lo siguiente:
- el tiempo (para determinar el destino/las actividades/etc.)
- lo que tienen ganas de hacer y adónde tienen ganas de ir.
- lo que piensan comer, a qué hora y dónde.

ESTRATEGIA DE COMUNICACIÓN

Begin prepared to compromise You and your classmates may have very different ideas about what makes for an enjoyable outing, where you'd like to stop and get something to eat, etc. Before engaging in conversation to make your plans, think of a couple of possibilities for something to do in the morning, a couple of possible places to stop for lunch, and a couple of potential afternoon activities. This way you will have alternatives to suggest to each other and more readily plan an outing you'll all enjoy.

ASÍ SE HABLA

En su conversación, intenten usar estas frases muy comunes:
Cuba:
"¿Qué bola?" → "¿Qué está pasando?"
La República Dominicana:
"¡Tá tó!" → Todo está bien.

150 • CAPÍTULO 5 | Nuestro tiempo libre • 151

DICHO Y HECHO

WileyPLUS PARA VER Y ESCUCHAR: ¡Feliz fin de semana!

ANTES DE VER EL VIDEO

En parejas o en grupos pequeños, piensa en las actividades que mucha gente hace durante los fines de semana, dentro de estas categorías: **Solo/a** (Alone), **Con amigos, Con la familia.** Crea (create) una tabla con las conclusiones del grupo.

ESTRATEGIAS DE COMPRENSIÓN

Listening for the main idea. When you listen to Spanish, you might want to understand everything that is said. However, the main objective when you watch a video segment should be getting the gist or main ideas. Concentrating on the words that you know and ignoring those that you don't will help you focus on the essence of what is being said.

A VER EL VIDEO

Paso 1. Mira el video una vez y completa las oraciones.

Durante los fines de semana, los hispanos _____

Casi siempre hacen estas actividades con _____

Paso 2. Antes de mirar el video otra vez, intenta completar la tabla con las actividades que recuerdas de cada categoría. Después, mira el video una vez más para completar las respuestas.

Deportes	Juegos (Games)	Entretenimiento (Entertainment)	Otras

DESPUÉS DE VER EL VIDEO

En grupos pequeños, contesten las siguientes preguntas.
1. ¿Qué actividades mencionadas en el video hacen los fines de semana? ¿Con quién?
2. ¿Cuáles son las semejanzas o las diferencias entre los pasatiempos populares en el video y en tu comunidad?

154 • CAPÍTULO 5

PARA ESCRIBIR: Tu tiempo libre en la universidad

Vas a escribir un folleto (brochure) que tu universidad quiere incluir en un paquete informativo para futuros estudiantes y sus padres. Este folleto debe presentar las actividades recreacionales y culturales locales.

ANTES DE ESCRIBIR

Paso 1. Para empezar, debes tener una idea clara del propósito y el público (audience) de tu texto. En tu cuaderno, responde estas preguntas: ¿Cuál es el propósito de este folleto? ¿A qué público queremos atraer?

ESTRATEGIAS DE REDACCIÓN

Generating details
Capítulo 3 discussed how to use idea maps to generate and start organizing ideas in clusters. Now we will consider how to generate greater details for each of your ideas. For example, if one of your ideas is "Deportes," you may wish to talk about your school's football team. But instead of simply mentioning them, you could look up their win-loss record for the past three years and include this detail.

Paso 2. Ahora, completa un mapa de ideas (como el siguiente), con actividades de interés para futuros estudiantes de tu universidad. Puedes añadir (add) más categorías.

"Tiempo libre"
"Deportes" "Espectáculos" "Al aire libre (Outdoors)"

Paso 3. Genera, al menos, dos detalles específicos por cada idea de tu folleto. (ej. descripción del lugar o evento, qué se puede hacer ahí, etc.)

Main idea:	Two specific details:
	1.
	2.
	1.
	2.
	1.
	2.

Después de decidir cuáles son tus planes, compártelos con otra pareja de estudiantes.

152 • CAPÍTULO 5

Dicho y hecho

The *Dicho y hecho* section now offers strategies for developing all four skills. New readings adapted from *Punto y coma,* a magazine published for Spanish language learners, are included in the *Para leer* section. Process writing is the focus of the *Para escribir* section, *Para conversar* develops interpersonal communication skills. The *Así se habla* feature in this section introduces students to informal vocabulary from different countries and encourages them to use it during their conversational activity. The *Para ver y escuchar* develops listening skills around documentary-style videos that explore cultural topics.

XX • Visual Walkthrough

Repaso de vocabulario activo

Vocabulary presented within the chapter's *Así se dice* sections and practiced throughout in activities is collected here, organized into thematic groupings and parts of speech, and provided with English translations. All Spanish words are hyperlinked in *WileyPLUS* to listen to their pronunciation.

Proyecto

Los premios *Mejor dicho*

© Cristian Baitg/iStockphoto

En este proyecto, van a conceder los premios *Mejor dicho* a lo mejor (*best*) de su comunidad: lugares para comer, actividades de tiempo libre, eventos, etc. El producto final será un artículo informativo y también entretenido (*entertaining*) para la revista de su campus o ciudad.

Paso 1. Van a trabajar en grupos. Cada grupo escoge (*select*) un aspecto de su comunidad, por ejemplo: comer, deporte y aire libre (*the outdoors*), diversión, vida universitaria, el trabajo y otros.

Paso 2. En su grupo, hacen una lluvia de ideas (*brainstorm*) para pensar en categorías. Pueden incluir unas categorías prácticas y otras más peculiares o divertidas. Por ejemplo:

Un lugar perfecto para comer.

Paso 3. En su grupo, hacen tres nominaciones para cada categoría. Cada nominación debe incluir una imagen relevante y un breve texto sobre el lugar, evento, etc.

Modelo: Vida universitaria: Un lugar perfecto para comer.
La cafetería:
La comida es buena y barata. Es un buen sitio para hablar con los compañeros...

Paso 4. ¡Es hora de votar! Cada grupo presenta sus nominaciones y el resto de la clase vota. Finalmente se puede elaborar una publicación con una página para cada categoría con las fotos y textos presentados, e indicando el ganador y finalista y los votos alcanzados por cada uno.

Categoría	Primer premio	Segundo premio	Tercer premio

⚲ Repaso de vocabulario activo

Adjetivos
amarillo/a   *yellow*
anaranjado/a   *orange*
azul   *blue*
beige   *beige*
blanco/a   *white*
claro/a   *light*
gris   *gray*
marrón   *brown*
morado/a   *purple*
negro/a   *black*
oscuro/a   *dark*
rojo/a   *red*
rosado/a   *pink*
verde   *green*

Adverbios y expresiones adverbiales
el mes/año/verano que viene   *next month/year/summer*
el próximo mes/año/verano   *next month/year/summer*
solo   *only*

Las estaciones   *The seasons*
el invierno   *winter*
el otoño   *fall*
la primavera   *spring*
el verano   *summer*

El tiempo   *The weather*
Está (muy) nublado/soleado.   *It's (very) cloudy/sunny.*
Hace buen/mal tiempo.   *The weather is nice/bad.*
...) calor.   *It's (very) hot.*
...   *It's cool.*
...frío.   *It's (very) cold.*
...sunny.*
...t's windy.*
...iendo.   *It's raining.*
...ido.   *It's snowing.*

la nieve   *snow*
la nube   *cloud*
la tormenta   *storm*
¿Qué tiempo hace?   *What's the weather like?*

Sustantivos
Los deportes   *Sports*
el baloncesto/el básquetbol   *basketball*
el béisbol   *baseball*
el ejercicio   *exercise*
el equipo   *team*
el fútbol   *soccer*
el fútbol americano   *football*
el golf   *golf*
el partido   *game, match*
la pelota   *ball*
el tenis   *tennis*
el videojuego   *videogame*
el voleibol   *volleyball*

En la playa   *At the beach*
el árbol   *tree*
la flor   *flower*
la hoja   *leaf*
el mar   *sea*

Verbos y expresiones verbales
bailar   *to dance*
caminar   *to walk*
cantar   *to sing*
conocer (irreg.)   *to meet, know*
correr   *to run*
dar (irreg.)   *to give*
dar un paseo   *to take a walk, stroll*
deber + infinitivo   *should + verb*
decir (irreg.)   *to say*
descansar   *to rest*
encantar   *to delight*
esquiar   *to ski*
ganar   *to win*

hacer (irreg.) ejercicio   *to exercise*
deporte   *to play sports*
ir de compras   *to go shopping*
jugar (ue)   *to play*
jugar al...   *to play a sport*
levantar pesas   *to lift weights*
limpiar   *to clean*
llover (ue)   *to rain*
manejar   *to drive*
me encanta(n)   *I really like it (them)*
montar en bicicleta   *to ride a bicycle*
nadar   *to swim*
nevar (ie)   *to snow*
oír (irreg.)   *to hear*
pasear/dar un paseo   *to take a walk, stroll*
pensar (ie) + infinitivo   *to think about doing something*
perder (ie)   *to lose*
pintar   *to paint*
poner   *to put*
practicar   *to practice*
saber   *to know*
salir (irreg.) (de)   *to leave*
tener (irreg.) calor   *to be hot*
tener calor/frío   *to be hot/cold*
tener ganas de + infinitivo   *to feel like + infinitive*
tener que + infinitivo   *to have to + infinitive*
tocar   *to touch*
tocar (un instrumento musical)   *to play an instrument*
tomar el sol   *to sunbathe*
traer (irreg.)   *to bring*
venir (irreg.)   *to come*
ver   *to see*
ver la tele(visión)   *to watch TV*
viajar   *to travel*

Nuestro tiempo libre • 155

Proyecto

Proyecto, a new section to this edition, found after every fifth chapter, gives students an opportunity to use the language they are learning creatively, in engaging tasks.

The Complete Program

For a desk copy or electronic access to any of these program components, please contact your local Wiley sales representative, call our Sales Office at 1-800-CALL-WILEY (1-800-225-5945), or contact us online at www.wiley.com/college/potowski.

Student Textbook

978-1-118-61561-4

The textbook includes 15 thematically based chapters and access to video and audio resources on our Companion Sites at www.wiley.com/college/potowski.

Annotated Instructor's Edition

978-1-118-99582-2

The Annotated Instructor's Edition contains side notes with suggestions for teaching, meaningful structural exercises, suggestions for varying or expanding communicative activities, answers to the input activities, and transcripts of audio input for listening activities. These annotations are especially helpful for first-time instructors.

Activities Manual

978-1-118-99580-8

The Activities Manual is available in print and contains two sections:

- A Workbook that links reading and writing, builds vocabulary, practices grammar, and helps students develop personal expression and composition skills. Some activities are self correcting and the answer key appears at the end of the Activities Manual.
- A Lab Manual to be used with the Lab Manual Audio files available digitally on *WileyPLUS* and on the Instructor and Student Companion Sites. The Lab Manual includes a variety of contextualized listening comprehension activities, followed by the *Escenas,* at the end of each chapter, and the *Así se pronuncia* in chapters 1 to 8. The Answer Key to the written responses in the *Lab Manual* and the audio scripts are available as an electronic file on the **Dicho y hecho** Instructor Companion Site at www.wiley.com/college/potowski and in *WileyPLUS* as an Instructor Resource.

Online version of these activities are available in *WileyPLUS*.

WileyPLUS with ORION—Adaptive Learning Tool

www.wileyplus.com

With the new edition of **Dicho y hecho**, *WileyPLUS* has evolved to include ORION, a powerful adaptive learning experience. Following a simple set of diagnostic questions based on each of the chapter's learning objectives, ORION presents learners with a *Study* path leading to resources linked to a specific learning objective or a *Practice* path with additional questions that adapt to the individual learner's perceptions and performance. Reports for both learners and instructors allow all to monitor strengths and weaknesses and work efficiently and effectively to build confidence and proficiency.

WileyPLUS is an innovative, online teaching and learning environment, built on a foundation of cognitive research that integrates relevant resources, including the entire digital textbook, in an easy-to-navigate framework that helps students study effectively. Online with ORION adaptive practice available in *WileyPLUS*, builds students' confidence because it takes the guesswork out of studying by providing a clear roadmap to academic success. With *WileyPLUS*, instructors and students receive 24/7 access to resources that promote positive learning outcomes. Throughout each study session, students can assess their progress against study objectives, and gain immediate feedback on their strengths and weaknesses so they can be confident they are spending their time effectively. Instructors can use our study objective filtering and pre-built assignments to efficiently design their course and their syllabus. They can also use the robust reporting tools available in *WileyPLUS* to track and manage their students' performance.

What do students receive with WileyPLUS?

Tools for engagement. With *WileyPLUS* for ***Dicho y hecho Edition 10,*** students receive 24/7 access to resources that promote positive learning outcomes. Students engage with related activities in various media, including:

- **Blackboard IM functionality:** Student collaboration tool with IM, whiteboard, and desktop-sharing capabilities.
- **Audio Program:** The Audio Program includes recordings for the listening activities in the textbook, for the contextualized grammar and vocabulary dialogues and texts that show up prior to their correspondent formal explanations, and in the list at the end of the chapters, and the listening activities in the *Activities Manual.* The Audio Program is available in *WileyPLUS* and on the Book Companion Site at www.wiley.com/college/potowski.
- **Videos:** Two fully integrated strands of video, one situational, the other cultural with the core tenth-edition textbook. Lively situational dialogs that use chapter vocabulary and structures in the new *VideoEscenas* section, and topical documentary segments in the *Dicho y hecho (Para ver y escuchar)* section are presented with straight-forward strategies and carefully crafted activities to develop solid listening skills through a process-based approach. Video segments are available digitally in *WileyPLUS* and on the Instructor and Student Companion Sites.
- **Voice Response Questions and VoiceBoards:** Recording functionality that allows instructors to test students' speaking skills.
- *Autopruebas:* Self-tests for additional practice.
- *Preguntas de comprensión:* Additional comprehension questions for extra practice of the vocabulary on the chapter illustration.
- **Practice Worksheets:** Additional vocabulary and grammar activities, for extra practice.
- **Electronic Activities Manual:** Allows instructors to assign Workbook and Lab Manual activities, which are then sent straight to the gradebook for automatic and manual grading options. Available in the assignment section in *WileyPLUS.*
- **In-text activities:** Assignable electronic versions of select textbook activities that test students' understanding of grammar and vocabulary.
- **Animated grammar tutorials:** Animation series that reinforces key grammatical lessons.
- **Audio flashcards:** Offers pronunciation, English/Spanish translations, and chapter quizzes.
- **Verb conjugator:** Practice for conjugating verbs.
- **English grammar checkpoints:** Alphabetical listing of the major grammar points from the textbook that allows students to review their use in the English language.
- *La pronunciación:* Guide that offers basic rules and practice for pronouncing the alphabet, diphthongs, accent marks, and more.

Measurable Outcomes: Throughout each study session, students can assess their progress and gain immediate feedback. *WileyPLUS* provides precise reporting of strengths and weaknesses, as well as individualized quizzes, so that students are confident they are spending their time on the right things. With *WileyPLUS*, students always know the exact outcome of their efforts.

What do instructors receive with WileyPLUS?

WileyPLUS provides reliable, customizable resources that reinforce course goals inside and outside of the classroom as well as tracking of individual student progress. Pre-created materials and activities help instructors optimize their time:

- **Sample Syllabi** are included for quarters and semesters.
- **PowerPoint Presentations:** The PowerPoint presentations complement some sections of the textbook, and selected activities to do in class.

- **Image Gallery:** Collection of the photographs, illustrations, and artwork from each chapter of the textbook.
- **Prebuilt Question Assignments:** Available in a variety of options, these prebuilt electronic quizzes allow instructors to test students' understanding of vocabulary, grammar, and culture, as well as their reading, writing, listening, and speaking skills.
- **Test Bank:** Collection of assignable questions that allow instructors to build custom exams; select Test Bank questions are also available in Word documents.
- **Ready to print exams with answer keys, audio files, and scripts:** All of the components that instructors need to distribute printed exams in class. There are three different exam versions per chapter.
- **Lab Manual audio scripts:** Scripts for each of the listening activities in the chapter.
- **Video scripts:** Scripts for each of the videos in the chapter, as well as their English translation.
- **Gradebook:** *WileyPLUS* provides access to reports on trends in class performance, student use of course materials, and progress toward learning objectives, helping inform decisions and drive classroom discussions.

The *En vivo* option

With the *En vivo* option, regularly scheduled, live, online coaching sessions reinforce language skills and further explore cultural notions. A special set of activities for each chapter provides a framework for conversation, and a native-speaking language coach encourages students to practice the Spanish they're learning in weekly coaching sessions. For more information, contact your Wiley representative or visit www.wiley.com/college/sc/envivo.

Spanish Reader

You can create your own cultural Spanish Reader to accompany *Dicho y hecho Edition 10,* choosing from a wide variety of authentic articles written by journalists and writers from the 21 Spanish-speaking countries. Visit mywiley.info/puntoycoma for more information.

Student Companion Site

www.wiley.com/college/potowski/

The Student Companion Site contains access to all the videos referenced in the textbook, all audio files that accompany in-text content and lab manual exercises, audio flashcards, an interactive Verb Conjugator, and a guide to pronunciation rules.

Instructor Companion Site

www.wiley.com/college/potowski/

The Instructor Companion Site includes the student resources above plus handouts, answer keys, scripts, and audio files to accompany chapter level, mid-term, and final exams. It also includes a Word version of the Test Bank, an image gallery, answer keys for the Lab Manual, and audio and video scripts.

Explore Your Ordering Options

The textbook is available in various formats. Consider an eBook, loose-leaf binder version, or a custom publication. Learn more about our flexible pricing, flexible formats, and flexible content at www.wiley.com/college/sc/dichoyhecho/options.html.

Acknowledgments

No project of the scope and complexity of *Dicho y hecho* could have materialized without the collaboration of numerous people. The author team gratefully acknowledges the contributions of the many individuals who were instrumental in the development of this work.

The professionalism, dedication, and expertise of the John Wiley & Sons, Inc. staff who worked with us have been both indispensable and inspirational. To Laurie Rosatone, Vice President and Publisher, who oversaw the administrative aspects of the entire project, bore the ultimate responsibility for its completion, and never failed to be approachable, we are very grateful. We are also very grateful to William A. Murray, Senior Production Editor, for his expertise, flexibility, creativity, inordinate patience, and dedication to the project. We extend our thanks and appreciation to Billy Ray, Photo Editor, for facilitating the photo selections that enhance the text. Nor can we neglect to thank the Marketing team lead by Jeffrey Rucker, Director of Marketing Communications, with Kimberly Kanakes, Marketing Manager, and Glenn Wilson, Senior Market Specialist, for creating a brilliant advertising program that will position *Dicho y hecho* favorably in the marketplace, and for their enthusiasm, creativity, and dedication in meeting Spanish instructors around the country.

We thank Tom Kulesa, Senior Product Designer, for his creativity in coordinating the outstanding media ancillaries that supplement the text, and Alejandra Barciela, the Assistant Editor. Our Project Editor Maruja Malavé did an absolutely outstanding job reading text, making insightful suggestions, and keeping the project on task and organized.

Marisa Garman's help was also indispensable as we brought the project to completion. Most of all, we offer heartfelt appreciation and most profound gratitude to our wonderful Sponsoring Editor, Elena Herrero, for her unfaltering devotion to *Dicho y hecho*, her tireless hands-on involvement with us, her talent, expertise, and diligence in turning a manuscript into a book, her kind flexibility with our demanding schedules, and—most importantly—her friendship and confidence in us as authors.

We are grateful to the loyal users of *Dicho y hecho*, who over the years have continued to provide valuable insights and suggestions. And finally, for their candid observations, their critically important scrutiny, and their creative ideas, we wish to thank the following reviewers and contributors for this edition from across the nation:

Susan Ackerman, *Santa Rosa Junior College*; Amy Adrian, *Ivy Tech Community College*; Ana Afzali, *Citrus College*; Silvia Albanese, *Nassau Community College (SUNY)*; Pilar Alcalde, *University of Memphis*; Emmanuel Alvarado, *Palm Beach State College*; Rafael Arias, *Los Angeles Valley College*; Bárbara Ávila-Shah, *University at Buffalo, SUNY*; Ann Baker, *University of Evansville*; Miriam Barbaria, *Sacramento City College*; Sandra Barboza, *Trident Technical College*; J. Raúl Basulto, *Montgomery College*; Anne Becher, *Colorado University-Boulder*; María Beláustegui, *University of Missouri, Kansas City*; Mara-Lee Bierman, *SUNY Rockland Community College*; Virgilio Blanco, *Howard Community College*; Ana Boone, *Baton Rouge Community College*; Kate Bove, *Asheville-Buncombe Technical Community College*; Kathryn Bove, *Asheville Buncombe Community College*; Melany Bowman, *Arkansas State University*; Maryann Brady, *Rivier College*; Cathy Briggs, *North Lake College*; Suzanne Buck, *Central New Mexico Community College*; Majel Campbell, *Pikes Peak Community College*; Mónica Cantero, *Drew University*; Amy Carbajal, *Western Washington University*; Catalina Castillón, *Lamar University*; Chyi Chung, *Northwestern University-Evanston*; Dawn M. Ciciola, *Iona College*; Daria Cohen, *Rider University*; Heather Colburn, *Northwestern University-Evanston*; Marcos Contreras, *Modesto Junior College*; Rifka Cook, *Northwestern University*; Manuel Cortés-Castañeda, *Eastern Kentucky University*; Mayra Cortes-Torres, *Pima Community College*; Maximiliano Cuevas, *Pitt Community College*; Jackie Daughton, *University of North Carolina-Greensboro*; Debra Davis, *Sauk Valley Community College*; Patricia Davis, *Darton College, Main Campus*; William Deaver, Jr., *Armstrong Atlantic State University*; Laura Dennis, *University of the Cumberlands*; Aurea Diab, *Dillard University*; Dorian Dorado, *Louisiana State University*; Mark Dowell, *Randolph Community College*; Carolyn Dunlap, *Gulf Coast Community College*; Lucia Dzikowski, *Seminole State College*; Deborah Edson, *Tidewater Community College-Virginia Beach*; Linda Elliott-Nelson, *Arizona Western College*; Margaret Eomurian, *Houston Community College*; Luz Escobar, *Southeastern Louisiana University*; Tanya Farnung-Morrison, *University at Buffalo, North Campus*; Jill Felten, *Northwestern University*; María Ángeles Fernandez, *University of North Florida*; Oscar Flores, *SUNY Plattsburgh*;

Leah Fonder-Solano, *University of Southern Mississippi;* Sarah Fritz, *Madison Area Technical College;* Jennifer Garson, *Pasadena City College;* Elaine Gerber, *Wayne State University;* Thomas Gilles, *Montana State University;* Leonor Vázquez González, *University of Montevallo;* Andrew Gordon, *Mesa State College;* Ana Grey, *North Carolina State University;* James Gustafson, *Southern Utah University;* Dennis Harrod, *Syracuse University;* Mary Hartson, *Oakland University;* Candy Henry, *Westmoreland County Community College;* Yolanda Hernández, *College of Southern Nevada -Cheyenne Campus;* Lorena Hidalgo, *University of Missouri, Kansas City;* Christopher Hromalik, *Onondaga Community College;* Laurie Huffman, *Los Medanos College;* Martha Hughes, *Georgia Southern University;* Jessica E. Hyde-Cadogan, *University of New Haven;* Nuria Ibáñez, *University of North Florida;* Mary Lou Ippolito, *Trident Technical College;* William Jensen, *Snow College;* Amarilis Hidalgo de Jesús, *Bloomsburg University of Pennsylvania;* Ana Jimenez-Leary, *Pitt Community College;* Shelley Jones, *Montgomery College;* Dallas Jurisevic, *Metropolitan Community College -Elkhorn campus;* Hilda M. Kachmar, *St. Catherine University - St. Paul Campus;* Amos Kasperek, *Bob Jones University;* Vasiliki Kellar, *The Community College of Philadelphia;* Karl Keller, *University of Alabama in Huntsville;* Mary Jane Kelley, *Ohio University;* Isidoro Kessel, *Old Dominion University;* Pedro Koo, *Missouri State University;* Beth Kuberka, *SUNY Buffalo;* Sharyn Kuusisto, *City College of San Francisco;* Ryan Labrozzi, *Bridgewater State University;* Deborah Lemon, *Ohlone College;* María Helena López, *Northwest Florida State College;* Leticia P. López, *San Diego Mesa College;* Nuria R. López-Ortega, *University of Cincinnati;* Alisa Linarejos, *Brown University;* José López-Marrón, *CUNY Bronx Community College;* Joanne Lozano, *Dillard University;* Alfonso Abad Mancheno, *Guilford College;* Laura Manzo, *Modesto Junior College;* Dora Y. Marrón Romero, *Broward College;* Kara McBride, *St. Louis University, Frost Campus;* Peggy McNeil, *Louisiana State University;* Nelly A. McRae, *Hampton University;* Christopher Miles, *The University of Southern Mississippi;* Elaine Miller, *Christopher Newport University;* Nancy Mínguez, *Old Dominion University;* María Eugenia Moratto, *University of North Carolina, Greensboro;* María Yazmina Moreno-Florido, *Chicago State University;* Asha Nagaraj, *Northwestern University;* Sandy Oakley, *Palm Beach Community College;* María de los Santos Onofre-Madrid, *Angelo State University;* Denise Overfield, *University of West Georgia;* Marilyn Palatinus, *Pellissippi State Community College;* Sue Pechter, *Northwestern University;* Tina Peña, *Tulsa Community College;* Tammy Pérez, *San Antonio College;* Rose Pichón, *Delgado Community College;* Aida Ramos-Sellman, *Goucher College;* Kay Raymond, *Sam Houston State University;* Angelo Rodríguez, *Kutztown University of Pennsylvania;* Deborah Rosenberg, *Northwestern University;* Laura Ruiz-Scott, *Scottsdale Community College;* Christina Sabin, *Sierra College;* Clinia Saffi, *Presbyterian College;* Phillip Santiago, *Buffalo State College;* Román Santillán, *Medgar Evers College, CUNY;* Roman Santos, *Mohawk Valley Community College-Utica Campus;* Karyn Schell, *University of San Francisco;* William Schott, *University of Missouri, Kansas City;* Patricia Betancourt Segui, *Palm Beach State College;* Lilian Contreras Silva, *Hendrix College;* Luis Silva-Villar, *Mesa State College;* María Sills, *Pellissippi State Community College;* E. Esperanza Simien, *Baton Rouge Community College;* Roger Simpson, *Clemson University;* Dawn Slack, *Kutztown University of Pennsylvania;* Víctor Slesinger, *Palm Beach Community College;* Nori Sogomonian, *San Bernardino Valley College;* Juan Manuel Soto, *El Centro College;* Juan Manuel Soto, *Indiana University-Bloomington;* Lucy Soto, *Seminole State College;* Benay Stein, *Northwestern University;* Jorge Suazo, *Georgia Southern University;* John Sullo, *Iona College;* Roy Tanner, *Truman State University;* Joe Terantino, *Kennesaw State University;* Linda Tracy, *Santa Rosa Junior College;* Sara Tucker, *Howard Community College;* Mayela Vallejos-Ramírez, *Mesa State College;* Claudia Polo Vance, *University of North Alabama;* José L. Vargas-Vila, *Indian University-Purdue;* Michael Vermy, *SUNY Buffalo State College;* Celinés Villalba, *Rutgers, The State University of New Jersey;* Michael Vrooman, *Grand Valley State University;* Mary Wadley, *Jackson State Community College;* Valerie Watts, *Asheville-Buncombe Technical Community College;* Kathleen Wheatley, *University of Wisconsin-Milwaukee;* Sheridan Wigginton, *California Lutheran University;* Kelley Young, *The University of Missouri-Kansas City;* U. Theresa Zmurkewycz, *St. Joseph's University.*

Kim Potowski

Silvia Sobral

Laila Dawson

MÉXICO
- **Gentilicio:** mexicano/a
- **Tamaño:** 761.604 millas cuadradas
- **Número de habitantes:** 116.220.947
- **Lenguas habladas:** el español, lenguas indígenas (maya, náhuatl, etc)
- **Moneda:** el peso mexicano
- **Economía:** café, cacao, petróleo, minerales, agricultura, textiles, turismo

GUATEMALA
- **Gentilicio:** guatemalteco/a
- **Tamaño:** 42.042 millas cuadradas
- **Número de habitantes:** 14.373.472
- **Lenguas habladas:** el español y lenguas indígenas (quiche, cakchiquel, etc)
- **Moneda:** el quetzal
- **Economía:** azúcar, café, textiles

EL SALVADOR
- **Gentilicio:** salvadoreño/a
- **Tamaño:** 8.260 millas cuadradas
- **Número de habitantes:** 6.108.590
- **Lenguas habladas:** el español y lengua indígena (nahua)
- **Moneda:** el dólar americano
- **Economía:** procesamiento de alimentos, petróleo, químicos, textiles, metales

COSTA RICA
- **Gentilicio:** costarricense
- **Tamaño:** 19.575 millas cuadradas
- **Número de habitantes:** 4.695.942
- **Lenguas habladas:** el español y el inglés
- **Moneda:** el colón
- **Economía:** microprocesadores, procesamiento de alimentos, equipo médico, textiles, café, turismo

PANAMÁ
- **Gentilicio:** panameño/a
- **Tamaño:** 29.270 millas cuadradas
- **Número de habitantes:** 3.559.408
- **Lenguas habladas:** el español y el inglés
- **Moneda:** el balboa
- **Economía:** banca internacional, cemento, materiales de construcción, refinado de azúcar

ECUADOR
- **Gentilicio:** ecuatoriano/a
- **Tamaño:** 109.483 millas cuadradas
- **Número de habitantes:** 15.432.429
- **Lenguas habladas:** el español y lenguas indígenas (quechua, shuar)
- **Moneda:** el dólar americano
- **Economía:** petróleo, madera, minerales, textiles, cacao

ESTADOS UNIDOS
- **Gentilicio:** el/la estadounidense
- **Tamaño:** 3.79 millones de millas cuadradas
- **Número de habitantes:** 316.668.567
- **Lenguas habladas:** inglés, español, lenguas indoeuropeas, lenguas asiáticas y de islas del Pacífico. No hay lengua oficial. El inglés es oficial en 28 estados. El hawaiano es oficial en Hawái.
- **Moneda:** el dólar estadounidense
- **Economía:** tecnología, acero, telecomunicaciones, productos químicos, equipos electrónicos y computadoras, automóviles, procesado de alimentos, maíz

PERÚ
- **Gentilicio:** peruano/a
- **Tamaño:** 496.222 millas cuadradas
- **Número de habitantes:** 29.849.303
- **Lenguas habladas:** el español y lenguas indígenas (quechua, aymara, ashaninka)
- **Moneda:** el nuevo sol
- **Economía:** pesca, acero, minerales, textiles

ESTADOS UNIDOS (EE. UU.)

La Habana — CUBA
REPÚBLICA DOMINICANA
Santo Domingo
San Juan — PUERTO RICO
México D.F. — MÉXICO
Ciudad de Guatemala — HONDURAS
GUATEMALA — Tegucigalpa
San Salvador — Managua
EL SALVADOR — NICARAGUA
San José
COSTA RICA — Panamá — PANAMÁ
Caracas — VENEZUELA
Bogotá — COLOMBIA
ISLAS GALÁPAGOS
Quito — ECUADOR
Lima — PERÚ
La Paz — BOLIVIA
Asunción — PARAGUAY
ISLA DE PASCUA
Santiago — CHILE
Buenos Aires — ARGENTINA
Montevideo — URUGUAY

Source: Central Intelligence Agency, The World Factbook.

1

Nuevos encuentros

© Jeremy Woodhouse/Blend Images/age fotostock

Así se dice

Así se forma

Cultura

Dicho y hecho

LEARNING OBJECTIVES

In this chapter, you will learn to:
- meet and greet each other.
- state where you are from and learn the origins of others.
- describe yourself and others.
- exchange phone numbers, e-mail addresses, and birthdays.
- tell time.
- greet and refer to people in Spanish-speaking countries.
- be familiar with where Spanish is spoken around the world.

Entrando al tema

1. How many countries can you name where Spanish is spoken? Have you visited any of them?

2. The following people are Hispanic: Edward James Olmos, Cameron Díaz, Zoe Saldaña, Sonia Sotomayor, Bruno Mars, Rosario Dawson. Do you know them and what they do? Can you name other famous Hispanic people?

1

¿Cómo te llamas?	What's your name?
¿Cómo se llama?	
Me llamo...	My name is . . .
Buenos días	Good morning
Te/Le presento a...	I want to introduce you to . . .
Encantado/a	It's nice to meet you
Mucho gusto	I'm pleased to meet you
¿De dónde eres?	Where are you from?
Soy de...	I'm from . . .

¿Y tú?
How do you greet the following people?

- A classmate you know
- A new classmate
- A professor you do not know well
- An older family member

WileyPLUS

Pronunciación:
Practice pronunciation of the chapter vocabulary and particular sounds of Spanish in *WileyPLUS.*

Las presentaciones (*Introductions*).

In Spanish, there are two ways of addressing someone and, therefore, there are two equivalents of the English *you*: **tú** and **usted**. In general, use **tú** with classmates, relatives, friends, and others in a first-name-basis relationship; use **usted** with professors and other adults in a last-name-basis relationship.

Informal (with classmates)

Hola, me llamo...,

¿Cómo te llamas (tú)?[1]

Formal (with instructor)

Buenos días, me llamo...

¿Cómo se llama (usted)?

- To say you are pleased to meet someone, you can say:

Mucho gusto.

Encantado. (*said by males*)/**Encantada.** (*said by females*)

- To ask where someone is from, say:

Informal

¿De dónde eres?

Formal

¿De dónde es usted?

- To say where you are from, say: **Soy de...**

Saludos y despedidas (*Greetings and expressions of farewell*).

Observe and compare the following conversations. The first introduces some formal greetings (**los saludos**) and the second presents their informal equivalents, as well as expressions of farewell (**las despedidas**).

FORMAL

Prof. Ruiz:	**Buenos días, señorita.**	*Good morning, Miss.*
	(Buenas tardes, señora.)	*(Good afternoon, Ma'am.)*
	(Buenas noches, señor.)	*(Good evening, Sir.)*
Susana:	**Buenos días.**	*Good morning. How are you?*
	¿Cómo está usted?	
Prof. Ruiz:	**Muy bien, gracias.**	*Very well, thanks. And you?*
	¿Y usted?	
Susana:	**Bien, gracias.**	*Fine, thanks.*

INFORMAL

Luis:	**¡Hola!**	*Hello!/Hi!*
Olga:	**¡Hola! ¿Cómo estás?**[2] **(¿Qué tal?)**	*How are you? (How's it going?)*
Luis:	**Fenomenal. ¿Y tú?**	*Terrific. And you?*
Olga:	**Regular.**	*OK./So-so.*
Luis:	**¿Qué pasa? (¿Qué hay de nuevo?)**	*What's happening? (What's new?)*
Olga:	**Pues nada. Voy a clase.**	*Not much. I'm going to class.*
Luis:	**Bueno (Pues), hasta luego.**	*Well, see you later.*
	(Hasta mañana.)	*(See you tomorrow.)*
	(Hasta pronto.)	*(See you soon.)*
	(Chao.)	*(Bye./So long.)*
Olga:	**Adiós.**	*Good-bye.*

---

[1]Spanish uses an upside-down question mark at the beginning of questions, and an upside-down exclamation point at the beginning of exclamations.

[2]You will study **estar** and the differences between **ser** and **estar** in later chapters.

There is no Spanish equivalent for Ms. Use **señora** or **señorita** as appropriate.
• In many Spanish-speaking countries, **tarde** is used while there is still daylight.
• **Buenos días** and **Buenas tardes/noches** are also used in informal settings, especially the first time you see people during a given day, and may also be used as a farewell.

▶ NOTA DE LENGUA

The appropriate use of *tú* vs. *usted* for "you" varies from country to country. For example, if greeting a 30-year-old store clerk in Spain you would use *tú*, but in Mexico you would use *usted*. Expected uses can also change over time.

In many Central American and South American countries, *vos* is used instead of *tú*:

¿Cómo te llamás vos?   *What is your name?*

Ask your instructor whether s/he uses *tú* or *vos*, and how s/he would greet a 30-year-old store clerk: with *tú/vos* or with *usted*.

[1.1] ¿Quién...? Refer back to the illustration of **Así se dice: Nuevos encuentros,** to see who...

1. ...is using an informal greeting.
   a. Carmen y Alfonso   **b.** Inés y la profesora Falcón

2. ...is formally introducing one person to another.
   a. Javier   **b.** Inés

3. ...is introducing her/himself.
   a. Ana y Manuel   **b.** Alfonso y Carmen

4. ...formally introducing one person to another.
   a Javier   **b.** Inés

5. ...informally asking about someone's origin.
   a. La profesora Falcón   **b.** Octavio

[1.2] ¿Formal o informal? Listen to the following people as they greet each other and indicate whether they are addressing each other in a formal or informal manner.

	Formal	Informal
1	☐	☐
2	☐	☐
3	☐	☐
4	☐	☐

[1.3] ¿Cómo estás? Listen and choose the appropriate response to each greeting or question.

1.
a. Me llamo Juan.
b. Hola, ¿qué tal?
c. Soy de Estados Unidos.

2.
a. Muy bien, ¿y tú?
b. Pues nada.
c. Gracias.

3.
a. Fenomenal.
b. Soy de México, ¿y tú?
c. Hasta pronto.

4.
a. Muy bien, gracias.
b. Pues nada.
c. Bueno, pues, hasta luego.

5.
a. ¿Qué pasa?
b. Buenas tardes.
c. Chao.

 [1.4] Las presentaciones.

Paso 1. Move around the classroom and talk to at least five of your classmates and your instructor. Take notes with the information you learn in a chart like the one below.

> - Greet them (remember to greet your instructor with formal forms!).
> - Introduce yourself and learn their names.
> - Find out where they are from.
> - Say good-bye.

Modelo: Estudiante A: **Hola, me llamo Antonio. Y tú, ¿cómo te llamas?**
Estudiante B: **Me llamo Raquel. ¿Cómo estás?**
Estudiante A: **Muy bien, gracias. ¿De dónde eres?**

Nombre	Es de...

Paso 2. Find one of the classmates you met earlier and introduce her/him to the other classmates you met and the instructor. When your classmate introduces you to others, be sure to respond appropriately.

Modelo: Roberto, te presento a mi amiga Raquel. Raquel es de...
Profesor/a, le presento a...

Cultura

Greetings

ANTES DE LEER

1. How do you and your friends usually greet each other?

2. How do you greet people you don't know - younger, your own age, and older? Do you think greeting practices vary around the U.S.?

In Spanish-speaking countries, women on a first-name basis usually greet each other, as well as greet male friends, with a single light kiss sometimes accompanied by a handshake. In Spain and some other countries, they kiss once on each cheek. Men sometimes greet male friends and family with a short hug in addition to a handshake.

When the two people are on a last-name basis, they use a handshake only.

When people take leave of each other, they tend to repeat the same gesture as when they greeted each other.

Corbis/SuperStock

Hola/SuperStock

DESPUÉS DE LEER

1. How would the following Spanish-speakers probably greet and take leave each of other?

a. Susana and Antonio, Peru

b. Juan and Alfonso, Mexico

c. Mr. González and Mrs. Burgos, Chile

d. Elena and Linda, Spain

2. How comfortable would you feel greeting friends with one or two kisses on the cheek?

3. How might it be interpreted if someone refused to greet with a kiss in a country where that is standard practice? And how might it look if a person tried to greet with a kiss in the U.S.?

En mi experiencia
Bridget, Rochester, NY

"In Spain, I quickly learned that you're supposed to kiss on the cheek when you greet someone, but I kept almost crashing faces with people! Finally, I noticed that you always go left first, putting right cheek to right cheek. Also, when you arrive to a social gathering, you're expected to greet each person individually. Just waving a general "hello" when you enter a party might be considered very rude!"

Why might it be considered important to greet every person individually when you arrive to a social gathering?

© Kim Steele/Blend Images/age fotostock

Así se dice

Expresiones de cortesía (*Expressions of courtesy*).

Con permiso.	*Pardon me./Excuse me. (to seek permission to pass by someone or to leave)*
Perdón./Disculpe.	*Pardon me./Excuse me. (to get someone's attention or to seek forgiveness)*
Lo siento (mucho).	*I'm (so/very) sorry.*
Por favor.	*Please.*
(Muchas) Gracias.	*Thank you (very much).*
De nada.	*You're welcome.*

[1.5] ¡Son muy corteses! Write an appropriate expression from the box under each drawing below.

Disculpe./Perdón.	Muchas gracias	Lo siento mucho
De nada	Con permiso	

1. El profesor Marín-Vivar a Natalia y Alfonso

Prof. Marín-Vivar is going to pass by Natalia and Alfonso. What does he say?

_____

2. Rubén a Camila

Rubén wants to speak to Camila, but she is talking with Carmen. What does Rubén say?

_____

3. Esteban a Inés y Elena

Esteban drops his tray on Inés and Elena.

_____

4. Linda a Manuel y Manuel a Linda

Manuel gives Linda a gift. What does she say?

_____

What does Manuel say to Linda?

_____

[1.6] Somos muy corteses también. Look at the situations below and write what you would say in each case. Pretend you do not know any of these people, so you need to use formal forms.

1. You drop a book on the bus, and another passenger picks it up and hands it to you. What would you say, and what would the person likely respond?

_____

2. You excuse yourself before you walk in front of someone.

_____

3. You lightly bump into someone and seek her/his forgiveness.

_____

4. You get someone's attention and ask the person her/his name and where she/he is from.

_____

Así se forma

1. Identifying and describing people: Subject pronouns and the verb *ser*

Me llamo Elena y soy estudiante, ¿y tú?

Soy Natalia y también soy estudiante. Yo soy de Nuevo México y tú, ¿de dónde eres?

Elena: Soy de Los Ángeles. **Soy** dinámica, atlética y extrovertida. Ah,... y **soy** muy puntual.

Natalia: Tú y yo **somos** similares. **Soy** responsable, generosa y muy puntual también.

In the previous section you used some subject pronouns to address people (**usted, tú**) and forms of the verb **ser** (*to be*): **¿De dónde es usted? ¿De dónde eres? Soy de...** Here are some more subject pronouns and forms of **ser**.

WileyPLUS

Go to *WileyPLUS* to review this grammar point with the help of the **Animated Grammar Tutorial** and **Verb Conjugator.**

Subject pronouns	Ser *to be*
yo (*I*)	**soy** estudiante
tú (*you, singular informal*)[1]	**eres** inteligente
usted (Ud.) (*you, singular formal*)	**es** de Bolivia
él (*he*)/**ella** (*she*)	**es** profesor/profesora
nosotros/as (*we*)	**somos** estudiantes
vosotros/as (*you, plural informal*)	**sois** inteligentes
ustedes (Uds.) (*you, plural*)	**son** de Panamá
ellos (*they, masc.*)/**ellas** (*they, fem.*)	**son** profesores/profesoras

- **Vosotros/as** is used only in Spain. **Ustedes** is formal in Spain but both formal and informal in Hispanic America.

- Use subject pronouns only to *emphasize, to contrast*, or *to clarify*. Avoid them otherwise, since Spanish verb endings already indicate who the subject is.

Yo soy de Cuba y **él** es de Chile.	*I am from Cuba* and *he is from Chile.*
Soy de Cuba.	*I am from Cuba.*
Somos estudiantes.	*We are students.*

- Use the verb **ser** to tell who a person is, where a person is from, and what a person is like.

Natalia **es** estudiante.	*Natalia is a student.*
Es de Nuevo México.	*She is from New Mexico.*
Es muy independiente.	*She is very independent.*

▶ NOTA DE LENGUA

To make a negative statement, place **no** before the verb.

No soy estudiante.	*I am not a student.*

In answering *yes/no* questions, repeat the **no**.

¿Eres pesimista?	*Are you a pessimist?*
¡**No, no** soy pesimista!	*No, I'm not a pessimist!*

---

[1]'vos' is used instead of 'tú' in many parts of Latin America including Argentina, Costa Rica, El Salvador, Guatemala, Honduras, Nicaragua, Paraguay, and Uruguay. You will learn more about 'vos' in chapter 13.

▶ NOTA DE LENGUA

Los cognados Cognates are words that are identical or similar in two languages and have the same meaning. For example, the adjectives in the boxes on this page are cognates. Since there are many cognates between English and Spanish, recognizing these is an important skill when learning a second language.[1]

2. Describing with adjectives: Gender and number agreement

Below you have a list of adjectives (words we use to describe people and things) that are commonly used with **ser** to describe people.

Note that some adjectives may be used to describe both males or females.

admirable	**flexible**	materialista	rebelde
arrogante	independiente	**optimista**	**responsable**
conformista	**inteligente**	paciente	sentimental
eficiente	irresponsable	**pesimista**	terrible
egoísta	liberal	puntual	tolerante

But other adjectives change **-o** to **-a** when referring to a female.

ambicioso/a	dinámico/a	**introvertido/a**	religioso/a
atlético/a	**extrovertido/a**	modesto/a	romántico/a
cómico/a	generoso/a	organizado/a	serio/a
creativo/a	impulsivo/a	práctico/a	**tranquilo/a**

To describe more than one person, add **–s** to adjectives that end in a vowel and **–es** to those ending in a consonant.

admirable	→	admirable**s**
sentimental	→	sentimental**es**

[1.7] ¿Similares o diferentes? Can you figure out what the title of this activity is? The words are cognates!

Paso 1. Read the following sentences and mark whether they are true (**cierto**) or false (**falso**) for you. Then create another true sentence using the list of adjectives above.

	Cierto	Falso
1. Soy optimista.	☐	☐
2. Soy creativo/a.	☐	☐
3. Soy serio/a.	☐	☐
4. Soy responsable.	☐	☐
5. Soy extrovertido/a.	☐	☐
6. Soy paciente.	☐	☐
7. _____	☑	☐

Paso 2. Work with a partner and compare your answers orally. Then write sentences about your differences.

Modelo: Soy optimista, pero Kate no es optimista.
Soy optimista y Kate es optimista también (as well).
No soy optimista y Kate no es optimista tampoco (either).

PALABRAS ÚTILES (Useful Words)

también	also
tampoco	neither/not either

[1]New vocabulary consisting of cognates will not be introduced with translation (but you can find translations for the boldfaced terms in the **Repaso de vocabulario activo** section at the end of each chapter.)

[1.8] ¿Cómo son?
Write the number of each sentence you hear next to the photo of the person/people it describes. You will hear two descriptions for each photo.

Jóvenes muralistas en Nueva York

___ y ___

Hombre indígena ecuatoriano

___ y ___

La novelista Isabel Allende

___ y ___

Chicas futbolistas

___ y ___

NOTA CULTURAL ▼

Una escritora chilena

Isabel Allende is a prolific Chilean author whose novels are bestsellers in many countries, including the United States. She was awarded Chile's National Literature Prize in 2010. Two of her novels, "**La casa de los espíritus**" (*The House of the Spirits*) and "**De amor y de sombra**" (*Of Love and Shadows*), were made into movies starring actors Javier Bardem, Benjamin Bratt, Meryl Streep, Glenn Close, Jeremy Irons, Winona Ryder, Antonio Banderas, Vanessa Redgrave, and others. Try to watch one of them and report back to the class.

 ## [1.9] Personas famosas.
Using adjectives from the following list, plus others that you can come up with and the clues given in parentheses, tell a classmate about the following famous people and two more of your choice. Say what they do and where they are from, and use one or two adjectives to describe them.

Modelo: Penélope Cruz (actriz/España)

Penélope Cruz *es* actriz y *es* de España. Es muy bell*a* y dinámic*a*.

atlético/a	creativo/a	famoso/a	popular	bello/a (*beautiful*)
dinámico/a	fuerte (*strong*)	romántico/a	serio/a	rebelde(*s*)

1. Javier Bardem (actor/España)

2. Shakira (cantante/ Colombia)

3. Rico Rodriguez (actor, Estados Unidos)

4. Sonia Sotomayor (jueza/Puerto Rico)

Nuevos encuentros • **11**

[1.10] Mi personalidad.

Paso 1. In pairs, greet and introduce yourselves and talk about your origins. Then ask each other *yes/no* questions to determine your personality traits. Take notes, as you will need some of this information later.

Modelo: Estudiante A: **¿Eres (muy) extrovertido/a?**

Estudiante B: **Sí, soy muy extrovertido/a. / No, no soy (muy) extrovertido/a. ¿Y tú?**

Paso 2. Walking around the classroom, introduce your classmate to three other students. Tell her/his name, origin, and two personality traits.

Modelo: **Mi amigo/a se llama...** *o* **Te presento a mi amigo/a...**
Es de...
Es... y...

Paso 3. Tell the class one difference between you and your classmate and two things you have in common. Remember to add **-s** or **-es** to the adjective to form the plural.

Modelo: **(*Partner's name*) es... y yo soy...**
Él/Ella y yo somos... y...

> ▶ **NOTA DE LENGUA**

As you may have noticed, we simply add question marks to a statement to form yes/no questions:

Eres inteligente → ¿Eres inteligente?   No es cómico → ¿No es cómico?

With question words, the question word is typically followed by the verb, then the subject (if it is mentioned):

¿Cómo estás (tú)?   ¿De dónde son (ustedes)?

En mi experiencia
Janice, Des Moines, IA

"In Mexico, people always call me **güera** (person with fair skin and/or hair). It's common to give individuals nicknames based on a physical characteristic, such as **flaco** ("skinny"), **chata** (pug-nosed) or **zahanoria** (carrot, for a redhead). At first I though this was kind of mean, but I came to learn that it's more a sign of affection."

© gehringj/iStockphoto

What kinds of underlying beliefs would allow people to feel affection from these kinds of nicknames? If you have a nickname (other than a shortened form of your own name), what is it, and how did you get it?

Así se dice

Los números del 0 al 99

Carlos S. Pereyra/Age Fotostock America, Inc.

Glow Images/Age Fotostock America, Inc.

Apis/Abramis/Alamy Images

WileyPLUS

Pronunciación:
Practice pronunciation of the chapter vocabulary and particular sounds of Spanish in *WileyPLUS.*

0 cero	10 diez	20 veinte	30 treinta
1 uno	11 once	21 veintiuno	31 treinta y uno
2 dos	12 doce	22 veintidós	32 treinta y dos
3 tres	13 trece	23 ventitrés	...
4 cuatro	14 catorce	24 veinticuatro	40 cuarenta
5 cinco	15 quince	25 veinticinco	50 cincuenta
6 seis	16 dieciséis	26 veintiséis	60 sesenta
7 siete	17 diecisiete	27 veintisiete	70 setenta
8 ocho	18 dieciocho	28 veintiocho	80 ochenta
9 nueve	19 diecinueve	29 veintinueve	90 noventa

- **Uno** is used for counting, but before a noun we use the indefinite article **un** (masculine)/**una** (feminine). The same holds true for **veintiuno**, **treinta y uno**, and so on.

Un profesor, **una** profesora y **veintiún** estudiantes son de Texas.

One (male) professor, one (female) professor, and twenty-one students are from Texas.

- The numbers from 16 to 29 are usually written as one word: **diecisiete**, **veinticuatro**. Those from 31 on are written as three words: **treinta y tres**; **cincuenta y seis**.

- Note the numbers that carry accent marks: **dieciséis, veintidós, veintitrés, veintiséis**.

PALABRAS ÚTILES

y	+
menos	–
son	=

 ## [1.11] ¿Correcto o incorrecto?

Paso 1. Listen to some math problems and decide whether the answer is correct (**correcto**) or incorrect (**incorrecto**).

1. C I **2.** C I   **3.** C I **4.** C I **5.** C I

Paso 2. Now listen to a few more math problems. This time you have to provide the answers. Write them out in words in your notebook or on a sheet of paper.

 ## [1.12] Más matemáticas.
Write five simple math problems like the ones you just heard. In pairs, take turns reading your problems to your partner and writing out answers to hers/his. Then, check each other's answers.

Modelo: Estudiante A: **Diez y ocho son...**
Estudiante B: **Dieciocho.**

[1.13] Números de teléfono.
In Spanish, the digits of phone numbers are usually given in pairs and the article el (*the*) precedes the phone number: **"Es el 4-86-05-72."**

Paso 1. Listen as your instructor reads telephone numbers from the phone list below. Raise your hand when you know whose number was read and tell whose number it is.

Modelo: Es el número de Juan Millán.

 Paso 2. Now, in pairs, take turns reading phone numbers and identifying the person whose number it is.

PALABRAS ÚTILES

C/ → Calle	Street
Avda. → Avenida	Avenue
Pl. → Plaza	Square

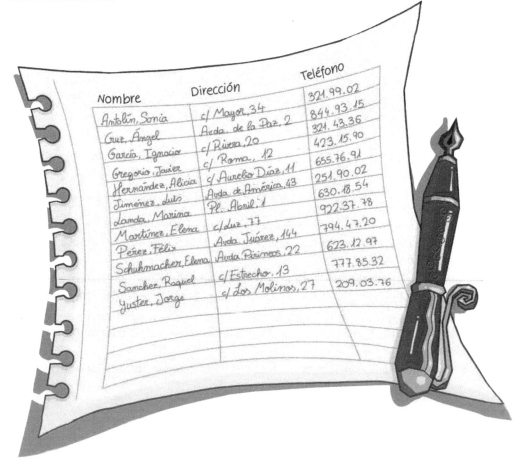

Nombre	Dirección	Teléfono
		321.99.02
Antolín, Sonia	c/ Mayor, 34	844.93.15
Cruz, Ángel	Avda. de la Paz, 2	321.43.36
García, Ignacio	c/ Rivera, 20	423.15.90
Gregorio, Javier	c/ Roma, 12	655.76.91
Hernández, Alicia	c/ Aurelio Díaz, 11	251.90.02
Jiménez, Luis	Avda. de América, 43	630.18.54
Landa, Marina	Pl. Abril, 1	922.37.78
Martínez, Elena	c/ Luz, 77	794.47.20
Pérez, Félix	Avda. Juárez, 144	623.12.97
Schuhmacher, Elena	Avda. Pirineos, 22	777.85.32
Sánchez, Raquel	c/ Estrecho, 13	209.03.76
Yuster, Jorge	c/ Los Molinos, 27	

El alfabeto

The letters of the alphabet (**alfabeto** or **abecedario**) and their names follow. Listen and repeat.

a (a)	Argentina	**j** (jota)	**J**uárez	**r** (ere)	Puerto **R**ico
b (be)	**B**olivia	**k** (ka)	Nueva Yor**k**	**s** (ese)	**S**an **S**alvador
c (ce)	**C**uba, **C**iudad Real	**l** (ele)	**L**aredo	**t** (te)	**T**egucigalpa
d (de)	**D**allas	**m** (eme)	**M**anagua	**u** (u)	**U**ruguay
e (e)	**E**cuador	**n** (ene)	**N**icaragua	**v** (uve)	**V**enezuela
f (efe)	**F**lorida	**ñ** (eñe)	Espa**ñ**a	**w** (uve doble)	**W**ashington
g (ge)	**G**uatemala, **G**erona	**o** (o)	**O**axaca	**x** (equis)	e**x**amen, Mé**x**ico
h(hache)	**H**onduras	**p** (pe)	**P**anamá	**y** (ye)	**Y**ucatán
i (i)	**I**quitos	**q** (cu)	**Q**uito	**z** (zeta)	**Z**acatecas, Cuzco

[1.14] ¿Cómo se escribe? (*How do you spell it?*)

Paso 1. Listen to the spelling of the names of some Hispanic cities and write them down.

1. _____   4. _____

2. _____   5. _____

3. _____   6. _____

Paso 2. Choose three countries or cities in the Spanish-speaking world (check the maps in the front inside cover) and write them down. Now work with a partner. Taking turns, spell the names of your places for your partner and write down the names of the places she/he spells for you.

[1.15] Mi nombre y mi número de teléfono.

In groups, ask for and give each other your names, phone numbers, and e-mail addresses, spelling things out in Spanish. Write the information accurately, as it will be used later for a Class Directory.

Modelo: Estudiante A: **¿Cómo te llamas?**
       Estudiante B: **Me llamo Mónica Smith: M–o–n...**
       Estudiante C: **¿Cuál es tu número de teléfono?**
       Estudiante B: **Es el cuatro ochenta y seis, cero, cinco, setenta y dos.**
       Estudiante D: **¿Cuál es tu correo electrónico?**
       Estudiante B: **Es monica3@dicho.com: d–i–c–h...**

PALABRAS ÚTILES

número de teléfono	*phone number*
correo electrónico	*e-mail address*
arroba	*@*
punto	*dot*
el celular (Lat. Am.)/ el móvil (Spain)	*cell phone*
¿Cuál es tu...?	*What is your...?*[1]

[1]We use *cuál* meaning what when we are asking about specific information or data, you will learn other Spanish words that correspond to different uses of "what" later on.

▶ NOTA DE LENGUA

The letters **w** and **k** are rare in Spanish and appear mostly in foreign words. The letter **x** is pronounced as "ks" in most words (**examen**), but it is pronounced as "j" in many names of places (**México**) because the sound of "j" was spelled as *x* in old Spanish and the old spelling is still used.

WileyPLUS

Pronunciación:
Practice pronunciation of the chapter vocabulary and particular sounds of Spanish in *WileyPLUS*.

NOTA CULTURAL

Many young people in Spanish-speaking countries make changes to the written language when they text or post on Facebook and other social media. Here are two examples: One from Mexico and the other from Spain:

Regular Spanish spelling	Adapted spelling
¡Gracias por los regalos (*gifts*)!	graziaz x loz regaloz!
¡Besos y saludos a todos!	bss y salu2 a t2!

What are some common texting replacements in English?

¡Ay, es lunes!

ASÍ SE DICE

Los días de la semana y los meses del año (*Days of the week and months of the year*)

¿Qué día es hoy? (*What day is it today?*)

septiembre	lunes	martes	miércoles	jueves	viernes	sábado	domingo
						1	2
	3	4	5	6	7	8	9
	10	11	12	13	14	15	16
	17	18	19	20	21	22	23
	24	25	26	27	28	29	30

└ el **día** ┘ ──────── la **semana** ──────── └ el **fin de semana** ┘

- In Hispanic calendars, the week usually begins on Monday.

- The days of the week are not capitalized in Spanish.

- With the day of the week, the definite article **el** (singular) or **los** (plural) is used to indicate *on*.

  El sábado vamos a una gran fiesta.   *On Saturday, we are going to a big party.*
  Los miércoles vamos al gimnasio.   *On Wednesdays, we go to the gym.*

- The plural of **el sábado** and **el domingo** is **los sábados** and **los domingos**.
  The other days use the same form in the singular and in the plural:
  el lunes → **los lunes**.

[1.16] El mes de septiembre. Listen to statements about what days of the week certain dates fall on, and mark whether the statements are true (**cierto**) or false (**falso**) based on the calendar on **Así se dice, Los días de la semana y los meses del año: ¿Qué día es hoy?**

1. C F **2.** C F **3.** C F **4.** C F **5.** C F

 [1.17] ¿Qué día es? In pairs, one of you will choose a day in the month of September from the calendar on **Así se dice, Los días de la semana y los meses del año: ¿Qué día es hoy?**, and the other will indicate on what day of the week it falls. Take turns.

Modelo: Estudiante A: **¿Qué día es el catorce de septiembre?**
         Estudiante B: **Es viernes.**

 [1.18] ¿Qué opinas? (What do you think?) Complete the statements with the appropriate day(s). Then in groups, share your answers with your classmates. Are your opinions similar?

1. Mi día de la semana favorito es _____.

2. El peor (*worst*) día de la semana es _____.

3. Tengo (*I have*) muchas clases _____.

4. No tengo muchas clases _____.

5. Un día malo (*bad*) para exámenes es _____.

6. Un día bueno (*good*) para hacer fiestas es _____.

NOTA CULTURAL

Cinco de Mayo

Cinco de Mayo is <u>not</u> "Mexican Independence Day"! It commemorates an important victory against the French in the town of Puebla. In Mexico, people have May 5th off, but it is not celebrated with parties as it is in the United States. Mexican Independence Day is on September 16th, when the *Grito de Independencia* is celebrated.

Search the Internet for "Grito de Independencia" in Mexico. In what ways is it similar to and different from Paul Revere's ride, or from Patrick Henry's "Give me liberty, or give me death!" speech at the 1775 Virginia Convention?

Agencia el Universal GDA PhotoService/Newscom

¿Cuál es la fecha de hoy?/¿Qué fecha es hoy?
(What's today's date?)

Pero Alfonso, mi cumpleaños es el 13 de agosto.

- To express what day of the month it is, use cardinal numbers (**dos, tres, cuatro,...**). In Latin America, the first of the month is always expressed with **el primero**. In Spain, **el uno** is used.

  Hoy es (el)[1] cuatro de abril.
  Mañana es (el) primero de abril. (Latin America)
  Mañana es el uno de abril. (Spain)

- To express the month in a date, use **de** before the month. Months are not generally capitalized in Spanish.

  el 25 **de** diciembre   el diez **de** mayo

- When dates are given in numbers, the day precedes the month.

  4/7 = **el cuatro de julio**

Note the names of the months in this calendar.

2015

enero

L	M	M	J	V	S	D
			1	2	3	4
5	6	7	8	9	10	11
12	13	14	15	16	17	18
19	20	21	22	23	24	25
26	27	28	29	30	31	

febrero

L	M	M	J	V	S	D
						1
2	3	4	5	6	7	8
16	17	18	19	20	21	22
23	24	25	26	27	28	

marzo

L	M	M	J	V	S	D
						1
2	3	4	5	6	7	8
16	17	18	19	20	21	22
23	24	25	26	27	28	29
30	31					

abril

L	M	M	J	V	S	D
		1	2	3	4	5
6	7	8	9	10	11	12
13	14	15	16	17	18	19
20	21	22	23	24	25	26
27	28	29	30			

mayo

L	M	M	J	V	S	D
				1	2	3
4	5	6	7	8	9	10
11	12	13	14	15	16	17
18	19	20	21	22	23	24
25	26	27	28	29	30	31

junio

L	M	M	J	V	S	D
1	2	3	4	5	6	7
8	9	10	11	12	13	14
15	16	17	18	19	20	21
22	23	24	25	26	27	28
29	30					

julio

L	M	M	J	V	S	D
		1	2	3	4	5
6	7	8	9	10	11	12
13	14	15	16	17	18	19
20	21	22	23	24	25	26
27	28	29	30	31		

agosto

L	M	M	J	V	S	D
					1	2
3	4	5	6	7	8	9
10	11	12	13	14	15	16
17	18	19	20	21	22	23
24	25	26	27	28	29	30
31						

septiembre

L	M	M	J	V	S	D
	1	2	3	4	5	6
7	8	9	10	11	12	13
14	15	16	17	18	19	20
21	22	23	24	25	26	27
28	29	30				

octubre

L	M	M	J	V	S	D
			1	2	3	4
5	6	7	8	9	10	11
12	13	14	15	16	17	18
19	20	21	22	23	24	25
26	27	28	29	30	31	

noviembre

L	M	M	J	V	S	D
						1
2	3	4	5	6	7	8
16	17	18	19	20	21	22
23	24	25	26	27	28	29
30						

diciembre

L	M	M	J	V	S	D
	1	2	3	4	5	6
7	8	9	10	11	12	13
14	15	16	17	18	19	20
21	22	23	24	25	26	27
28	29	30	31			

---

[1]A word in parentheses ( ) in an example indicates that it is optional.

[1.19] Días feriados (Holidays).

Match each of the following celebrations with the month when they are celebrated in the United States. For how many of them can you give the date as well, according to the calendar on the previous page?

Modelo: El Día de Navidad es en diciembre. Es el veinticinco de diciembre.

1. La Nochebuena (*Christmas Eve*)
2. El Día de Acción de Gracias (*Thanksgiving Day*)
3. El Día de los Reyes Magos (*Three Kings Day*)
4. El Día de los Enamorados (*Valentine's Day*)
5. El Día de las Madres (*Mother's Day*)
6. El Día de los Padres (*Father's Day*)
7. El Día de la Independencia (*Independence Day*)
8. El Día del Trabajo (*Labor Day*)

a. enero
b. febrero
c. mayo
d. junio
e. julio
f. septiembre
g. noviembre
h. diciembre

NOTA CULTURAL

Los días feriados

Not all holidays are celebrated equally or on the same dates in different Hispanic countries. For example, Father's Day is celebrated on March 19 in Spain, but on the second Sunday in June in other countries. Also, Mother's Day is always on May 10 in México and May 27 in Bolivia. Three Kings Day, or el **Día de los Reyes Magos** (*Wise Kings*), is the celebration of the Epiphany, honoring the arrival of the Three Wise Men to Jerusalem: Melchior, Balthazar, and Caspar. It is celebrated twelve days after Christmas (the "twelfth day of Christmas" in the famous Christmas carol). In the Hispanic world, the Three Kings bring gifts to children on this day, although **Santa Clos/San Nicolás** is gaining in popularity in many areas. Children often leave clumps of grass or hay for the Kings' camels to eat after their long journey.

Find out what a **Rosca de Reyes** is and what surprise is baked inside of it! What holiday customs are you familiar with that might compare to the customs described here?

▲ A *cabalgata* or Three Kings Parade

©Matthias Oesterle/Alamy

INVESTIG@ EN INTERNET

Look for an e-card to send to one of the classmates whose e-mail address you know. Use a search engine to find free e-cards in Spanish to celebrate one of your favorite holidays.

[1.20] Los cumpleaños (Birthdays).

Paso 1. Write the date of your birthday on a small piece of paper using numbers (**día/mes**) and give it to your instructor.

 Paso 2. Your instructor will now give each student one of the pieces of paper. Move around the class to find the person whose birthday is written on it.

Modelo: Estudiante A: **¿Cuándo es tu cumpleaños?**
         Estudiante B: **Mi cumpleaños es el ocho de octubre.**

 Paso 3. Tell the class the name of the student whose birthday information you have and when her/his birthday is.

Modelo: **El cumpleaños de Roberta es el ocho de octubre.**

NOTA CULTURAL

El día del santo

In most Hispanic countries, it is common to celebrate your birthday and also your saint's day (based on the Catholic tradition). If your parents named you after the saint honored on the day of your birth, then your birthday and your saint's day are the same. If they named you after a saint honored on a different day of the year, you have two celebrations! Observe the names of the saints on the January calendar.

ENERO

LUNES	MARTES	MIÉRCOLES	JUEVES	VIERNES	SÁBADO	DOMINGO
○ LUNA LLENA DIA 1 - 31	☾ C. MENGUANTE DIA 9	○ LUNA NUEVA DIA 17	☽ C. CRECIENTE DIA 24	**1** LA CIRCUNCISIÓN	**2** SAN BASILIO M.	**3** SAN ANTERO PAPA
4 SAN PRISCO	**5** S.TELESFORO	**6** LOS S. REYES EPIFANÍA	**7** SAN RAYMUNDO	**8** SAN APOLINAR	**9** SAN MARCELINO	**10** SAN GONZALO
11 S. HIGINIO PAPA	**12** S. ARCADIO M.	**13** S. HILARIO OB.	**14** SAN FÉLIX M.	**15** SAN MAURO ABAD	**16** SAN MARCELO	**17** SAN ANTONIO ABAD
18 STA. PRISCA V.	**19** SAN MARIO	**20** SAN FABIÁN	**21** SAN FRUCTUOSO	**22** SAN VICENTE M.	**23** SAN ALBERTO	**24** SAN FRANCISCO DE S.
25 STA. ELVIRA V.	**26** S. TIMOTEO OB.	**27** STA. ÁNGELA V.	**28** STO. TOMÁS DE A.	**29** SAN VALERIO	**30** STA MARTINA	**31** SAN JUAN BOSCO

[1.21] El día del santo.

Look at the calendar page above and find what days these people are celebrating their saints' day. Can you find a saint's day for someone you know?

Modelo: Ángela
        El santo de Ángela es el 27 de enero.

1. Elvira   **2.** Gonzalo   **3.** Martina   **4.** Tomás   **5.** Félix

En mi experiencia

Kim, Long Beach, CA

"I was studying abroad in Oviedo, Spain. A friend and I took my host mom out to dinner for her birthday and we paid the bill without her knowing. When she found out, she was very upset. I explained to her that in the United States, it's polite to pay for dinner on someone's birthday. She said that in Spain it is the opposite: The birthday person pays for everyone."

Why might it be that the birthday individuals in Spain are the ones who treat their friends? Why might the birthday woman in this scenario have been offended?

©Ronnie Kaufman/Larry/Blend Images/age fotostock

Decir la hora (*Telling time*).

- When you want to know what time it is, ask **¿Qué hora es?** For telling time on the hour, use **es** for *one o'clock* only. Use **son** for all other times.

Es la una.

Son las ocho.

- To state the number of minutes past the hour, say the name of that hour plus (**y**) the number of minutes.

Es la una **y** diez.

Son las cuatro **y** cuarto.
Son las cuatro **y** quince.

Son las diez **y** media.
Son las diez **y** treinta.

Son las once **y** cuarenta.

- To state the number of minutes before the coming hour, give the next hour less (**menos**) the number of minutes to go before that hour.

Es la una **menos** diez.

Son las nueve **menos** veinticinco.

- To differentiate between hours in the morning, afternoon, and evening, use the following expressions.

Son las seis **de la mañana.**

Son las seis **de la tarde.**[1]

Son las diez **de la noche.**

Es **mediodía.**

Es **medianoche.**

- To ask at *what time* a class or event takes place, use **¿A qué hora... ?**

    —**¿A qué hora** es la clase?
    —Es **a las 8:15** de la mañana.

---

[1]In most Spanish-speaking countries, **tarde** is used while there is still daylight, and thus may extend until 7:00 P.M. or even 8:00 P.M.

> **NOTA DE LENGUA**

Speakers of Spanish rarely use A.M. and P.M., which are restricted to writing (although they are becoming more widely used in spoken Spanish in the United States). When speaking, one would say:

las seis **de la mañana**
las seis **de la tarde**

[1.22] ¿Qué hora es?

Paso 1. Listen to the times given and identify the clock (**reloj**) that tells each time.

Modelo: You hear: Son las ocho y media de la mañana.
You say: **Reloj 3.**

1.

2.

3.

4.

5.

6.

7.

8.

 Paso 2. With a classmate, one of you chooses a clock and tells the time on it. Then the other identifies the clock that tells that time.

Modelo: Estudiante A: **Son las once y cinco de la mañana.**
Estudiante B: **Reloj 3.**

1.

2.

3.

4.

5.

6.

7.

8.

[1.23] **¿A qué hora?** (*At what time?*) In pairs, each student looks at one of the following TV guides. Ask each other at what time the programs indicated are featured.

Modelo: Estudiante A: **¿A qué hora es NX clusiva?**
Estudiante B: **A las ocho de la noche.**

Estudiante A	
Horario Univisión (Hora del este)	
En la mañana	
7:00 a. m. - 10:00 a. m.	¡Despierta América!
10:00 a. m. - 12:00 p. m.	La Rosa de Guadalupe
En la tarde	
12:00 p. m. - 1:00 p. m.	Hoy
1:00 p. m. - 2:00 p. m.	Casos de familia
2:00 p. m. - 3:00 p. m.	Amores Verdaderos
3:00 p. m. - 4:00 p. m.	Rebelde
4:00 p. m. - 5:00 p. m.	El Gordo y la Flaca
5:00 p. m. - 6:00 p. m.	Primer Impacto
6:00 p. m. - 6:30 p. m.	La Casa de la Risa
6:30 p. m. - 7:00 p. m.	Noticiero Univisión
En la noche	
7:00 p. m. - 8:00 p. m.	Heridas de Amor
8:00 p. m. - 9:00 p. m.	Noche de estrellas
9:00 p. m. - 10:00 p. m.	Corazón Indomable
10:00 p. m. - 11:00 p. m.	Historias para Contar
11:00 p. m. - 11:30 p. m.	Primer Impacto Extra
11:30 p. m. - 12:00 a. m.	Noticiero Univisión - Última Hora

Estudiante B	
Horario Galavisión (Hora del este)	
En la mañana	
7:00 - 10:00	Primero noticias
9:00 - 12:00	XH Derbez
En la tarde	
12:00 - 13:30	La Fea Más Bella
13:30 - 14:30	La escuelita VIP
14:30 - 15:30	Cero en Conducta
15:30 - 17:00	Noticiero con Paola Rojas
17:00 - 18:00	¿Qué nos pasa?
18:00 - 20:00	NX clusiva
En la noche	
20:00 - 21:00	El Chapulín Colorado
21:00 - 21:30	Mujeres, Casos de la Vida Real
21:30 - 22:30	Las noticias por Adela

Estudiante A
Ask about Galavisión's schedule:
1. Cero en Conducta
2. Primero noticias
3. La Fea más Bella
4. El Chapulín Colorado
5. Noticiero con Paola Rojas

Estudiante B
Ask about Univisión's schedule:
1. Noticiero Univisión Última Hora
2. Historias para contar
3. Casos de familia
4. El Gordo y la Flaca
5. ¡Despierta América!

[1.24] El mundo hispano (*The Hispanic world*). Times on the map below are given according to the 24-hour clock. Tell what time it is in the following cities according to the information on the map. What do these cities have in common?

Modelo: ¿Qué hora es en San Salvador, El Salvador?
Son las 7:30. *o* **Son las 7 y media de la mañana.**

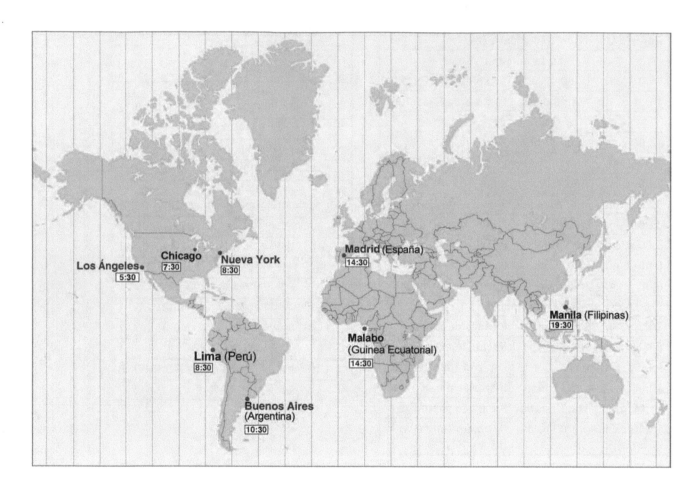

1. ¿Qué hora es en Lima?

2. ¿Qué hora es en Buenos Aires?

3. ¿Qué hora es en Los Ángeles?

4. ¿Qué hora es en Nueva York?

5. ¿Qué hora es en Madrid?

6. ¿Qué hora es en Chicago?

7. ¿Qué hora es en Manila?

8. ¿Qué hora es en Malabo?

Cultura

El español en el mundo

ANTES DE LEER

1. Can you name 5 countries where Spanish is spoken?

2. Do you think the United States ranks high on the list of countries with large Spanish-speaking populations?

Spanish is the second most spoken language in the world:

Mandarin	955 million
Spanish	407 million
English	359 million

It is the primary language in 20 different countries—see the map on the front inside cover of your textbook to familiarize yourself with them—and it is also an official language in the African country of Equatorial Guinea.

Did you know that the United States has approximately 46 million Spanish speakers, making it the third largest Spanish-speaking country after Mexico and Spain? Spanish can be found widely in business contexts as well as on television, the Internet, and music.

What are some of the benefits of learning a second language—Spanish, in particular?

Las nacionalidades

When you travel to a Spanish-speaking country, you will likely be asked, **¿De dónde eres?** or **¿De dónde es usted?** If you are from the United States, your response would be, **Soy de Estados Unidos** or **Soy estadounidense**. Although we sometimes hear people from the U.S. referred to as americanos, in fact americano/a can refer to anyone in North, Central, or South America.

Note that several nationalities have two different forms:

Male	**mexicano, español**
Female	**mexicana, española**

Estadounidense has only one form for both males and females. For a complete listing of nationalities from around the world, see **Apéndice Países, profesiones, materias** at the end of the book.

Soy cubano.

Soy mexicana.

Soy español.

Soy estadounidense.

DESPUÉS DE LEER

Do you know any Spanish-speakers in your community? What are their countries of origin?

DICHO Y HECHO

Do you use Facebook, Twitter, or other social media? Are you familiar with the common functions and tools they use?

This section will help you develop your reading, listening, writing, and oral skills in Spanish and offer strategies to do it more effectively. In this first chapter, you will work on reading, listening, and writing. In the next chapters, you will also work on oral skills.

PARA LEER: En las redes sociales (*social media*)

ESTRATEGIA DE LECTURA

Using previous knowledge
You have already learned to seek cognates to help your understanding of Spanish texts. You can also use other knowledge to help you better understand. Internet, newspapers, etc. often use common formats, icons, and images that you may recognize.

A LEER

Look at this social media page in Spanish. Can you tell what the different sections of the page are for? Can you figure out what the icons might mean? In pairs, mark the icons you can interpret and underline any words you understand (cognates, words you can figure out through context, etc.). When you finish, compare your findings with another pair.

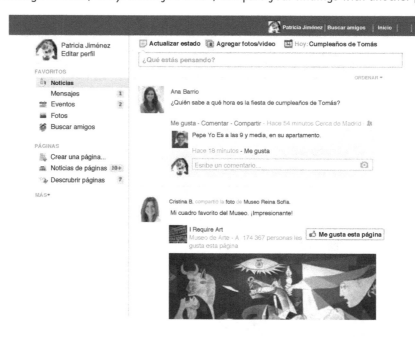

Credits (top to bottom): © Mark Bowden/iStockphoto, © Michael De Leon/iStockphoto, © Jani Bryson/iStockphoto, © denis doyle/Alamy, Bruce Yuanyue Bi/Lonely Planet Images/Getty Images

DESPUÉS DE LEER

1. Find these words or sentences in the *MiRed* social media page and guess what they mean.

* Noticias _____
* Páginas _____
* Perfil _____
* Buscar amigos _____
* ¿Qué estás pensando? _____

* Compartir _____
* Me gusta _____
* Cuadro _____

PARA ESCRIBIR: Retrato en poesía

ANTES DE ESCRIBIR

Do you read or write poetry? Do you use this or another form of self-expression? Here are some ideas. Check the ones you do use or feel more affinity for.

Poesía/Escritura (*Poetry/Writing*)   Danza   Fotografía
Música   Pintura (*Painting*)   ¿Otro? (*Other?*) _____

A ESCRIBIR

You are going to write a brief portrait in the form of a poem, where you can describe a person who is important to you. And it does not have to rhyme! Here are some ideas to get you started:

- You have seen many examples of descriptive cognates throughout the chapter.
- You can also say where this person is from, if you'd like.
- You now know how to ask some questions; consider using one or more: *¿Cómo se llama?, ¿De dónde es?, ¿Cómo es?*
- Feel free to use any other vocabulary and phrases from the chapter to enhance your poem.

DESPUÉS DE ESCRIBIR

After the class is divided into groups, share your poem with your group.

PALABRAS ÚTILES

(mejor) amigo/a	*best friend*
hermano/a	*brother/ sister*
padre/madre	*father/ mother*

PARA VER Y ESCUCHAR: **WileyPLUS**
¡Bienvenido al mundo hispano!

ANTES DE VER EL VIDEO

1. ¿De dónde eres tú? _____.

2. ¿De dónde son tus padres? _____.

A VER EL VIDEO

Paso 1. Circle the countries mentioned in the video and write down one more that is not listed here.

Argentina   Bolivia   Colombia   Costa   Rica   Ecuador   El Salvador

Guatemala   España   México   Paraguay   Perú   Puerto Rico   Uruguay

Venezuela

Paso 2. Complete the sentences with the appropriate word(s) from the video. (Any words you have not learned are cognates. Try to spell them based on what you know about the alphabet.)

a. El español es el idioma oficial en _____ países.

b. Los países del mundo hispano tienen mucha _____ y _____ en común.

c. En España los amigos se saludan con _____ beso(s) y en Perú con ____ beso(s).

d. ¿Cómo se saludan los viejos amigos?   con un beso   con un abrazo

DESPUÉS DE VER EL VIDEO

Had you heard about all these countries before? What countries are in North America, Central America, and South America? Would you be able to place them in a map?

© John Wiley & Sons, Inc.

Repaso de vocabulario activo

Saludos y expresiones comunes *Greetings and common expressions*

Buenos días, señorita/ señora/señor. *Good morning, Miss/Ma'am/Sir.*

Buenas tardes. *Good afternoon.*

Buenas noches. *Good evening.*

¡Hola! *Hello!/Hi!*

¿Cómo está usted? ¿Cómo estás? *How are you?*

¿Qué tal? *How is it going?*

Muy bien, gracias. *Very well, thanks.*

Fenomenal. *Great.*

Regular. *OK./So-so.*

¿Qué pasa? *What's happening?*

¿Qué hay de nuevo? *What's new?*

Pues nada. *Not much.*

Le presento a... *(formal) I would like to introduce you to ...*

Te presento a... *(informal) I want to introduce you to ...*

Mucho gusto. *Nice meeting you.*

Encantado/a. *Pleased to meet you.*

Igualmente. *Nice meeting you, too.*

El gusto es mío. *The pleasure is mine.*

¿Cómo se llama usted? ¿Cómo te llamas? *What's your name?*

Me llamo... *My name is ...*

¿De dónde es usted? ¿De dónde eres? *Where are you from?*

Soy de... *I am from ...*

Expresiones de cortesía *Expressions of courtesy*

Perdón./Disculpe. *Pardon me. Excuse me. (≠ Con permiso.)*

Lo siento (mucho). *I am (very) sorry.*

Con permiso. *Pardon me. Excuse me. (≠ Perdón./ Disculpe.)*

Por favor. *Please.*

(Muchas) gracias. *Thank you (very much.)*

De nada. *You're welcome.*

Adiós. *Good-bye.*

Hasta luego. *See you later.*

Hasta pronto. *See you soon.*

Hasta mañana. *See you tomorrow.*

Chao. *Bye./So-long.*

Adjetivos descriptivos *Descriptive adjectives*

atlético/a *athletic*

cómico/a *funny, comical*

creativo/a *creative*

extrovertido/a *extroverted*

inteligente *intelligent*

flexible *flexible*

introvertido/a *introverted*

optimista *optimist*

pesimista *pesimist*

responsable *responsible*

tranquilo/a *calm, tranquil*

Verbo *Verb*

ser *to be*

Los días de la semana *The days of the week*

lunes *Monday*

martes *Tuesday*

miércoles *Wednesday*

jueves *Thursday*

viernes *Friday*

sábado *Saturday*

domingo *Sunday*

¿Qué día es hoy? *What day is it?*

el día *day*

la semana *week*

el fin de semana *weekend*

Los meses *Months*

enero *January*

febrero *February*

marzo *March*

abril *April*

mayo *May*

junio *June*

julio *July*

agosto *August*

septiembre *September*

octubre *October*

noviembre *November*

diciembre *December*

¿Cuál es la fecha de hoy?/ ¿Qué fecha es hoy? *What's the date today?*

¿Qué hora es? *What time is it?*

la hora *time/hour*

y/menos *and/less*

cuarto/media *quarter/half*

de la mañana/tarde/ noche *in the morning/ afternoon/evening*

Es mediodía/ medianoche. *It's noon./ midnight.*

RyFlip/Shutterstock

2

La vida universitaria

LEARNING OBJECTIVES

In this chapter, you will learn to:

- talk about computers, the language lab, and the classroom.
- talk about where you are going on campus.
- talk about your class schedule.
- talk about activities related to university life.
- compare universities in Spanish-speaking countries.
- discover Puerto Rico.

Entrando al tema

1 Approximately what percentage of students at your school live in campus dormitories?

2 How popular are the following at your university: fraternities and sororities; t-shirts and other clothing with university logos; sports teams?

29

Así se dice

La vida universitaria

WileyPLUS
Pronunciación:
Practice pronunciation of the chapter vocabulary
and particular sounds of Spanish in *WileyPLUS*.

En el laboratorio

- la impresora
- imprimir
- el trabajo escrito
- el papel/una hoja de papel
- la papelera
- los auriculares
- la pantalla
- escuchar
- el disco compacto/el CD

- navegar por la red/Internet
- la computadora
- buscar
- la página web/ el sitio web
- el ratón

En la clase

- el proyector
- el aula
- la tarea
- Tarea:
- Literatura chilena
- págs: 80-89
- la profesora
- Prueba el viernes
- la pizarra
- la ventana
- el estudiante/el alumno
- el televisor
- el libro
- el diccionario
- la calculadora
- la silla
- el (reproductor de) DVD/el video
- el escritorio
- el lápiz
- el bolígrafo/la pluma
- la mesa
- el cuaderno
- el (teléfono) celular/móvil

¿Qué ves? (*What do you see?*) Answer these questions about the illustration:

1. Alberto está en el laboratorio, ¿qué usa para imprimir el trabajo, la impresora o la papelera?
2. ¿Dónde hay papel? ¿Hay papel en la papelera? ¿Hay papel en la impresora?
3. Carmen practica español en el laboratorio, ¿qué usa, un CD o un diccionario? (…)

You can find more comprehension questions on *WileyPLUS* and on the *Book Companion Site* (BCS).

el correo electrónico/ el e-mail

el teclado

enviar/mandar un mensaje (electrónico)

usar

el aula	the classroom
buscar	to look for
enviar/mandar	to send
navegar por la red	to surf the Web
la pantalla	screen (in TV, computer, movies)
el papel	paper (a sheet of paper)
(una hoja de papel)	
la tarea	homework
el trabajo (escrito)	an academic paper/essay

New vocabulary is better learned when you make the connection between the thing or concept and the Spanish word directly, without an English translation. Therefore, we only include translations for new words when illustrations or context are not enough to figure out their meaning. All new words are translated in the section **Repaso de vocabulario activo** at the end of each chapter.

el reloj

el mapa

la puerta

el borrador

la tiza

el examen/la prueba

la nota

la estudiante/la alumna

la mochila

¿Y tú?

1. ¿Vas (*Do you go*) a clase con tu computadora portátil? ¿Prefieres tomar notas en tu cuaderno, el libro o la computadora?

2. ¿Usas una computadora personal o vas al laboratorio?

▶ NOTA DE LENGUA

Hay means *there is* or *there are* in a statement, and *is there* or *are there* in a question. It is used with singular and plural forms.

Hay una ventana en el aula.	***There is*** *a window in the classroom.*
Hay veinte estudiantes.	***There are*** *twenty students.*
¿**Hay** mucha tarea?	***Is there*** *a lot of homework?*

[2.1] Asociación de palabras. Indicate which word does not fit with the others, then add one that does.

1. la impresora	el ratón	la computadora	la tiza	_____
2. el bolígrafo	el lápiz	la pluma	el cuaderno	_____
3. el alumno	la mesa	la ventana	la puerta	_____
4. el reloj	el mapa	el borrador	la mochila	_____
5. los auriculares	el papel	el cuaderno	el diccionario	_____
6. navegar por la red	escuchar	la calculadora	el sitio Web	_____

[2.2] ¿Cuántos (How many) hay?

Paso 1. Look around and indicate below how many of each item there are (**hay**) in your classroom today (you may count students' belongings, too). Add one more item you feel it is important to have.

En el aula hay...

sillas _____   proyectores _____

escritorios y mesas _____   relojes _____

computadoras _____   pizarras _____

ventanas _____   libros _____

Paso 2. In pairs, decide how well equipped (**bien equipada**) your classroom is and add some things you would want for the classroom and/or yourselves.

El aula está equipada ☐ muy bien ☐ adecuadamente ☐ insuficientemente. También queremos (we want) _____ para (for) el aula y _____ para nosotros (for us).

[2.3] Las categorías. In pairs, how many words can you write down for each category in 3 minutes?

El aula: la puerta, la tiza... _____ ...
El material escolar (school supplies): _____ ...
La tecnología: _____ ...

En mi experiencia
Raul, Tucson, AZ

"In Spain, I needed notebooks and supplies for my classes. I went to a *papelería* store and, instead of being able to browse, I had to tell the clerk what I was looking for. She would bring everything to the counter, and I would decide what I wanted. I felt a little guilty if I ended up not buying anything after she went through all the trouble."

Are there any small shops in your town where things are kept behind the counter and independent browsing is not possible? Are there advantages and disadvantages to this kind of store?

© Caro/Alamy

Así se forma

1. Identifying gender and number: Nouns and articles

Los estudiant**es** están en **la** clase. **Un** alumn**o** escribe en **el** cuaderno. **Una** estudiante y **un** estudiant**e** escriben en **la** pizarr**a**. **La** profesor**a** conversa con **unas** alumn**as**.

All nouns in Spanish have two important grammatical features: gender (masculine and feminine) and number (singular and plural). Note that, although gender may reflect a biological distinction in some nouns referring to persons and animals, it is merely a grammatical feature in nouns that refer to nonliving things.

Gender: Masculine and Feminine Nouns

Masculino	Femenino
• Most nouns referring to a male: **el** estudiante **el** profesor **el** señor	• Most nouns referring to a female: **la** estudiante **la** profesora **la** señora
• Most nouns that end in **–o**: **el** escritori**o** **el** diccionari**o**	• Most nouns that end in **–a**[1]: **la** impresor**a** **la** puert**a**
• Most nouns that end in **–r** or **–l**: **el** televiso**r** **el** borrado**r** **el** pape**l**	• Almost all nouns ending in **–ón** and **–d**: **la** informac**ión** **la** orac**ión** **la** actitu**d**
• BUT some nouns that end in **–a**: are masculine: **el** map**a** **el** dí**a** **el** problem**a** **el** program**a**	• BUT some nouns that end in **–o** are feminine: **la** man**o** **la** radi**o**

Finally, some nouns ending in **–e** and **–ista** can be either masculine or feminine:

el estudiant**e** **el** tur**ista** **la** estudiante **la** tur**ista**

la estudiante   el estudiante

Number

- Singular nouns ending in a vowel form the plural by adding **–s**.
  un estudiante → dos estudiante**s**
- Nouns ending in a consonant add **–es**.
  un reloj → dos reloj**es**
- But nouns ending in –z change to **–ces**.
  un lápiz → dos lápi**ces**[2]

HINT

If you memorize the article when you learn a new noun, you will remember its gender. For example: **la** clase (feminine), **el** lápiz (masculine).

[1]**Aula** is feminine even though it uses the article **el**. The plural form is **las aulas**.
[2]Spanish-spelling rules disallow the combination **z + e**. Instead change the **z** to a **c**.

▶ NOTA DE LENGUA

Note that when talking about a group that includes both masculine and feminine nouns, we use the masculine plural.

dos chicos y tres chicas →
unos chicos

Definite and indefinite articles

The articles that accompany nouns must agree with respect to gender and number. Therefore, articles have masculine and feminine forms as well as singular and plural forms.

	Definite articles (*the*)		Indefinite articles (*a/an; some*)	
	singular	plural	singular	plural
masculino	**el** alumno	**los** alumnos	**un** alumno	**unos** alumnos
femenino	**la** alumna	**las** alumnas	**una** alumna	**unas** alumnas

- In general, definite articles indicate that the noun is specific or known.

  El libro de historia es fantástico. *The history book is fantastic.*
  La puerta de **la** oficina está cerrada. *The office door is closed.*

- Indefinite articles are used to refer to new information, and indicate that the noun is unspecified or unknown.

  Hay **un** libro en la mesa. *There is a book on the table.*
  ¿Buscas **un** diccionario? *Are you looking for a dictionary?*

[2.4] Vamos a comparar (*Let's compare*) mochilas.

Paso 1. What is in Sara's backpack today? Underline the correct forms for the items you see in her backpack as well as for an appropriate article.

En la mochila de Sara	¿Hay eso (*that*) en mi mochila?
Modelo: Hay <u>un</u>/una/unos/unas <u>cuaderno</u>/cuadernos.	Sí, hay un cuaderno./Sí, hay unos cuadernos./No, no hay.
1. Hay un/una/unos/unas pluma/plumas.	
2. Hay un/una/unos/unas computadora portátil/computadoras portátiles.	
3. Hay un/una/unos/unas lápiz/lápices.	
4. Hay un/una/unos/unas libro/libros.	
5. Hay un/una/unos/unas celular/celulares.	

Paso 2. Work with a partner. Write down your guesses about the contents of his/her backpack. Here are some more words that you may want to use.

Modelo: En la mochila de Karen hay unas plumas, unos libros...

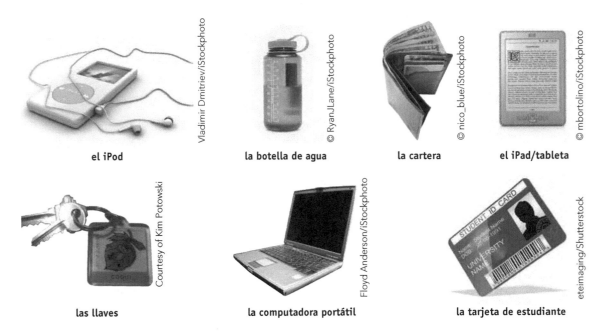

el iPod | la botella de agua | la cartera | el iPad/tableta

las llaves | la computadora portátil | la tarjeta de estudiante

 Paso 3. Now read your guesses to each other and respond.

Modelo: [Karen's possible response to example above]
Sí, en mi mochila hay unas plumas, pero no hay unos libros, hay un libro.

[2.5] En mi cuarto (*room*).

Complete with appropriate articles. Think both about whether you should use a definite or indefinite article and the correct gender/number agreement.

Mi cuarto está bien equipado para estudiar (*to study*.) Hay ____ escritorio, ____ silla, ____ computadora y ____ ventanas. ____ escritorio es grande (*big*) y ____ silla es muy cómoda (*comfortable*.) Hay ____ problema: no hay ____ impresora en ____ cuarto, pero hay ____ laboratorio de computadoras cerca (*nearby*).

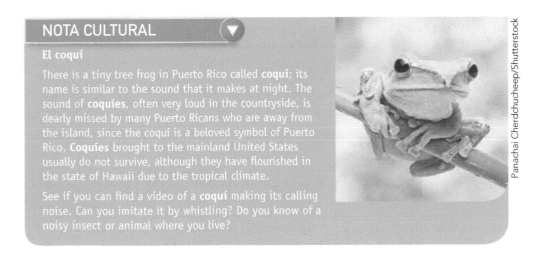

NOTA CULTURAL ▼

El coquí

There is a tiny tree frog in Puerto Rico called **coquí**; its name is similar to the sound that it makes at night. The sound of **coquíes**, often very loud in the countryside, is dearly missed by many Puerto Ricans who are away from the island, since the coquí is a beloved symbol of Puerto Rico. **Coquíes** brought to the mainland United States usually do not survive, although they have flourished in the state of Hawaii due to the tropical climate.

See if you can find a video of a **coquí** making its calling noise. Can you imitate it by whistling? Do you know of a noisy insect or animal where you live?

Así se dice

Las clases universitarias

WileyPLUS

Pronunciación: Practice pronunciation of the chapter vocabulary and particular sounds of Spanish in *WileyPLUS*.

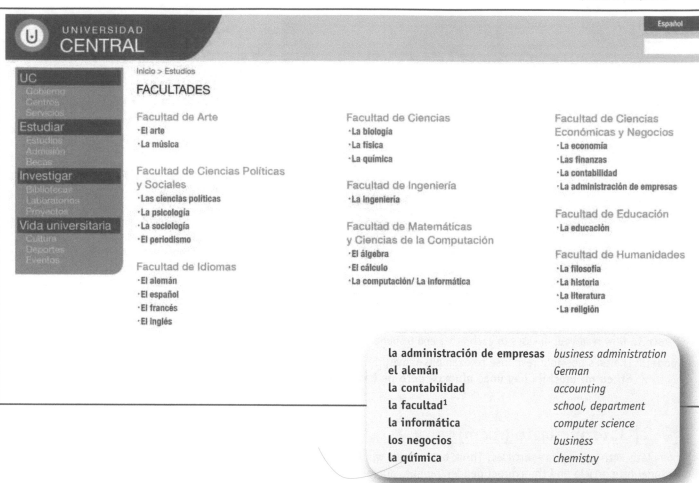

la administración de empresas	*business administration*	
el alemán	*German*	
la contabilidad	*accounting*	
la facultad[1]	*school, department*	
la informática	*computer science*	
los negocios	*business*	
la química	*chemistry*	

[2.6] ¿Es lógico?

Paso 1. Listen to the statements and indicate whether they are logical or illogical, based on what the following individuals are using.

		Lógico	**Ilógico**
Modelo: (You hear:)	*Es la clase de francés.*		
(You see:)	**Carmen usa un libro de español.**	☐	☑
1. Marta y Alberto usan unos microscopios.		☐	☐
2. Alfonso usa un programa de cálculo para la computadora.		☐	☐
3. Inés usa un violín.		☐	☐
4. Yo uso un tubo con ácido sulfúrico.		☐	☐
5. Tú usas un libro sobre Picasso.		☐	☐
6. Natalia y Linda usan una copia de Hamlet.		☐	☐

---

[1]Note that **la facultad** refers to a *school* or department as an administrative division within a university. It does not refer to the professors. To talk about the *faculty*, use el **profesorado**.

Paso 2. Now, write sentences guessing where the following students are.

Modelo: Manuel usa una calculadora.

Es la clase de matemáticas.

1. Sofía y Maribel usan un libro sobre (*about*) Abraham Lincoln.

2. Nosotros usamos libros sobre Sigmund Freud.

3. Ustedes usan un libro sobre la Biblia y el Corán.

4. Usas un libro sobre el sistema educativo.

5. Uso un libro sobre los mercados financieros (*financial markets*).

[2.7] ¿Qué clase es?

Paso 1. Write down the name of the class that, in your opinion, best fits each description.

1. Es muy interesante, pero difícil. _____

2. Es fascinante. _____

3. Es muy fácil (*easy*). _____

4. Es muy popular. _____

5. Es muy importante. _____

6. Es recomendable. _____

 Paso 2. Now, in small groups, compare your answers. Do you agree in your opinions?

 [2.8] Nuestras clases. In your notebook, write a list of your classes this semester. Then walk around the class and ask your classmates what their classes are. Write the name of the students who have the same class as you next to that class.

PALABRAS ÚTILES	
estoy de acuerdo	*I agree*
no estoy de acuerdo	*I disagree*
es verdad	*it is true*
para mí no	*not for me*

Modelo: Estudiante A: **¿Cuáles son tus clases este semestre?**

Estudiante A: **Mis clases son Español 101,... ¿cuáles son tus clases?**

¿En qué clases hay dos o más estudiantes de esta (*this*) clase de español?

En el campus universitario

WileyPLUS

Pronunciación: Practice pronunciation of the chapter vocabulary and particular sounds of Spanish in *WileyPLUS*.

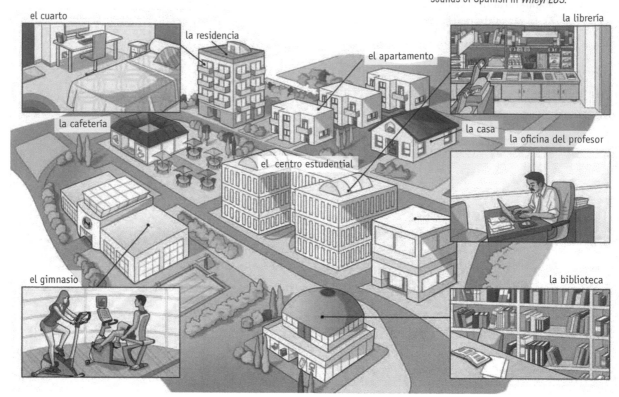

el cuarto • la residencia • el apartamento • la librería • la cafetería • la casa • la oficina del profesor • el centro estudential • el gimnasio • la biblioteca

[2.9] **¿Dónde? (Where?)** Listen to the following places and write down the name of each place next to the right description. Note that some places may fit more than one description.

1. Hay estudiantes. Duermen. *(They are sleeping)*

2. Hay estudiantes. Estudian.

3. Hay profesores.

4. Hay estudiantes. Comen. *(They're eating)*

5. Hay máquinas de ejercicio.

[2.10] ¿Adónde? (Where to?)

Paso 1. Indicate where you would go in these situations.

1. ¡No tengo (*I don't have*) bolígrafos! Voy a (*I'm going to*)...

2. Tengo (*I have*) mucha tarea de español esta tarde. Voy a...

3. No estoy bien, estoy cansado (*I'm tired*). Voy a...

4. ¡La clase de ingeniería es muy difícil! Voy a...

5. Tengo un examen. Necesito (*I need*) concentración para estudiar. Voy a...

Paso 2. In small groups, compare your preferences.

Modelo: Cuando (*When*) **no tengo bolígrafos voy a la librería. Scott también va** (*he goes*) **a la librería, pero Ivy los compra en Amazon.**

[2.11] La Universidad de Puerto Rico. Imagine that you are studying abroad at the Río Piedras campus of the University of Puerto Rico (UPR). Using the campus map as a guide, answer the following questions in the first column. Then, answer for your own campus in the second column.

¿Adónde van los estudiantes para...	La UPR	Mi universidad
1. ...comer *(to eat)*?		
2. ...comprar *(to buy)* libros?		
3. ...ver *(to see)* arte?		
4. ...obtener una fotografía para su tarjeta de identificación (ID)?		
5. ...visitar al médico?		
6. ...consultar libros?		
7. ...practicar deportes?		
8. ¿Cuántos estacionamientos hay?		
9. ¿A qué facultad van los estudiantes para una clase de historia? ¿Y para una clase de biología?		
10. ¿Cuántas residencias estudiantiles hay?		

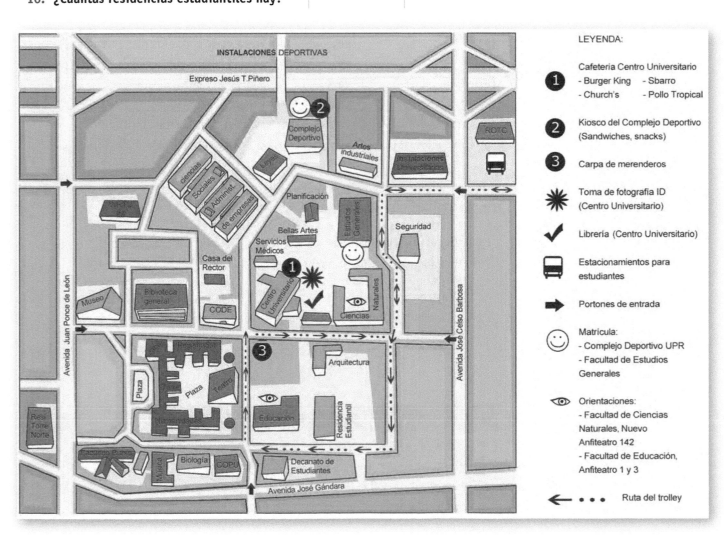

LEYENDA:

1 Cafetería Centro Universitario
- Burger King   - Sbarro
- Church's   - Pollo Tropical

2 Kiosco del Complejo Deportivo (Sandwiches, snacks)

3 Carpa de merenderos

✳ Toma de fotografía ID (Centro Universitario)

✔ Librería (Centro Universitario)

🚌 Estacionamientos para estudiantes

➡ Portones de entrada

☺ Matrícula:
- Complejo Deportivo UPR
- Facultad de Estudios Generales

👁 Orientaciones:
- Facultad de Ciencias Naturales, Nuevo Anfiteatro 142
- Facultad de Educación, Anfiteatro 1 y 3

← • • • Ruta del trolley

La vida universitaria • 39

○ Así se forma

2. The present tense and talking about going places: *Ir + a + destination*

¿Adónde vas?

Voy a clase de álgebra.

▶ **NOTA DE LENGUA**

¿Dónde? = Where?
¿Dónde estás?

¿Adónde? = Where to?
¿Adónde vas?

Camila: Hola Vicente, ¿**adónde vas** tan rápido (*so quickly*)?

Javier: **Voy a clase** de álgebra. Hoy hay una prueba, y voy tarde (*I am late*).

Camila: Oye, ¿**vas a la fiesta** de Alicia el viernes?

Javier: No, los viernes **voy a un club**.

Camila: ¿Todos los viernes **vas al club** a bailar (*to dance*)? ¿Qué club es?

Javier: Pues, el club de matemáticas.

WileyPLUS

Go to *WileyPLUS* to review this grammar point with the help of the **Animated Grammar Tutorial** and **Verb Conjugator.**

To state where you are going, use the verb **ir** (*to go*) + **a** (*to*) + destination.

ir (*to go*)		
(yo)	**voy**	**Voy** a clase todos los días (*every day*).
(tú)	**vas**	¿**Vas** al cuarto por la tarde?
(usted, él, ella)	**va**	Ella **va** a la universidad.
(nosotros/as)	**vamos**	**Vamos** al restaurante.
(vosotros/as)	**vais**	¿**Vais** al centro estudiantil?
(ustedes, ellos/as)	**van**	Ellas **van** al gimnasio.

Observe the uses of the present tense as illustrated with examples of **ir** + **a** + destination. The Spanish present tense can be used to:

- talk about actions that occur in the present.
  Voy al gimnasio ahora.   *I'm going to the gym now.*

- talk about recurring or habitual actions.
  Voy al gimnasio todos los días.   *I go to the gym every day.*
  ¿**Vas** con frecuencia?   *Do you go frequently?*

- talk about actions in the near future when accompanied by phrases indicating the future.
  María **va** a una fiesta esta noche.   *María **will go/is going** to a party tonight.*

▶ **NOTA DE LENGUA**

a (*to*) + **el** (*the*) = **al**	*Vamos **al** cuarto de Anita.*
a + **la, los, las** = *no change*	*Vamos **a la** biblioteca.*
de (*from, about, of*) + **el** = **del**	*Vamos a la oficina **del** profesor.*
de + **la, los, las** = *no change*	*Vamos a la oficina **de la** profesora.*

¿Cuándo vamos? (When do we go?)

ahora	*now*
antes de/después de (clase)	*before/after (class)*
esta mañana/tarde/noche	*this morning/this afternoon/tonight*
más tarde	*later*
por/en la mañana/la tarde/la noche	*in the morning/afternoon/night*
todas las mañanas	*every morning*
todas las tardes	*every afternoon*
todos los días	*every day*
todos los fines de semana	*every weekend*

▶ NOTA DE LENGUA

Note the difference between
todas las mañanas
every morning (frequency) **vs.**
toda la mañana *all morning*
(duration)
todos los días   *every day* vs.
todo el día   *all day*

¿Con qué frecuencia? (How often?)

+					−
siempre	casi (*almost*) siempre	con frecuencia	a veces	casi nunca	nunca

▶ NOTA DE LENGUA

The placement of expressions of frequency is flexible. Note that when **casi nunca** and **nunca** are placed after the verb, we need **no** before the verb.
Nunca voy a la biblioteca.
No voy a la biblioteca **nunca**.

[2.12] ¿Cuándo? (When?)

Paso 1. Read the sentences below and indicate whether they are referring to a current moment present (**ahora**) action, to habitual/recurrent (**habitual**) actions, or to an action in the near future (**futuro**).

	ahora	habitual	futuro
1. ¡Juan, espera (*wait*)! ¿Adónde vas?	☐	☐	☐
2. A veces vamos al gimnasio.	☐	☐	☐
3. El sábado, Irene y Cristina van a una fiesta.	☐	☐	☐
4. Ahora voy a la clase de inglés...	☐	☐	☐
5. ...y esta tarde voy a clase de historia.	☐	☐	☐
6. Siempre vas tarde a clase.	☐	☐	☐

Paso 2. Based on the cues, tell where you think these people are going now, or go habitually or are going to go in the near future.

1. En mi mochila hay una calculadora,...

2. ¡Pedro y Rafa son muy fuertes! Ellos...

3. Hay examen en tu clase de alemán mañana. Tú...

4. Hay horas de oficina esta tarde. El profesor...

5. ¡Es sábado! Tú y yo...

La vida universitaria • 41

En mi experiencia

Andrew, Fayetteville, NC

"I studied abroad in Argentina, where the legal drinking age is 18. I think because students have already had social drinking experiences, by the time they get to college they are not as 'obsessed' with alcohol as some seem to be on my campus in the U.S. I appreciated the more mature approach to alcohol there."

Is alcohol abuse a problem on your campus? What can be done to reduce it? Search for the legal drinking age in different countries around the world.

©David R. Frazier Photolibrary, Inc. /Alamy

[2.13] El horario (Schedule). Work with a classmate (write her/his name in the chart below).

Paso 1. Tell your classmate what your classes are this semester and write down his/hers. Then, take turns asking each other about your classes and activities on a typical week, and write them in the calendar below. (Use the last row for classes or activities after 5:00 p. m.)

Modelo: Estudiante A: **Este semestre voy a clase de química, historia de Estados Unidos,...**

Estudiante B: **¿Qué días vas a clase de química? (...) ¿A qué hora vas? (...) ¿Vas a la cafetería/biblioteca/...? (...)**

REMEMBER

¿Qué hora es? =
What time is it?
¿A qué hora... =
At what time...

El horario de _____

	lunes	martes	miércoles	jueves	viernes
8:00 a. m.					
9:00 a. m.					
10:00 a. m.					
11:00 a. m.					
1:00 p. m.					
2:00 p. m.					
3:00 p. m.					
4:00 p. m.					
5:00 p. m.					

Paso 2. Now, compare your schedules. Are they similar or different? Write a short report and prepare to share it with the class.

Modelo: Nuestros horarios son similares/diferentes: por las mañanas yo voy... y/pero Jason va.../Jason y yo vamos...

NOTA CULTURAL

Bioluminescent bay

Vieques is a small island off the east coast of Puerto Rico that has a mangrove swamp with special inhabitants: millions of tiny half-plant, half-animal organisms called *dinoflag*, measuring 1/500 of an inch, that emit a flash of bluish light when agitated at night. It's like swimming in glitter! Few places in the world have such a high concentration of dinoflagellates, which results from a shallow entry into a big bay. La Parguera is another location in Puerto Rico with a bioluminescent bay. Go online to search for more pictures of bioluminescent bays.

People recommend visiting these areas in small boats, with skin that is free of chemical products, and after a full moon. Why do you think this is? Do you know of other water-based recreational activities that make similar suggestions?

[2.14] La vida universitaria.

Paso 1. Indicate how often you go to the following places.

	(casi) todos los días	con frecuencia	a veces	casi nunca
1. Voy a la biblioteca.	☐	☐	☐	☐
2. Voy al laboratorio de computadoras.	☐	☐	☐	☐
3. Voy a la oficina de un profesor.	☐	☐	☐	☐
4. Voy al centro estudiantil.	☐	☐	☐	☐
5. Voy al gimnasio.	☐	☐	☐	☐
6. Voy a la cafetería.	☐	☐	☐	☐
7. Voy a un restaurante.	☐	☐	☐	☐
8. Voy a fiestas.	☐	☐	☐	☐

Paso 2. In your notebook, complete the following sentences by saying the places where you or you and your friends go in these situations.

Modelo: Para desayunar, **casi siempre voy a la cafetería o al centro estudiantil, pero a veces mis amigos y yo vamos a** *Café y Té.*

1. Por la mañana temprano,...

2. Antes de esta clase,... y después de esta clase...

3. Para comer, casi siempre...

4. Después de las clases, generalmente..., pero a veces...

5. Esta noche,...

6. Este fin de semana mis amigos y yo...

Paso 3. In small groups, compare your activities from Paso 1 and Paso 2, and write down your findings.

Modelo: Estudiante A:	**¿Van a la biblioteca con frecuencia?**
Estudiante B:	**No, casi nunca voy.**
Estudiante C:	**Yo sí, voy casi todos los días.**
You write:	**Mike y yo no vamos a la biblioteca casi nunca...**

[2.15] ¿Estudiantes típicos?

Paso 1. Complete the left column indicating when or how frequently you think most students at your college do these things. Add two more things they frequently do or they never do.

Los estudiantes típicos de esta universidad...

Mi opinión	La opinión del grupo
Modelo: Van a clase **por la mañana.**	**...la mañana y por la tarde temprano.**
Estudian (*they study*) en su cuarto _____	
Van a la biblioteca _____	
Van a la oficina del profesor _____	
Usan (*they use*) libros electrónicos _____	
Usan computadoras portátiles en clase _____	
_____ Trabajan (*they work*)	
Hacen trabajo voluntario (*they do volunteer work*) _____	
Van a fiestas _____	

Paso 2. In groups, compare your sentences and try to agree on statements that describe what typical students do. Write those in the right column.

Cultura

La isla de Puerto Rico

ANTES DE LEER

1. Puerto Rico is part of the archipelago known as las Antillas Mayores. What U.S. state is also an archipelago?

2. How does being an island affect the culture of the people who live there?

Puerto Rico es una isla relativamente pequeña (*small*)—de aproximadamente 100 millas de largo y 40 millas de ancho—pero contiene mucha diversidad. En un mapa de Puerto Rico se ven numerosas ciudades, muchos parques grandes como El Yunque, Maricao y Río Abajo, montañas y playas. También hay muchas universidades públicas y privadas.

Los primeros habitantes, los indios taínos, llamaban a la isla "Borinquén". Hoy, mucha gente de Puerto Rico usa la palabra **boricua** para describirse. La isla tiene dos idiomas oficiales, el español y el inglés, pero 70% de sus habitantes hablan principalmente el español.

Años importantes

1493 Cristóbal Colón llega a la isla.

1898 Puerto Rico se incorpora a Estados Unidos.

1917 Los puertorriqueños reciben la nacionalidad estadounidense. No hace falta pasaporte para viajar desde Estados Unidos a Puerto Rico.

1952 Puerto Rico se convierte en Estado Libre Asociado (*Commonwealth*) con su propio (*own*) gobierno. Las leyes (*laws*) federales de Estados Unidos se aplican en Puerto Rico, pero no es parte del territorio nacional y no hay representante con voto en el Congreso.

Los vejigantes

El vejigante es un personaje muy popular en las celebraciones de carnaval de Puerto Rico. Representa una fusión de las influencias africanas, españolas y caribeñas de la cultura de la isla. El carnaval más popular tiene lugar (*takes place*) en Loiza, un pueblo con mucha influencia africana al norte de Puerto Rico. Las máscaras (*masks*) se hacen de cáscaras de coco (*coconut shells*) y se pintan de colores brillantes.

▲ Un grupo de vejigantes en la isla de Puerto Rico.

DESPUÉS DE LEER

1. How long do you calculate it would take to drive the entire circumference of Puerto Rico?

2. What United States cities have carnivals? What kinds of materials are used to make the costumes?

Así se forma

3. Talking about actions in the present: Regular –ar verbs

WileyPLUS

Go to *WileyPLUS* to review this grammar point with the help of the **Animated Grammar Tutorial** and **Verb Conjugator**.

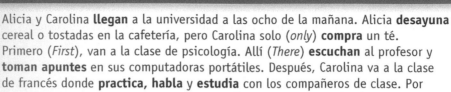

Alicia y Carolina **llegan** a la universidad a las ocho de la mañana. Alicia **desayuna** cereal o tostadas en la cafetería, pero Carolina solo (*only*) **compra** un té. Primero (*First*), van a la clase de psicología. Allí (*There*) **escuchan** al profesor y **toman apuntes** en sus computadoras portátiles. Después, Carolina va a la clase de francés donde **practica, habla** y **estudia** con los compañeros de clase. Por la tarde, **regresan** a sus cuartos para **estudiar** y **preparar** sus lecciones. Son excelentes estudiantes y **sacan** buenas notas en las pruebas y en los exámenes. Ahora son las seis de la tarde, Alicia **navega** por la red y Carolina **trabaja** en la cafetería. Pero a las ocho van al cine (*to the movies*) con sus amigas (*friends*).

cenar	*to have dinner*	**regresar**	*to return, go back*
comprar	*to buy*	**sacar buenas/**	*to get good/*
desayunar	*to have breakfast*	**malas notas**	*bad grades*
hablar	*to speak*	**tomar apuntes**	*to take notes*
llegar	*to arrive*	**trabajar**	*to work*

Spanish infinitive verb forms (the form you would find in a dictionary) have three possible endings: **–ar**, **–er**, or **–ir**, each type having different conjugation endings. In this section, you will learn about the present form of regular **–ar** verbs. To form the present tense of **–ar** verbs, we replace the **–ar** ending with the endings in this table, each ending reflecting the subject of the verb.

hablar *to speak* hablar → habl-			
(yo)	habl**o**[1]	(nosotros/as)	habl**amos**
(tú)	habl**as**	(vosotros/as)	habl**áis**
(usted, él/ella)	habl**a**	(ustedes, ellos/as)	habl**an**

¿Tarde o temprano? (*Late or early?*)

Natalia llega **temprano.**

Elena llega **a tiempo.**

Esteban llega **tarde.**

[1]Unlike nouns, Spanish verbs do not have gender: Both males and females say **hablo** (*I speak*).

[2.16] ¿Quién habla? Listen to Alicia as she describes some of Carolina's activities and her own activities on a regular school day. She will ask you some questions as well. Mark whether each statement refers to **Alicia** (*yo*), **Carolina** (*ella*) or **las dos** (*both, nosotras*), and then mark your answers to her questions under **Tú.**

	Alicia (yo)	Carolina (ella)	Las dos (nosotras)	Tú
1.				
2.				
3.				
4.				
5.				
6.				

[2.17] Un día en la clase de español.

Paso 1. Complete the statements below, saying how frequently you do these activities in Spanish class.

Modelo: llegar tarde   **Casi nunca/A veces llego tarde a clase.**

1. llegar tarde _____

2. tomar apuntes _____

3. hablar inglés _____

4. preparar la lección _____

5. completar la tarea _____

6. estudiar la gramática y el vocabulario _____

Paso 2. In small groups, ask your classmates and share your answers as well. Then write a brief paragraph answering the questions below:

Modelo: Estudiante A: **¿Ustedes llegan tarde con frecuencia?**
         Estudiante B: **No, nunca llego tarde./ A veces llego tarde...**

En general, ¿son tus hábitos de estudio de español similares o diferentes de tus compañeros? ¿Son ustedes estudiantes de español "ideales"?

Modelo: **En general, somos similares/diferentes. No llegamos tarde a clase casi nunca...**

[2.18] Imagina.

Paso 1. In pairs, select one person from the class to guess about. Write down five guesses about what you think that person does. Use verbs you have learned so far or from the **Palabras útiles** box.

Modelo: You select: Tina
        You write: **Después de las clases, va a la biblioteca y estudia. Envía muchos mensajes electrónicos a sus amigos. Después, mira la televisión en su cuarto. Baila todas las noches y regresa a su cuarto muy tarde...**

Paso 2. Now, share some of your sentences with the class. The selected person will indicate whether your guesses are true (**cierto**) or false (**falso**).

Paso 3. Now think about what good students and not-so-good students do during a typical week. Write at least four activities per student.

Los estudiantes buenos...   **Los estudiantes no tan buenos...**

PALABRAS ÚTILES	
bailar	to dance
mirar	to watch
cocinar	to cook
descansar	to rest
viajar	to travel
limpiar	to clean
visitar	to visit

La vida universitaria • **47**

Cultura

La vida universitaria en el mundo hispano

ANTES DE LEER

1. What percent of U.S. students do you think take out loans to pay for college?

2. What are some of your favorite aspects about college so far?

☐ Living in a dorm ☐ Sports

☐ Ability to take a wide range of courses ☐ Music groups

☐ Greek organizations ☐ Other: _____

3. At what point do U.S. college students typically decide their major?

INVESTIG@ EN INTERNET

You really want to learn more Spanish and start looking into Spanish language summer programs in Puerto Rico. Find a program you are interested in and print out or write down all the important information (dates, price, what is included in the program). Be ready to explain why you chose that program.

La mayoría de las universidades hispanas son instituciones públicas. En muchos países (*countries*) hispanos, el gobierno (*government*) financia el costo de la educación en la universidad; los estudiantes solo (*only*) compran los libros (o a veces, ¡hacen fotocopias!). No es muy común tener préstamos (*loans*). Por ejemplo, la universidad pública de Oaxaca, México, cuesta unos $100 dólares por semestre. Sin embargo (*however*), también existen universidades privadas más caras (*expensive*).

Los estudiantes normalmente viven con sus padres porque estudian en la misma ciudad (*the same city*) y es más económico. Algunas universidades tienen residencias estudiantiles, pero no todas.

Las clases son muy especializadas y los programas son rígidos. Un estudiante de medicina, por ejemplo, solo toma cursos de medicina, no toma cursos en otras áreas. Por eso (*for this reason*), los estudiantes seleccionan una carrera (*major*) antes de comenzar sus estudios.

A diferencia de las universidades estadounidenses, no hay muchos equipos deportivos (*sports teams*), ni ropa (*clothes*) con el logo de la universidad, ni tampoco organizaciones como las fraternidades; aunque (*although*) en Puerto Rico, las fraternidades y sororidades son más comunes que en el resto del mundo hispano.

Los *tunas* son grupos musicales de estudiantes universitarios originados en España. Usan ropa tradicional de los años 1700 y tocan canciones antiguas con guitarras, bandurrias (*type of stringed lute*) y panderetas (*tambourines*). Las tunas de diferentes universidades compiten en grandes concursos (*contests*). Hoy, hay tunas en muchos países hispanos. Busca por internet "tuna Puerto Rico" para ver algunos ejemplos.

DESPUÉS DE LEER

Compare your college/University to the ones in the Hispanic world.

Factor	En el mundo hispano	En mi universidad
1. Equipos deportivos		
2. Residencias estudiantiles		
3. Costo		
4. Ropa con el logo universitario		
5. Fraternidades/sororidades		
6. Grupos musicales		

▲ La tuna estudiantina de Guanajuato, México.

VideoEscenas:

¿Estudiamos o no?

ANTES DE VER EL VIDEO

Answer these questions before you watch the video.

1. ¿Dónde estudias casi siempre: en tu cuarto, en la biblioteca o en un lugar (*place*) diferente?

2. ¿Estudias solo/sola (*alone*) o con un amigo (*with a friend*)?

3. ¿Qué es importante para sacar buenas notas?

estudiar	las fiestas (*parties*)	los libros de texto
ir a la biblioteca	salir todas las noches	tomar buenos apuntes

4. ¿Qué es importante para participar bien en clase?

un bolígrafo	las fiestas	el libro de texto
el café	salir todas las noches	un cuaderno

© John Wiley & Sons, Inc.

▲ Jaime and Ana are meeting at the library to study.

A VER EL VIDEO

Read the following questions and their possible responses and watch the video once. Then watch the video again, pausing to answer each question.

1. Ana llega _____ para estudiar con Jaime.

   a) a las 11:30   c) a la biblioteca
   b) una hora tarde   d) temprano

2. Ana _____ todas las mañanas.

   a) saca notas   c) llega a tiempo
   b) toma café   d) estudia en la biblioteca

3. Según (*According to*) Jaime, para sacar buenas notas, Ana debe (*should*) _____

   a) llegar temprano.   c) estudiar más.
   b) tomar café.   d) salir con sus amigas.

4. ¿Adónde va Ana?

   a) A comprar un café   c) A estudiar matemáticas
   b) A la biblioteca   d) A la clase de matemáticas

DESPUÉS DE VER EL VIDEO

As a student, are you more like Ana or more like Jaime? Write a few lines describing how you are more similar to one or the other.

Modelo: Soy similar a Ana. A veces, llego tarde a clase...

Así se forma

4. Talking about actions in the present:
Regular –er and –ir verbs; *hacer* and *salir*

WileyPLUS

Go to *WileyPLUS* to review this grammar point with the help of the **Animated Grammar Tutorial** and **Verb Conjugator**.

Read what Ángel has to say about his university life.

Me llamo Ángel y **asisto** a la Universidad Politécnica de California. **Hago** cursos de ciencias políticas, literatura e informática. En las clases de literatura **leemos** y **escribimos** mucho y yo participo con frecuencia en las discusiones. En la clase de informática analizamos sistemas y **aprendemos** a usar *software*. A veces no **comprendo** todo, pero un compañero de clase **comparte** sus notas conmigo (*with me*). Cuando (*when*) **salimos** de clase, vamos a la cafetería. Allí **comemos**, **bebemos** y hablamos de mil cosas (*a thousand things*). **Vivo** en la residencia estudiantil. Los sábados por la mañana voy al gimnasio y por la noche **salgo** con mis amigos. No **hago** mucho los domingos.

Y tú, ¿a qué universidad **asistes**?, ¿y qué cursos **haces**?, ¿**aprendes** mucho también?

aprender	*to learn*	**escribir**	*to write*
asistir a	*to attend*	**hacer**	*to do, make*
beber	*to drink*	**leer**	*to read*
comer	*to eat*	**salir**	*to go out*
compartir	*to share*	**salir de**	*to leave (a place)*
comprender	*to understand*	**salir a**	*to go to (a place, to do something)*

Regular –er and –ir verbs

Observe the forms for **comer** and **vivir** in the present tense. Note that you drop the **–er/–ir** from the infinitive and replace it with endings to agree with the subject of the verb. Note, also, that **–er** and **–ir** verbs have identical endings except in the **nosotros** and **vosotros** forms.

	comer *to eat* comer → com-	**vivir** *to live* vivir → viv-
(yo)	com**o**	viv**o**
(tú)	com**es**	viv**es**
(usted, él/ella)	com**e**	viv**e**
(nosotros/as)	com**emos**	viv**imos**
(vosotros/as)	com**éis**	viv**ís**
(ustedes, ellos/ellas)	com**en**	viv**en**

Hacer and *salir*

The verbs **hacer** (*to do, make*) and **salir** (*to leave, go out*) are irregular only in the **yo** form.

hacer:	**hago**, haces, hace, hacemos, hacéis, hacen
salir:	**salgo**, sales, sale, salimos, salís, salen

Hago la tarea todas las noches.   *I **do** homework every night.*

Salgo con mis amigos los fines de semana.   *I **go out** with my friends on weekends.*

[2.19] ¿En qué clase?

Paso 1. Indicate what classes you have this semester, and mark which statements are true for each.

En mi clase de...	español	_____	_____	_____
1. aprendo cosas muy interesantes.				
2. hacemos mucha tarea.				
3. hablo y participo en clase.				
4. comprendo todo o casi todo.				
5. asistimos a clase muchas horas por semana.				
6. hago muchos exámenes.				
7. investigo (*I research*) en Internet.				
8. escribo muchos trabajos.				

 Paso 2. In small groups, ask each other questions and share your responses to the statements above.

Paso 3. Of the classes you just heard about, which one would you like to take? Write briefly about why you would like to take that class.

Modelo: **Quiero (*I want to*) tomar la clase de _____ porque los estudiantes aprenden cosas interesantes.**

 ## [2.20] ¿Qué hacen los estudiantes en Puerto Rico? As we saw in **Cultura** *La vida universitaria en el mundo hispano*, there are several differences in university life between Latin America and the United States. From the list of phrases below, create sentences that describe what typical students in Puerto Rico do and don't do.

1. asistir a eventos deportivos del campus

2. vivir en una residencia

3. aprender inglés

4. salir con amigos

5. participar en una fraternidad o sororidad

6. hacer la tarea

Situaciones

Work in pairs. Both of you have a part-time job in the mornings, where you work together, and go to classes in the evenings. Your boss needs someone to cover for another employee on Thursday from 3:00 P.M. until 9:00 P.M. but both of you have extracurricular activities or other plans for Thursday evening. Discuss your situation, explaining to each other why you cannot work on Thursday and trying to arrive at a solution.

PALABRAS ÚTILES

el bar	*bar*
el cine	*movie theater*
el teatro	*theater*
la discoteca	*nightclub*
un partido	*sporting*
deportivo	*match, game*

[2.21] ¿Qué hacemos en...?

Paso 1. Write two or three activities that you do in the places below. Add one more place on campus that you usually go to.

Modelo: En la biblioteca.

> **Voy a la biblioteca todos los días después de la clase
> de español; hago la tarea de cálculo y estudio filosofía.
> A veces, leo o investigo para un trabajo escrito...**

1. En la biblioteca...

2. En mi cuarto...

3. En la residencia/el laboratorio/el centro estudiantil...

4. ¿ ?

 Paso 2. Interview a classmate about her/his activities in the places above. Take turns asking questions about the activities she/he does there, when she/he goes, etc.

**Modelo: ¿Cuándo vas a la biblioteca?
¿Estudias allí (*there*)?
¿Haces la tarea allí?**

Now take a vote: Which is the class' favorite place (**el lugar favorito**)?

[2.22] Sondeo (*Survey*): El tiempo libre (*Leisure time*).

Paso 1. Complete the first column in the chart below with what you like to do in your time off. Add one more activity of your choice at the end.

 Paso 2. Walk around the classroom to find out who shares your preferences. Transform your statements into questions (see the example in parentheses) to ask your classmates. When someone answers affirmatively, write her/his name in the second column. How many affirmative answers can you get in 10 minutes? Your professor may ask you to share your results with the class.

Actividades de tiempo libre		¿Quién?
Modelo: Asistir a...	**Asisto a los conciertos de rock.** (**¿Asistes a los conciertos de rock?**)	**Megan**
1. Asistir a...		
2. Ir a...		
3. Salir a... con...		
4. Hablar con...		
5. Comer... en...		
6. Mirar...		
7. Leer...		
8. ¿ ... ?		

[2.23] El profesor.
You have talked a lot about what you and other students do. What do you think your teachers do? Write a short paragraph describing what you imagine is a typical day for your Spanish teacher. Try to add details and be creative!

DICHO Y HECHO

PARA LEER: Salamanca: Un clásico

ANTES DE LEER

If you were planning to spend a semester abroad, what criteria would be important to you in terms of the institution and the location?

ESTRATEGIA DE LECTURA

Skimming

A common pitfall for students reading a text in Spanish is trying to understand every single word encountered. Skimming the text first, that is looking over it quickly to get a sense of the topic and main ideas, will help you focus on what is relevant when you read in more detail. When skimming, also pay attention to the title, introduction, and subtitles, since these often point at the key ideas.

A LEER

1. Skim over the text quickly and write down in a sentence or two what you think this text is about.

2. Now, read the text. Try to focus on the words you know and recognize and on getting the main ideas. Do not worry if you do not know some words or cannot understand every detail.

Segura, adaptable y cultural, Salamanca es una ciudad[1] ideal para los estudiantes de español. Solo en 2007, recibió unos 26,000 estudiantes de español.

Una ciudad ideal Salamanca tiene 180,000 habitantes, incluyendo 35,000 estudiantes españoles universitarios. Su universidad, fundada en 1218, es una de las más antiguas de Europa y la responsable académica de los prestigiosos exámenes DELE (Diploma de Español como Lengua Extranjera[2]). Además, la Universidad Pontificia y numerosas escuelas privadas también ofrecen clases de español. Por tanto, hay opciones para todas las necesidades.

Una ciudad joven[3] Como ciudad, Salamanca es perfecta para estudiantes. Es pequeña[4] y manejable, con muchas actividades culturales y un ambiente muy joven. Muchos estudiantes de español prefieren Salamanca por su calidad de vida. Los estudiantes gastan[5] entre 500 y 700 euros al mes, algo que en Madrid, por ejemplo, es casi imposible. Los estudiantes que hacen un curso intensivo de seis semanas gastan aproximadamente 1,000 euros en total, con el curso y el alojamiento[6] incluidos. Además, el hecho de que muchos estudiantes españoles decidan estudiar su carrera[7] allí, facilita la integración de los estudiantes foráneos, porque hay muchos apartamentos mixtos de españoles y extranjeros. Estina, una estudiante noruega, nos dice: "Es una ciudad muy viva[8], hay muchos estudiantes, se puede andar por todas partes[9]... Sí, me gusta[10] la gente[11] de aquí".

Texto: Clara de la Flor / *De la revista Punto y coma (Habla con eñe)*

▲ Estudiantes en las afueras de la Universidad Pontificia, en Salamanca.

© Robert Fried/Alamy

---

[1]city, [2]foreign, [3]young, [4]small, [5]spend, [6]lodging, [7]university studies, [8]lively, [9]**se...** one can walk everywhere, [10]**me...** I like, [11]people

DESPUÉS DE LEER

1. Select the statement that best summarizes the text.

☐ Salamanca is an ideal city for students of Spanish because there are many young people and bars, so it is lively and fun.

☐ Salamanca is an ideal city for students of Spanish because there are many different Spanish programs, many Spanish and international students, and a high quality of life.

2. Indicate which words are applicable for each statement, according to the text.

a. En Salamanca hay muchos/as...

☐ estudiantes ☐ residencias ☐ bibliotecas ☐ escuelas de español ☐ bares

b. Es una ciudad...

☐ moderna ☐ tradicional ☐ antigua ☐ cara (*expensive*) ☐ viva

c. Hay estudiantes...

☐ universitarios españoles ☐ universitarios extranjeros ☐ de español

3. In small groups, discuss whether you would like to study abroad. If so, share where you would like to go and why.

PARA CONVERSAR: El fin de semana

In small groups, you will make plans for both a study group meeting and a fun activity this weekend.

Paso 1. In your notebook, draw and complete a calendar of your activities for next Friday, Saturday, and Sunday.

Paso 2. Your classmates and you want to get together to study Spanish and also to do something fun (see the *Palabras útiles* box on the next page), but you are all quite busy this weekend.

- Ask questions and share information about what you are doing and when, as you try to find all the possible times that you are all available.

- Once you have found available times, decide when and where you are going to meet to study Spanish, when you are going to do something fun, and what you will do.

ESTRATEGIA DE COMUNICACIÓN

Simplifying your expression

As you begin sharing ideas in Spanish, you may feel you have a lot more you want to say than you can actually express. Avoid trying to translate complex sentences from English to Spanish, and instead try to formulate your ideas more simply in Spanish, using the vocabulary and structures you have learned. For example, instead of translating *I attend a regularly scheduled study group for my organic chemistry class on alternating Sunday afternoons*, you can say **A veces, estudio con mis compañeros de la clase de química los domingos.**

el centro comercial	the mall
el supermercado	the supermarket
mirar la televisión/una película	to watch TV/a movie
descansar	to rest
hacer ejercicio	to exercise, work out
jugar al tenis/baloncesto/	to play tennis/
fútbol americano/béisbol	basketball/football/baseball
de... (time) a... (time)	from... until...

ASÍ SE HABLA

En su conversación, intenten usar estas frases muy comunes en Puerte Rico:
chévere = *cool*
pana = *buddy, friend*
¡Ay bendito! = *Oh my gosh!*
¡Wepa! = *Awesome!*

PARA ESCRIBIR: ¿Soy un/a estudiante típico/a?

In this composition, you will describe your campus activities and argue either that you are a typical student or that you are an atypical student on your campus. The audience for this composition is a friend of yours who goes to a different school.

ESTRATEGIA DE REDACCIÓN

Generating ideas: Brainstorming

The first stage of the writing process consists of generating ideas. A very effective way to do that is by brainstorming, jotting down any and all ideas that come to mind when thinking about your topic. The goal is to explore the topic, so do not worry about how those ideas connect, which would be better for your composition, grammar, spelling, etc. As much as possible, try to brainstorm in Spanish, recalling words you have already learned.

Note to the student: Writing is an important means of communication and many of us write every day: leaving a note for a roommate, sending e-mails to friends, completing academic papers, etc. To help you develop your Spanish writing abilities, each chapter will guide you through some of the key aspects involved in the process of writing (*Estrategia de redacción*.) To start, here are some general recommendations:

- Try to come up with simple ways to express your ideas in Spanish, making the most of the language you already know. Thinking in English and then trying to translate will have you seeking for structures and vocabulary you have not learned yet, ending up in frustration and a poorly written text.

- Remember that writing is a multistep process and requires one or more revisions.

- Focus on the ideas you want to convey first, and worry about the right grammar and correct spelling later.

- Do not use an English–Spanish dictionary until you learn how to do it well.

ANTES DE ESCRIBIR

Paso 1. Think about "typical" students on your campus. What do they do during an average school week? Jot down any ideas that come to mind in your notebook. You may refer to the paragraphs about "**Alicia and Carolina**" (en la sección **Así se forma 3**) and "**Ángel**" (en la sección **Así se forma 4**) for ideas.

Durante la semana, los estudiantes típicos de mi campus...

Paso 2. Now, think about what *you* do during a typical school week. Write down your ideas in your notebook.

Durante la semana, yo...

Paso 3. Compare the activities you wrote for the **estudiante típico** in **Paso 1** to the ones you wrote for yourself in **Paso 2**. Are you a typical student, an atypical student, or a bit of both?

☐ Soy un/a estudiante totalmente típico/a.

☐ Soy un/a estudiante totalmente atípico/a.

☐ Bueno (*well*), soy un/a estudiante un poco típico/a, pero también un poco diferente.

A ESCRIBIR

Write a composition in which you summarize this information. The following outline can help you organize your composition.

PALABRAS ÚTILES

las mismas (*same*) actividades
actividades similares
actividades muy diferentes

Párrafo (*paragraph*) 1: En esta composición, voy a (*I am going to*) comparar las actividades de los estudiantes típicos con mis actividades, para (*in order to*) determinar si soy típico/a o no.

Párrafo 2: Las actividades de los estudiantes típicos...

Párrafo 3: Mis actividades...

Párrafo 4: En conclusión...

> **Para escribir mejor:** Here are a few more connecting words to add and contrast ideas:
>
> | también | *also, as well* | Used at the beginning or end of a sentence. |
> |---|---|---|
> | | **También** leo mucho. /Leo mucho también. | |
> | además | *besides, in addition* | Typically used at the beginning of a sentence. |
> | | **Además** leo mucho. | |
> | aunque | *although, even though* | Used at the beginning of a sentence. |
> | | **Aunque** no leo todos los días. | |

DESPUÉS DE ESCRIBIR

Revisar y editar: El contenido. Once you have generated a first draft of your composition, set it aside for at least one day. Return to it and review the content, that is, the ideas you included and whether they adequately address the topic. You may want to ask yourself questions such as:

- ☐ Are the main topic and purpose of my composition clear?
- ☐ Does it describe 4 or 5 activities that "typical" students do during the week?
- ☐ Does it describe 4 or 5 activities that I do during the week?
- ☐ Does it explain whether I consider myself a typical student or not?
- ☐ Are the ideas relevant and sufficiently developed for the purpose of the text?
- ☐ Will the intended reader understand what I am describing, or should I provide greater detail?

WileyPLUS PARA VER Y ESCUCHAR: Una visita a la UNAM

ANTES DE VER EL VIDEO

Paso 1. In small groups, answer the following questions.

1. ¿Cuántos estudiantes hay en tu universidad?
2. ¿Es tu universidad pública o privada?
3. En tu universidad, ¿hay estudiantes internacionales? ¿De dónde son?
4. ¿Qué idiomas ofrece tu universidad? ¿Qué idiomas son más populares?
5. ¿Hay en tu universidad un programa de inglés para estudiantes internacionales?

Paso 2. Look at this list of possible factors to consider in choosing a location to study Spanish abroad. Rank them in order of importance for you personally.

_____ Número de estudiantes por clase
_____ Reputación general de la Universidad
_____ Actividades culturales
_____ Destinos históricos o turísticos cercanos (*nearby*)
_____ Oportunidades de relacionarse con estudiantes locales
_____ País y ciudad
_____ Tipo de alojamiento (*lodging*), por ejemplo en residencia, apartamentos o casas de familias locales
_____ Clima (*climate*)

▲ Estudiantes de la UNAM

© John Wiley & Sons, Inc.

ESTRATEGIA DE COMPRENSIÓN

Ignoring words you don't know Although ideally we strive to understand all words in a conversation or video that is presented to us, sometimes being overly concerned about every single word can actually be counterproductive. It may cause you to get caught up in one small portion and not allow your attention to continue to follow the action and the dialogue. Thus, it can sometimes be a better strategy to temporarily ignore words that you don't immediately understand. You can return to them later and replay the segment as many times as you like to get the full meaning. For now, see how much you can understand and what you may need to ignore the first time you listen.

A VER EL VIDEO

 Paso 1. View the video the first time without subtitles, and see how much you comprehend. Try not to get stuck on words that you don't immediately understand. In small groups, share what you understood.

Paso 2. Before you watch the video a second time, look at the statements below. After watching, state whether they are true (**cierto**) or false (**falso**). Rewrite the statements to make them correct.

	Cierto	Falso
1. Los estudiantes del video estudian muchas materias (*subjects*).	☐	☐
2. El joven estadounidense estudia español para (*in order to*) obtener un trabajo bueno en Estados Unidos.	☐	☐
3. Los estudiantes normalmente trabajan individualmente.	☐	☐
4. Hay muchas oportunidades para practicar el español.	☐	☐

DESPUÉS DE VER EL VIDEO

After viewing the video, answer the questions and list several ways in which the UNAM is similar to and different from your university.

1. According to the young man from the United States, why is it important to study Spanish? Do you agree with him?

2. Are you considering studying abroad in a Spanish-speaking country? What would be the benefits and difficulties?

3. List several ways in which the UNAM is similar to and different from your university.

La UNAM es similar a mi universidad porque...
La UNAM es diferente a mi universidad porque...

Repaso de vocabulario activo

Adverbios y expresiones adverbiales

ahora *now*

a tiempo/temprano/tarde *on time/early/late*

a veces *sometimes*

antes de/después de *before/after*

casi nunca *rarely*

esta mañana/tarde/noche *this morning/afternoon/evening*

el día *day*

el fin de semana *weekend*

con frecuencia *frequently*

más tarde *later*

nunca *never*

por/en la mañana/tarde/noche *in the morning/afternoon/evening*

siempre *always*

todas las mañanas/tardes/noches *every morning/afternoon/evening*

En la clase/el aula

el alumno/el estudiante *student (male)*

la alumna/la estudiante *student (female)*

los apuntes *notes*

el bolígrafo/la pluma *pen*

el borrador *eraser*

la calculadora *calculator*

el cuaderno *notebook*

el diccionario *dictionary*

el (reproductor de) DVD *DVD, DVD player*

el escritorio *desk*

el examen/la prueba *exam*

el lápiz *pencil*

el libro *book*

el mapa *map*

la mesa *table*

la mochila *backpack*

la nota *grade*

el papel/una hoja de papel *paper/a sheet of paper*

la papelera *wastebasket*

la pizarra *blackboard*

la pizarra inteligente *smartboard*

el profesor *teacher/professor (male)*

la profesora *teacher/professor (female)*

la puerta *door*

el proyector *proyector*

el reloj *clock*

la silla *chair*

la tarea *homework*

el televisor *television set*

la tiza *chalk*

el trabajo (escrito) *academic paper, essay*

la ventana *window*

En el laboratorio

los auriculares *headphones*

la computadora *computer*

el correo electrónico/el e-mail *e-mail address*

el disco compacto/el CD *compact disc*

el (teléfono) celular/móvil *cell phone*

la impresora *printer*

el mensaje (electrónico) *(e-mail) message*

la página web *Web page*

la pantalla *screen*

la red *the web/Internet*

el ratón *mouse*

el sitio web *website*

el teclado *keyboard*

Las materias

la administración de empresas *business administration*

el alemán *German*

el álgebra *algebra*

el arte *art*

la biología *biology*

el cálculo *calculus*

las ciencias políticas *political science*

la computación/informática *computer science*

la contabilidad *accounting*

la economía *economy*

la educación *education*

el español *Spanish*

la filosofía *philosophy*

las finanzas *finances*

la física *physics*

el francés *French*

la historia *history*

el inglés *English*

la ingeniería *engineering*

la literatura *literature*

las matemáticas *mathematics*

la música *music*

los negocios *business*

el periodismo *journalism*

la psicología *psychology*

la química *chemistry*

la religión *religion*

la sociología *sociology*

Lugares *Places*

la casa *home/house*

el apartamento *apartment*

la biblioteca *library*

la cafetería *cafeteria*

el centro estudiantil *student center*

el cuarto *room*

la facultad *school or department within a university*

el gimnasio *gymnasium*

la librería *bookstore*

la oficina del profesor *office*

la residencia estudiantil *student dorm*

el restaurante *restaurant*

la universidad *university*

Verbos y expresiones verbales

aprender *to learn*

asistir a *to attend*

beber *to drink*

buscar *to look for*

cenar *to have dinner*

comer *to eat, have lunch*

comprar *to buy*

compartir *to share*

comprender *to understand*

desayunar *to have breakfast*

enviar *to send*

escribir *to write*

escuchar *to listen to*

estudiar *to study*

hablar *to talk*

hacer *to do, make*

hay *there is, there are*

imprimir *to print*

ir *to go*

leer *to read*

llegar *to arrive*

mandar *to send*

navegar por la red/Internet *to surf the Web*

practicar *to practice*

preparar *to prepare*

regresar *to return, to go back*

sacar buenas/malas notas *to get good/bad grades*

salir *to go out*

ser *to be*

tomar apuntes *to take notes*

trabajar *to work*

usar *to use*

vivir *to live*

(e-mail) *message*

Palabras interrogativas

¿Cuándo? *When?*

¿Adónde? *Where to?*

Ariel Skelly/Age Fotostock America, Inc.

CAPÍTULO

3

Así es mi familia

Así se dice

- Así es mi familia 60
- La familia, los parientes y los amigos 62
- Relaciones personales 64
- Adjetivos descriptivos con *ser* 69

Así se forma

- The verb *tener* and *tener… años* 65
- Descriptive adjectives 68
- Possessive adjectives and possession with *de* 74
- The verb *estar* + location and condition 77

Cultura

Los hispanos en Estados Unidos 67

La familia hispana 73

- VideoEscenas: Mi cuñado favorito 76
  WileyPLUS

Dicho y hecho

- Para leer: El español en Estados Unidos 81
- Para conversar: Las personas especiales 82
- Para escribir: Retrato de familia 83
- Para ver y escuchar: Todo en familia 85
  WileyPLUS

LEARNING OBJECTIVES

In this chapter, you will learn to:

- talk about the family.
- tell your age.
- indicate possession.
- describe people and things.
- indicate location.
- describe mental and physical conditions.
- understand the importance of the family in the Spanish-speaking world.
- discover the Latino community in the United States.

Entrando al tema

1. When you think of "my family," who are the people you think of?

2. How many family members live in your home? While growing up, did you share a bedroom or have one to yourself?

3. How many people of Hispanic origin live in your town/city (or the place where you are from)? Do you know what their countries of origin or heritage are?

59

Así se dice

Así es mi familia

Me llamo Juanito. Andrés y Julia son mis **padres**[1], y tengo (*I have*) dos **hermanas**: Elena y Clara. Mis **abuelos** son José, Tina (los padres de mi papá), Noé y Lucía (los padres de mi mamá). El **tío** Antonio es hermano de mi mamá y la **tía** Elisa es su **esposa**. Ellos tienen (*they have*) un **hijo**, Ricardo, y una **hija**, Tere, que son mis **primos**.

el abuelo
la abuela
el abuelo — José
la abuela — Tina
Noé
Lucía
la madre (mamá) — Julia
Andrés — el padre (papá)
la tía — Elisa
el tío — Antonio
la hermana — Clara
Elena
el primo — Ricardo
Juanito
yo
Tere
la prima

el muchacho/el chico
la muchacha/la chica

el suegro de Andrés (padre de Julia)
la madre de Andrés (suegra de Julia)
la esposa/la mujer
la madre de Julia (suegra de Andrés)
el esposo/el marido
el suegro de Julia (padre de Andrés)

Andrés y Julia, novio y novia (2005)	Andrés y Julia, marido y mujer (2007)

¿Qué ves? (*What do you see?*) Answer these questions about the illustration:

1. ¿Es cierto o falso? Noé es el abuelo de Ricardo; Tere es nieta de Lucía; Julia es prima de Elisa; Andrés el hijo de José; Julia es hija de Tina; Elena es nieta de Tina; Ricardo es primo de Clara; Noé es tío de Antonio; Julia es tía de Tere; Noé es suegro de Julia.

2. Observa las fotos. En la foto de Andrés y Julia, ¿son esposo y esposa? ¿Son novio y novia? ¿Andrés es el novio o la novia? ¿Quién es la novia?

You can find more comprehension questions on *WileyPLUS* and on the Book Companion Site (BCS).

la nieta (de Noé)

el nieto

El abuelo con los nietos (2012)

la hermana

el hermano

Los niños Elena,
Juanito y Clara (2013)

el hombre

la mujer

la casa

la bebé

la niña

el niño

el gato

el perro

el carro/auto/coche

[1]In Spanish, the masculine plural can refer to a group of both males and females.
Examples: **padres** = *parents*, **abuelos** = *grandparents*, **tíos** = *aunts and uncles*,
hermanos = *brothers and sisters* (*siblings*).

Listen to all the new vocabulary in
Repaso de vocabulario activo at
the end of the chapter.

▶ **NOTA DE LENGUA**

There are different terms to
refer to a romantic partner:
esposo/a, marido/mujer
when married; **novio/a,
enamorado/a** (parts of
Lat. Am.) when dating;
prometido/a when engaged.
A general term that anyone
can use is **pareja** (partner,
significant other).

¿Y tú?

1. ¿Tienes una relación
   cercana (*close*) con tu
   familia extendida? ¿Los
   ves frecuentemente?

2. ¿Qué celebraciones
   haces con tu familia
   nuclear? ¿Y con tu
   familia extendida?

WileyPLUS

Pronunciación:
Practice pronunciation of the
chapter vocabulary and particular
sounds of Spanish in *WileyPLUS*.

[3.1] La familia: ¿cierto o falso?

Paso 1. Listen to the following statements (each one will be repeated twice) and decide whether they are true (**cierto**) or false (**falso**.)

Modelo: (You hear) El hijo de mis padres es mi hermano.

(You mark) **Cierto** ☑ **Falso** ☐

1. Cierto ☐ Falso ☐ 4. Cierto ☐ Falso ☐
2. Cierto ☐ Falso ☐ 5. Cierto ☐ Falso ☐
3. Cierto ☐ Falso ☐ 6. Cierto ☐ Falso ☐

Paso 2. Write 3 statements explaining who various members of the family are. With a classmate, take turns reading your statements and identifying the family members described.

Modelo: Estudiante A: **Es el hijo de mi tía.**

Estudiante B: **Es tu primo.**

La familia, los parientes y los amigos

ASÍ SE DICE

Camila tells Inés about her family, relatives, and friends.

Inés: Camila, eres de la República Dominicana, ¿verdad?
Camila: Sí, pero mi familia y yo vivimos (*live*) en Nueva York. Mi familia es interesante porque mis padres son **divorciados** y ahora mi madre tiene (*has*) otro esposo: mi **padrastro.**
Inés: Y, ¿**cuántos** hermanos tienes?
Camila: Bueno, aquí en Nueva York mi padrastro tiene dos hijos: mi **hermanastro** Pablo y mi **hermanastra** Mónica. Mi madre y su esposo no tienen hijos, por eso (*therefore*) no tengo (*have*) **medio hermanos.** Pero sí tengo un hermano **mayor**, Raúl, y una hermana **menor**, Paula.
Inés: **¿Dónde** están?
Camila: Están en Santo Domingo, y también mi **cuñada** Marta, la esposa de mi hermano, y sus hijos, mis **sobrinos** Pablo y Martita.
Inés: **¿Quién** más de tu familia está en Santo Domingo?
Camila: Están allá mi padre, mis cuatro abuelos, mi **bisabuela** (abuela de mi padre) y otros **parientes.** Mi **mejor amiga**, Pilar, es de Santo Domingo también. Sin embargo (*however*), ya (*already*) tengo excelentes amigos aquí en Estados Unidos.

el bisabuelo/la bisabuela	*great-grandfather/great-grandmother*
el hermanastro/la hermanastra	*stepbrother/stepsister*
el medio hermano/la medio hermana	*half-brother/half-sister*
mayor	*older*
el mejor amigo/la mejor amiga	*best friend (male/female)*
menor	*younger*
los parientes	*relatives*
¿Cuántos/Cuántas?	*How many?*
¿Quién/Quiénes?	*Who?*
¿Dónde?	*Where?*

[3.2] La familia de Camila.

Paso 1. Based on what you know about Camila's family, indicate whether these statements are true (**cierto**) or false (**falso**). Then correct the false statements so they are true.

	Cierto	Falso
1. El padre de Camila está divorciado.	☐	☐
2. Mónica es la hija de su mamá y su padrastro.	☐	☐
3. Camila es la hermana menor de Raúl.	☐	☐
4. Marta es hermana de Paula.	☐	☐
5. Un sobrino es un hijo de un hermano.	☐	☐
6. Camila tiene tres parientes.	☐	☐
7. Todos sus amigos son de la República Dominicana.	☐	☐

Paso 2. Write 5 statements about your family; some should be true and some false. Then, in small groups, read the statements to your classmates, who will try to guess which statements are true.

En mi experiencia
Erica, Plymouth, MA

"My best friend is Mexican American. When I first started visiting her house as a kid,
I noticed that her mom called her *m'ija* (my daughter) and she would call her son *m'ijo* (my son). Sometimes she would also call them *mami/mamita* (mommy/little mommy) or *papi/papito* (father/little father). They're terms of affection, sort of like calling children "mini" mothers/fathers. My Puerto Rican friends, on the other hand, refer to their parents as *mami/papi* (mom/dad) when talking about them. That was strange to me because when talking to my friends, I would say "**my** mom" and not just "mom."

What terms are used in your community to refer to one's children? Are you aware of different ways to refer to mothers and fathers in English in the U.S.?

Relaciones personales

See what an important role Carmen's family plays in her very busy lifestyle.

Carmen trabaja, estudia y es madre **soltera**. Sus hijas gemelas (*twins*), Tina y Mari, tienen tres años. Carmen **ama a** sus hijas con todo el corazón (*heart*). Cuando va al trabajo o a la universidad, su tía o la niñera (*babysitter*) **cuida a** las niñas. Todas las mañanas, al salir de la casa, Carmen **besa** y **abraza** *a* Tina y *a* Mari. Con frecuencia **llama** *a* sus padres y abuelos, que viven en Ponce, Puerto Rico. Ellos **visitan** *a* Carmen y *a* sus nietas dos veces al año.

abrazar	*to hug*	**cuidar**	*to take care of*	**soltero/a**	*single*
amar	*to love*	**llamar**	*to call*	**visitar**	*to visit*
besar	*to kiss*				

NOTA DE LENGUA

La a personal
Observe the use of the word **a** in the above description of Carmen's life. It precedes a direct object that is a specific person (or persons). It is called **a personal** and there is no equivalent in English. Note that **a + el → al**.
— ¿**A** quién buscas?
Who(m) are you looking for?
— Busco **a** mi amigo/**al** profesor.
I am looking for my friend/the professor.
Note that when the direct object is not a person, there is no **a**.
— ¿Qué buscas?
What are you looking for?
— Busco su apartamento.
I am looking for his apartment.

[3.3] Tú y tu familia.

Paso 1. In the table below, answer the questions about you and your family (both immediate and extended) in the column "**Yo**."

Paso 2. Ask these questions to a classmate and write his/her answers under **Mi compañero/a**. Do not forget to use "*a personal*" in your answers! Can you find any similarities?

	Yo	Mi compañero/a
1 ¿A quién en tu familia amas mucho (*a lot*)?		
2 ¿A quién abrazas con frecuencia?		
3 ¿A quién besas?		
4 ¿A quién llamas por teléfono con frecuencia?		
5 ¿A qué parientes visitas con más frecuencia?		
6 ¿A quién admiras (*admire*) mucho?		
7 ¿A quién escuchas siempre (*always*)?		

Así se forma

1. The verb *tener* and *tener... años* to indicate possession and tell age

WileyPLUS

Go to *WileyPLUS* to review this grammar point with the help of the **Animated Grammar Tutorial** and **Verb Conjugator**.

¡Tengo ochenta y un años!

Abuelo, ¿cuántos años tienes?

Miguel: Hoy no puedo ir a la biblioteca. **Tenemos** una celebración familiar importante: es el cumpleaños de mi abuelo.

Sandra: ¡Qué bien! ¿Cuántos años **tiene?**

Miguel: Tiene 81 años. Por eso **tenemos** una gran fiesta esta noche.

Sandra: ¿**Tienes** un regalo (*gift*) para él?

Miguel: Uy, no... ¡No **tengo** nada! Voy a la librería, allí siempre **tienen** libros interesantes.

The verb *tener*

You have already informally used **tener** (*to have*) to express possession, as in **tengo dos hermanos.** Now observe the following forms (note that **tener** is irregular in the present).

Tener (irreg.)		
(yo)	**tengo**	**Tengo** un hermano.
(tú)	**tienes**	¿**Tienes** bisabuelos?
(usted, él/ella)	**tiene**	Mi madre **tiene** cuatro hermanas.
(nosotros/as)	**tenemos**	Mi hermano y yo **tenemos** un perro.
(vosotros/as)	**tenéis**	¿**Tenéis** coche?
(ustedes, ellos/ellas)	**tienen**	Mis tíos **tienen** una casa nueva.

Tener... años (To be . . . years old)

Whereas English uses *to be* . . . to tell age (*She is eighteen years old.*), Spanish uses **tener... años.** To inquire about age, the question ¿**Cuántos años... ?** (*How many years . . . ?*) is used with **tener.**

—¿**Cuántos años tiene él?**	*How old is he?*
—**Tiene veintiún años.**	*He is twenty-one years old.*

[3.4] ¿Quién dice (says) esto? Based on the family pictures on p. 62, who is saying the following?

1. Tenemos dos primos.
   - ☐ Ricardo y Tere
   - ☐ Elena y Juanito
   - ☐ Elena

2. Tengo tres sobrinitos.
   - ☐ Andrés y Julia
   - ☐ Elisa
   - ☐ Tina

3. Mi hijo tiene dos hermanas.
   - ☐ Andrés
   - ☐ José
   - ☐ Antonio

4. Mi suegro tiene dos nietos.
   - ☐ Elisa
   - ☐ Tina
   - ☐ Julia

5. Tenemos cinco nietos.
   - ☐ José y Tina
   - ☐ Noé y Lucía
   - ☐ Noé

6. En este cumpleaños, tengo seis años.
   - ☐ Noé
   - ☐ Ricardo
   - ☐ Juanito

[3.5] La familia de Fernando. Complete the statements below with appropriate forms of **tener**. Then, based on those statements, complete this family tree. Note that the person speaking is identified (**yo**) in the tree.

1. Mi abuelo Miguel _____ una nieta, se llama Esther.

2. Yo _____ el mismo (*same*) nombre de mi papá: Fernando.

3. Mis abuelos _____ dos hijos: Daniel y Fernando.

4. Mi mamá _____ una ex-suegra, se llama Teresa.

5. La cuñada de mi padre se llama Rosana. Su esposo y ella _____ dos hijos: Jesús y Jorge.

6. (Yo) _____ una hermana, Esther. Nosotros tenemos una medio hermana: Irene.

7. Hugo _____ una hija y dos hijastros, su esposa Cristina _____ un hijo y dos hijas.

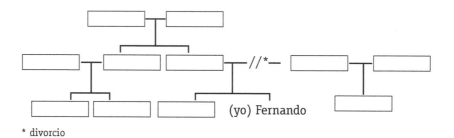

* divorcio

[3.6] Mi árbol genealógico (*My family tree*).

Paso 1. Draw your family tree in your notebook, including 3 generations (grandparents, parents, aunts and uncles, siblings and cousins) and any pets you have. Next to their names, write down their ages and where they are from, if you know.

Paso 2. You and a classmate are going to interview each other about your families. Here are some examples of questions you can use, but first you need to complete them with the correct forms of **tener**.

1. ¿Cuántos años _____ (tú)?

2. ¿ _____ (tú) hermanos o hermanas mayores? ¿Cómo se llaman y cuántos años _____?

3. ¿Sabes (*do you know*) cuántos años _____ tus padres aproximadamente?

4. ¿ _____ (tú) abuelos? ¿Cuántos años _____ tus abuelos?

5. ¿Tu familia _____ perros o gatos? ¿Cuántos?

Paso 3. Work with a partner and find out about his/her family members using the questions above. Try to draw his/her family tree without looking at his/hers. Then, write a short report stating what your families have in common and what is different.

Modelo: **Ricardo tiene un hermano y yo tengo una hermana. Mi hermana tiene veinte años, pero el hermano de Ricardo tiene dieciocho años.**

Cultura

Los hispanos en Estados Unidos

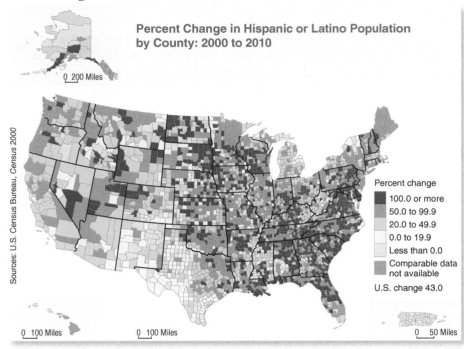

Percent Change in Hispanic or Latino Population by County: 2000 to 2010

Sources: U.S. Census Bureau, *Census 2000*

Percent change
- 100.0 or more
- 50.0 to 99.9
- 20.0 to 49.9
- 0.0 to 19.9
- Less than 0.0
- Comparable data not available

U.S. change 43.0

ANTES DE LEER

1. Do you know (or can you guess) what percentage of the U.S. population is Hispanic?

2. Looking at the map, is there anything you did not expect?

▼ Hoy hay más de un millón de puertorriqueños en la ciudad de Nueva York. La comunidad dominicana más grande del país también reside en esta ciudad.

Rudi Von Briel/PhotoEdit

La influencia hispana

La vida diaria (*daily*) de EE. UU. integra numerosos elementos de las artes, la comida y el idioma de las diferentes culturas hispanas. Por ejemplo, hay muchos restaurantes y tiendas con productos hispanos y se puede escuchar el español en muchas partes.

Los hispanos también hacen contribuciones muy valiosas (*valuable*) a la política, las ciencias y las artes del país. Ellen Ochoa fue la primera mujer hispana astronauta en navegar en el espacio; Henry Cisneros sirvió en el gabinete del presidente Bill Clinton; Ana Castillo es una escritora muy famosa; y Sonia Sotomayor es juez de la Corte Suprema.

DESPUÉS DE LEER

1. Look at the following table with data from the 2010 Census. Search for "census.gov" and fill in information from your city or zip code.

	Number of Latinos	Percent of the city's population that is Latino	Majority Latino group(s)
New York City	2,160,554	27%	Puerto Rican, Dominican
Los Ángeles	1,719,073	47%	Mexican
Chicago	753,644	26%	Mexican, Puerto Rican
El Paso	431,875	77%	Mexican
Miami	238,351	66%	Cuban
My town or zip code			

2. Search online for 2-3 differences between two Hispanic groups in the U.S. (for example, between Mexicans and Puerto Ricans).

INVESTIG@ EN INTERNET

Find names of places in the U.S. with Spanish names: states, cities, mountains, rivers, etc. Are there any in your region?

Así se forma

2. Descriptive adjectives

WileyPLUS

Go to *WileyPLUS* to review this grammar point with the help of the **Animated Grammar Tutorial**.

Mis primos Luis y Alberto **son** completamente **diferentes**. Los dos (*both*) son **buenos** chicos, pero Luis es **liberal**, **idealista**, **sentimental** y muy **sensible** (*sensitive*), y Alberto es **conservador**, **práctico** y un poco **egoísta** a veces.

Adjectives are words that modify nouns. Descriptive adjectives describe and express characteristics of nouns (**liberal**, **idealista**, **práctico**...).

Formation of adjectives

Adjectives in Spanish agree in gender (masculine or feminine) and number (singular or plural) with the nouns or pronouns they modify.

- Adjectives that end in **-o** have masculine/feminine, singular/plural forms to indicate agreement.

    Él es honest**o**. Ellos son honest**os**.
    Ella es honest**a**. Ellas son honest**as**.

- Adjectives ending in **-e** or **-ista,** and most ending in a **consonant**, have only singular and plural forms.

    Él/Ella es inteligent**e**, ideal**ista** y liber**al**.
    Ellos/Ellas son inteligent**es**, ideal**istas** y liber**ales**.

- Adjectives ending in **-dor** add **-a** to agree with a feminine singular noun:

    Él es conserva**dor**, pero ella no es conserva**dora**.

Adjective position

- In contrast to English, Spanish descriptive adjectives usually follow the noun they describe.

    Marta es una **estudiante responsable**.

- Adjectives of quantity (such as numbers) precede the noun, as in English.

    Tres estudiantes son de Nuevo México.
    Muchos estudiantes van al concierto.

- **Bueno/a** (*good*) and **malo/a** (*bad*) may be placed either before or after a noun. When placed before masculine singular noun, **bueno** becomes **buen**, and **malo** becomes **mal**.

    Es un estudiante **bueno/malo**.   Or,   Es un **buen/mal** estudiante.
    Es una profesora **buena/mala**.   Or,   Es una **buena/mala** profesora.

Así se dice

Adjetivos descriptivos con *ser*

Read more about Luis and Alberto and notice the use of **ser** with descriptive adjectives.

Luis
Alberto

> Mis primos Luis y Alberto son inteligentes y responsables, pero también son muy diferentes. Luis es **moreno, bajo** y, bueno, no es **gordo**, pero tiene unos kilos de más. Alberto es **rubio, alto** y **delgado**. Luis es **muy amable**, **divertido** y **simpático**. Alberto no habla mucho, es serio y **un poco aburrido**. La verdad es que a veces es **antipático**. Los dos son mis primos, **pero** ¡qué contraste!

Descriptive adjectives are used with the verb **ser** to indicate characteristics or qualities that are considered inherent or natural to the person or thing described. They indicate what the person or thing is *like*.

aburrido/a	*boring*	**moreno/a**	*dark-skinned, brunette*
alto/a	*tall*	**rubio/a**	*blond/e*
amable	*nice, kind*	**serio/a**	*serious*
antipático/a	*unpleasant, disagreeable*	**simpático/a**	*friendly, likeable*
delgado/a	*slim, thin*	**muy**	*very*
divertido/a	*amusing, fun, funny*	**pero**	*but*
gordo/a	*fat*	**un poco**	*a bit, somewhat*

Observe the following pairs of opposite adjectives, often used with the verb **ser** to describe inherent characteristics.

fuerte ≠ debil   **joven ≠ mayor[1]**   **difícil ≠ fácil**   **pequeño(a) ≠ grande**
viejo(a) ≠ nuevo(a)

Other opposites are:

bueno/a	*good*	**malo/a**		*bad*
listo/a	*smart, clever*	**tonto/a**		*silly*
perezoso/a	*lazy*	**trabajador/a**		*hardworking*
pobre	*poor*	**rico/a**		*rich*
feo/a	*ugly*	**bonito/a; hermoso/a; guapo/a[2]**		*pretty, good looking*

---

[1]The plural of **joven** is **jóvenes.** Although the most common Spanish word for old is **viejo,** it is not polite to use it to describe people. Use **mayor** instead.

[2]Note that **guapo/a** is used for people, not things.

[3.7] ¿Quién?

Paso 1. Answer the following questions with the names of famous people or fictional characters.

Modelo: ¿Quién es muy divertido?   **Jimmy Fallon es muy divertido.**

1. ¿Quién es feo pero simpático?   **6.** ¿Quién es bonita y divertida?

2. ¿Quién es muy mala?   **7.** ¿Quién es antipático?

3. ¿Quién es muy rico?   **8.** ¿Quiénes son muy listos?

4. ¿Quién es joven y guapo?   **9.** ¿Quiénes son mayores y aburridos?

5. ¿Quién es amable?   **10.** ¿Quién es un poco tonto?

Share your ideas with a classmate. Did you coincide in any of your answers?

 Paso 2. Now, write four sentences describing famous people or fictional characters. Then, in groups, you will read your sentences to your classmates, without mentioning who the person or character is. They will try to guess who you are talking about.

Modelo: Estudiante 1: **Es tonto, pero también es buen padre. Es un poco gordo. Tiene un hijo y dos hijas. (Homer Simpson)**
Estudiante 2: **¿Es Homer Simpson?**
Estudiante 1: **Sí./No.**

 ## [3.8] ¿Quién es?

Paso 1. Listen to Juanito talk about his family and write the adjectives next to the people he is referring to: his mother, father, sisters, or cousins. If an adjective fits in more than one place, write it in both.

la mamá: _____

el papá: _____

las hermanas: _____

los primos: _____

Paso 2. Now describe one of the people in each set using adjectives of your choice.

1. Mi mamá/abuela: _____

2. Mi papá/abuelo: _____

3. Mis hermanos/amigos: _____

4. Mis hermanas/ amigas: _____

 Paso 3. In most families there are people who are similar in some ways but very different in other ways. Think about two people in your family like this (you and a sibling, your parents, two grandparents, etc.) and describe their similarities and differences in your notebook.

Modelo: **Mi _____ y _____ son similares porque...**
Pero también son diferentes. Por ejemplo, mi _____ ..., pero mi_____ ...

[3.9] Los anuncios personales.

Paso 1. Read these personal ads and decide who would make a good couple.

1. Soy una señorita enérgica, honesta y práctica. Tengo veintidós años y deseo conocer a un caballero romántico. En el futuro, quiero tener muchos hijos.

2. ¿Buscas a un hombre maduro y optimista? Tengo cuarenta y dos años, soy viudo (*widower*) y tengo una hija.

3. Persona trabajadora y responsable busca a persona caribeña (*Caribbean*) tradicional y seria.

4. Busco a una persona exótica y joven. Tengo veinticinco años y soy muy trabajador.

5. Señorita dominicana de treinta años busca a un hombre inteligente y divertido. Soy muy religiosa.

6. Tengo veinte años y trabajo en un estudio de tatuajes (*tattoos*). Busco a un hombre rico y guapo.

7. Soy una madre divorciada. Tengo cuarenta años y tengo dos hijas. Quiero encontrar a un señor amable y responsable.

8. Tengo treinta años y busco a una mujer enérgica y liberal. Soy muy romántico y quiero una familia grande.

 Paso 2. Share your matchmaking decisions with a partner. You might want to use these terms:

Modelo: **Creo que la persona (...) hace / no hace buena pareja (*makes a good couple*) con la otra persona (...) porque... tienen mucho en común / no tienen nada en común. Por ejemplo...**

En mi experiencia
Robert, San Antonio, TX

"I was invited to a neighbor's *quinceañera*—a party celebrating when she turned 15. First, we went to a mass at the local church, where the girl gave thanks to her family and made a promise to carry out her religious values. She was wearing a really formal dress, and she had four female attendants in matching dresses (called *damas*) along with four male attendants (*chambelanes*) in suits. After mass, we went to a reception, where the *damas* and *chambelanes* did an elaborate dance. Then, the girl changed from flat shoes into high heels, which they told me is supposed to represent her transition from childhood to adulthood, and then she shared a special dance with her father. It reminded me of a wedding but without the groom!"

In what ways are *quinceañeras* similar to and different from a Sweet 16 party or a debutante/cotillion ball? What are the underlying values that these events share?

Tony Freeman/PhotoEdit

PALABRAS ÚTILES

Here are some more opposites and physical descriptions:

Tener pelo (*hair*) negro (*black*)/canoso (*gray*)/ser pelirrojo (*redhead*).
Tener ojos (*eyes*) azules (*blue*)/verdes (*green*)/negros/café (*brown*).

[3.10] Mi anuncio personal.

Paso 1. On a sheet of paper, write a short list of the traits that best describe you, both physically and in terms of personality.

(No) Soy...   (No) Tengo...

Paso 2. Now, write a description of yourself based on the list you wrote in **Paso 1**, and add other relevant details. Feel free to be either truthful or inventive. Write your name on the back and give it to your instructor, who will redistribute the descriptions.

Paso 3. Read the description you receive (but not the name of the student who wrote it) and write a personal ad that describes the perfect mate for your classmate. Do it on a piece of paper you can later give to her/him.

 ## [3.11] Adivinanzas (*Guessing game*). One student will assume the role of a well-known celebrity but will not divulge her/his identity. The other students will ask questions to discover her/his identity. Use the adjectives you have studied in this chapter and from *Palabras útiles* above. The mystery celebrity may respond only with **Sí** or **No.**

Modelo: **¿Eres actor? ¿Eres joven/mayor? ¿Eres cómico/a?**

Situaciones

Think about a well-known personality you like a lot (or one you do not like at all.) Write his/her name on a piece of paper and briefly describe this person and what you like or do not like about him/her. Now imagine you are this well-known person. You have been unlucky in love lately, so you go to a speed-dating event in town. You have three minutes to talk to eligible singles (one at a time), tell them about yourself, and ask about them. Do not tell them who you are!

NOTA CULTURAL

El español en Estados Unidos

U.S. Spanish has some features brought about by its contact with English. For instance, many U.S. Spanish speakers adapt English vocabulary: they may say **aplicar** meaning *to apply*, while in Latin America and Spain, the word typically used is **solicitar**. It is also common to alternate the use of English and Spanish while speaking.

José: ¿Me das diez dólares *so I can buy lunch*? Se me quedó el *wallet* en casa.
Marta: *I'll go look in my desk*, creo que tengo dinero allí.

Contrary to popular belief, such alternation of languages is not random; it follows certain grammatical rules. Some people refer to this kind of language mixing as "Spanglish," while others feel that this term is derogatory.

Go to http://potowski.org/debate-spanglish for a debate in Spanish about this topic (there is a complete transcript in Spanish, and a summary in English). What is your opinion? Is the term "Spanglish" a positive one, or does it reflect and create harmful connotations?

Cultura

La familia hispana

ANTES DE LEER

How often do you see the members of your extended family? For what occasions do you get together?

Exactostock/SuperStock

Para la mayoría de los hispanos, la familia es una pequeña comunidad unida por la solidaridad y el cariño (*affection*). El concepto hispano de la familia incluye a los parientes más inmediatos (madre, padre, hijos, hermanos) y también a los abuelos, tíos, primos y numerosos otros parientes. En la familia tradicional, especialmente en las zonas rurales, es común tener muchos hijos. Esta tabla demuestra (*shows*) el tamaño promedio (*average*) de las familias de varios grupos en Estados Unidos.

Tamaño promedio de las familias (Censo de EE. UU. 2000)	
Hispanos	3.87
Asiáticos	3.80
Afroamericanos	3.00
Blancos no-hispanos	2.58

En los países hispanos, los padres, los hijos y los abuelos viven con frecuencia en la misma (*same*) casa. Los abuelos son muy importantes en la crianza (*raising*) de sus nietos y, por lo general, los cuidan cuando los padres salen. Tradicionalmente, el padre trabaja y la madre cuida de la casa y de los niños. Por lo general, los hijos solteros viven en la casa de sus padres mientras (*while*) asisten a la universidad o trabajan.

Sin embargo, hoy en día el concepto de la familia hispana está cambiando (*changing*). Dos de los cambios más notables son que la familia es más pequeña y que muchas mujeres trabajan fuera de (*outside*) casa.

Por lo general, la familia, ya sea tradicional o moderna, es el centro de la vida social. Abuelos, nietos, padres, tíos, padrinos (*godparents*) y primos se reúnen con frecuencia para celebrar los cumpleaños, bautizos (*baptisms*), quinceañeras, comuniones y otras fiestas. Las relaciones familiares ocupan un lugar (*place*) esencial en la sociedad hispana.

DESPUÉS DE LEER

1. Compare the typical characteristics of Hispanic and non-Hispanic families in the U.S. Use a Venn diagram to signal what is unique about each group and what the two groups have in common. Think about the following concepts:

   –Number of children   –Roles of the family members

   –Who lives in the household   –Age at which children leave home

2. Watch a film that portrays Hispanic families, such as *Mi familia* (1995), *Selena* (1997), *Real Women Have Curves* (2002) or *Under the Same Moon* (2008). What similarities and differences do you notice between the family in the movie and your own family? If you know a Hispanic family well, you may also mention what you have learned about them.

Así se forma

3. Possessive adjectives and possession with *de*

WileyPLUS

Go to *WileyPLUS* to review this grammar point with the help of the **Animated Grammar Tutorial**.

En las vacaciones toda **mi** familia va a la casa de **mis** abuelos: **mis** tíos y primos, **mis** padres, **mi** hermano y yo ¡Ah! Y **nuestra** perrita Luna. **Nuestras** vacaciones en familia son siempre la mejor parte del año.

Mis primos y yo, de vacaciones.

Possessive adjectives

You have already seen some possessive adjectives: **mis abuelos**, **mi padre**. Possessive adjectives show ownership (**mi perro, mis libros**) or a relationship of belonging with people (**mi mejor amiga**) or things (**mi clase de filosofía**).

Los adjetivos posesivos		
Singular	**Plural**	
mi tío	**mis** tíos	*my*
tu[1] hermana	**tus** hermanas	*your (sing. informal)*
su abuelo	**sus** abuelos	*your (sing. formal), his, her, its*
nuestro/a amigo/a	**nuestros/as** amigos/as	*our*
vuestro/a primo/a	**vuestros/as** primos/as	*your (pl. informal, Spain)*
su abuelo	**sus** abuelos	*your (pl.), their*

The choice of pronoun (**mi** vs. **tu**) depends on the possessor. Note that the possessive adjective agrees in number (**mi** vs. **mis**) and sometimes gender (**nuestro** vs. **nuestra**) with the thing possessed or person related (the noun they modify), <u>not</u> with the possessor.

Susana tiene **nuestros libros**.	*Susana has **our books**.*
Mis padres y yo vivimos en **nuestra casa**.	***My parents** and I live in **our house**.*

In the first example, *we* own the books (**nuestr-**) and the object that we possess is masculine and singular (**-os**): **nuestros libros**. In the second example, *we* (**mis padres y yo**) are also the owners (**nuestr-**), but the object that is possessed is feminine singular (**-a**): **nuestra casa**.

Possession with de

Whereas English uses *'s* (or *s'*) + noun to indicate possession, Spanish uses **de** + noun.

Es la casa **de** mi abuela.	*It's my grandmother's house.*
Es la casa **de** mis abuelos.	*It's my grandparents' house.*
Las hijas **de** Carmen son simpáticas.	*Carmen's daughters are nice.*
Las fotos **del** señor Soto son interesantes.	*Mr. Soto's photos are interesting.*

- When ownership referred to by **su/sus** is not clear from the context, you may use this alternate form for clarity: **de** + pronoun or **de** + name.

Es **su carro**.	Or,	Es el carro **de él/ella/usted/ellos/ellas/ustedes**.
		Es el carro de **Elena**.

- To express the equivalent of the English *Whose?*, Spanish uses **¿De quién?**

— **¿De quién** es el álbum? **¿Es de** Susana?	*Whose album is it? Is it Susan's?*
— **¿De quiénes** son los perros?	*Whose dogs are they?*
¿Son de Pedro?	*Are they Pedro's?*

---

[1]**Tú** (with written accent) = *you*; **tu** (without written accent) = *your*. **Tú** tienes **tu** libro, ¿verdad? (*You have your book, right?*)

[3.12] Tu álbum de fotos.
You are preparing labels to put in your new family photo album, but the computer ruined your formatting. Match items in the left column with those in the right column to reconstruct your labels.

1. Esta foto es de mis queridos   **a.** coche.

2. Mi mamá y sus   **b.** casa.

3. Esta es nuestra   **c.** abuelos maternos.

4. Y este es nuestro   **d.** gatitas.

5. Aquí está mi hermana con su   **e.** novio.

6. Las princesas (*princesses*) de la casa: nuestras **f.** hermanas (mis tías).

[3.13] Relaciones familiares.
Complete what Julia says as she shows you some pictures on her phone by filling the spaces with possessive adjectives.

Este (*This*) es _____ esposo, se llama Andrés. Esta foto es del día de _____ boda. Aquí estamos con _____ padres. _____ hermano y _____ cuñada no están en esta foto, pero... ah sí, están aquí (*here*): _____ hermano Antonio y _____ esposa Elisa. _____ hijos, Ricardo y Tere, son muy buenos amigos de _____ hijos mayores. Pero Clara, la bebé, prefiere a _____ abuelos, porque siempre la miman (*spoil her*).

¿Y _____ familia? ¿Tienes fotos de _____ parientes en _____ teléfono?

[3.14] Nuestras fotos.
On a piece of paper, write what posters or photos you have in your room, computer, and cell phone (e.g., family, pets, friends, places, film/music-related, etc.). Then work in pairs, comparing the photos you have and where they are. Take notes; you may be asked to report to class.

Modelo: Estudiante A: **Tengo una foto de mis padres en mi cuarto, ¿y tú?**

    Estudiante B: **No, no tengo una foto de mis padres en mi cuarto, pero tengo muchas en mi computadora.**

    Escriben: **Los dos (*both*) tenemos fotos de nuestros padres, pero yo tengo una foto en mi cuarto y mi compañero/a en su computadora.**

[3.15] ¿Cómo es su Universidad?
In small groups, discuss what you think about the following elements of your college, as in the model:

Modelo: las residencias **Nuestras residencias son viejas, pero mi cuarto es grande. ¿Y sus cuartos?**

- el campus: las aulas, las bibliotecas, el gimnasio...

- las residencias: los cuartos (*rooms*), los baños (*bathrooms*)...

- las clases, los profesores, los estudiantes.

VideoEscenas

Mi cuñado favorito

▲ Ernesto receives a message from an online dating service he has signed up for.

ANTES DE VER EL VIDEO

1. Do you use social networking sites (e.g., Facebook)? What do you like or dislike about them?

2. Have you ever met a friend or boyfriend/girlfriend online?

3. What are the positives and potential negatives of meeting people online?

A VER EL VIDEO

Read the following questions and their possible responses and watch the video once. Then watch the video again, pausing to answer each question.

1. ¿Qué estudia la primera (*first*) chica?
a) Historia   c) Arte   e) Alemán
b) Psicología   d) Matemáticas   f) Religión

2. ¿Qué piensa el chico de la primera chica?
a) Es guapa y perfecta para él.   c) Es guapa pero muy alta para él.
b) Es fea y muy baja.   d) Es fea y alta.

3. ¿Cómo es la segunda (*second*) chica?
a) Es rubia, alta y baja.   c) Es morena, baja y peruana.
b) Es morena, guapa y colombiana.   d) Es rubia, baja y peruana.

4. ¿Cuántos años tiene la segunda chica?
a) 18   b) 19   c) 28   d) 29

5. ¿Quién es la segunda chica?
Es la _____ de Javier.

DESPUÉS DE VER EL VIDEO

¿Te parece buena idea salir con el/la hermano/a de un/a amigo/a, o con un/a amigo/a de tu hermano/a? ¿Por qué?

Así se forma

4. The verb *estar*

Indicating location of people, places, and things: *¿Dónde están?*

WileyPLUS

Go to *WileyPLUS* to review this grammar point with the help of the **Animated Grammar Tutorial** and **Verb Conjugator**.

Normalmente **estamos en la ciudad** de Los Ángeles. Nuestra casa y toda nuestra familia **están aquí.**

Ahora **estoy en la playa,** con mi familia. Nos encanta **estar** cerca del (*near*) océano.

You have used **estar** with the expressions **¿Cómo está usted?** and **¿Cómo estás?** When **estar** is used with the preposition **en** (in, at), it indicates the location of people, places, or objects.

Study the forms of the present tense of the verb **estar** (*to be*), as well as the sample sentences.

Estar (irreg.)		
(*yo*)	**estoy**	**Estoy** en la universidad.
(*tú*)	**estás**	**¿Estás** en casa?
(*usted, él/ella*)	**está**	Acapulco **está** en México.
(*nosotros/as*)	**estamos**	**Estamos** en clase.
(*vosotros/as*)	**estáis**	**¿Estáis** en el apartamento de Beatriz?
(*ustedes, ellos/ellas*)	**están**	Mis amigas **están** en clase.

▲ Mi primita Susana **está en el colegio.**

▲ Mi primito Ricardo **está en la escuela.**

▲ Mi hermana **está en el trabajo.**

▲ Aquí **estamos en las montañas** de Colorado.

▲ En esta foto, **estamos** de vacaciones **en el campo.** La casa de mis abuelos está **allí.**

Así es mi familia • **77**

▶ NOTA DE LENGUA

Note the meaning of **a** and **en**, when referring to place.

a = *to* (*destination*)   Vamos **a** la playa.   *We are going to the beach.*
en = *in, at* (*location*)   Estamos **en** la playa.   *We are at the beach.*
                                 ~~Estamos a la playa.~~

[3.16] ¿Dónde están? Listen to where these people are and write each number next to the appropriate description.

Modelo: Juanito está en clase con su maestra. Tiene seis años.
Está en la escuela.

1. Sandra toma varias clases. Tiene muchos maestros.
   _____

2. Tenemos varios profesores. Somos adultos. Las clases son difíciles.
   _____

3. Trabajamos desde las 9:00 de la mañana hasta las 5:00 de la tarde.
   _____

4. Tomo una siesta. Miro la televisión. Hablo por teléfono.
   _____

5. Estás de vacaciones. El océano es muy bonito.
   _____

6. Estás de vacaciones. Usas tus suéteres y tus esquís.
   _____

7. Los González dicen (*say*) que hay mucho tráfico allí.
   _____

8. Los Martínez dicen que hay animales, flores y mucha tranquilidad allí.
   _____

[3.17] ¿Dónde estoy? Complete the column **"Yo"** indicating where you are at the indicated times. Then, in groups of 4, share your information and take notes under **"Mis compañeros."** Are your daily activities similar?

Modelo: **Generalmente, los lunes a las 8 de la mañana estoy en el gimnasio, ¿dónde están ustedes?**

	Yo	Mis compañeros
lunes – 8:00 a. m.		
martes – 9:30 a. m.		
miércoles – 10:45 a. m.		
jueves – 1:30 p. m.		
viernes – 3:00 p. m.		
sábado – 10:00 p. m.		
domingo – 8:00 a. m.		

Describing conditions

Estar can also be used with descriptive words to indicate the mental, emotional, or physical condition in which the subject is found at a given time.

Estoy cansado/a.	*I'm tired.* (physical)
¿Estás preocupado?	*Are you worried?* (mental/emotional)
¡Carlos **está** furioso!	*Carlos is furious!* (emotional).

¿Cómo están?

Rubén

Camila

Octavio

Linda   Manuel

Rubén está **aburrido.**

Camila está **enojada.**

Octavio está muy **cansado.**

Linda está **contenta** y **bien.** Pero Manuel está **mal** y **triste.**

Natalia

Carmen

Alfonso

Natalia está **ocupada.**

Carmen está **nerviosa, preocupada** y **estresada.**

La puerta y el libro están **cerrados.** La ventana y el cuaderno están **abiertos.**

¡Pobre Alfonso! **Está mal.** Está en la cama porque **está muy enfermo.**

Here is some more vocabulary to describe states.

aburrido/a	*bored*	**mal**	*bad, badly, sick*
bien	*well*	**ocupado/a**	*busy*
contento/a	*happy*	**preocupado/a**	*worried*
enojado/a	*angry*	**triste**	*sad*

[3.18] Condiciones Listen to the following descriptions and indicate who they describe from the illustrations above. Then comment on that person's current state.

Modelo: Está en una clase que no le gusta. No quiere prestar atención.
Es Rubén. Está aburrido.

1. _____   4. _____

2. _____   5. _____

3. _____   6. _____

[3.19] ¿Cómo estás? Choose three of the adjectives you just learned in this section and think of a situation in which you would feel each one. Read your situations to a partner. Your partner will try to guess the appropriate adjective.

Modelo: Estudiante A: **Estoy así** (*like this*) **cuando mis amigos no llaman para mi cumpleaños.**

Estudiante B: **Estás enojado/a.**

[3.20] Nuestro amigo Javier. In small groups, describe what Javier is like (**ser** + *characteristics*) and/or imagine how he is feeling (**estar** + *condition*) according to the circumstances. Use the adjectives provided and others you think of.

cansado	contento	enfermo	estresado	fuerte
inteligente	ocupado	preocupado	trabajador	

Modelo: Javier juega al tenis toda la mañana.
No es perezoso, pero está muy cansado.

1. Saca buenas notas.
2. Va al gimnasio y levanta pesas.
3. Hoy está en la clínica.
4. Toma cinco clases, es voluntario y trabaja en el laboratorio por la noche.
5. Tiene dos exámenes mañana.
6. ¡Marlena, su mejor amiga, llega este fin de semana!

[3.21] Mi amigo y yo. Write a few lines describing where you are and how you are feeling, elaborating on the details. Then imagine where a friend or close relative is at this moment and how that person is feeling. Close your paragraph with a final thought on whether you are in a similar situation.

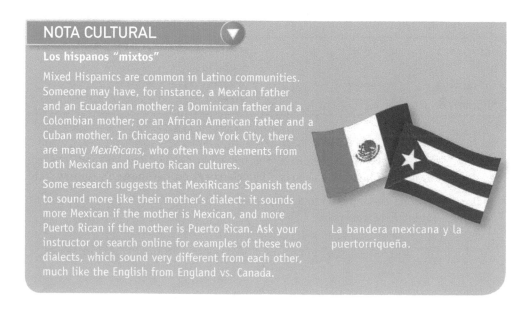

NOTA CULTURAL ▼

Los hispanos "mixtos"

Mixed Hispanics are common in Latino communities. Someone may have, for instance, a Mexican father and an Ecuadorian mother; a Dominican father and a Colombian mother; or an African American father and a Cuban mother. In Chicago and New York City, there are many *MexiRicans*, who often have elements from both Mexican and Puerto Rican cultures.

Some research suggests that MexiRicans' Spanish tends to sound more like their mother's dialect: it sounds more Mexican if the mother is Mexican, and more Puerto Rican if the mother is Puerto Rican. Ask your instructor or search online for examples of these two dialects, which sound very different from each other, much like the English from England vs. Canada.

La bandera mexicana y la puertorriqueña.

DICHO Y HECHO

PARA LEER: El español en Estados Unidos

ANTES DE LEER

1. Of the 50.5 million Latinos in the United States, some 37 million speak Spanish at home. Look at the following list and determine the position that the United States occupies in the world.

País	Población (millones)
México	112.3
Colombia	47.7
España	47.3
Argentina	41.1
Venezuela	30.0

Poblaciones más grandes, países con hispanohablantes:

a. According to official numbers, the U.S. is the # _____ Spanish-speaking country in the world.

b. When we add the 9 million Spanish speakers in the country without documents (and who often do not appear in census counts), the total is 46 million. This places the United States in position # _____ on the list of Spanish-speaking countries in the world.

2. What differences might there be between the amount of Spanish spoken by someone who immigrates from a Spanish-speaking country at the age of 18 vs. someone who immigrates at the age of 5?

A LEER

De las comunidades hispanohablantes en Estados Unidos, el 60% nace[1] en este país y el otro 40% son inmigrantes. Generalmente, consideramos como "primera generación" a las personas que llegan durante o después de la pubertad. Estas personas son consideradas hablantes nativos de español. La "segunda generación" son los hijos de los miembros de la primera generación y llegan a EE. UU. antes de los 6 años de edad (o nacen aquí). Casi[2] siempre los individuos de la segunda generación son bilingües: aprenden español en casa con sus papás y otros miembros de la familia, y empiezan a aprender inglés cuando van a la escuela. De adultos, su inglés casi siempre llega a ser[3] más fuerte que su español.

Cuando la segunda generación tiene hijos—la "tercera generación"— es muy común que estos niños aprendan solo[4] un poco de español, porque sus papás hablan mucho inglés en casa. En general, prefieren usar el inglés, en parte porque[5] hay mucha presión social para hablarlo.

El español de la segunda generación normalmente se ve[6] un poco diferente al español de la primera generación.

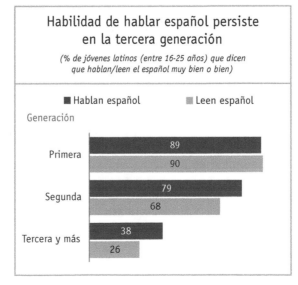

Habilidad de hablar español persiste en la tercera generación

(% de jóvenes latinos (entre 16-25 años) que dicen que hablan/leen el español muy bien o bien)

- Hablan español
- Leen español

Generación

Generación	Hablan español	Leen español
Primera	89	90
Segunda	79	68
Tercera y más	38	26

---

[1]born, [2]almost, [3]becomes, [4]only, [5]because, [6]appears

Por ejemplo, la lingüista Carmen Silva-Corvalán estudió el sistema verbal del español de la primera, segunda y tercera generación en Los Ángeles. Encontró[7] que el sistema verbal en español de la segunda generación está más simplificado que el sistema de la primera generación, y el sistema de la tercera generación está aun[8] más simplificado.

Varios factores afectan el grado de español que aprenden los niños de la segunda y la tercera generación. Un factor importante para la tercera generación es la presencia de los abuelos: aprenden más español si los abuelos viven en la casa con ellos. Otros factores relevantes son:

- El **número** de hispanohablantes en la zona donde viven. Un niño hispano que vive en Miami, por ejemplo, normalmente habla mucho más español que un niño que vive en una comunidad donde no hay muchos hispanohablantes.

- La **edad**[9] que tiene un niño de la segunda generación cuando llega a EE. UU. Uno que tiene 10 años cuando llega normalmente tiene un español más fuerte como adulto comparado con otro niño que llega a los 6 años.

- El tipo de programa de **educación**. Los niños que asisten a una escuela bilingüe que enseña parte del día en español aprenden más español – y ¡su inglés no sufre!

Es cierto que las generaciones nacidas en EE. UU. hablan menos el español, pero las investigaciones[10] en todo el país indican que los hispanos tienen actitudes muy positivas hacia[11] el español y son orgullosos[12] de ser bilingües.

---

[7]found, [8]even, [9]age, [10]research, [11]towards, [12]proud

DESPUÉS DE LEER

1. How do you think the children of the third generation would be called? What about those who immigrate between 6 and 12 years of age? (not mentioned in this reading)

2. How do you think birth order affects the use of Spanish in second generation children?

3. All families in the US are descendants of immigrants or groups who spoke indigenous languages. What do you know about your family's linguistic history?

4. Do you know anyone whose parents or grandparents speak a language other than English? Is this language lost in any generation? What do you think are the main factors? Are those the same factors that affect the Spanish-speaking communities?

EXPRESIONES ÚTILES

¿A qué se dedica?
 What does she/he do?
¿Dónde vive?
¿Cuántos años tiene?
¿Quién es?
¿Cómo es?
¿Por qué es especial para ti?

PARA CONVERSAR: Las personas especiales

In pairs, you will share two (2) photos of family members, your partner, or friends. Describe the people in them, and report to the class about one of your partner's photos.

Paso 1. Write two or three statements about each of your photos, in preparation for your partner's possible questions.

Paso 2. Exchange your two photos with your partner. Study the photos and think of two or three questions you'd like to ask your partner about each photo. You may jot down quick notes about what you'd like to ask. Then, ask each other your questions, jotting down notes about the answers.

Paso 3. Now present one of your partner's photos to the rest of the class.

PARA ESCRIBIR: Retrato de familia (*family portrait*)

In this writing assignment, you will produce a description of your family and family life for a distant relative who is doing a genealogy project to document your family tree.

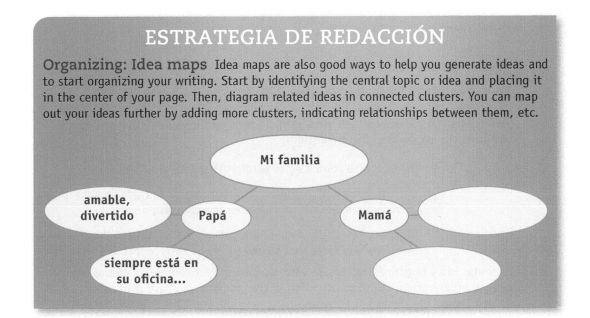

Start your own idea map, in Spanish, with **Mi familia** in the center of the page. Add clusters for your direct relatives. You can also add other relatives you would like to talk about, or a pet. Extend your idea map, adding something to say about each member of the family: age, physical descriptions, personality features, where they are, activities they do or you do with them, etc.

A ESCRIBIR

Decide what you would like to say about your family in this written portrait. In this composition, use your idea map as a source for ideas and organization. Try to make it personal and interesting, rather than a mere collection of facts about them. You might want to follow an outline similar to this:

Primer (*first*) párrafo: Introduce the topic by describing your family in one sentence; for instance:

Mi familia es... / Tengo una familia...

Párrafos centrales: Describe your relatives in one or more cohesive paragraphs; for instance:

Mis padres... Mi papá... Y mi mamá...

También tengo _____ hermano/a/os...

Y, para mí, es muy importante mi... porque...

Párrafo final: End your composition with a final thought that sums up who your family is, your feelings about them, etc. Recall that the purpose is to help a distant relative who is doing a genealogy project understand your family. You might begin with:

Por eso, mi familia...

Para escribir mejor:

Here are two connectors that will help you express relationships between ideas in your writing.

porque *because* — expresses cause
Estoy estresado porque tengo dos exámenes hoy.

por eso *for that reason, that's why, so* — expresses consequence
Hoy tengo dos exámenes, por eso estoy estresado.

Mi familia es muy importante.

DESPUÉS DE ESCRIBIR

Revisar y editar: La organización. Even if the ideas in your composition are interesting and well developed, you have to make sure you convey them clearly and your reader can follow what you are saying. In revising the organization of your composition, ask yourself these questions:

- ☐ Is my composition easy to read? Is there a logical sequence?

- ☐ Are the ideas well organized into paragraphs? Is there an appealing introduction? Does it have an effective conclusion?

- ☐ Do ideas flow easily within each paragraph? Are they well connected? Are there any ideas that should be linked with connecting words?

El contenido y la gramática. Revise your composition for content as well as for general organization. Pay some attention to the grammar you have learned already as well, especially agreement between nouns, articles, and adjectives, and agreement between subjects and verbs, and the use of **ser** and **estar**.

PARA VER Y ESCUCHAR: Todo en familia   **WileyPLUS**

Before you watch the video, answer these questions to be better prepared to understand what you see.

© John Wiley & Sons, Inc.

- Look at the title of the video and the still shot. What do you think this video will be about? What are some possible topics or ideas that may be mentioned?

- Do you spend time with your family? Do you plan family events? What kind of activities do you do together as a family? Who is usually present in those events or activities?

- What do you know about weddings in general? Who celebrates a wedding? Who is usually present in the celebration?

ESTRATEGIA DE COMPRENSIÓN

Using background knowledge to anticipate and interpret Most of the times that you listen to a conversation, lecture, watch TV, etc., you already know something about the topics mentioned and the context of the conversation. Consider what you know about a topic before listening, as well as while you are listening, in order to anticipate what might be mentioned, so that you can better interpret what you hear.

A VER EL VIDEO

Paso 1. Watch the video once. For now, focus on getting the gist of it. How many of the ideas that you anticipated did you see or hear mentioned?

Paso 2 Before you watch the clip again, look at the following questions. If you can answer any now, do so. Then watch the clip, checking your answers and completing them as needed.

1. ¿Cuántos hijos tienen ahora Rocío y Rogelio?
2. ¿Cómo están los suegros de Rocío?
3. ¿De dónde son los tíos de Rogelio?
4. ¿Cuántos nietos tiene la abuela de Rocío? ¿Y cuántos bisnietos tiene?
5. ¿Cuántos hijos tiene la tía Graciela?

DESPUÉS DE VER EL VIDEO

¿Es la boda de Rocío y Rogelio similar a una boda en tu país de origen? ¿Cómo son similares o diferentes? Describe las actividades que hacen diferentes personas en una boda típica de tu cultura.

Repaso de vocabulario activo

Adjetivos

abierto/a *open*

(estar) aburrido/a *to be bored*

alto/a *tall*

amable *friendly, kind*

antipático/a *unpleasant*

bajo/a *short*

bonito/a *good looking, pretty/handsome*

bueno/a *good*

cansado/a *tired*

cerrado/a *closed*

contento/a *happy*

débil *weak*

delgado/a *thin*

difícil *difficult*

divertido/a *amusing, fun*

divorciado/a *divorced*

enfermo/a *sick*

enojado/a *angry*

estresado/a *stressed*

fácil *easy*

feo/a *ugly*

flaco/a *skinny*

fuerte *strong*

gordo/a *fat*

grande *big*

guapo/a *good looking, pretty/handsome*

hermoso/a *good looking, pretty/handsome*

inteligente *intelligent*

joven *young*

listo/a *smart, clever*

malo/a *bad*

mayor *old/older*

menor *younger*

moreno/a *dark-skinned, brunette*

nervioso/a *nervous*

nuevo/a *new*

ocupado/a *busy*

pequeño/a *small*

perezoso/a *lazy*

pobre *poor*

preocupado/a *worried*

rico/a *rich*

rubio/a *blond/e*

serio/a *serious*

simpático/a *nice*

soltero/a *single*

tonto/a *dumb, silly*

trabajador/a *hardworking*

triste *sad*

viejo/a *old*

Adverbios

allí *there*

aquí *here*

bien *well*

mal *badly*

muy *very*

un poco *a bit, somewhat*

Conjunciones

o/u *or*

pero *but*

y/e *and*

Sustantivos

La familia

el abuelo/la abuela *grandfather/grandmother*

los abuelos *grandparents*

el bisabuelo/la bisabuela *great-grandfather/great-grandmother*

el cuñado/la cuñada *brother-in-law/sister-in-law*

el esposo, el marido/la esposa *husband/wife*

el hermano/la hermana *brother/sister*

el hermanastro/la hermanastra *stepbrother/tepsister*

el hijo/la hija *son/daughter*

la madrastra *stepmother*

la madre (mamá) *mother (mom)*

el medio hermano/la media hermana *half-brother/half-sister*

el nieto/la nieta *grandson/granddaughter*

el padrastro *stepfather*

el padre (papá) *father (dad)*

los padres *parents*

el/la pariente *relative*

el primo/la prima *cousin (male/female)*

el sobrino/la sobrina *nephew/niece*

el suegro/la suegra *father-in-law/mother-in-law*

el tío/la tía *uncle/aunt*

Otras personas

el amigo/la amiga *friend (male/female)*

mi mejor amigo/a *my best friend*

el/la bebé *baby*

el chico/la chica *boy/girl*

el hombre *man*

el muchacho/la muchacha *boy/girl*

la mujer *woman*

el niño/la niña *boy/girl*

el novio/la novia *boyfriend/girlfriend*

mi pareja *my partner, significant other*

Las mascotas *Pets*

el gato *cat*

el perro *dog*

Las cosas y los lugares *Things and places*

el auto *car*

el campo *country, country side*

el carro *car*

la ciudad *city*

el coche *car*

el colegio *school/high school*

la escuela *school*

la montaña *mountain*

la playa *beach*

el trabajo *work*

Verbos y expresiones verbales

abrazar *to hug*

amar *to love*

besar *to kiss*

cuidar *to take care of*

estar (irreg.) *to be*

llamar *to call*

tener (irreg.) *to have*

tener... años *to be ... years old*

¿Cuántos años tienes? *How old are you?*

visitar *to visit*

Palabras interrogativas

¿Cuántos/as? *How many?*

¿Dónde? *Where?*

¿Quién/es? *Who?*

Hill Street Studios/Blend Images/GettyImages, Inc.

4

¡A la mesa!

LEARNING OBJECTIVES

In this chapter, you will learn to:

- buy and talk about food in a market, restaurant, etc.
- express likes and dislikes.
- talk about actions, desires, and preferences in the present.
- express large quantities, prices, and dates.
- ask for specific information.
- discuss differences in food and eating practices in the Spanish-speaking world.
- discover Mexico.

Entrando al tema

1. Which factors do you think most strongly influence your eating habits in general: cost, time, flavor, health, family, etc?

2. What foods from the Spanish-speaking world have you tried? Have you heard of any that you would like to try?

87

Así se dice

¡A la mesa!

MERCADO CENTRAL

GARCÍA - FRUTAS, VERDURAS Y LEGUMBRES

¿Cuánto **cuestan**?

el ajo

los frijoles

el maíz

el arroz

la carne de cerdo

las piñas

el brócoli

el pollo

las bananas/ los plátanos

las cebollas

las lechugas

las manzanas

los tomates

las judías verdes

las zanahorias

los guisantes

las uvas

las papas/ las patatas

las mandarinas

las naranjas

los aguacates

las peras

las fresas

los melocotones/ los duraznos

las sandías

los limones

las cerezas

¿Qué ves? (*What do you see?*) Answer these questions about the illustration:

1. En el Mercado Central, ¿ves (*do you see*) verduras?, ¿carne?, ¿mariscos?, ¿legumbres? Y en el Supermercado Futuro, ¿ves frutas?, ¿pescado?, ¿verduras?, ¿carne?

You can find more comprehension questions on *WileyPLUS* or on the *Book Companion Site* (BCS).

SUPERMERCADO FUTURO

CARNES

¿Qué **desea**, señora?

Voy a **preparar** pollo esta noche.

el jamón

la salchicha/ el chorizo

las chuletas (de cerdo)

PESCADOS Y MARISCOS

el bistec

la carne de res

¿Cuántos quiere **comprar**?

Necesito camarones.

la langosta

los camarones

el salmón

el pescado

WileyPLUS
Pronunciación:
Practice pronunciation of the chapter vocabulary and particular sounds of Spanish in *WileyPLUS*.

el aguacate	avocado
el ajo	garlic
el bistec	steak
los camarones	shrimp
la carne	meat
la carne de res	beef
el cerdo	pork
la chuleta (de cerdo)	pork chop
comprar	to buy
costar (ue)	to cost
desear	to wish, desire
los frijoles	beans
los guisantes	peas
el jamón	ham
las judías verdes	green beans
la langosta	lobster
las legumbres	vegetables (in pods), legumes
los mariscos	seafood, shellfish
necesitar	to need
el pescado	fish
vender	to sell
las verduras	vegetables

NOTA CULTURAL

Las variaciones del español

Spanish is spoken differently around the world, and these differences are noticeable in names used for food. For example, **papas/patatas; plátano/banana/guineo;** and **frijoles/habichuelas.** Do you know of a food item in English that is called something different in another part of the U.S. or the English-speaking world?

¿Y tú?

1. ¿Hay en tu comunidad mercados similares a los de la ilustración?

2. ¿Quién hace la compra (*goes grocery shopping*) en tu familia generalmente? ¿Quién cocina (*cooks*)?

¡A la mesa! • 89

[4.1] ¿Vegetariano o no? Write down the foods that you hear and decide whether a vegetarian person would eat them (**Sí**) or not (**No**).

1. _____ Sí ☐ No ☐   5. _____ Sí ☐ No ☐
2. _____ Sí ☐ No ☐   6. _____ Sí ☐ No ☐
3. _____ Sí ☐ No ☐   7. _____ Sí ☐ No ☐
4. _____ Sí ☐ No ☐   8. _____ Sí ☐ No ☐

[4.2] ¿Qué es? Read these descriptions and identify the foods they are referring to.

1. Fruta ovalada y muy grande, perfecta para un picnic el 4 de julio. _____

2. Son frutas de un árbol (*tree*), pequeñas, rojas (*red*), abundantes en junio. _____

3. La carne de la pata (*leg*) de un cerdo. _____

4. Esta fruta es el ingrediente esencial del guacamole. _____

5. Verdura pequeña y blanca (*white*), de sabor (*flavor*) muy fuerte. _____

6. Crustáceo grande, exquisito. ¡Cuesta mucho! _____

7. Granos muy pequeños y blancos, esenciales en la comida de Asia. _____

8. El salmón, las sardinas, el atún (*tuna*.) _____

▶ **NOTA DE LENGUA**

We use the definite article when we speak in general terms (the concept or totality of something):

La fruta es muy sana.   *Fruit is very healthy.*
Las manzanas tienen vitaminas.   *Apples have vitamins.*

The indefinite article is often omitted after **hay** and other verbs (**tener**, **necesitar**, **querer**, etc.) when we refer to the type of thing, not specific ones or that thing in general.

Necesitamos (unas) manzanas.   *We need (some) apples.*
¿Tenemos manzanas?   *Do we have any apples?*

Note the difference between:

Las manzanas no cuestan mucho. (all apples, in general)
Siempre tengo manzanas. (some, nonspecific)

NOTA CULTURAL ▼

El vegetarianismo

Although somewhere between 4% and 7% of people in the United States are vegetarians, such diets are not as common in Spanish-speaking countries.

Ingredientes para
_____

[4.3] Una cena (*dinner*) con amigos. Work in pairs. You two are organizing a potluck party, and you are making the dishes below. Decide who is going to prepare each one:

Estudiante A: sopa de verdura y pollo   **Estudiante B:** ensalada de fruta

Paso 1. Individually, write a list of ingredients you need for your dish in the space on the left or in your notebook.

Paso 2. Each of you has a few items at home (see below.) Cross out in your ingredient list in Paso 1 any items you already have. Then, ask your classmate whether s/he has the other ingredients you need, and mark on your list any ingredients s/he can give you.

Estudiante A
Tienes cebollas, ajo, arroz, frijoles, aguacate, naranjas y duraznos.

Estudiante B
Tienes salchichas, papas, zanahorias, maíz, fresas y un limón.

Modelo: Estudiante A: **¿Tienes zanahorias?**
Estudiante B: **No, no tengo zanahorias.**

Paso 3. What ingredients do you still need? You are going to the grocery store together, so write a shopping list with all the things you need to buy to complete your dishes.

En mi experiencia

Emmanuel, Atlanta, GA

"In Spain, my host mother rarely went to the nearby supermarket. Instead she'd go every 2-3 days to the local market or **mercado**. She had loyal relationships with individual vendors—she would buy fruit from only one particular stall, fish from another person, etc. The food was always very fresh, but you had to pay in cash, and you could buy only what you could carry home."

© Rafael Campillo/age fotostock

Is there a market like this or a farmer's market where you live? What are the advantages and disadvantages of shopping at one? Why might people prefer to buy food every 2-3 days rather than make large purchases a few times a month?

[4.4] Chef Merito.

Paso 1. Look at the image on the next page.

1. Based on its format and visuals, it probably is...

   ☐ a scientific article.   ☐ a brochure.   ☐ an ad.

2. It is probably about...

   ☐ healthy eating.   ☐ a brand of spices.   ☐ a supermarket.

Paso 2. Look for cognates in the text and write them down in your notebook.

Paso 3. Skim for general content focusing on cognates and other words you understand, and write a sentence to summarize the main idea in this ad.

Paso 4. Look at the tasks below and read the ad again. Then, write your answers where appropriate.

INVESTIG@ EN INTERNET

Busca en Internet el sitio de Chef Merito. ¿Qué producto es nuevo para ti (*for you*)? ¿Qué producto deseas probar (*try*)?

1. Identifica las carnes, verduras y frutas del anuncio.

2. Indica las cualidades de los productos de Chef Merito, según el anuncio (*according to the ad*).

   ☐ Son baratos (*cheap*).   ☐ Son variados.   ☐ Tienen buen sabor (*flavor*).

   ☐ Son orgánicos.   ☐ Tienen garantía de calidad.   ☐ Tienen fecha de expiración.

Chef Merito Inc. & Chef Merito are Trademarks owned by Chef Merito, Inc., a California Corp.

Paso 5. ¿Y ustedes?

1. ¿Usan ustedes salsa picante? ¿En qué comidas?

2. ¿Qué sazonadores (*seasonings*) usan ustedes para preparar sus comidas favoritas? ¿Qué sazonadores del Chef Merito desean comprar?

Así se forma

1. Expressing likes and dislikes: The verb *gustar*

Read the following dialogue between Octavio and Inés. Pay attention to the forms of **gustar**.

WileyPLUS

Go to *WileyPLUS* to review this grammar point with the help of the **Animated Grammar Tutorial** and **Verb Conjugator**.

Inés: ¿**Te gusta** (*Do you like*) la comida de la cafetería de la universidad?

Octavio: Sí, **me gusta** (*I like it*) mucho.

Inés: ¿De veras? A mí **no me gusta** para nada y a mi compañera de cuarto **no le gusta** (*doesn't like it*) tampoco (*either*).

Octavio: ¿Por qué no **les gusta**?

Inés: No **nos gusta** porque no es nutritiva ni fresca (*fresh*).

Octavio: Pues esta sopa de camarones es deliciosa. Los camarones **me gustan** mucho.

Inés: A mí también **me gustan** los camarones, pero el problema es que estos no son camarones, nadie sabe (*nobody knows*) qué son.

Spanish expresses likes and dislikes with the verb **gustar**, which literally means *to be pleasing (to someone)*.

Spanish expression with gustar	English equivalent	Literal translation
Me gusta el aguacate.	*I like avocado.*	*Avocado is pleasing to me.*
¿Te gustan las fresas?	*Do you like strawberries?*	*Are strawberries pleasing to you?*
No le gusta comer marisco.	*He doesn't like to eat shellfish.*	*Eating shellfish is not pleasing to him.*

As you can see in the examples, the subject pronouns (**yo, tú, él...**) are not used with **gustar.** To express who is doing the liking (or literally, to whom something is pleasing), the forms **me, te, le, nos, os,** and **les** are used.[1] The verb takes the singular form **gusta** when the thing that is pleasing is a single item and the plural form **gustan** when the thing liked is plural.

Person(s) who like	+ gusta(n) +	thing(s) liked
me		el helado
te	gusta	la fruta
le		comer
nos		las uvas
os	gustan	las fresas
les		los camarones

- The definite article is used with the thing/things liked:

Me gusta **el** pescado.	*I like fish.*
Me gustan **las** fresas.	*I like strawberries.*

---

[1]The indirect-object pronouns, meaning *to me, to you, to you/him/her, to us, to you, to you/them,* will be studied in detail in **Capítulo 7.**

- If what is pleasing is an activity or a series of activities, use the singular form **gusta** with the infinitive (**–ar, –er, –ir** form) of the appropriate verb(s):

Nos **gusta comer.**	*We like to eat.*
Les **gusta cenar** en restaurantes y **asistir** a conciertos.	*They like to have dinner in restaurants and attend concerts.*

- To clarify the meaning of **le** and **les**, add **a** + person: **a Pedro, a ella, a las niñas, a ellos,** etc.:

Pedro y Ana toman el desayuno juntos.	*Pedro and Ana have breakfast together.*
A **Pedro** le gusta tomar café, pero a ella le gusta el té.	*Pedro likes to drink coffee, but she likes tea.*

- For emphasis, add **a mí, a ti, a usted, a nosotros,** etc., and to ask follow-up questions, use **¿Y a ti? ¿Y a usted?**, etc.

A mí no me gustan los camarones, **¿y a ti?**	*I don't like shrimp, do you?*
A él le gustan, ¿verdad?	*He likes them, right?*

[4.5] ¡Me gusta! You will hear a series of statements. Decide which food item is being talked about in each one.

Modelo: You hear: Me gusta.
You choose: ☐ los limones ☒ el ajo

1. ☐ las zanahorias ☐ el pescado | 4. ☐ el bistec ☐ las naranjas
2. ☐ la lechuga ☐ las fresas | 5. ☐ las peras ☐ la langosta
3. ☐ las cerezas ☐ el jamón | 6. ☐ el pollo ☐ los camarones

[4.6] Y a ti, ¿te gusta?

Paso 1. Write sentences stating whether you like these foods, paying attention to the verb form.

Modelo: las peras
Las peras me gustan mucho / no me gustan para nada / etc.

1. la sopa de verduras 3. beber agua 5. la ensalada de frutas 7. ir al mercado
2. los camarones 4. el ajo 6. comer carne 8. los guisantes

Paso 2. Compare your likes and dislikes with a partner.

Modelo: Estudiante A: **Las peras me gustan mucho.**
Estudiante B: **A mí me gustan mucho también.** *or* **A mí no me gustan.**

[4.7] ¿A quién le gusta? Read the following statements or questions and decide who each statement refers to.

Modelo: Le gusta la langosta. ☐ A ellos ☒ A ella

1. Te gustan los tomates. ☐ A ti ☐ A él
2. Les gusta mucho el pescado. ☐ A Carmen y a Ana ☐ A nosotros
3. Le gustan los plátanos. ☐ A ustedes ☐ A Jorge
4. Nos gusta la piña. ☐ A nosotros ☐ A ellos
5. ¿Le gusta el ajo? ☐ A usted ☐ A ti
6. Me gusta el maíz. ☐ A Elena ☐ A mí

PALABRAS ÚTILES

también	*also, to agree with a positive statement*
tampoco	*either, to agree with a negative statement*

[4.8] Una cena con los amigos.

You want to have your friends Luis, Óscar, and Andrea over for a Mexican inspired dinner, so you call Luis to find out what they like. Complete the dialogue with the appropriate pronouns (**me/te/le/nos/os/les**) and **gustar** forms.

Tú: Hola Luis, voy a preparar una cena para los amigos el sábado, y tengo algunas ideas. Por ejemplo, ¿a ti _____ los camarones?

Luis: Sí, a mí los mariscos _____ mucho. Pero a Óscar no _____. Bueno, en realidad, tiene alergia.

Tú: Uy, no, no, entonces el ceviche de mariscos no es buena idea. ¿Y a ustedes _____ la sopa de tortilla?

Luis: Sí, a Óscar y a mí _____ mucho.

Tú: Muy bien. Y el pescado, ¿_____?

Luis: Bueno, creo que a Óscar y a Andrea sí _____, pero a mí no _____ mucho. ¿Por qué no preparas pollo en mole? A Óscar y a Andrea _____ muchísimo.

Tú: Y a ti, ¿también (*also*) _____?

Luis: Sí, sí, especialmente con arroz y frijoles.

Tú: Bueno, a mí no _____ los frijoles mucho, pero no hay problema. También voy a preparar guacamole. Y después, ¿crema de mango?

Luis: ¡Uhm, delicioso! El mango _____ a todos.

▲ Ceviche de mariscos

▲ Pollo en mole

[4.9] En la universidad.

Paso 1. Answer the following questions in your notebook about your university and college life using full sentences (see **Palabras útiles** box). In items 7 and 8, write about other aspects of college you like or do not like.

1. ¿Te gusta la universidad?
2. ¿Te gustan las clases este semestre?
3. ¿Te gustan los profesores?
4. ¿Te gusta el campus?
5. ¿Te gusta estudiar en la biblioteca?
6. ¿Te gusta aprender español?
7. _____
8. _____

PALABRAS ÚTILES

Me gusta mucho	+
bastante	↑
un poco	↕
poco	↓
No me gusta nada	−

Paso 2. In pairs or small groups, compare your impressions, asking about the questions above as well as the aspects you added in items 7 and 8. Ask for more details and take notes.

Modelo:
Estudiante A: **¿Te gustan las clases este semestre?**
Estudiante B: **Sí.**
Estudiante A: **¿Qué clases tomas? ¿Te gustan todas?**
Estudiante B: **Casi todas. Me gustan las clases de español y biología, pero no me gusta mucho la clase de química.**

En mi experiencia
Hannah, Seattle, WA

© mediaphotos/iStockphoto

"I lived in Oaxaca, Mexico, during my junior year of high school. During lunch or recess, kids would often buy snack foods, like bags of chips or cookies. I learned that if someone near you is not eating something, it is considered rude to eat in front of them without offering some of what you have. Sometimes, I would only get to eat half of my bag of chips if a few of my friends were around! But at other times, I got to share what they were eating."

Where you live, what is common behavior when you have a snack and are near a friend who is not eating? Why might be a culture value sharing food in this way?

¡A la mesa! • 95

[4.10] Preguntas para tu profesor/a.

Paso 1. In pairs, complete the sentences in the left column, guessing what your instructor likes/does not like to do. Add a new item in the last row.

Modelo: No le gusta mucho bailar.

	A nuestro/a profesor/a...	Detalles (*Details*)
1.	_____ leer novelas.	¿Qué tipo? ¿Cuál es su novela favorita?
2.	_____ cenar en restaurantes.	¿Qué tipo de comida? ¿Cómo se llama su restaurante favorito?
3.	_____ mirar la televisión.	¿Qué tipos de programas mira? ¿Qué programa no le gusta?
4.	_____ asistir a conciertos.	¿Qué tipo de música? ¿Qué cantantes o grupos musicales son sus favoritos?
5.	_____ usar redes sociales (*social networks*).	¿Con mucha frecuencia? ¿Qué redes sociales? ¿Solamente lee o escribe también?
6.	_____.	¿_____?

Paso 2. Now, take turns asking your instructor whether she/he likes to do those things, and follow up with the questions in the column **Detalles** or others of your own. Be sure to note her/his answers. How well do you know your instructor? Did you guess correctly?

Modelo: ¿Le gusta leer novelas? ¿Qué tipo?

Paso 3. In small groups, and based on what you now know about your instructor, write some recommendations for him/her: novels to read, restaurants (and even specific dishes) to try, etc.

Stuart Westmorland/SuperStock

▲ tortillas mexicanas

Ingram Publishing/SuperStock

▲ tortilla española

En mi experiencia
Paul, Lexington, KY

"Having worked as a waiter in the U.S., I know how important it is to 'turn' tables quickly, because you make more tips the more people you serve. We are also trained to be very friendly and personable, and check back on the table frequently. However, in Argentina, it was often difficult to get the waiter's attention during the meal, or to get the bill. They will never bring it to you if you don't ask for it. Lingering over the meal and chatting at the table after eating is fully expected—this is called the *sobremesa*— and now I feel kind of rushed if my group leaves right after they finish eating. I also think the waiters there are paid more and don't expect a 15% tip."

What cultural values would lead U.S. servers to be friendly and personable and to bring the check quickly, versus in other cultures where servers are more perfunctory and expect diners to occupy a table for long periods of time?

© Julian Castle/Loop Images/age fotostock

◦Cultura México

ANTES DE LEER

1. Which indigenous people lived in Mexico before the Spanish arrived?

☐ Mayans   ☐ Aztecs   ☐ Olmecs   ☐ All of these, plus many others

2. How many languages are spoken in Mexico today?

☐ One   ☐ Approximately 20   ☐ Approximately 60

3. True or false: Mexico's climate is very hot all year round.

☐ True   ☐ False

▲ En la bandera (*flag*) mexicana, hay un águila (*eagle*) con una serpiente en la boca encima de un nopal (*prickly pear cactus*).

Un territorio diverso

México es un país (*country*) muy diverso. En el norte del país, incluyendo a Monterrey, Chihuahua y Hermosillo, hace frío (*it's cold*) en invierno. El centro del país, que incluye Aguascalientes, San Luis Potosí, Puebla y la Ciudad de México, es una vasta región de valles, donde el clima no es muy frío (*cold*) ni muy caluroso (*warm*). La región centro-oeste, incluyendo Guadalajara y Mazatlán, es una zona muy fértil con mucha agricultura y ganadería (*cattle ranching*). En el sureste, por ejemplo en Cancún, hay mucho turismo.

Ciudad	enero Máx	enero Min	abril Máx	abril Min	julio Máx	julio Min	octubre Máx	octubre Min
Acapulco	87	72	87	73	89	77	89	77
México, D.F.	66	42	77	51	73	53	70	50

Máx = temperatura máxima; Min = temperatura mínima.

La historia

México tiene una de las poblaciones indígenas más numerosas de Latinoamérica. En el pasado, existían muchos grupos diversos como los olmecas, los totonacos, los mayas y los aztecas. Cada grupo hablaba un idioma diferente. Hoy, todavía (*still*) existen unas 60 de estas lenguas en el territorio mexicano.

Cortés y Moctezuma

▲ La Malinche, intérprete y esposa de Cortés. Es considerada "la Madre del México moderno" porque sus hijos con Cortés representan la primera mezcla de españoles con indígenas.

Cuando llegaron los conquistadores españoles, los aztecas eran (*were*) el grupo dominante. Controlaban 371 grupos indígenas diferentes y todos hablaban la lengua náhuatl. La capital azteca, Tenochtitlán, era una ciudad de puentes (*bridges*) y canales en medio de un lago (*lake*). En el año 1500, tenía (*it had*) una población de 300,000 personas y era uno de los centros urbanos más grandes del mundo.

Cuando el español Hernán Cortés llegó a Tenochtitlán en 1519, el emperador era Moctezuma. Cortés era muy blanco (*white*) y tenía barba (*beard*). Algunos historiadores imaginan que los aztecas identificaron a Cortés con el dios (*god*) Quetzalcóatl, y le dieron (*gave him*) una gran bienvenida (*welcome*). Pero Cortés conquistó a los aztecas en 1521 con la importante ayuda (*help*) de La Malinche, una mujer que sirvió como (*as*) intérprete entre los españoles y los varios grupos indígenas.

¡A la mesa! • 97

La capital

Hoy, el antiguo Tenochtitlán es todavía (*still*) la capital del país, pero se llama la Ciudad de México, el Distrito Federal, el D.F., o simplemente México. Actualmente (*currently*), el D.F. tiene una población de 24 millones de personas y es la séptima (*seventh*) ciudad del mundo (*world*) en número de personas. La cultura indígena es visible en los murales que decoran la capital y en las caras (*faces*) de muchos de los habitantes. En las avenidas del centro de la ciudad hay tiendas (*stores*), restaurantes, teatros y hoteles elegantes.

Close-up of a mural, The Great City Of Tenochtitlan, Mexico City, Mexico/De Agostini Picture Library/ G. Dagli Orti/Bridgeman Images

Antes (*before*), Tenochtitlán

Russell Cheyne/Stone/Getty Images

Ahora (*now*), la Ciudad de México

David Crockett Photography/Alamy Images

La "Riviera Maya"

▲ Las ruinas mayas de Tulum, en la costa mexicana del Caribe.

El turismo

México tiene muchos lugares interesantes para visitar. Los pueblos (*towns*) coloniales como Taxco, Guanajuato, Cuernavaca y Oaxaca conservan hermosos edificios (*beautiful buildings*) del siglo XVI. También hay playas (*beaches*) famosas como Cancún y Puerto Vallarta, y otras playas espectaculares como Playa del Carmen, Ixtapa/Zihuatanejo y Huatulco.

La economía

México es la tercera (*third*) economía más importante de América, después de Estados Unidos y Brasil. El petróleo es la industria principal. El turismo es la segunda industria del país y la tercera fuente de ingresos (*income*) son las remesas: el dinero (*money*) que envían (*send*) a México los mexicanos y mexicano-americanos que viven y trabajan en los Estados Unidos. En el año 2013, el total de las remesas fue (*was*) de unos 21,500 millones[1] (*Twenty one and a half billion*) de dólares.

---

[1]**Mil millones** is one *billion* in Spanish.

DESPUÉS DE LEER

1. Go back to the questions in **Antes de leer**. Do you want to change any of your answers?

2. Put the following industries in the order of economic importance in Mexico today.

   ____ tourism   ____ remittances from abroad   ____ oil

3. Take a close look at the flag of Mexico. What animal does it contain that is also an important national symbol in the United States?

4. Consider the role of La Malinche (look up further details on the Internet if you wish). Do you know of an indigenous woman in United States history who also played an important role as a language interpreter?

Así se dice

Las comidas y las bebidas

WileyPLUS

Pronunciación:
Practice pronunciation of the chapter vocabulary and particular sounds of Spanish in *WileyPLUS*.

El desayuno

la leche
la pimienta
la sal
el cereal
el pan (tostado)
la mermelada
los huevos
la mantequilla
el tocino, la tocineta

el jugo
el azúcar
el café
el té

El almuerzo

el refresco
el sándwich
la hamburguesa
las papas fritas

el aceite
el vinagre
las aceitunas
la ensalada
la sopa

El postre

el pastel
el queso
la torta
las galletas
el helado

La bebida

el vino
la cerveza
el agua
el hielo

En la mesa

la copa
el vaso
la taza
la cucharita
el plato
la cuchara
el cuchillo
la servilleta
la cuchara
el tenedor

el aceite	*oil*	**la mermelada**	*jam*
la aceituna	*olive*	**el refresco**	*soft drink*

¿Cuál es tu preferencia?

Imagine that you are studying abroad in Mexico and staying with a Spanish-speaking family. Shortly after your arrival, your host mother (a great cook) has many questions for you. She aims to please!

Puedes tomar tres **comidas** en casa con nosotros: tomamos el **desayuno** a las ocho de la mañana, el **almuerzo** a las dos de la tarde y la **cena** a las ocho de la noche. En la mañana, ¿prefieres **tomar** una **bebida fría**, por ejemplo, jugo o una bebida **caliente** como café o té? ¿Prefieres jugo de naranja o de piña? ¿Tomas el café **con** azúcar o **sin** azúcar? ¿Prefieres los huevos **fritos** o **revueltos**? Para el almuerzo, voy a preparar sopa, ensalada y pollo con papas fritas. ¿Prefieres el pollo **a la parrilla**, **frito** o **al horno**? ¿Comes **mucha** o **poca** carne? ¿Cuál es tu **postre** favorito? ¿Te gusta el pastel de tres leches? Como ves, ¡me gusta **cocinar**!

al horno	*baked, roasted*	**postre**	*dessert*
a la parrilla	*grilled*	**revuelto/a**	*scrambled*
cocinar	*to cook*	**mucho/a/os/as**	*much, a lot, many*
la comida	*food, meal, main meal*	**poco/a/os/as**	*little (quantity), few*
la bebida	*drink, beverage*	**con**	*with*
frito/a	*fried*	**sin**	*without*

▶ NOTA DE LENGUA

- **Mucho** and **poco** do not change in gender and number when they modify verbs.
  Comemos **mucho/poco**.　　*We eat a lot/little.*

  When they modify nouns, **mucho** and **poco** do change in gender and number to agree with the noun.
  Comemos **muchas** verduras y **poca** carne.

- Spanish uses the preposition **de** (*of*) to join two nouns for the purpose of description.
  helado **de** fresa　　*strawberry ice cream*
  jugo **de** naranja　　*orange juice*

  How many combinations can you come up with?

[4.11] El menú. You work at a café and the cook is telling you the dishes available for the day. Write each item under the column where it belongs on the menu board. If an item can go in more than one column, add it to both.

Desayuno	Almuerzo	Cena	Postres

[4.12] ¿Qué es? In pairs, you both work at a café and it is time to set the tables for dinner, but you have forgotten the names of some objects. Select three items you still need and describe what they are for so your partner can identify them.

Modelo: Estudiante A: **Es para beber agua, jugo o leche.**
         Estudiante B: **Es un vaso.**

[4.13] Asociaciones.

Paso 1. Individually, select three words from the vocabulary in **Así se dice 2, Las comidas y las bebidas.** Then, for each of those words, write a list of ideas that you associate with it (see **Palabras útiles** box.)

Modelo: **el té: caliente, desayuno, mi mamá, bebida, azúcar**

Paso 2. Read your lists of associated words to your partner, who will try to identify the original words.

Modelo: Estudiante A: **Mi lista es: caliente, desayuno, mi mamá, bebida, azúcar**
         Estudiante B: **¿Es tu palabra "té"?**

PALABRAS ÚTILES	
cortar	*cut*
limpiar	*clean*
poner	*put*

[4.14] Tu comida ideal.

Paso 1. What would make an ideal day for you in terms of food? Include everything that you would like for each meal (beverages, sides, desserts, etc.)

Desayuno	
Almuerzo	
Merienda	
Cena	

 Paso 2. In small groups, compare your ideal meals. What can you tell about the eating habits and preferences of your peers? Are they similar to yours?

Modelo: **Mi desayuno perfecto son dos huevos fritos, tostadas con mantequilla...**

[4.15] ¿Qué comes?
In pairs and taking turns, one of you reads the situation you are in to your partner, who listens and suggests what you could eat and drink. Write down your partner's suggestions.

Estudiante A
1. Después del gimnasio estoy muy cansado y necesito energía.
2. Voy tarde a clase, pero necesito desayunar un poco.
3. Estoy en la cafetería de la universidad.
4. ¡Gané (*I won*) la lotería! Vamos a comer (*Let's eat*) tu comida preferida en tu restaurante favorito.[1]

Estudiante B
1. Son las 11 de la noche, estoy en mi cuarto/casa.
2. Estoy enfermo.
3. Esta noche hago una cena especial para una persona especial.
4. Necesito almorzar pero tengo solamente (*only*) 5 dólares.

---

[1]El restaurante favorito de tu compañero/a.

Así se forma

2. Talking about actions, desires, and preferences in the present: Stem-changing verbs

WileyPLUS

Go to *WileyPLUS* to review this grammar point with the help of the **Animated Grammar Tutorial** and **Verb Conjugator**.

Elena: Rubén, ¿**quieres almorzar** con nosotras?

Rubén: Pues... bueno, ¿adónde **piensan** ir?

Elena: Casi siempre **almorzamos** en la cafetería, ¿y tú?

Rubén: Pues yo **prefiero** ir a una pizzería.

Elena: No **puedo** comer pizza, tengo alergia al queso...

Rubén: No hay problema, también sirven pasta con parmesano.

Camila: ¡Ay, ay, ay!

Stem-changing (irregular) verbs have the same endings as regular **–ar**, **–er**, and **–ir** verbs but differ from these in that a change occurs in the stem[1] vowel in all forms except **nosotros** and **vosotros**. There are three stem-changing patterns, as shown below. Note that anytime a stem-changing verb is presented, the stem change will be noted in the entry in parenthesis, as in the examples below:

e → ie	**querer** *to want, to love*: qu**ie**ro, qu**ie**res, qu**ie**re, queremos, queréis, qu**ie**ren

querer (ie)	*to want, to love*	No **quiero** comer ahora.
preferir (ie)	*to prefer*	**Prefiero** comer más tarde.
entender (ie)	*to understand*	¿**Entienden** el problema?
pensar[2] (ie)	*to think*	¿**Piensas** que hay un problema?

o → ue	**dormir** *to sleep*: d**ue**rmo, d**ue**rmes, d**ue**rme, dormimos, dormís, d**ue**rmen

dormir (ue)	*to sleep*	¿**Duermes** bien?
almorzar (ue)	*to have lunch*	¿A qué hora **almuerzas**?
poder (ue)	*to be able*	¿**Puedes** cenar a las 7:00?
volver (ue)	*to return, go back*	¿A qué hora **vuelves** a la casa?

e → i	**pedir** *to ask for*: p**i**do, p**i**des, p**i**de, pedimos, pedís, p**i**den

pedir (i)	*to ask for, request, order*	Ella siempre **pide** pizza.
servir (i)	*to serve, to be good (for something)*	¿**Sirven** langosta aquí? Esta cebolla **sirve** para la sopa.

---

[1]The stem is the part of the verb that remains after the –**ar**, –**er**, or –**ir** ending is removed.
[2]When seeking an opinion, ask ¿**Qué piensas de...** ? (*What do you think about . . . ?*). When giving your opinion, say **Pienso que...** (*I think that . . .*). **Pensar en** means to think about (someone/something.)

[4.16] Comer en la universidad.

Paso 1. Listen to what Esteban says about his eating habits, writing down the missing stem-changing verbs.

Sí, es verdad. Es difícil tener una dieta sana (*healthy*) en la universidad. Algunos estudiantes toman cereal o yogur con fruta por la mañana, pero yo _____ comer algo más... tradicional, como huevos y tocino. Por la tarde, _____ una hamburguesa con papas y un refresco. Después, _____ a mi cuarto y _____ la siesta. Antes de hacer la tarea, tomo un café para estar alerta y unas galletas. No _____ estudiar cuando no tomo café; _____ que necesito la cafeína. Generalmente, ceno en la cafetería de la universidad. Hay verduras y ensaladas, pero casi todos los días también _____ pizza o pollo frito y _____ comer todo lo que _____. _____ que no es muy sano (*healthy*), pero ¡yo _____ comer estas delicias!

Now listen to the following statements about Esteban and mark whether they are true (**C = Cierto**) or false (**F = Falso.**)

1. C   F   **2.** C   F   **3.** C   F   **4.** C   F   **5.** C   F   **6.** C   F

Paso 2. Complete what Esteban says using appropriate forms of the verbs provided. Use all the verbs at least once. You will have to use some verbs more than once.

almorzar	poder	preferir	servir	pedir
entender	pensar	volver	querer	

Yo no _____ por qué a muchos estudiantes no les gusta la cafetería. Naturalmente, todos (nosotros) _____ la comida casera (*homemade*), pero yo _____ que la comida de la cafetería está bien, siempre _____ algo (*something*) que _____ comer. Algunos estudiantes _____ más verduras y frutas frescas. Bueno, ya tenemos una barra de ensaladas (*salad bar*) con varias verduras. Además, siempre hay otras opciones. Muchos estudiantes _____ en restaurantes de comida rápida. Si (*if*) tú _____, _____ comer en uno diferente todos los días de la semana. En mi opinión, la comida en la universidad no está mal. Pero, claro, cuando _____ a casa, la comida de mi mamá me gusta mucho más.

Paso 3. Write a short paragraph comparing yourself to Esteban.

Modelo: **Esteban y yo somos similares/diferentes. Esteban prefiere un desayuno tradicional y yo... // Esteban y yo almorzamos...**

[4.17] La comida de la universidad.
A student from Mexico is coming to your university next semester and he e-mails you asking about the university's food. Answer his questions.

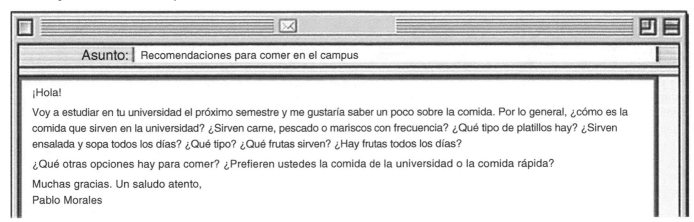

Asunto: Recomendaciones para comer en el campus

¡Hola!

Voy a estudiar en tu universidad el próximo semestre y me gustaría saber un poco sobre la comida. Por lo general, ¿cómo es la comida que sirven en la universidad? ¿Sirven carne, pescado o mariscos con frecuencia? ¿Qué tipo de platillos hay? ¿Sirven ensalada y sopa todos los días? ¿Qué tipo? ¿Qué frutas sirven? ¿Hay frutas todos los días?

¿Qué otras opciones hay para comer? ¿Prefieren ustedes la comida de la universidad o la comida rápida?

Muchas gracias. Un saludo atento,
Pablo Morales

[4.18] Sondeo de hábitos alimentarios.

Paso 1. Answer the survey questions below about yourself on a separate sheet of paper.

CENTRO DE SALUD DEL ESTUDIANTE
Sondeo de hábitos alimentarios

1. ¿Desayunas? (Si la respuesta es "no", ¿por qué?) ¿Dónde? ¿Qué desayunas?

   _____

2. ¿Dónde almuerzas? Describe dos almuerzos típicos para ti.

   _____

3. ¿Dónde prefieres cenar durante la semana? Describe dos cenas típicas para ti.

   _____

4. ¿Qué piensas de las cafeterías y restaurantes universitarios? Explica tu elección.
   a. excelentes   **b.** buenos   **c.** mediocres   **d.** malos   **e.** terribles

   _____

5. ¿Qué piensas de la comida rápida (*fast food*) en el campus? Explica tu respuesta.
   a. excelente   **b.** buena   **c.** mediocre   **d.** mala   **e.** terrible

   _____

6. ¿Qué restaurante(s) prefieres para una comida rápida en el campus? Explica tu elección.

   _____

7. ¿Puedes cocinar (cook) en tu residencia/apartamento? Si tu respuesta es "sí": ¿Con qué frecuencia cocinas? ¿Qué cocinas?

   _____

8. ¿Comes en restaurantes locales? ¿Qué restaurantes ¿Qué pides?

   _____

 Paso 2. Now, in groups of four, share your answers and take notes on the group's answers as well. Be ready to report back to the class.

PALABRAS ÚTILES

la dieta	*diet*
sano/a	*healthy*
enfermo/a	*ill, sick*
ganar peso	*gain weight*

Situaciones

Some college students have trouble adjusting to choosing their own meals and make poor food choices. In pairs, one of you is the school nutritionist, who will ask questions and offer suggestions for a healthy diet (considering the realities of your college.) The other is a student who is gaining weight but resists changes in his/her eating habits.

Así se dice

En el restaurante

Read the conversation between Elena and the waiter at a local cafe.

Mesero: Buenas tardes, señorita. ¿Desea usted ver **el menú**?

Elena: No, no es necesario. **Me gustaría** comer un sándwich de jamón y queso, y **también** una ensalada. ¿Las ensaladas son grandes? **¡Tengo hambre!**

Mesero: Sí, las ensaladas son bastante (*quite*) grandes. Y para tomar, ¿qué desea?

Elena: Una limonada grande, por favor. **Tengo mucha sed.**

Mesero: A la orden (*at your service*), señorita.

(Después de unos minutos.)

Mesero: ¿Desea usted algo **más**?

Elena: Sí, **todavía** tengo hambre y sed. **Otro** sándwich y **otra** limonada, por favor, pero con **menos** hielo. Y una ración de torta...

Mesero: ¡Vaya, qué apetito! Con mucho gusto, señorita.

Elena: Y **la cuenta**, por favor.

el/la mesero/a	*waiter*	**también**	*also*
la cuenta	*check, bill*	**tener hambre**	*to be hungry*
más/menos	*more/less, fewer*	**tener sed**	*to be thirsty*
Me gustaría	*I would like (polite)*	**todavía**	*still, yet*
otro/a	*another*		

> ### NOTA DE LENGUA
>
> In Spanish, the verb **tener** has many uses. In **Capítulo 3** you learned the expression **tener... años** (to be . . . years old). **Tener hambre** and **tener sed** follow the same pattern.
>
> ¡Tengo mucha hambre!
> *I am very hungry.*
>
> Also note that **otro/a** does not use the indefinite article **un/una.**
>
> Me gustaría ~~una~~ otra limonada, por favor.
> *I would like another lemonade, please.*

[4.19] Un nuevo restaurante. You and your friend are eating at a new restaurant. Match your statements and your friend's responses.

1. Todavía tengo hambre. ___

2. Me gustaría comer flan. ___

3. Tengo sed. ___

4. Quiero pedir la cuenta. ___

5. El vaso está sucio (*dirty*). ___

6. ¡Qué buena es esta ensalada! ___

a. Debes pedir otro.

b. Ahí está el mesero.

c. Vamos a (*Let's*) ordenar otra más.

d. No hay postres en el menú.

e. ¿Quieres comer más?

f. ¿Por qué no pides un vaso de agua?

[4.20] ¡Queremos comer! Work in groups of three. Two of you are going to the restaurant, the third student is a waiter. Come up with an interesting situation and work together on a dialogue, trying to use some of the words and expressions you just learned. Be ready to act it out for the class.

> ### NOTA CULTURAL
>
> **La comida mexicana vs. la comida Tex-Mex**
>
> "Tex-Mex" is a term given to food, music, and other cultural products based on the combined cultures of Texas and Mexico. Many ingredients of Tex-Mex cooking are common in Mexican cuisine, although other ingredients are unknown in Mexico. Tex-Mex food includes burritos, chimichangas, nachos, fajitas, tortilla chips with salsa, and chili con carne.
>
> Have you tried any of these foods?

Jeff Oshiro/JPhotolibrary/Getty Images

¡A la mesa! • 105

Cultura

Las comidas en el mundo hispano

ANTES DE LEER

1. At what times are breakfast, lunch, and dinner typically eaten in the United States? Which is usually the heaviest meal of the day?

2. Are you familiar with dishes consisting of a flour crust and meat filling, either fried or baked?

3. If you've tried both types, do you prefer corn or flour tortillas? Have you seen other types of tortillas, such as whole wheat?

▲ Pan dulce (*sweet*) en una panadería mexicana.

El desayuno hispano es normalmente entre las 6 y las 9 de la mañana. Comparado con el desayuno tradicional estadounidense, el desayuno hispano es muy ligero (*light*). Muchos españoles e hispanoamericanos desayunan una taza de café con leche y pan con mantequilla o mermelada o pan dulce.

El almuerzo (en muchos países también se llama la comida), generalmente es entre la 1 y las 2 de la tarde y es la más abundante del día. Puede incluir una ensalada, sopa, arroz o verduras, carne o pescado y postre. En algunos países, a las 4 o a las 5 de la tarde es común comer la merienda, que consiste en café o té, leche, galletas, pastel o un bocadillo.

Generalmente, los hispanos cenan más tarde que los estadounidenses, pero es una comida más ligera por ejemplo, una torta, un yogur o una fruta. La cena hispana típicamente es entre las 8 y las 9 de la noche, y en España puede ser incluso más tarde, entre las 10 y las 12 de la noche.

Algunos platos (*dishes*) típicos del mundo hispano

▼ Empareja (*match*) la comida con su descripción, escribiendo el nombre del plato debajo de cada foto.

1. _____   2. _____   3. _____   4. _____

El **flan:** un postre hecho de huevos, leche, azúcar y vainilla, cocido en un molde al horno con almíbar (*syrup*) de caramelo.

La **empanada:** masa de harina rellena generalmente con carne, cebolla, huevo y aceituna, frita o al horno.

Los **churros:** una masa de harina cilíndrica y frita. Frecuentemente se sirven con café con leche o con chocolate caliente.

La **paella** (España): plato de arroz con pollo, mariscos y guisantes, sazonado con azafrán (*saffron*).

DESPUÉS DE LEER

1. Based on the text you have just read, determine whether the following meals are typical of the U.S., a Hispanic country, or both.

   a. desayuno con pan y café con leche
   b. almuerzo con sopa, carne, arroz y postre
   c. desayuno con cereales, huevos y tocino
   d. cena a la medianoche
   e. cena con una pizza y refresco
   f. merienda con leche y galletas
   g. almuerzo con un sándwich

2. Name two differences between *when* people eat in Hispanic countries and in the U.S.

3. What dishes mentioned in the text would you like to try? Which would you prefer not to try, and why?

4. If you were writing a textbook for students learning English, what foods would you include as "typical" of the United States?

Así se forma

3. Counting from 100 and indicating the year

 In *Capítulo* 1, you learned numbers up to 99. Here are the numbers over 100.

ochocientos noventa y uno...

cien	100	ochocientos/as	800
ciento uno/a	101	novecientos/as	900
doscientos/as	200	mil	1,000
trescientos/as	300	dos mil	2,000
cuatrocientos/as	400	cien mil	100,000
quinientos/as	500	doscientos/as mil	200,000
seiscientos/as	600	un millón (de + *noun*)[1]	1,000,000
setecientos/as	700	dos millones (de + *noun*)	2,000,000

- **Cien** is used before a noun or as the number 100 when counting. **Ciento** is used with numbers 101 to 199.

    Hay **cien** estudiantes en la clase. **Cien, ciento uno...**

    Sólo tengo **cien** pesos. La torta cuesta **ciento un** pesos.

- In Spanish, there is no **y** between hundreds and a smaller number, although *and* is often used in English.

    205 (*two hundred and five*) = **doscientos cinco**

    ~~doscientos y cinco~~

- When the numbers 200–900 modify a noun, they agree in gender.

    trescient**os** alumnos y quinient**as** alumnas

- Years above 1000 are not broken into two-digit groups as they are in English.

    1971 (*nineteen seventy one*) = **mil novecientos setenta y uno**

    ~~diecinueve setenta y uno~~

[4.21] Datos sobre México.

Listen to the following numbers and write them down as numerals.

1. _____ la población aproximada de México (en 2010)

2. _____ la frontera entre Estados Unidos y México, en millas (*miles*)

3. _____ el año de la Independencia de México

4. _____ el número aproximado de hablantes de la lengua indígena náhuatl

5. _____ el número de especies de reptiles que hay en México

6. _____ el año de nacimiento (*birth*) del volcán Paricutín, el más joven del mundo (*world*)

NOTA DE LENGUA

Marking thousands and decimals.

Traditionally, Spanish and other romance languages use a dot (.) to mark thousands, and a comma (,) to mark decimals. Most Spanish speakers in the U.S. follow the English convention of marking thousands with a comma and decimals with a dot (or "point," or "period"). Usage varies in Spanish-speaking countries, but it is increasingly becoming commonplace to use the comma for thousands and the dot for decimals.

Las Américas	Europa
$121,250.50	$121.250,50

---

[1]When **millón/millones** is immediately followed by a noun, the word **de** must be used: **un millón de pesos, dos millones de euros**; but **un millón doscientos mil quetzales**.

[4.22] ¿En qué año?

Here is a list of some well-known restaurants with a long history. Listen and fill in the last column with the date that it opened.

Nombre del restaurante	Año
La Diligencia, un antiguo hostal (*old guesthouse*) de Tarragona, España	
El Faro, primer restaurante español en Nueva York	
Hostería de Santo Domingo, primer restaurante de la Ciudad de México	
Venta de Aires, famoso por sus platos tradicionales, en Toledo, España	
Café Richmond, un elegante restaurante de Buenos Aires, Argentina	
Casa Botín, ¡el restaurante más antiguo del mundo![1] en Madrid, España	
Paladar La Guarida, famoso restaurante familiar, La Habana, Cuba	

¿Cuál es el restaurante más antiguo (*oldest*) de esta lista? ¿Sabes (*do you know*) cuál es el restaurante más antiguo de tu ciudad?

[4.23] ¿Cuándo?

In pairs, determine in what year the following events took place, then write out the year in words, following the model.

Modelo: Estudiante A lee: El desastre del Challenger
            Estudiante B dice: **1986**   **Mil novecientos ochenta y seis**

1. ____ Los ataques terroristas en Nueva York   **a.** 1989 _____

2. ____ Los Juegos Olímpicos en Londres (*London*)   **b.** 1945 _____

3. ____ Bomba atómica en Hiroshima   **c.** 2001 _____

4. ____ La caída del Muro (*wall*) de Berlín   **d.** 2012 _____

5. ____ La independencia de los Estados Unidos   **e.** 1776 _____

[4.24] Vamos a cambiar (*exchange*) dólares.

In pairs, one of you is a teller (**cajero/a**) at a money exchange booth at the Miami International airport and the other is a client traveling to Hispanic countries. Listen to the amount of dollars your client wants to exchange and tell her/him how much money that is in the currency of the countries she/he will be visiting. Use the exchange rates in the chart below. Follow the model and take turns as the **cajero/o** and **cliente/a.**

País	1 dólar de EE. UU. son
Bolivia	7 bolivianos
Colombia	1,982 pesos colombianos
Costa Rica	557 colones
Guatemala	8 quetzales
Honduras	19 lempiras
México	13 pesos mexicanos
Perú	3 nuevos soles
Venezuela	6 bolívares fuertes

[1]According to *Guinness World Records*.

Modelo: Cliente/a: **Buenos días, quiero cambiar doscientos dólares a pesos mexicanos, por favor.**

Cajero/a: **Aquí tiene, dos mil seiscientos pesos.**

Estudiante A

Eres el cliente, vas a visitar estos países. Cambia los dólares indicados y anota el dinero local recibido.

México	725 dólares	Son _____	pesos mexicanos.
Guatemala	425 dólares	Son _____	quetzales.
Honduras	350 dólares	Son _____	lempiras.
Costa Rica	600 dólares	Son _____	colones.

Estudiante B

Eres el cliente, vas a visitar estos países. Cambia los dólares indicados y anota el dinero local recibido.

Bolivia	725 dólares	Son _____	bolivianos.
Perú	600 dólares	Son _____	nuevos soles.
Venezuela	350 dólares	Son _____	bolívares fuertes.
Colombia	425 dólares	Son _____	pesos colombianos.

 [4.25] El precio justo.

Today you are playing *The Price is Right!* In small groups, guess the price of each of the following items and write it down. A secretary will list your answers on the board to compare them with the correct price (previously determined by your teacher). The group that comes closest to the correct price for the most items, without going over, wins. Remember: In this activity, the teacher is always right!

1. una cena elegante para dos en un restaurante de cinco estrellas (*stars*) en la Ciudad de Nueva York

2. una mansión en Beverly Hills, California

3. un televisor LED de 50 pulgadas (*inches*)

4. una computadora portátil Mac muy ligera (*light*)

5. un iPad de última (*latest*) generación

6. la matrícula de un año en la universidad

7. un carro híbrido *nuevo*

En mi experiencia

Jennifer, Philadelphia, PA

"In the U.S., I always eat on the bus or subway if I'm running late. But people look at you funny if you do that in Barcelona! No one really eats on the go. In fact, I have some friends in Alicante, Spain, who went to the only fast-food drive through there, got their order, and then parked the car to go inside and sit down to eat it!"

© Siepmann/imageBROKER/age fotostock

What might be the underlying value in a culture where people almost never eat on the go? What do you think is the underlying value in the U.S. that causes people to do this more frequently?

VideoEscenas

¿La nueva cocina?

▲ Paloma y Pedro pasean por la tarde, quieren tomar algo y deciden entrar en un restaurante.

ANTES DE VER EL VIDEO

Answer these questions before you watch the video.

1. What types of cuisine and specific dishes do you like best when you eat out?
2. What is the strangest thing you have eaten?
3. What do you think "new cuisine" could be like?

A VER EL VIDEO

Paso 1. Read the following questions and their possible responses and watch the video once. Then watch the video again, pausing to answer each question.

1. ¿Qué quiere comer la pareja?
   a) una cena especial
   b) el desayuno
   c) café y postre
   d) carne y papas

2. ¿Qué pide la mujer para su novio?
   a) pan tostado con chocolate
   b) helado de chocolate
   c) pan tostado con miel y almendras (almonds)
   d) helado de almendras

3. ¿Qué piden para tomar?
   a) dos cafés con crema
   b) un café y un chocolate
   c) dos chocolates con café
   d) dos cafés sin crema

4. ¿Por qué tiene asco (disgust) el novio?
   a) Porque el mesero está loco.
   b) Porque el helado es pequeño.
   c) Porque el helado es extraño.
   d) Porque el helado es picante (spicy).

Paso 2. Look at the questions below and watch the video again. This time focus on the specific information you need to answer the questions. You may take notes as you listen.

1. ¿Por qué quiere entrar Paloma en este restaurante?

2. ¿Qué ingredientes tienen los postres de Paloma y Pedro?

3. ¿Les gusta a Paloma y Pedro la comida de este restaurante?

DESPUÉS DE VER EL VIDEO

¿Quieres probar (try) este tipo de "nueva cocina"? ¿Por qué sí o por qué no? En general, ¿eres aventurero/a con respecto a la comida?

Situaciones

In pairs or groups of three, you and your friend(s) are going out for dinner tonight, but you each want to go to a different restaurant. Try to persuade your friends to go to your favorite restaurant by telling them what type of food it serves, describing the dish(es) you think they would really like, what the restaurant offers for dessert, etc. Make a decision and be ready to share it with the class.

Así se forma

4. Asking for specific information: Interrogative words (A summary)

¿Con quién? ¿Cuándo? ¿Dónde?

Vi a Octavio con una chica muy...

Here are some of the questions asked at the fruit stall this morning.

¿Qué quiere usted?	**¿Qué?**	*What?*
¿Qué frutas tienen hoy?		
¿Cómo están las fresas hoy?	**¿Cómo?**	*How?*
¿Cuándo llegan las piñas?	**¿Cuándo?**	*When?*
¿Por qué no hay cerezas?	**¿Por qué?**	*Why?*
¿Quién es el último (*last in line*)?	**¿Quién/Quiénes?**	*Who?*
¿De quién es esta bolsa (*bag*)?	**¿De quién?**	*Whose?*
Hay manzanas rojas y verdes, **¿cuáles** prefieres?	**¿Cuál/Cuáles?**	*Which (one/ones)?*
¿Cuánto es en total?	**¿Cuánto?**	*How much?*
¿Cuántos tomates quiere? **¿Cuántas** peras quiere?	**¿Cuántos/ Cuántas?**	*How many?*
¿Dónde están los ajos?	**¿Dónde?**	*Where?*
¿Adónde va?	**¿Adónde?**	*(To) where?*
¿De dónde es esta fruta? ¿Es local?	**¿De dónde?**	*From where?*

WileyPLUS

Go to *WileyPLUS* to review this grammar point with the help of the **Animated Grammar Tutorial**.

- Note the difference between **¿qué?** and **¿cuál?**:

¿Qué + noun? When followed by a noun, use **qué.**

> **¿Qué** postre deseas?   *What (Which) dessert do you want?*

¿Qué/Cuál + ser? When followed by the verb **ser**, use **qué** to ask for a definition or explanation; use **cuál** to ask for specific data or a piece of information.

> **¿Qué** es una dirección?   *What is an address?*

An appropriate answer to the question above, with **qué**, would be: *It is the information about where a place is located or where somebody lives.*

> **¿Cuál** es tu dirección?   *What is your address?*

An appropriate answer to the question above, with **cuál**, would be: *It is 34 Longwood Avenue.*

¿Qué/Cuál + verb? When followed by a verb other than **ser**, use **qué** to ask about a general choice; use **cuál** to ask about a choice among given options.

> **¿Qué** quieres comprar?   *What do you want to buy?*
>
> **¿Cuál** quieres, el rojo o el azul?   *Which one do you want, the red one or the blue one?*

- Note that all the interrogative words above have written accents. When they appear without it, they often introduce a clause (a separate thought, with its own verb) rather than ask a question.

que	*that, which, who*	Siempre voy al mercado **que** está en la plaza.
cuando	*when*	**Cuando** tengo hambre, voy a la cafetería.
porque	*because*	Quiero una pizza grande **porque** tengo mucha hambre.

[4.26] ¿Qué palabra interrogativa? Imagine that one classmate interviewed another for a class assignment. Match the questions with the appropriate answers.

1. ¿Cómo estás?
2. ¿A qué hora es tu primera clase?
3. ¿Dónde prefieres estudiar?
4. ¿Cuándo vas a dormir?
5. ¿Cuál es tu clase favorita?
6. ¿Qué clases tienes?
7. ¿Cuánto cuestan tus libros?
8. ¿A quién pides ayuda con los problemas?
9. ¿Cuántas horas estudias cada día?
10. ¿Cómo es la comida en la cafetería?
11. ¿Qué haces después de las clases?

a. ____ Tres o cuatro.
b. ____ Voy al gimnasio o a la biblioteca.
c. ____ Quinientos dólares más o menos.
d. ____ Muy bien, gracias.
e. ____ Español, historia y biología.
f. ____ A las 9 de la mañana.
g. ____ Buena... a mí me gusta.
h. ____ Normalmente, a medianoche.
i. ____ ¡Español, claro!
j. ____ A mi consejero/a (advisor).
k. ____ En mi cuarto.

[4.27] ¿Qué o cuál? Mark the correct interrogative word, keeping in mind the given answers.

1. —¿☐ Qué ☐ Cuál   es tu dirección de correo electrónico?
   —Es mar2@mail.com.

2. —¿☐ Qué ☐ Cuál   es una manzana?
   —Es una fruta.

3. —¿☐ Qué ☐ Cuál   estudias?
   —Estudio economía y finanzas.

4. —¿☐ Qué ☐ Cuál   postre desea usted?
   —Quisiera un helado.

5. —¿☐ Qué ☐ Cuál   prefiere, el helado de chocolate o el de vainilla?
   —El de chocolate.

[4.28] Vamos a ser honestos. You and your classmate have been friends for a while, but have not always been honest with each other. Finally you decide to come clean. Take turns telling each other about your secrets and ask for the truth. Add one more secret of your own.

Modelo: Estudiante A: **La verdad (*truth*) es que tus raviolis no son mi plato favorito.**
        Estudiante B: **¿No? ¿Cuál es tu plato favorito?**
        Estudiante A: **Los tamales.**

Estudiante A
1. No me llamo...
2. No tengo... años.
3. No estudio...
4. Mi cantante (*singer*) favorito/a no es...
5. ...

Estudiante B
1. No soy de...
2. No vivo en una residencia estudiantil.
3. Después de las clases no voy a la biblioteca.
4. Mi película favorita no es...
5. ...

DICHO Y HECHO

PARA LEER: Chocolate, comida de dioses[1]

ANTES DE LEER

What is your favorite food? Do you have a favorite dish or recipe that includes that food?

ESTRATEGIA DE LECTURA

Using text format and visuals
Becoming familiar with the topic and main ideas of the text will greatly help you interpret it correctly when you read it in detail. Recognizing a particular text format and paying attention to any visuals and their captions can give you a good sense of what the text is about. For example, look at the selection that follows. Read the title and introduction to the text, look at the text and format and pictures. Then answer the following questions:

- What food is this text going to talk about?

- There are two different types of text here; how would you categorize each of them?

- What cues in the title, introduction, format, and visuals have you used to answer the questions above?

A LEER

Si es usted similar a la mayoría de sus amigos, vecinos y compañeros de trabajo, le gusta el chocolate. En sus múltiples variantes, el cacao es el protagonista de desayunos, meriendas, postres y celebraciones en gran parte del mundo[2]. Y, al contrario de la opinión general, tiene muchas propiedades beneficiosas para la salud[3].

Aunque hoy en día el chocolate es dulce[4], el término original azteca "chocolātl" significa agua amarga[5]. Su consumo en Centroamérica data del 1500 A.C., cuando los olmecas tomaban una bebida de cacao fermentado. Los mayas, y más tarde los aztecas, mezclaban cacao molido con agua, harina de maíz, vainilla y chile en un néctar reservado para ofrendas a los dioses. El fruto del *Theobroma cacao* ("comida de dioses"), preparado en una bebida caliente con azúcar, conquistó la aristocracia europea del siglo XVII. Poco a poco el chocolate original evolucionó a productos que consumimos ahora y su magia llega ya a todas las clases sociales.

En la actualidad[6], la mayoría de los 4 millones de toneladas de cacao producidas cada año provienen de Costa de Marfil y Ghana. En el continente americano, solamente Brasil y Ecuador tienen una producción importante de cacao. Pero, ¿quién come todo este chocolate? Los europeos consumen *la mitad*[7], especialmente suizos, alemanes y belgas, con 12 kilos anuales per cápita, mientras que los estadounidenses consumen unos 6 kilos.

Sin duda el chocolate tiene un papel fundamental en nuestra cultura. Simboliza el placer, el amor, la festividad, y así está presente en casi todas las celebraciones: tortas de cumpleaños, bombones de San Valentín, huevos de chocolate en Semana Santa, monedas y cacao caliente con menta en Navidad... Además ahora su sabor no es la única razón para disfrutarlo[8]: varias investigaciones recientes demuestran que el chocolate no es un factor importante en la obesidad y además ayuda[9] a prevenir problemas cardiovasculares, disminuye el colesterol malo, etc.

---

[1] gods, [2] world, [3] health, [4] sweet, [5] bitter, [6] currently, [7] half, [8] enjoy it, [9] helps

Anna Kurzaeva/iStockphoto

Receta de trufas de chocolate

Ingredientes:

- 500 gramos (18 onzas) de chocolate puro[10], derretido[11]
- 1 paquete (8 onzas) de queso crema[12]
- 350 gramos (12 onzas) azúcar en polvo[13]
- 1½ cucharadita de vainilla
- Cacao en polvo, o fideos[14] de chocolate
- Moldes de papel para trufas

Elaboración:

1.  En un bol grande, batir el queso crema.

2.  Añadir el azúcar en polvo gradualmente, batiendo para incorporar.

3.  Añadir el chocolate derretido y la vainilla, mezclando bien.

4.  Refrigerar la mezcla por una hora.

5.  Formar bolitas con la mezcla, pasar por cacao en polvo o fideos de chocolate y poner en los moldes de papel.

DESPUÉS DE LEER

1. Indicate if the following statements are true or false, according to the text. If they are false, correct them.

a. Muchas personas piensan que el cacao es muy sano.

b. En Centroamérica, el consumo de cacao tiene más de 3,000 años.

c. Los mayas y aztecas ofrecían (*offered*) bebidas de cacao a sus dioses.

d. En la Europa del siglo XVII, la aristocracia europea comía (*ate*) chocolate con azúcar.

e. Un alemán come aproximadamente la mitad de chocolate que (*than*) un estadounidense.

f. El chocolate no causa obesidad.

2. The steps to make truffles got mixed up. Number them in the correct order.

1. Batir el queso   ____ Cubrir (*cover*) las trufas.

____ Enfriar.   ____ Mezclar el cacao y la vainilla con el queso azucarado.

____ Moldear las trufas.   ____ Incorporar el azúcar.

3. Are you a good cook, or is microwave popcorn your highest achievement in the kitchen? In small groups, tell your classmates what you can and like to cook, what the ingredients are and try to explain how to make it.

PALABRAS ÚTILES

pelar	*to peel*
cortar	*to cut*
hervir	*to boil*
freír	*to fry*
asar	*to roast*
hornear	*to bake*

114 • CAPÍTULO 4

[10]semi-sweet chocolate, [11]melted, [12]cream cheese, [13]confectioner's sugar, [14]sprinkles

PARA CONVERSAR: ¿Qué comemos?

Paso 1. Work in groups of three. You are in the Cancún airport traveling back home from vacation. Two of you decide to eat in El Rincón, where traditional Mexican food is served. You are hungry and thirsty but you only have 200 pesos (about $15) left, so you might need to share some dishes. The third student will play the role of the server.

Paso 1. Individually, each traveller decides what she/he would like to eat based on personal preferences and cost. Meanwhile, the server studies the menu and comes up with two specials of the day.

El Rincón – Almuerzo

Sopas

Consomé azteca (pollo, arroz, cilantro, cebolla y aguacate[1])	71
Sopa de tortilla (tortilla de maíz, tomate, chipotle[2], queso y aguacate)	67
Sopa de frijol	65
Sopa del día (pregunte a su mesero/a)	65

Ensaladas

	Mediana	Grande
El Rincón (lechuga, pollo, tortilla frita, jícama[3] y piña asada)	60	98
De toronja (lechuga, toronja[4], aguacate y cebollitas)	55	88

Enchiladas (de pollo o queso, con guarnición[5] de frijoles)

Rojas, verdes o chipotle	95
De mole[6] poblano (con salsa de chiles y chocolate)	98
Suizas (con espinacas y salsa de crema agria)	95

Especialidades El Rincón

Carne de res en salsa de tomate	115
Cerdo en salsa verde (con tomatillos[7], chiles güeros[8] y papas)	105
Pollo en mole	110
Pescado a la Veracruzana (con tomate, aceitunas y alcaparras[9])	125
Chile relleno con queso	98

Bebidas		**Postres**	
Jugos naturales (naranja, toronja o guanábana[10])	28	*Flan*	36
Coca-Cola, Fanta, Sprite, Fresca	17	*Arroz con leche*	32
Agua mineral	15	*Helados*	32

 Paso 2. It's time to order! First, the server should describe the specials of the day, then ask questions. Discuss your options with your partner and order your food. The server will try to help by offering several suggestions. After your meal, ask for the check, pay your bill, and let the waiter know how your meal was.

---

[1]avocado, [2]smoke-dried chili, [3]jicama – a crispy, sweet edible root, [4]grapefruit, [5]side dish, [6]Mexican sauce made with chili peppers, chocolate, and a variety of other ingredients; garnish, [7]green tomatoes, [8]banana peppers; [9]capers, [10]soursop – a tropical fruit

el mesero/la mesera
¿Qué desean ustedes?
¿Y para usted?
¿Qué desean tomar?
Les recomiendo (comidas/bebidas)...
Nuestros (platos especiales/postres...) son exquisitos.

el/la cliente
Me gustaría...
¿Cuál es la sopa del día?
¿Qué nos recomienda?
¿Sirven arroz y frijoles con todos los platos?
Podemos compartir el pollo.
Muchas gracias.
¡La cuenta por favor!

HINT

Remember that prices are in **pesos** (1 dollar equals about 13 **pesos**).

ASÍ SE HABLA

In your conversation, try to use some of these phrases that are common in Mexico:
¡Órale! = OK!
¿Mande? = Excuse me?/What?
¡Híjole! = Wow!

ESTRATEGIA DE COMUNICACIÓN

Facial expression and attitude How will the nature of each conversation be reflected in your facial expression and your general attitude toward the person you're speaking with? Give this some thought, then try to use an appropriate facial expression and attitude in your conversations.

¡A la mesa! • 115

PARA ESCRIBIR: Comer en la universidad

In this section you will be able to choose among different writing options in order to describe your experiences eating on campus. You will choose one of the audiences below.

ESTRATEGIA DE REDACCIÓN

Consider audience and context The audience (who you are writing for) and the context of writing (e.g., letter, e-mail, essay, etc.) determine to a great extent the content, form, and type of language you should use. For instance, if you are writing about your first weeks in college to your freshman advisor, the content, form and level of formality will be different from what you would write to your best friend or relative.

ANTES DE ESCRIBIR

 Paso 1. You will describe your eating experiences on your campus. In small groups, discuss how this composition would be different if you were writing for the following audiences. Consider:

- **Purpose:** What would be your goal in each of the following situations? Can you think of examples of how such purposes may affect your composition?
- **Content:** What would be the message that you are trying to convey? What type of information would be appropriate in each case? Can you think of anything that might be appropriate for one of the contexts and not for another?
- **Writing format:** How are the three types of writings described differently in what we expect them to contain?
- **Tone:** Would the language in each be formal or informal? What would the tone of each be like?

	Purpose	Content	Writing format	Tone
An e-mail to your uncle, who often sends you money for school				
An article for the student newspaper				
A report requested by the Director of Dining Services, to assess student satisfaction with campus dining options				

Para escribir mejor: How to use a bilingual dictionary

In general, you should try to generate your compositions entirely in Spanish, using the words and structures that you already know. However, you will probably want to use a dictionary occasionally to stretch your communicative abilities.

When you look up a word in the dictionary, be sure to note whether it is a noun or a verb. Using the example "I can fly to New York," look up *can* and *fly* in the online dictionary www.wordreference.com, using the "English to Spanish" section, and write what you find:

can   noun = _____

          verb = _____

fly   noun = _____

          verb = _____

What is the correct translation of "I can fly to New York"?

_____

Paso 2. Choose one of the three options described in **Paso 1**. Start planning your writing by brainstorming for a few minutes, writing down everything that comes to mind, or developing an idea map with subtopics and clusters of ideas. Now, choose the three or four most important ideas that you want to develop in your composition. Each idea should form the topic sentence of a paragraph.

A ESCRIBIR

Write the letter of your choice from **Paso 1**, making an effort to convey relevant, well-developed ideas in a logical, easy-to-follow sequence. Remember to write appropriately for your purpose and reader.

DESPUÉS DE ESCRIBIR

Revisar y editar: El contenido y la organización. Revise your composition for content and organization. Specifically ask yourself these questions:

☐ Does each paragraph contain one main idea? Is all of the other information in the paragraph related to that main idea?

☐ Is the tone appropriate for the type of audience I have selected? (uncle, newspaper, or Director of Dining Services)

☐ Have I provided enough details? Are there a few more details I could include?

PARA VER Y ESCUCHAR: La comida hispana WileyPLUS

ANTES DE VER EL VIDEO

In pairs, and before you watch the video, write a list of Hispanic dishes you know (include the ones you remember from this chapter and others you might have known before). Together, try to remember as much as you can about these dishes.

© John Wiley & Sons, Inc.

ESTRATEGIA DE COMPRENSIÓN

Silent viewing Visual information can help us greatly when watching television or a video segment; we can learn about the context, events, and people involved, and use this information to better comprehend what we hear in the segment. In order to get the most out of that visual information, view the segment without any sound first. This will allow you to focus on what you see and use that information to anticipate and interpret what is being said. This exercise will also help you train yourself to pay attention to all those visual cues when watching Spanish-language TV or movies.

A VER EL VIDEO

Paso 1. In the video, you will hear about the foods served in two different restaurants. View the video once without sound and pay attention to the places, people, and food you see. Then, in small groups, share all the ideas and details you remember. You can also guess what some things may be!

Paso 2. Before you watch the video again, look at the words in the **Palabras útiles** box. After watching the video, now with sound, say whether the following statements are true or false. Rewrite the false statements to make them correct.

PALABRAS ÚTILES

aperitivo	*appetizer*
bacalao	*cod*
camarones	*shrimp*
= gambas (España)	
morcilla	*blood sausage*
jamón serrano	*dry cured ham*
pimientos	*peppers*
pulpo	*octopus*

	Cierto	Falso
1. El restaurante Macitas sirve comida cubana.	☐	☐
2. Macitas sólo sirve cenas.	☐	☐
3. Macitas también vende comida para llevar a casa.	☐	☐
4. El restaurante Botín se especializa en tapas.	☐	☐
5. Los españoles salen de tapas con su familia.	☐	☐

Paso 3. Complete the following sentences with any information you might remember. Then, watch the video again to check and complete your answers.

1. En el restaurante Macitas el calentado es un desayuno típico, que consiste en
   _____.

2. En la panadería de Macitas venden _____.

3. Las empanadas de Macitas son de _____.

4. Se sirven con una salsa de _____.

5. La especialidad de Botín son las carnes asadas, pero también sirven distintas tapas. Algunas tapas populares en España son _____.

DESPUÉS DE VER EL VIDEO

1. ¿Qué comida quieres probar de Macitas o de Botín?

2. La costumbre de "salir de tapas", ¿es similar a la "Happy Hour" de los Estados Unidos? ¿Por qué?

Repaso de vocabulario activo

Adjetivos y expresiones adjetivales

al horno   *baked, roasted*
a la parrilla   *grilled*
caliente   *hot*
frío/a   *cold*
frito/a   *fried*
mucho/a/os/as   *much, a lot, many*
otro/a/os/as   *another/other*
poco/a/os/as   *little (quantity), few*

Adverbios

más/menos   *more/less*
mucho/poco   *a lot/a little*
también   *also*
todavía   *still*

Conjunciones

cuando   *when*
porque   *because*
que   *that, which, who*

Palabras interrogativas

¿Adónde?   *(To) where?*
¿Cómo?   *How?*
¿Cuál/es?   *Which (one/s)?*
¿Cuándo?   *When?*
¿Cuánto/a/os/as?   *How much?/ How many?*
¿De dónde?   *From where?*
¿De quién?   *Whose?*
¿Dónde?   *Where?*
¿Por qué?   *Why?*
¿Qué?   *What? Which?*
¿Quién/es?   *Who?*

Preposiciones

con   *with*
sin   *without*

Sustantivos
Las comidas del día   *Meals*

el almuerzo   *lunch*
la cena   *dinner*
el desayuno   *breakfast*

Las legumbres y las verduras
   Legumes and vegetables

el brócoli   *broccoli*
la cebolla   *onion*

los frijoles   *beans*
los guisantes   *peas*
las judías verdes   *green beans*
la lechuga   *lettuce*
el maíz   *corn*
la papa/la patata   *potato*
las papas fritas   *French fries*
el tomate   *tomato*
la zanahoria   *carrot*

Las frutas   *Fruits*

el aguacate   *avocado*
la banana/el plátano   *banana*
la cereza   *cherry*
la fresa   *strawberry*
el limón   *lemon*
la mandarina   *mandarin, tangerine*
la manzana   *apple*
el melocotón/el durazno   *peach*
la naranja   *orange*
la pera   *pear*
la piña   *pineapple*
la sandía   *watermelon*
la uva   *grape*

Las carnes, los pescados y los mariscos   *Meat, fish, and seafood*

el bistec   *steak*
el camarón   *shrimp*
la carne de res   *beef*
el cerdo   *pork*
la chuleta (de cerdo)   *pork chop*
la hamburguesa   *hamburger*
el jamón   *ham*
la langosta   *lobster*
el pescado   *fish*
el pollo   *chicken*
la salchicha/el chorizo   *sausage*
el salmón   *salmon*
la tocineta/el tocino   *bacon*

Las bebidas   *Beverages*

el agua   *water*
el café   *coffee*
la cerveza   *beer*
el jugo/el zumo   *juice*
la leche   *milk*

el refresco   *soda drink*

el té   *tea*

el vino   *wine*

Los postres   *Desserts*

la galleta   *cookie*

el helado   *ice cream*

el pastel   *pie, pastry*

la torta   *cake*

Otras comidas y condimentos   *Other foods and condiments*

el aceite   *oil*

la aceituna   *olive*

el ajo   *garlic*

el arroz   *rice*

el azúcar   *sugar*

el cereal   *cereal*

la crema   *cream*

la ensalada   *salad*

el hielo   *ice*

el huevo   *egg*

los huevos revueltos/fritos   *scrambled/ fried eggs*

la mantequilla   *butter*

la mermelada   *jam*

el pan   *bread*

el pan tostado   *toast*

la pimienta   *pepper*

el queso   *cheese*

la sal   *salt*

el sándwich/el bocadillo   *sandwich*

la sopa   *soup*

el vinagre   *vinegar*

En el restaurante   *At the restaurant*

el restaurante   *restaurant*

el/la mesero/a   *waiter/waitress*

la cuenta   *check, bill*

En la mesa   *At the table*

la copa   *goblet*

la cuchara   *spoon*

la cucharita   *teaspoon*

el cuchillo   *knife*

el plato   *plate*

la servilleta   *napkin*

la taza   *cup*

el tenedor   *fork*

el vaso   *glass*

Verbos y expresiones verbales

almorzar (ue)   *to have lunch*

cocinar   *to cook*

comprar   *to buy*

costar (ue)   *to cost*

desear   *to want, to wish*

dormir (ue)   *to sleep*

entender (ie)   *to understand*

gustar   *to like*

necesitar   *to need*

pedir (i)   *to ask for, to order*

pensar (ie)   *to think*

poder (ue)   *to be able, can*

preferir (ie)   *to prefer*

preparar   *to prepare*

querer (ie)   *to want, to love*

servir (i)   *to serve*

tomar   *to take, to drink*

vender   *to sell*

volver (ue)   *to return, to go back*

me gustaría   *I would like*

tener (irreg.) hambre   *to be hungry*

tener sed   *to be thirsty*

5
Nuestro tiempo libre

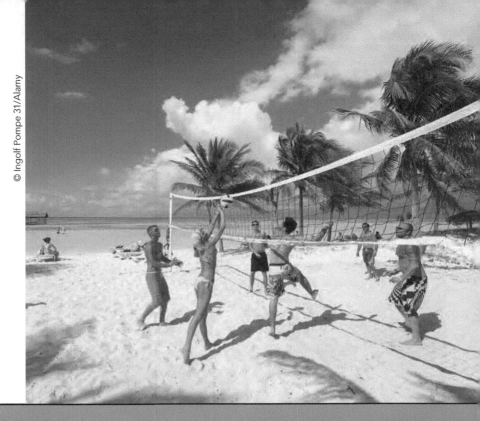

© Ingolf Pompe 31/Alamy

LEARNING OBJECTIVES

In this chapter, you will learn to:

- talk about hobbies, pastimes, and activities.
- talk about the weather and the seasons.
- express future actions.
- describe an action in progress.
- be familiar with recreational activities in Spanish-speaking countries.
- explore the importance of soccer.
- recognize African influences in the Caribbean islands.

Entrando al tema

1. ¿Cuál es tu deporte favorito? ¿Qué deporte crees que tiene el mayor número de fans en los Estados Unidos? Y ¿en el mundo hispanohablante?

2. ¿Has escuchado/bailado alguno de estos tipos de música: la salsa, el merengue, la bachata o el reguetón?

121

Nuestro tiempo libre

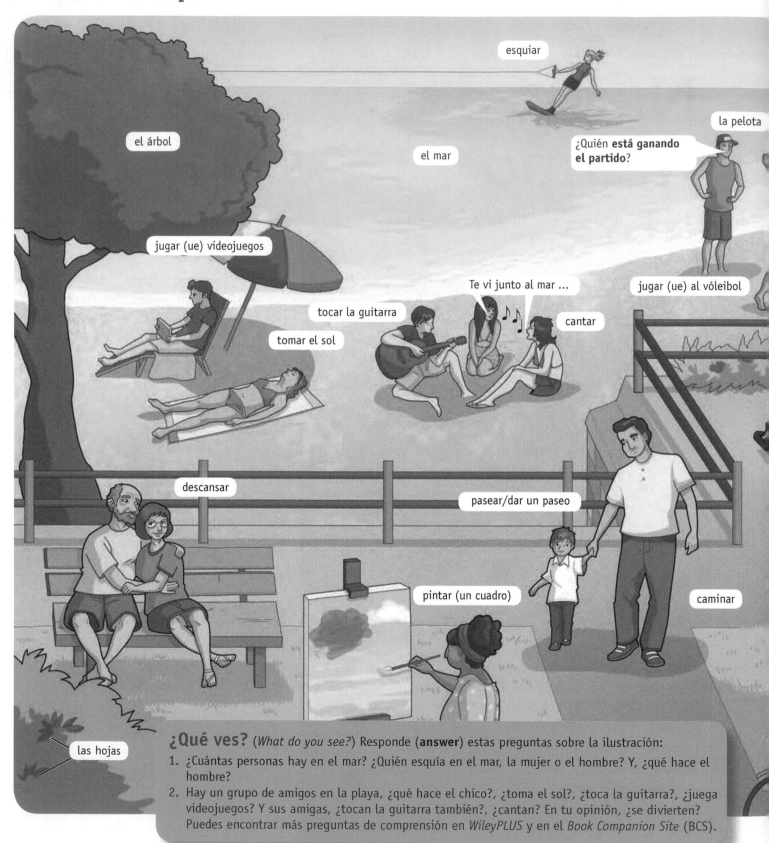

esquiar

el árbol

la pelota

el mar

¿Quién **está ganando el partido**?

jugar (ue) videojuegos

tocar la guitarra

Te vi junto al mar ...

jugar (ue) al vóleibol

cantar

tomar el sol

descansar

pasear/dar un paseo

pintar (un cuadro)

caminar

las hojas

¿Qué ves? (*What do you see?*) Responde (**answer**) estas preguntas sobre la ilustración:

1. ¿Cuántas personas hay en el mar? ¿Quién esquía en el mar, la mujer o el hombre? Y, ¿qué hace el hombre?

2. Hay un grupo de amigos en la playa, ¿qué hace el chico?, ¿toma el sol?, ¿toca la guitarra?, ¿juega videojuegos? Y sus amigas, ¿tocan la guitarra también?, ¿cantan? En tu opinión, ¿se divierten? Puedes encontrar más preguntas de comprensión en *WileyPLUS* y en el *Book Companion Site* (BCS).

caminar	*to walk*
cantar	*to sing*
dar un paseo	*to take a walk, stroll*
descansar	*to rest*
ganar	*to win*
jugar (ue)[1]	*to play*
al básquetbol/baloncesto	*basketball*
al fútbol	*soccer*
al fútbol americano	*football*
al béisbol	*baseball*
al tenis	*tennis*
videojuegos	*videogames*
hacer ejercicio	*to exercise*
deporte	*to play sports*
el mar	*sea*
el partido	*game, match*
perder (ie)[1]	*to lose*
practicar	*to practice*
tomar el sol	*to sunbathe*

nadar

¡Yo nunca **pierdo**!

hacer ejercicio

las flores

levantar pesas

correr

montar en bicicleta

¿Y tú?

1. ¿Qué haces tú cuando tienes tiempo libre?
2. Compara este parque con los parques de tu ciudad (*city*).

WileyPLUS

Pronunciación: Practice the pronunciation of the chapter vocabulary and particular sounds of Spanish in *WileyPLUS.*

---

[1]Remember that the letters in parenthesis following a verb—for example, **jugar (ue), perder (ie)**—indicate a stem change in the present tense.

[5.1] ¿Somos sedentarios o activos?

Paso 1. Categoriza estas actividades en la columna apropiada.

nadar	tomar el sol	jugar al voleibol	levantar pesas
esquiar	cantar	pintar un cuadro	tocar un instrumento
hablar	descansar	montar en bicicleta	jugar videojuegos
correr	caminar	jugar al baloncesto	hacer ejercicio

Actividades sedentarias	Actividades físicas

Paso 2. Ahora escribe oraciones (*sentences*) indicando con cuánta frecuencia (*how frequently*) haces estas actividades. Usa estas expresiones de frecuencia.

con frecuencia	a veces	casi nunca	nunca

Modelo: **Nado con frecuencia.**
No monto en bicicleta nunca.

 Paso 3. Compartan (*share*) sus respuestas en grupos y hablen de otras actividades que ustedes también hacen. En general, ¿son ustedes sedentarios o activos?

[5.2] ¿Qué me recomiendas?

 Paso 1. En parejas, el Estudiante A explica su situación al Estudiante B. Este escucha y ofrece una sugerencia, que el Estudiante A anota (*jots down*). Túrnense (*take turns*).

Modelo: Estudiante A lee: **Me gustan las actividades rápidas (*fast*).**
Estudiante B sugiere (*suggests*): **Te recomiendo jugar al baloncesto y correr.**

> **Estudiante A**
> **1.** Quiero expresarme artísticamente.
> **2.** Quiero practicar un deporte con otra persona.
> **3.** Quiero estar al aire libre (*outdoors*), pero no puedo correr.
> **4.** Me gusta mucho el agua.

> **4.** Soy muy competitivo/a.
> **3.** Quiero hacer actividades con mi perro.
> **2.** Quiero reducir el estrés.
> **1.** Quiero estar más fuerte.
> **Estudiante B**

Paso 2. Ahora, en grupos de 4 o 5 personas, comparte (*share*) las sugerencias de tu compañero/a. Después explica: ¿estás de acuerdo (*do you agree*) con sus sugerencias? ¿Tiene el grupo otras sugerencias?

[5.3] ¿Qué te gusta hacer?

Paso 1. Tu compañero/a y tú van a entrevistarse (*interview each other*) sobre las actividades que hacen frecuentemente. Tienes que (*You have to*) hacer preguntas sobre los detalles.

Modelo:	Estudiante A:	**¿Qué te gusta hacer en tu tiempo libre (*leisure time*)?**
	Estudiante B:	**Me gusta nadar.**
	Estudiante A:	**¿Nadas con frecuencia? ¿Prefieres nadar en una piscina (*pool*) o en el mar?**

PALABRAS ÚTILES

la película	*movie*
la revista	*magazine*
hacer trabajo voluntario	*to do volunteer work*
jugar	*to play*
a las cartas/al ajedrez/a los juegos de mesa	*cards/chess/board games*
patinar (sobre ruedas)	*to skate (rollerblade)*
practicar yoga/pilates	*to practice yoga/pilates*

 Paso 2. Ahora escribe un párrafo (*paragraph*) comparando tus actividades y las de tu compañero/a.

Modelo: **A Ana le gusta nadar, y lo hace dos o tres veces (*times*) por semana en la piscina.**

NOTA CULTURAL

El dominó

Dominoes is a favorite pastime in the Caribbean. Both in the Dominican Republic and in Cuba, one hears a constant "click" of the *fichas* (individual tiles) on a table. Although it may seem like a simple game, Caribbean *dominó* is full of suspense, energy, and strategy, as well as often being played for money. Partners know each other's style and hand signals and which *fichas* have not yet been played.

Look up the World Domino Tournaments on *ESPN Deportes,* which became very popular for trash-talking and table-smacking.

What board games are common in U.S. neighborhoods and parks?

© Charles O. Cecil/Alamy

Los colores

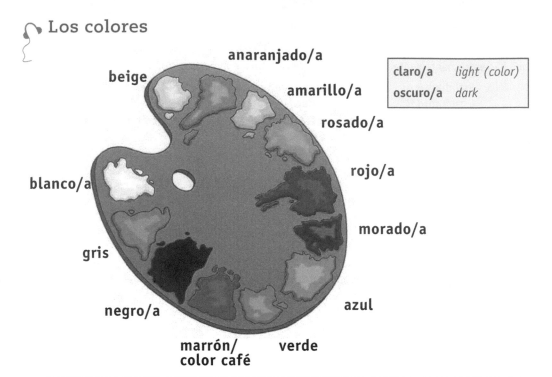

anaranjado/a

beige

amarillo/a

rosado/a

rojo/a

blanco/a

morado/a

gris

azul

negro/a

marrón/
color café

verde

| claro/a | light (color) |
| oscuro/a | dark |

WileyPLUS

Pronunciación:
Practice pronunciation of the
chapter vocabulary and particular
sounds of Spanish in *WileyPLUS*.

▶ NOTA DE LENGUA

All of the colors shown are adjectives. Those that end in **–o** change to reflect both
gender and number: **blanco, blanca, blancos, blancas.** Those that end in **–e** (**verde**) or a
consonant (**gris, marrón, azul**) have two forms: singular and plural (**verde, verdes**).
Las flores son azules y amarillas.

[5.4] Alimentos (*food items*) coloridos.

En parejas, y en cinco minutos, escriban el mayor (*largest*) número posible de alimentos o
bebidas de cada color. ¿Qué pareja tiene más?

En mi experiencia

John, Boise, ID

"I thought I'd get to practice playing
soccer when I spent two months in
the Dominican Republic, but baseball
is definitely the preferred sport. They
have a league called the *Liga de Béisbol
Profesional de la República Dominicana*
with six teams spread across the island;
many of the players eventually join U.S.
Major League teams. The champion of LIDOM plays in the yearly Caribbean Series
against Mexico, Venezuela, Cuba, and Puerto Rico. I lived in Santo Domingo in
2013 and since that team won the LIDOM, it was a lot of fun!"

The Dominican Republic holds the greatest number of Caribbean Series
championships. Do you know of any Dominican players on U.S. baseball teams?
If not, do a quick search on Internet. What other professional sports in the U.S.
attract athletes from other nations?

Enrique de la Osa/EPA/Newscom

[5.5] ¿Cuáles son tus colores?

Los colores de los equipos deportivos (*sports teams*) son símbolos muy importantes. Los reporteros deportivos a veces usan estos colores para referirse a un equipo: **"los blancos ganan el partido"** (*the white team wins the game*).

Paso 1. Escucha las descripciones de las camisetas (*jerseys*) de cinco equipos populares de fútbol y béisbol. Empareja (*Match*) el nombre del equipo con la foto correspondiente.

PALABRAS ÚTILES

la camiseta	*jersey/t-shirt*
el pantalón (corto)	*pants (shorts)*
la raya	*stripe*
horizontal/vertical/	
diagonal	

1. Boca Juniors _____

2. Águilas Cibaeñas _____

3. River Plate _____

4. Club América _____

5. Tigres de Ponce _____

Paso 2. En grupos de 2 o 3 personas, describan los colores de un equipo deportivo popular. Después van a leer su descripción a la clase y sus compañeros tienen que adivinar (*have to guess*) el equipo.

Modelo: **Su camiseta es... Juegan al baloncesto/béisbol...**

HINT

Para decir *I am a fan of...*, se puede decir:
"Soy del/de los..."
"Soy de los Boston Bruins."
"Le voy al/a los..."
"Le voy a los Chicago Bears".

Más actividades y deportes

Manuel y Linda están saliendo juntos (are dating) pero tienen intereses diferentes. Estas son sus respuestas a un cuestionario de compatibilidad.

¡Quiero ver el fútbol!

¡Pues yo prefiero la telenovela!

Cuestionario de compatibilidad

	Nombre: Linda	**Nombre:** Manuel
1. ¿Qué le gusta hacer en su tiempo libre (leisure time)?	Me *encanta*[1] pasear y salir con mis amigos, y me gusta *bailar* salsa.	Me gusta ir a fiestas o a la discoteca y a bailar con Linda.
2. ¿Le gusta **ver la televisión**? ¿Qué tipo de programas ve?	Sí, veo partidos de tenis; también me gustan las telenovelas (*Hospital General*).	Me gusta ver la tele, especialmente los deportes: *partidos de fútbol, béisbol, torneos de golf…*
3. ¿Qué hace los fines de semana?	Generalmente **limpio** mi cuarto y **voy de compras**. A veces cocino para mis amigos.	Me encanta *manejar*[2] mi carro nuevo y casi siempre llevo a Linda cuando va de compras.
4. ¿Practica algún **deporte** con regularidad?	Mi deporte favorito es el fútbol americano, pero juego al tenis.	Mi deporte favorito es el fútbol, pero en Estados Unidos no es muy popular… También me gusta el béisbol.
5. ¿Cuál es su **equipo** favorito?	Mi equipo son los Dolphins.	Mi equipo de béisbol favorito son los Marlins.
6. ¿Escucha música? ¿De qué tipo?	Sí, en casa casi siempre escucho música y me gusta todo tipo de música.	Sí, siempre escucho música en casa, en el carro, con mi iPod. Me gustan el rock latino y el hip hop. Mi grupo favorito es Orishas, un grupo de hip hop cubano.
7. ¿Qué hace para relajarse?	Casi siempre doy un paseo y, a veces, leo un libro.	¿Relajarme? No tengo tiempo, **solo** descanso cuando duermo.
8. ¿Le gusta **viajar**? ¿Adónde?	Me encantan los viajes a lugares exóticos, pero casi nunca hago viajes porque no tengo dinero.	No, **solo** viajo si es necesario. En las vacaciones prefiero descansar en casa.

WileyPLUS

Pronunciación:
Practice pronunciation of the chapter vocabulary and particular sounds of Spanish in *WileyPLUS.*

bailar	*to dance*	**manejar**	*to drive*
encantar	*to love*	**solo**	*only*
el equipo	*team*	**ver la televisión**	*to watch TV*
ir de compras	*to go shopping*	**deporte**	*sport*
limpiar	*to clean*	**viajar**	*to travel*

[1] Note that **encantar** has a similar structure to that of **gustar:** Me *gusta* bailar/ Me *encanta* bailar. Me *gustan* los deportes/ Me *encantan* los deportes.

[2] **Manejar = conducir** in Spain. Present tense: **conduzco, conduces, conduce, conducimos, conducís, conducen.**

[5.6] Compatibilidad.

Paso 1. Escucha estas oraciones (*statements*) y decide si se refieren a Linda, Manuel o a los dos (*both*). Marca la columna apropiada o las dos columnas.

	Manuel	Linda
1.	☐	☐
2.	☐	☐
3.	☐	☐
4.	☐	☐
5.	☐	☐
6.	☐	☐
7.	☐	☐
8.	☐	☐

Paso 2. Ahora, en grupos, respondan estas preguntas (*answer these questions*):

¿Tienen Linda y Manuel muchos intereses y hábitos en común? ¿Son muy similares o diferentes? ¿Piensas que son compatibles? Explica tu opinión.

[5.7] Nuestros hábitos.

En parejas, hablen sobre sus actividades, con detalles como dónde, cuándo y con qué frecuencia haces estas actividades, etc. Después decidan si (*whether*) ustedes son compatibles como compañeros de cuarto (*roommates*) o no.

Modelo: Estudiante A: **Nunca veo la televisión.**
Estudiante B: **Yo sí, pero no todos los días. Solo veo deportes los sábados y domingos.**

Estudiante A: **Cristina y yo (no) somos compatibles como compañeras de cuarto/apartamento porque...**

1. Tocar un instrumento/cantar.

2 Caminar/montar en bicicleta/manejar para ir a clase/de compras.

3 Hacer reuniones (*get-togethers*) o fiestas para escuchar música y bailar.

4 Hacer ejercicio por la mañana/tarde/noche.

5. Ir de compras los fines de semana.

6. Limpiar mi cuarto/apartamento.

7. Escuchar música rock/pop/country a un volumen alto en mi cuarto.

8. Jugar videojuegos.

[5.8] Mis actividades favoritas.

Paso 1. Individualmente, escribe una lista de tus actividades favoritas. Añade (*add*) detalles como cuándo haces estas actividades, dónde, con quién, etc.

 Paso 2. En grupos, compartan sus listas. Escucha a tus compañeros y pide detalles de las actividades más interesantes para ti. Toma notas.

Paso 3. Escribe sobre (*write about*) una actividad de las listas de tus compañeros que te parece interesante (*seems interesting to you*) o quieres probar (*you want to try*).

Modelo: **Quiero tocar la guitarra, como (*like*) Roberto, porque...** *Or,*
Roberto toca la guitarra. Es interesante porque...

Cultura

Cuba
IT Stock/ SUPERSTOCK

República Dominicana
Corbis/ SUPERSTOCK

Cuba y la República Dominicana

ANTES DE LEER

¿En qué aspectos de la cultura de Estados Unidos hay una fuerte influencia africana? Piensa en la música, la comida y otros elementos.

Los Orishas (cubanos)

s_bukley/Newscom

Cuba y la República Dominicana son un destino turístico popular por su agradable clima y belleza natural, y por su rica cultura caracterizada por una fuerte presencia africana entre sus habitantes. Esta influencia se nota en la música y baile, comida, e incluso (*even*) en algunas tradiciones religiosas.

La música y el baile

Los siguientes tipos de música caribeña son tradicionales pero simultáneamente muy populares hoy en día. En particular, se nota el uso de tambores (*drums*) como la conga y los bongós, que tienen origen africano. Busca por Internet unos videos de la música siguiente. ¿Cuál te gusta más? ¿Cuál parece más difícil bailar?

La **bachata:** Juan Luis Guerra, Grupo Infinito, Anthony Santos, etc.
La **salsa:** Celia Cruz, Los Van Van, etc.
El **merengue:** Juan Luis Guerra, Wilfrido Vargas, etc.

Hay estilos de música más recientes de estos países. Busca por Internet **Los Orishas** y **Wilo D'New**. ¿A qué concierto preferirías asistir?

Juan Luis Guerra (dominicano) – cantante del grupo 4.40.

Ebet Roberts /Redferns/Getty Images

La comida y la bebida

La comida cubana y la dominicana tienen influencias de España, África e indígena. De África llegaron el quimbombó (*okra*), los gandules (*pigeon peas*), el plátano macho (*plantains*) y la malanga (*taro root*). Busca por Internet los platillos siguientes y decide: ¿cuáles te gustaría probar? ¿Alguno es similar a algo que se come en Estados Unidos?

Congrí   Yuca con mojo   Ropa vieja   Sándwich 'medianoche'   Mangú

La religión

La **santería** es una mezcla (*mix*) del catolicismo con creencias de la religión yoruba de los esclavos africanos. Busca por Internet los diferentes *orishas* (espíritus) que forman parte de esta religión.

Adalberto Ríos Szalay/age fotostock

Comida caribeña

DESPUÉS DE LEER

1. ¿Cuál de los tipos de música te gustaría escuchar? o ¿qué comida te gustaría probar?

2. Busca por Internet los lugares y actividades turísticas más comunes de Cuba y la República Dominicana. ¿Cuáles son los lugares que te gustaría visitar?

© Alexcrab/iStockphoto

En el café cubano tradicional, ponen el azúcar durante la preparación. Así resulta un café más dulce que poniendo el azúcar después.

St Petersburg Times/Tampa BayTimes/ZUMAPRESS.com/ NewsCom

Una mujer santera

Así se forma

1. Talking about activities in the present: Some yo-irregular verbs

WileyPLUS
Go to *WileyPLUS* to review this grammar point with the help of the **Animated Grammar Tutorial** and **Verb Conjugator**.

Saber and *conocer*

Magali: ¿**Conoces** Brooklyn? ¿**Sabes** que allí viven muchos hispanos de Puerto Rico y la República Dominicana?

Ángel: Sí, ya lo **sé**. ¿Y tú **sabes** dónde viven muchos hispanos de descendencia cubana? En Florida, especialmente en Miami.

Magali: Claro (*of course*). ¿**Sabes** quién vive en Miami? Mi prima Mirta, una chica muy bonita, que **sabe** bailar muy bien.

Ángel: Pues no **conozco** a tu prima, pero ¡me gustaría mucho **conocer**la! (*I would like to meet her*)

Both **saber** and **conocer** mean *to know*, but have different uses. First, observe their forms.

saber		conocer	
sé	sabemos	**conozco**	conocemos
sabes	sabéis	conoces	conocéis
sabe	saben	conoce	conocen

- **Saber** describes the kind of knowledge that one learns, such as *facts* or *a piece of information* or *a skill one develops*. Notice that when **saber** means *to know how to*, it is followed by an infinitive.

    Sé dónde vive Mirta.   Ella **sabe** bailar muy bien.

- **Conocer** means *to know in the sense of being acquainted or familiar with persons, places*, or *things*. It also means *to meet for the first time*. Observe that when **conocer** means *to know a person*, it is followed by "**a** personal."

    Conozco a Magali. Ella **conoce** bien la ciudad de Miami.

    Quiero **conocer a** su prima Mirta.

    ¿**Conoces** los tipos de bailes de Cuba? Yo **conozco** el danzón y el mambo.

    Notice the difference between these two sentences:

    Sé quién es el profesor Velasco.   *I know who Professor Velasco is.*

    Conozco al profesor Velasco.   *I know Professor Velasco.*

> ▶ **NOTA DE LENGUA**
>
> Note the difference in use between **saber** (*to have the know-how, ability to do something*), and **poder** (*to be able to do something*) when talking about activities.
>
> No sé bailar salsa.
> *I can't (I don't know how to) dance salsa.*
>
> No puedo bailar salsa aquí.
> *I am not able to dance salsa here (because there is not enough space, etc.).*

[5.9] ¿Saber o conocer? Subraya (*Underline*) la opción correcta.

1. Conozco/Sé a Carmen, pero no conozco/sé qué estudia.

2. ¿Es cierto que todos los cubanos conocen/saben jugar al dominó?

3. Nuestro abuelo conoce/sabe mucho de historia.

4. ¿Conoces/Sabes de quién es esta pelota?

5. Iván conoce/sabe los nombres de todos los jugadores profesionales de béisbol.

6. ¿Conoces/Sabes cuál es la capital de Puerto Rico? Es San Juan, mi padre la conoce/sabe bien porque vivía (*he used to live*) allí.

[5.10] ¿Qué sabemos hacer? Caminando por el aula, averigua (*find out*) quién sabe hacer estas cosas. Cuando un/a compañero/a dice "sí", anota (*jot down*) su nombre y pregunta más sobre esta actividad. Después vas a compartir (*share*) esta información con la clase.

Modelo: Estudiante A: **¿Sabes esquiar?**
         Estudiante B: **Sí, sé esquiar.**
         Estudiante A: **¿Esquías con frecuencia? ¿Dónde esquías?**

	Nombre	Detalles (*Details*)
1 esquiar		
2 jugar a (un deporte o juego [*game*])		
3 montar en bicicleta		
4 cocinar		
5 tocar un instrumento musical		
6 hablar otro idioma		

PALABRAS ÚTILES

Instrumentos musicales: el piano, el violín, la guitarra, la trompeta, el saxofón, el clarinete.
Idiomas: italiano, francés, ruso, japonés, alemán.
Juegos: ajedrez (*chess*), póker.

 [5.11] Deportistas famosos. En parejas, pregunta a tu compañero/a si conoce a estos atletas. Usa las categorías del cuadro (*box*).

Modelo: Sergio García
         Estudiante A: **¿Sabes quién es Sergio García?**
         Estudiante B: **Sí, sé quién es. Es jugador de golf.** *Or,* **No, no sé quién es.**

¿Sabes quién es...?

1. Serena Williams
2. Albert Pujols
3. Rafael Nadal

4. Tony Romo
5. Pau Gasol
6. Michael Phelps

PALABRAS ÚTILES

nadador
futbolista
jugador de básquetbol/
    béisbol/golf
tenista

Rafael Nadal

Jon Buckle/PA Photos/Landov LLC

Pau Gasol

Nikki Boertman/Reuters/Landov LLC

[5.12] ¿Quieres conocerlos? En grupos pequeños, imaginen que pueden conocer a cualquier (*any*) persona famosa. ¿A quién quieren conocer? Deben ponerse de acuerdo (*You must agree*).

Note: Use the pronouns **lo** (to refer to males, like *him*) and **la** (to refer to females, like *her*) as in the Modelo. (You will learn more about these pronouns in *Capítulo 6*.) If you don't know who the person is, just say: **No sé quién es.**

Modelo: Estudiante A: **Yo quiero conocer a Jennifer López porque...**
Estudiante B: **Sí, la quiero conocer también. / No, no la quiero conocer porque...**

[5.13] ¿Saber o conocer?
Celia pregunta a Antonio sobre un restaurante cubano que está cerca de su casa. Completa su conversación con las formas correctas de **saber** o **conocer**, según (*according to*) el contexto.

Celia: Antonio, ¿_____ cómo se llama el restaurante cubano de tu calle?

Antonio: Sí, claro que lo _____, se llama Café Oriental. Además, lo _____ muy bien. Comemos allí frecuentemente porque mis padres _____ a los dueños (*owners*).

Celia: Y ¿_____ qué platos típicos sirven?

Antonio: Tienen *moros y cristianos,* y también sirven un *ajiaco* buenísimo.

Celia: ¿Ajiaco? No lo _____. ¿Qué es?

Antonio: Bueno, es una sopa de carne y verdura, pero no _____ todos los ingredientes.

▲ Ajiaco cubano.

[5.14] ¿Lo/La conoces bien?

Paso 1. Individualmente, llena los espacios (*fills the blanks*) con **sabes** o **conoces**.

¿A quién de la clase _____ bien?

¿_____ dónde vive?

¿_____ cuántos años tiene?

¿_____ qué clases toma este semestre?

¿_____ qué actividades le gustan?

¿_____ a sus amigos?

¡Pienso que (no) lo/la _____ muy bien!

Paso 2. En parejas, entrevista a tu compañero/a usando las preguntas del Paso 1 como guía (*as a guide*). Después cambien los papeles (*reverse roles*), el/la otro/a estudiante hace las preguntas.

Additional yo-irregular verbs

Elena describe sus actividades típicas de fin de semana.

¿Cómo es un sábado típico para mí? Bueno, **salgo** de[1] casa para correr a las 8 de la mañana. A veces, mi amiga Sara también **viene** a correr. Cuando llueve (*When it rains*), **hago** ejercicio en casa. Después, si (*if*) no **tengo** tarea, **oigo** un poco de música o **pongo** la televisión y **veo** las noticias. Por la tarde, **doy** un paseo con mis amigos o ellos **vienen** a mi casa y **vemos** una película (*watch a film*).

▲ A veces hago ejercicio en casa.

You have already learned some verbs with an irregular **yo** form: **salir** and **hacer** (Capítulo 2) as well as a verb with an irregular **yo** form in addition to stem changes: **tener** (Capítulo 3.) Review those verbs and observe the verbs that follow:

dar *to give*	poner *to put, turn on* **(TV, music...)**	traer *to bring*	ver *to see, watch*	decir *to say, tell*	oír *to hear,* *listen to*	venir *to come*
doy	**pongo**	**traigo**	**veo**	**digo**	**oigo**	**vengo**
das	pones	traes	ves	**dices**	**oyes**	**vienes**
da	pone	trae	ve	**dice**	**oye**	**viene**
damos	ponemos	traemos	vemos	decimos	oímos	venimos
dais[2]	ponéis	traéis	veis[2]	decís	oís	venís
dan	ponen	traen	ven	**dicen**	**oyen**	**vienen**

> **HINT**
>
> Think of the following verbs as the **"yo-go" verbs"**—verbs whose **yo** forms end in –go: **salir, hacer, traer, poner, oír, tener, venir,** and **decir.**

Note that there is usually a difference in meaning between these pairs of verbs:

oír	*to hear*	No **oigo** nada.
escuchar	*to listen*	**Escuchamos** al profesor con atención.
ver	*to see*	**Veo** una pelota en la playa.
mirar	*to watch, look at*	Juan **mira** el partido de béisbol.

But many Spanish speakers can use **oír** to mean *listen to* with music or the radio, and **ver** to mean *watch* with TV or a movie.

Me gusta **oír** música cuando hago ejercicio.

Por las noches **veo** la tele o una película.

---

[1] Note that **salir** is followed by **de** when the subject is leaving a stated place. **Salgo de** casa vs. **Salgo** con mis amigos.
[2] Note that there is no accent in **dais** or **veis**.

[5.15] ¿Qué hace tu profesor/a?

Paso 1. Tu profesor/a hace estas afirmaciones. Decide si son **ciertas** (*true*) o **falsas** (*false*).

Cierto	Falso	
☐	☐	**1.** Salgo de mi casa a las 6 de la mañana.
☐	☐	**2.** Oigo las noticias (*news*) en el carro.
☐	☐	**3.** Traigo comida a la clase de español.
☐	☐	**4.** Digo "Buenos días" cuando entro a la clase.
☐	☐	**5.** Doy mucha tarea de español los viernes.
☐	☐	**6.** Tengo dos gatos.

Paso 2. Ahora pregunta a tu profesor/a si hace estas cosas. ¿Quién en la clase conoce al profesor/la profesora bien?

[5.16] ¿Qué hace Elena?

Paso 1. Este es un día típico para Elena. Decide el orden de las ilustraciones, escribiendo los números del 1 al 8. Después, imagina cómo (*how*) Elena describe sus actividades usando estos verbos.

decir	hacer	llegar	llevar	oír	ver	salir de

_____

_____

1, oigo el despertador

_____

_____

_____

_____

_____

Paso 2. Ahora, en parejas, entrevista a tu compañero/a sobre su día típico.

Modelo: Estudiante A: **¿A qué hora oyes el despertador por las mañanas?**
Estudiante B: **Por las mañanas, oigo el despertador a las siete y media. ¿A qué hora oyes tú el despertador?**

[5.17] ¿Lo hago o no?

Paso 1. Crea seis oraciones sobre ti mismo (*yourself*) usando estos verbos. Tres oraciones deben ser ciertas y tres deben ser falsas.

poner	ver	oír	hacer	decir	dar

 Paso 2. En grupos de tres, lee cada oración a tus compañeros, quienes tienen que adivinar (*guess*) si son ciertas o falsas.

[5.18] ¿Qué hacemos los sábados?

Paso 1. En tres minutos, escribe una lista de todas las cosas que haces los sábados.

Modelo: **Los sábados tomo el desayuno tarde, llamo a mis padres, me baño, salgo...**

 Paso 2. Trabajen en grupos pequeños. Comparen su lista con las listas de sus compañeros. Escribe una nueva lista de las cosas que muchos o todos tienen en común, usando la forma de **nosotros**. Después, compartan su lista con toda la clase para ver qué grupo tiene más en común.

Modelo: **Los sábados nosotros tomamos el desayuno tarde, nos bañamos...**

Situaciones

Ustedes son compañeros de cuarto (*roommates*), pero tienen un estilo de vida completamente diferente y ¡ya no puedes tolerarlo más! Deben encontrar (*find*) una solución.

Estudiante A: Eres tranquilo (*calm*), te gusta ir a la cama temprano y siempre limpias. Eres muy responsable con tus estudios también.

Estudiante B: No te gusta limpiar, pones la música alta, vas a la cama muy tarde y te encantan las fiestas.

Así se dice

Preferencias, obligaciones e intenciones

¿Qué piensas hacer?

Tengo que estudiar mucho.

Esteban: Esta noche voy con mis amigos a la discoteca. Y tú, ¿tienes planes para esta noche? ¿Qué **piensas hacer**?

Alfonso: Tengo un examen de química mañana, **tengo que estudiar** mucho.

Esteban: ¡Qué aburrido! ¿No quieres salir? ¿No **tienes ganas de venir** con nosotros a la discoteca?

Alfonso: No puedo, **debo estudiar** química. Además, ¡a mí no me gusta bailar!

Note the meaning of these expressions in the chart below. What other verbs and expressions do you already know that you can add to the table?

Preferencia, deseo (*desire*)	Obligación	Intención, planes
tener ganas de + *infinitivo*	**tener que** + *infinitivo* **deber** + *infinitivo*	**pensar** + *infinitivo*
preferir		
querer/desear		

> **NOTA DE LENGUA**
>
> The expression *to need to* is often used to express obligation in English, but in Spanish, **necesitar** is used less often with this meaning. The preferred forms to express obligation are **tener que** or **deber**.
> **Tengo que/Debo** estudiar esta noche. *I **need** to study tonight*.

[5.19] ¿Preferencias u obligaciones? Imagina qué dijeron estas personas (*what these people said*) antes de hacer las actividades en los dibujos.

Modelo: Esteban: **¡Qué bueno! Tengo muchas ganas de...**

1. Esteban

2. Inés

3. Javier

4. Camila

5. Natalia

6. Rubén

7. Elena

8. Octavio

[5.20] Un plan de acción.

 Paso 1. La vida universitaria es muy exigente (*demanding*), pero también es necesario hacer ejercicio físico y descansar. En grupos pequeños, escriban sugerencias para estas situaciones frecuentes usando los verbos y expresiones del cuadro. Piensen también en otra situación común para el número 5.

tener que... deber... tener ganas de... preferir... querer... pensar...

Modelo: Estamos muy preocupados porque tenemos examen mañana.
Tenemos que estudiar mucho esta noche; no debemos ver la tele...

1. Tenemos muchas tareas y proyectos esta semana.

2. Estamos muy ocupados con la vida social de la universidad.

3. Estamos cansados y estresados.

4. ¡Tenemos una semana de vacaciones!

5. _____

 Paso 2. Compartan sus sugerencias con la clase. Juntos escriban un plan de acción con 5 o 6 consejos (*pieces of advice*) para el resto del curso.

EXPRESIONES ÚTILES

¿Sabes?	*You know . . . ?*
¡Vamos!	*Come on!*
(Verás), es que...	*(You see/ Well), the thing is...*

Situaciones

Estudiante A: Tu compañero/a de cuarto te invita a una fiesta con sus amigos, pero sus amigos no te gustan mucho y no tienes ganas de ir con ellos. Inventa una excusa.
Estudiante B: Vas a una fiesta con tus amigos. Invitas a tu compañero/a de cuarto, pero es tímido/a y piensas que no quiere ir porque tiene vergüenza (*is embarrassed*). Insiste.

NOTA CULTURAL

La guayabera

The *guayabera* shirt is worn both in the office and at formal occasions in tropical climates all over the world, especially the Caribbean. It has either two or four pockets and two vertical rows of *alforzas* (fine pleats) along the front and back of the shirt. The bottom often has slits on both sides and a straight hem, thus it is not worn tucked in.

The origin of the *guayabera* remains a mystery; it seems to have existed since the 18th century in various locations such as Spain and the Philippines.

Guayaberas traditionally existed only in white or pastel colors, and were associated with older men. Today, they come in a variety of colors and are now worn by men of all ages—but still not often by women (although some female *guayaberas* are available.)

In 2010, Cuba declared the guayabera to be its "official formal dress garment." The guayabera is called something different in the Dominican Republic—see if you can find out on Internet.

Sophia Vourdoukis/Getty Images

○ Así se forma

2. Making future plans: *Ir + a + infinitive*

WileyPLUS
Go to *WileyPLUS* to review this grammar point with the help of the **Animated Grammar Tutorial** and **Verb Conjugator**.

Enrique: ¿Qué **vas a hacer** esta noche? ¿Tienes planes?

Carmen: Sí, **voy a salir** con una amiga. **Vamos a ver** la nueva película de Los juegos de hambre (*The Hunger Games*). Y tú, ¿**vas a estudiar** para tu examen?

Enrique: Pues... creo que **voy a ir** al cine contigo y con tu amiga.

To talk about plans and actions yet to occur, use **ir + a + infinitive**.

voy	
vas	
va	**+ a + infinitivo**
vamos	
vais	
van	

The following expressions are useful to talk about the future.

En el futuro	
este mes/año/verano	*this month/year/summer*
el mes/año/verano que viene	*next month/year/summer*
el próximo mes/año/verano	*next month/year/summer*

▶ **NOTA DE LENGUA**

Note the difference between **ir a + infinitive** and **ir a + location**

Vamos a hacer ejercicio.
We are going to exercise.

Vamos al gimnasio.
We are going to the gym.

[5.21] ¿Qué voy a hacer?

Lee las oraciones y describe las circunstancias cuando dices esto.

Modelo: "Voy a dormir".
> **Son las dos de la mañana. Tengo sueño (*I'm sleepy*). No tengo ganas de estudiar más.**

1. "Voy a correr en el parque". _____
2. "Voy a llamar a mi mamá". _____
3. "Voy a comer un sándwich". _____
4. "Voy a ver la tele". _____
5. "Voy a tomar un vaso de agua". _____
6. "Voy a descansar". _____
7. "Voy a ir a la biblioteca". _____
8. "Voy a estudiar". _____

[5.22] ¿Qué vamos a hacer? En la columna **Yo**, describe tus acciones en las siguientes situaciones. Después, habla con un/a compañero/a y completa la columna **Mi compañero/a** con sus respuestas. ¿Son ustedes similares o diferentes?

Modelo: El día está bonito.

Estudiante A: **¿Qué vas a hacer?**
Estudiante B: **Voy a dar un paseo.**

PALABRAS ÚTILES

el trabajo	*job*
buscar	*to look for*
invitar	*to invite*
pagar	*to pay*
viajar	*to travel*

	Yo	Mi compañero/a
¡Tengo un billete de lotería premiado (a *winning lottery ticket*)!	Voy a...	Va a...
Mis padres vienen este fin de semana, pero va a llover.		
Tenemos un mes de vacaciones en enero.		
Necesito dinero.		

[5.23] El grupo de estudio. Unos compañeros de clase y tú tienen un grupo de estudio (3 o 4 personas) para preparar el examen de español.

Paso 1. Crea y completa una hoja de agenda como la de abajo con tus actividades para **hoy** y **mañana**.

Paso 2. Ahora habla con tus compañeros e intenta encontrar un espacio de 1 a 2 horas para estudiar juntos en la biblioteca.

Modelo: Estudiante A: **¿Pueden ir a la biblioteca esta tarde a las 2:00?**
Estudiante B: **No, voy a estar en mi clase de química.**
Estudiante C: **Y yo voy a jugar al fútbol de 1:30 a 3:00.**

Hoy	Mañana
8:00 a. m.	8:00 a. m.
9:00 a. m.	9:00 a. m.
10:00 a. m.	10:00 a. m.
11:00 a. m.	11:00 a. m.
12:00 p. m.	12:00 p. m.
1:00 p. m.	1:00 p. m.
2:00 p. m.	2:00 p. m.
3:00 p. m.	3:00 p. m.
4:00 p. m.	4:00 p. m.
5:00 p. m.	5:00 p. m.
6:00 p. m.	6:00 p. m.
7:00 p. m.	7:00 p. m.
8:00 p. m.	8:00 p. m.

○ VideoEscenas

Un fin de semana en Sevilla

ANTES DE VER EL VIDEO

 Escribe una lista de actividades de un fin de semana ideal. Después, comparte tu lista con un/a compañero/a.

A VER EL VIDEO

Paso 1. Mira el video una vez y selecciona la afirmación que describe mejor (*best*) la idea principal.

☐ Rocío y Carmen hacen planes para el fin de semana.
☐ Rocío y Carmen hablan sobre sus planes para el fin de semana.

Paso 2. Mira el video otra vez (*again*), prestando atención a los detalles, y marca todas las opciones que son verdad para cada afirmación. Lee las afirmaciones ahora para saber qué detalles debes escuchar más atentamente.

▲ Rocío y Carmen se encuentran (*run into each other*) en el Parque del Retiro, en Madrid (España).

1. Rocío va a...

☐ ver la tele.   ☐ jugar un partido de fútbol.
☐ salir con su novio.   ☐ ir de compras.
☐ ver un partido de fútbol.

2. Carmen va a...

☐ visitar a su prima.   ☐ pasear por Sevilla.
☐ ir a todos los parques. ☐ montar en bicicleta.

Paso 3. Completa las siguientes oraciones:

1. ¿Cuándo sale Carmen para Sevilla?

2. ¿Qué recomendaciones tiene Rocío para Carmen?

DESPUÉS DE VER EL VIDEO

 En grupos pequeños, imaginen que Carmen viene a su ciudad para el fin de semana. ¿Qué sugerencias tienen para ella?

Modelo: Tiene que visitar... Puede ir a ...

Nuestro tiempo libre • 141

169

Así se dice

¿Qué tiempo hace? (What's the weather like?)

Es 22 de abril, es **primavera. Hace buen tiempo.** Ahora **hace fresco** y **está un poco nublado.** Esta tarde va a estar **soleado.**

Es el 16 de julio, es **verano. Hace sol** y **hace mucho calor.** Cuando **tengo mucho calor,** voy a la playa.

Es el 8 de noviembre, es **otoño. Hace mal tiempo, está nublado** (hay muchas nubes) y **llueve.** Esta tarde va a hacer viento y puede haber **tormentas.**

Es el 2 de enero, es **invierno.** Hace mucho **frío** y **está nevando** Tengo frío, pero me encanta **la nieve.**

WileyPLUS
Pronunciación:
Practice pronunciation of the chapter vocabulary and particular sounds of Spanish in *WileyPLUS*.

El tiempo		Las estaciones	Las personas
	(muy) buen/mal tiempo	la primavera	tener calor/frío
	sol	el verano	
	fresco	el otoño	
hace	(mucho) calor	el invierno	
	(mucho) frío		
	(mucho) viento		
llover (ue) → la lluvia			
nevar (ie) → la nieve			

To ask what the weather is like, say: **¿Qué tiempo hace?**

fresco	*cool*	**el sol**	*sun*
la nube	*cloud*	**la tormenta**	*storm*
nublado	*cloudy*	**el viento**	*wind*

▶ NOTA DE LENGUA

Notice that **el tiempo** can either refer to time or weather (context will help you interpret it correctly):

—**¿Qué hora es?** Tengo clase a las 5:00.

—Son las 4:00. ¿Tienes tiempo para tomar café?

—Sí. **¿Qué tiempo hace?** ¿Necesito un abrigo (*coat*)?

—Sí, hace frío.

[5.24] El informe del tiempo.

Paso 1. Escucha estos informes del tiempo (*weather reports*) de una estación de radio hispana de Nueva York. Identifica los iconos que representan cada descripción.

Paso 2. Eres el "hombre/mujer del tiempo" en la radio en español de tu escuela. Describe el clima de un día típico para estos meses en tu región. Como (*since*) muchos hispanohablantes usan grados centígrados (*Celsius*), expresa la temperatura en grados Fahrenheit y centígrados. Usa la fórmula: (__ F° – 32) ÷ 1.8 = __C°.

Mes	Tiempo
enero	
abril	
julio	
octubre	

[5.25] Por el mundo hispano.

Paso 1. En parejas, y por turnos, uno de ustedes selecciona una fotografía, describe el tiempo que hace en ese lugar e identifica la estación del año, y el otro identifica el lugar (*place.*)

Modelo: Estudiante A: **Hace frío y hay mucha nieve. Es invierno.**[1]
Estudiante B: **Es el Parque Nacional Los Glaciares, Argentina.**

▲ Parque Nacional Los Glaciares, Argentina

▲ Huracán Georges, Puerto Rico

▲ Playa Manuel Antonio, Costa Rica

▲ Estación de esquí, Chile   ▲ Maestrazgo, España   ▲ Tres Piedras, Nuevo México

Paso 2. Investiga en Internet uno de los lugares del mundo hispano del Paso 1, y compara por escrito su clima y el clima de tu región en las diferentes estaciones del año.

[5.26] El clima y las estaciones.

Paso 1. Una futura estudiante universitaria de la República Dominicana quiere venir a los Estados Unidos por un semestre, y quiere saber un poco más sobre el tiempo de algunas ciudades y las actividades que puede hacer allí en diferentes estaciones. Lee su correo electrónico y habla sobre estas preguntas con un/a compañero/a de clase.

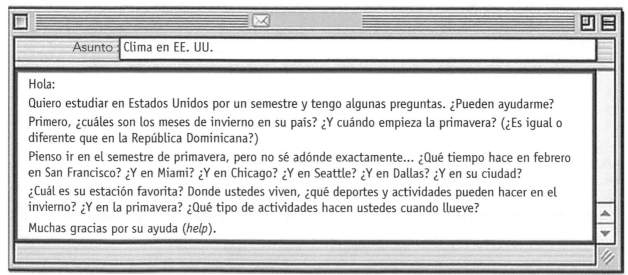

Asunto: Clima en EE. UU.

Hola:

Quiero estudiar en Estados Unidos por un semestre y tengo algunas preguntas. ¿Pueden ayudarme?

Primero, ¿cuáles son los meses de invierno en su país? ¿Y cuándo empieza la primavera? (¿Es igual o diferente que en la República Dominicana?)

Pienso ir en el semestre de primavera, pero no sé adónde exactamente... ¿Qué tiempo hace en febrero en San Francisco? ¿Y en Miami? ¿Y en Chicago? ¿Y en Seattle? ¿Y en Dallas? ¿Y en su ciudad?

¿Cuál es su estación favorita? Donde ustedes viven, ¿qué deportes y actividades pueden hacer en el invierno? ¿Y en la primavera? ¿Qué tipo de actividades hacen ustedes cuando llueve?

Muchas gracias por su ayuda (*help*).

 Paso 2. Después, responde todas sus preguntas en un correo electrónico.

Ahora, responde su mensaje. Asegúrate de responder todas sus preguntas y de ofrecer una recomendación sobre qué ciudad crees que ella debe escoger y por qué.

---

[1] The seasons of the year are reversed in the northern and southern hemispheres; for example, when it is winter in Argentina, it is summer in the United States and Canada.

Cultura

El fútbol: Rey de los deportes

ANTES DE LEER

1. Si te gustan los deportes, ¿vas a ver partidos en vivo (*live*)?, ¿ves muchos deportes por televisión? Cuando vas a un partido en vivo, ¿participas de alguna (*any*) tradición o ritual?

2. ¿Faltarías (*would you miss*) al trabajo para ver un juego?

Para los dominicanos, los puertorriqueños, los cubanos y los venezolanos, el béisbol es el deporte más importante. Sin embargo, para gran parte del mundo hispano, y la mayor parte de la gente del planeta, el fútbol es el rey de los deportes. En muchos países hispanos, el fútbol es más que un deporte. ¡Es una forma de vida!

Los aficionados (*fans*) hacen de este deporte casi una religión. Ver un partido importante, en el estadio o por televisión, es una obligación.

La pasión por el fútbol aumenta al máximo cada cuatro años con la celebración de la Copa Mundial. Durante la competencia, los aficionados no se pierden (*don't miss*) ni un solo partido. El fútbol no respeta horarios (*schedules*) ni lugares, por ejemplo, en muchos países los empleados ponen televisores en sus lugares de trabajo para ver jugar a sus equipos favoritos. Los futbolistas talentosos son auténticos héroes nacionales y mundiales.

DESPUÉS DE LEER

1. Investiga la última (*last*) Copa Mundial de la FIFA. ¿Quiénes fueron los cuatro semifinalistas? ¿Quién ganó?

2. ¿Qué equipos y campeonatos (*championships*) son más importantes en tu comunidad? Compara con la Copa Mundial.

WileyPLUS
Use *PowerPoint Slides* para presentar esta sección de cultura.

▲ Carlos Bocanegra, capitán del equipo nacional de Estados Unidos en la Copa Mundial de 2010.

▲ Lionel Messi (Argentina) es considerado uno de los mejores futbolistas del mundo.

▲ Muchos jóvenes aspiran a ser futbolistas famosos.

▲ En 2010, España ganó la Copa Mundial. Argentina ha ganado la Copa dos veces (1978, 1986) y Uruguay otras dos (1930, 1950).

INVESTIG@ EN INTERNET

¿Cuándo empieza (*begin*) y termina (*end*) la Liga de Fútbol en España? ¿Y en Argentina? ¿Sabes por qué?

Así se forma

3. Emphasizing that an action is in progress: The present progressive

WileyPLUS

Go to *WileyPLUS* to review this grammar point with the help of the **Animated Grammar Tutorial** and **Verb Conjugator**.

Madre: ¿Sabes que son las dos de la mañana?, ¿qué **estás haciendo** en tu computadora tan tarde (*so late*)?

Hijo: Pues… estoy trabajando en una presentación para la clase de historia.

Madre: ¿Sí? ¿Y qué **están haciendo** esos soldados (*soldiers*) en la pantalla? ¡**Estás jugando** un videojuego!

Hijo: Sí, pero así **estoy aprendiendo** sobre la guerra…

Spanish uses the present progressive to indicate and emphasize that an action is in progress. It is formed with conjugated **estar + present participle (–ndo)**.

estar (*to be*)	+	present participle		
(yo)	estoy			
(tú)	estás			
(usted, él/ella)	está	estudi**ando**	com**iendo**	escrib**iendo**
(nosotros/as)	estamos			
(vosotros/as)	estáis			
(ustedes, ellos/as)	están			

Note how the present participle is formed.

	stem	+	ending	=	present participle
–ar verbs	**estudi**ar		**–ando**		**estudiando**
–er verbs	**com**er		**–iendo**		**comiendo**
–ir verbs	**escrib**ir		**–iendo**		**escribiendo**

▶ **NOTA DE LENGUA**

Note that there are important differences between Spanish and English regarding the use of the present participle. Remember, for instance, that we use the infinitive and not the present participle with **gustar**. (See *Capítulo 4*.)
No me gusta **correr** en el parque.
I don't like running in the park.

- All **–ir** verbs with a stem change, also have stem changes in the present participle. In some verbs the change is the same as in the present tense, in others it is different.
  pedir (i, i[1])   **p**i**diendo**   preferir (ie, i)   **prefiriendo**
  dormir (ue, u)   **d**u**rmiendo**

- A few other present participle forms are *irregular*.
  leer (irreg.)   **leyendo**   oír (irreg.)   **oyendo**

Unlike in English, the present progressive in Spanish emphasizes that the action is in progress at the moment. It is generally not used to talk about habitual and repeated actions, nor is it used to talk about the future.

¿Ustedes todavía **están** viendo la tele?   ***Are you*** still watching TV?

Juego/Voy a jugar al baloncesto en una hora.   *I am playing basketball* in an hour.

---

[1] Lists and glossary entries of stem changing verbs will show the stem changes in parentheses. When two changes are shown, the second is the present participle change, for example: pensar (ie) p**ie**nso, pensando; dormir (ue, u) d**ue**rmo, durmiendo.

[5.27] ¿Qué están haciendo?

Paso 1. Escucha las oraciones y escribe el número de cada una debajo del dibujo correspondiente.

Paso 2. Con un/a compañero/a, escriban dos actividades adicionales que cada persona está haciendo simultáneamente. Después, compartan sus ideas con la clase.

Modelo: **Javier está estudiando.**
Está leyendo un libro de química.

[5.28] Probablemente. Trabajen en parejas. Primero, en la columna **Yo**,
escribe dos cosas que probablemente estás haciendo en cada situación o lugar. Después, en la columna **Tú**, escribe dos cosas que, en tu opinión, tu compañero/a probablemente está haciendo. ¿Qué tienen en común?

Modelo: En un concierto de salsa.
Estudiante 1: **En un concierto de salsa, ¿estás bailando y cantando?**
Estudiante 2: **Sí, probablemente estoy bailando, pero no estoy cantando. Estoy escuchando.**

	Yo	Tú
En el gimnasio	1. Estoy... 2. Estoy...	1. Estás... 2. Estás...
En la Playa de Varadero	1. 2.	1. 2.
En un restaurante cubano	1. 2.	1. 2.
En tu cuarto	1. 2.	1. 2.

▲ Playa de Varadero, Cuba. Investiga en Internet por qué es la playa más popular de Cuba.

Así se forma

4. Describing people, places, and things: Ser and estar (A summary)

WileyPLUS
Go to *WileyPLUS* to review this grammar point with the help of the **Animated Grammar Tutorial** and **Verb Conjugator**.

Use *ser*

- to identify *who* or *what the subject is* (religion, profession, etc.):
  Ese chico es **mi profesor de guitarra**. Alex **es jugador** de baloncesto.
- to indicate *origin* (where the subject is from) and *nationality*:
  Es de Puerto Rico. Es puertorriqueño.
- To express *day, date, season*:
  Es lunes. Es el 8 de julio. Es verano.
- To tell *time*:
  Son las nueve de la mañana.
- To indicate *possession*:
  Esa raqueta es de Susana.

Use *estar*

- to indicate *the physical location of a person, thing,* or *place*.
  El equipo de fútbol está en el estadio.
- to indicate *an action in progress* (present progressive):
  estar + -ando/-iendo
  Está jugando al tenis.

Ser + adjectives

- to indicate *what the subject is* like—inherent or essential traits or qualities. Contrast these examples with the ones on the right:

  Es alto, simpático y muy fuerte.
  Oscar **es nervioso.**
  La nieve **es fría.**
  Adela **es muy guapa** (*is very pretty*).

Therefore, **ser** is the only option with adjectives that can only express inherent qualities:
Santiago **es inteligente y trabajador.**
~~Santiago está inteligente y trabajador.~~

- Some adjectives express different meanings when used with **ser** and **estar**:

  ser aburrido *to be boring*
  Esa clase **es aburrida.**
  That class is boring.

  ser agotador *to be tiring*
  Correr es agotador.
  Running is tiring.

Estar + adjectives

- to indicate *physical or emotional state, condition* or *non inherent traits*—often a change from the usual:

  Ahora **está un poco enfermo.**
  Oscar está nervioso, tiene un examen.
  Esta sopa **está fría.**
  Adela **está muy guapa** (*looks very pretty*) hoy.

Estar is the only option with adjectives that can only express states:

Santiago **está triste y cansado** (*tired*).
~~Santiago es triste y cansado.~~

- Some adjectives express different meanings when used with **ser** and **estar**:

  estar aburrido *to be bored*
  Siempre **estoy aburrido** en esa clase.
  I am always bored in that class.

  estar agotado *to be tired*
  Hoy, **estoy muy agotado.**
  Today, I am very tired.

> **NOTA DE LENGUA**
>
> We use **ser** with the adjectives **bueno/malo** to describe something or someone, and **estar** with the adverbs **bien/mal** to indicate how something or someone is.
> Ana es buena/mala. *Ana is good/bad.*
> Ana está bien/mal.
> *Ana is (doing) well/badly.*

 [5.29] En este momento. En parejas, piensen en una persona muy conocida (*well-known.*) Primero, describan cómo es y después describan las actividades que él o ella probablemente está haciendo en este momento. Luego, van a leer sus ideas para sus compañeros, que van a intentar identificar a la persona famosa.

Modelo: **Es una cantante muy bella y famosa. Es... Ahora está leyendo las noticias y tomando café. Probablemente está hablando con su asistente...**

[5.30] ¿Quieres salir con él/ella? Completa esta conversación con formas de **ser** o **estar**.

Nuria: ¿Cómo se llama tu amigo/a?

Oscar: Roberto. _____ de la Ciudad de Nueva York.

Nuria: ¿ _____ estudiante?

Oscar: Sí, de esta (*this*) universidad. Y también _____ atleta. Le gusta jugar al tenis y al básquetbol, montar en bicicleta, levantar pesas...

Nuria: Pues, ¿cómo _____? Descríbemelo/la.

Oscar: _____ bueno, muy amable.

Nuria: ¿_____ guapo/a?

Oscar: Sí, _____ muy guapo/a y muy divertido/a (*fun*). ¿Quieres conocerlo/la?

Nuria: Sí, ¡por supuesto (*of course*)! ¿Dónde _____ ahora?

Oscar: Creo que _____ en el laboratorio de biología. Seguro que _____ trabajando ahora porque _____ asistente del profesor.

Nuria: No importa. ¡Vamos al laboratorio!

 [5.31] Sugerencias (*Suggestions*). Escribe sobre (*about*) tres o cuatro personas que conoces bien. Describe cómo son **normalmente** y describe una situación o estado temporal diferente (**a veces, ahora**...) En parejas, tomen turnos: un estudiante lee su descripción y el otro ofrece una sugerencia. Deben estar preparados para reportar a la clase si están de acuerdo (*if you agree*) con las sugerencias de su compañero/a o no y por qué.

PALABRAS ÚTILES	
callado/a	*quiet*
enojado/a	*angry*
grosero/a	*rude*
impaciente	*impatient*
tranquilo/a	*calm*

Modelo: Estudiante A: **Mi hermano *normalmente* es muy enérgico, pero *ahora* está cansado porque está en el equipo de fútbol y practica todos los días.**

Estudiante B: **Debe/Tiene que descansar los domingos.**

En mi experiencia
Julia, Hartford, CT

"I like to exercise, so while studing in Santiago (Dominican Republic), I would put on a tank top and shorts and jog around my neighborhood. But I received a lot of funny looks. So I asked my 'house mom' about it. She said that locals only exercise in a gym or at the park, and both men and women dress a bit more conservatively while exercising. So I began jogging only around the park, wearing a t-shirt and sweatpants. I noticed other joggers dressed similarly, which made me feel a lot more integrated."

© Digoarpi/iStockphoto

What might be the underlying cultural values where it is acceptable to run on the streets wearing a sports bra (women) or no shirt (men)? What might be the cultural values where such attire is not accepted?

DICHO Y HECHO

PARA LEER: La realidad virtual

ANTES DE LEER

1. ¿Cuáles son las formas más comunes de ver las transmisiones de los eventos deportivos hoy en día?
2. ¿Dónde y con quién prefieres ver la transmisión de un evento deportivo?

▲ Partido de la Liga de Campeones entre el Barcelona y el Paris St. Germain.

Associated Press

ESTRATEGIA DE LECTURA

Reading to identify the main idea

Particularly as readings become more difficult, it's important not to get hung up on deciphering every single idea a text develops. Instead, try to identify and follow the main idea of each paragraph. Often, the main idea is expressed in the first sentence, but sometimes it can be embedded deeper in the paragraph. As you read the selection that follows, pause after each paragraph and jot down what you understood as its main idea before continuing to the next paragraph. For example, read the first paragraph and determine which of these is the main idea:

☐ In Argentina, there are two channels that televise soccer games in very different ways.

☐ In Argentina, many soccer fans become hypnotized while watching games on television.

Jot down the main idea of the other paragraphs in your notebook. Read through your notes in sequence to get a sense of the article's overall message.

A LEER

Durante un reciente viaje a Argentina, me llamó la atención algo curioso. Los grandes partidos de fútbol se televisan de dos maneras: en una se ve el partido, y en la otra no. En un canal (*TyC Sports*), las cámaras enfocan la cancha[1], y en el otro canal (*Fox*), solo enfocan las gradas[2]. En el primero, pagas[3] por ver a los jugadores, y en el segundo, te conformas[4] mirando a los aficionados[5]. Lo sorprendente es que muchas personas se quedan hipnotizadas en los bares, imaginando el partido en las caras de los aficionados de su equipo. Se puede decir entonces que los aficionados argentinos han logrado algo impensable[6]: sustituir el espectáculo al que asisten, proyectando un partido virtual.

Un domingo de abril, noté en un bar la perplejidad[7] de unos turistas extranjeros, que miraban fijamente el televisor esperando que en algún momento las cámaras mostraran ese partido que rugía[8], cantaba y corría fuera de la pantalla. Durante una hora y media vi pasar por las mesas a franceses, mexicanos y japoneses. Todos entraban atraídos por el ruido[9] del estadio, se sentaban interesadísimos, pedían una bebida y después de unos minutos comenzaban a mirar a su alrededor, incómodos[10]. Miraban las caras de los otros parroquianos[11], tratando de leer en sus caras qué demonios[12] era lo que miraban con tanta atención. A mí me pareció un momento de tremendo gozo[13], yo contemplaba divertido a los

---

[1]playing field, [2]stands, bleachers,[3]you pay, [4]you settle for, [5]fans, [6]unthinkable, [7]perplexity, bewilderment, [8]was roaring, [9]noise, [10]uncomfortable, [11]regular customer, local patron, [12]what the devil, [13]enjoyment

turistas extranjeros, ellos observaban cada vez más confundidos a los parroquianos del bar, estos miraban la pantalla, y en la pantalla miles de caras desconocidas miraban el partido que nosotros no podíamos ver. Ustedes que leen esta escena continúan la historia.

Esta manera absurda de seguir partidos invisibles por la tele me hace pensar seriamente en la vida moderna. Somos cada vez más[14] espectadores de la realidad por la televisión. Y, en tiempos de elecciones, los políticos nos tratan como consumidores de promesas, compradores de programas. Pero toda realidad es virtual mientras no se demuestre lo contrario[15]. Y muy pocas veces el control remoto está en nuestras manos.

Texto: Andrés Neuman / *De la revista Punto y Coma (Habla con Eñe)*

---

[14]more and more, [15]until proven otherwise

DESPUÉS DE LEER

1. Compara tus notas sobre las ideas principales del texto con un/a compañero/a de clase. ¿Son similares? Si no, trabajen juntos para determinar el o los puntos principales del artículo.

2. Responde las siguientes preguntas sobre el texto.

    a. Cuando el canal Fox, en Argentina, televisa un partido de fútbol, ¿cómo saben los espectadores qué ocurre?

    b. ¿Por qué están perplejos los turistas que están en el bar?

3. Si fueras (*If you were*) un fanático del fútbol en Argentina, verías los juegos en *Fox* o pagarías (*would you pay*) para verlos en *TyC Sports?* En grupos pequeños, discutan sus ideas en español.

PARA CONVERSAR: Un día sin clases

Imagina que es temprano en la mañana de un día sin clases. Vas a pasar tu día libre con unos compañeros de clase. Organiza un paseo al aire libre o un viaje de un día. Habla sobre lo siguiente:

- el tiempo (para determinar el destino/las actividades/etc.)
- lo que tienen ganas de hacer y adónde tienen ganas de ir.
- lo que piensan comer, a qué hora y dónde.

ASÍ SE HABLA

En su conversación, intenten usar estas frases muy comunes:
Cuba:
"¿Qué bola?" = "¿Qué está pasando?"
La República Dominicana:
"¡Tá tó!" = Todo está bien.

ESTRATEGIA DE COMUNICACIÓN

Begin prepared to compromise You and your classmates may have very different ideas about what makes for an enjoyable outing, where you'd like to stop and get something to eat, etc. Before engaging in conversation to make your plans, think of a couple of possibilities for something to do in the morning, a couple of possible places to stop for lunch, and a couple of potential afternoon activities. This way you will have alternatives to suggest to each other and more readily plan an outing you'll all enjoy.

PARA ESCRIBIR: Tu tiempo libre en la universidad

Vas a escribir un folleto (*brochure*) que tu universidad quiere incluir en un paquete informativo para futuros estudiantes y sus padres. Este folleto debe presentar las actividades recreacionales y culturales locales.

ANTES DE ESCRIBIR

Paso 1. Para empezar, debes tener una idea clara del propósito y el público (*audience*) de tu texto. En tu cuaderno, responde estas preguntas: ¿Cuál es el propósito de este folleto? ¿A qué público queremos atraer?

ESTRATEGIAS DE REDACCIÓN

Generating details

Capítulo 3 discussed how to use idea maps to generate and start organizing ideas in clusters. Now we will consider how to generate greater details for each of your ideas. For example, if one of your ideas is "Deportes," you may wish to talk about your school's football team. But instead of simply mentioning them, you could look up their win-loss record for the past three years and include this detail.

Paso 2. Ahora, completa un mapa de ideas (como el siguiente), con actividades de interés para futuros estudiantes de tu universidad. Puedes añadir (*add*) más categorías.

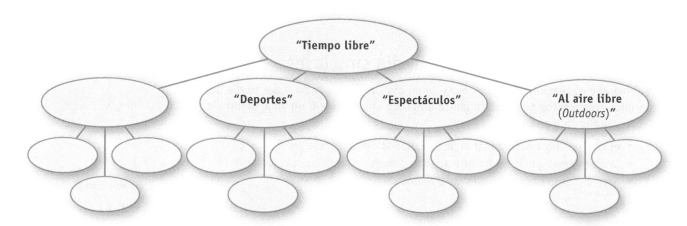

Paso 3. Genera, al menos, dos detalles específicos por cada idea de tu folleto. (ej. descripción del lugar o evento, qué se puede hacer ahí, etc.)

Main idea:	Two specific details:
	1. 2.
	1. 2.
	1. 2.

Después de decidir cuáles son tus planes, compártelos con otra pareja de estudiantes.

A ESCRIBIR

Ahora, describe en tu folleto las principales atracciones de tu región. Quieres atraer a los estudiantes y a sus familias, por eso debes usar adjetivos positivos y un tono animado. Puedes también usar **ir + a + infinitivo** cuando describas las actividades para hacerlas más vívidas.

Modelo: **En el Centro Deportivo, vas a poder jugar al baloncesto, nadar, tomar clases de yoga...**

Para escribir mejor: Considera dónde puede ser apropiado dar ejemplos o explicar lo que quieres decir. Estos conectores te serán útiles:

por ejemplo *for example, for instance*
Hay muchos parques para pasear o descansar. **Por ejemplo**, el Parque Lincoln está cerca del campus, y es muy tranquilo.

como *as, such as*
Hay importantes eventos culturales durante el otoño, **como** el Festival de Cine Latinoamericano.

DESPUÉS DE ESCRIBIR

Revisar y editar: Formas correctas. Un buen uso de la gramática en la escritura consiste en usar formas y estructuras que mejor expresan tus ideas. Después de revisar el contenido y la organización, revisa la gramática considerando las siguientes preguntas:

- ☐ ¿Tienen las oraciones (*sentences*) los elementos necesarios (sujeto, verbo, artículos, etc.)?

- ☐ ¿Usas las formas que mejor (*best*) expresan tus ideas? Por ejemplo, revisa si usas los tipos de palabras apropiados (como el adjetivo **bueno/a** para describir una cosa o persona, o el adverbio **bien** para describir un evento o condición).

- ☐ Revisa la precisión (*accuracy*) de la gramática, especialmente las formas de verbos irregulares y el uso de **ser** y **estar**.

WileyPLUS PARA VER Y ESCUCHAR: ¡Feliz fin de semana!

ANTES DE VER EL VIDEO

 En parejas o en grupos pequeños, piensa en las actividades que mucha gente hace durante los fines de semana, dentro de estas categorías: **Solo/a** (*Alone*), **Con amigos, Con la familia.** Crea (*create*) una tabla con las conclusiones del grupo.

© John Wiley & Sons, Inc.

ESTRATEGIAS DE COMPRENSIÓN

Listening for the main idea When you listen to Spanish, you might want to understand everything that is said. However, the main objective when you watch a video segment should be getting the gist or main ideas. Concentrating on the words that you know and ignoring those that you don't will help you focus on the essence of what is being said.

A VER EL VIDEO

Paso 1. Mira el video una vez y completa las oraciones.

Drante los fines de semana, los hispanos _____.

Casi siempre hacen estas actividades con _____.

Paso 2. Antes de mirar el video otra vez, intenta completar la tabla con las actividades que recuerdas de cada categoría. Después, mira el video una vez más para completar las respuestas.

Deportes	Juegos (*Games*)	Entretenimiento (*Entertainmen*t)	Otras

DESPUÉS DE VER EL VIDEO

En grupos pequeños, contesten las siguientes preguntas.

1. ¿Qué actividades mencionadas en el video haces los fines de semana? ¿Con quién?
2. ¿Cuáles son las semejanzas o las diferencias entre los pasatiempos populares en el video y en tu comunidad?

Repaso de vocabulario activo

Adjetivos

amarillo/a   *yellow*
anaranjado/a   *orange*
azul   *blue*
beige   *beige*
blanco/a   *white*
claro/a   *light*
gris   *gray*
marrón   *brown*
morado/a   *purple*
negro/a   *black*
oscuro/a   *dark*
rojo/a   *red*
rosado/a   *pink*
verde   *green*

Adverbios y expresiones adverbiales

el mes/año/verano que viene   *next month/year/summer*
el próximo mes/año/verano   *next month/year/summer*
solo   *only*

Las estaciones   *The seasons*

el invierno   *winter*
el otoño   *fall*
la primavera   *spring*
el verano   *summer*

El tiempo   *The weather*

Está (muy) nublado/soleado.   *It's (very) cloudy/sunny.*
Hace buen/mal tiempo.   *The weather is nice/bad.*
Hace (mucho) calor.   *It's (very) hot.*
Hace fresco.   *It's cool.*
Hace (mucho) frío.   *It's (very) cold.*
Hace sol.   *It's sunny.*
Hace viento.   *It's windy.*
Llueve./Está lloviendo.   *It's raining.*
la lluvia   *rain*
Nieva./Está nevando.   *It's snowing.*

la nieve   *snow*
la nube   *cloud*
la tormenta   *storm*
¿Qué tiempo hace?   *What's the weather like?*

Sustantivos
Los deportes   *Sports*

el baloncesto/el básquetbol   *basketball*
el béisbol   *baseball*
el ejercicio   *exercise*
el equipo   *team*
el fútbol   *soccer*
el fútbol americano   *football*
el golf   *golf*
el partido   *game, match*
la pelota   *ball*
el tenis   *tennis*
el videojuego   *videogame*
el voleibol   *volleyball*

En la playa   *At the beach*

el árbol   *tree*
la flor   *flower*
la hoja   *leaf*
el mar   *sea*

Verbos y expresiones verbales

bailar   *to dance*
caminar   *to walk*
cantar   *to sing*
conocer (irreg.)   *to meet, know*
correr   *to run*
dar (irreg.)   *to give*
dar un paseo   *to take a walk, stroll*
deber + infinitivo   *should + verb*
decir (irreg.)   *to say*
descansar   *to rest*
encantar   *to delight*
esquiar   *to ski*
ganar   *to win*

hacer (irreg.) ejercicio   *to exercise*
   deporte   *to play sports*
ir de compras   *to go shopping*
jugar (ue)   *to play*
   jugar al...   *to play a sport*
levantar pesas   *to lift weights*
limpiar   *to clean*
llover (ue)   *to rain*
manejar   *to drive*
me encanta(n)   *I really like it (them)*
montar en bicicleta   *to ride a bicycle*
nadar   *to swim*
nevar (ie)   *to snow*
oír (irreg.)   *to hear*
pasear/dar un paseo   *to take a walk, stroll*
pensar (ie) + infinitivo   *to think about doing something*
perder (ie)   *to lose*
pintar   *to paint*
poner   *to put*
practicar   *to practice*
saber   *to know*
salir (irreg.) (de)   *to leave*
tener (irreg.) calor   *to be hot*
tener calor/frío   *to be hot/cold*
tener ganas de + infinitivo   *to feel like + infinitive*
tener que + infinitivo   *to have to + infinitive*
tocar   *to touch*
tocar (un instrumento musical)   *to play an instrument*
tomar el sol   *to sunbathe*
traer (irreg.)   *to bring*
venir (irreg.)   *to come*
ver   *to see*
ver la tele(visión)   *to watch TV*
viajar   *to travel*

Proyecto

Los premios *Mejor dicho*

En este proyecto, van a conceder los premios *Mejor dicho* a lo mejor (*best*) de su comunidad: lugares para comer, actividades de tiempo libre, eventos, etc. El producto final será un artículo informativo y también entretenido (*entertaining*) para la revista de su campus o ciudad.

Paso 1. Van a trabajar en grupos. Cada grupo escoge (*select*) un aspecto de su comunidad, por ejemplo: comer, deporte y aire libre (*the outdoors*), diversión, vida universitaria, el trabajo y otros.

Paso 2. En su grupo, hacen una lluvia de ideas (*brainstorm*) para pensar en categorías. Pueden incluir unas categorías prácticas y otras más peculiares o divertidas. Por ejemplo:

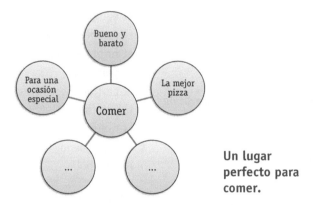

Un lugar perfecto para comer.

Paso 3. En su grupo, hacen tres nominaciones para cada categoría. Cada nominación debe incluir una imagen relevante y un breve texto sobre el lugar, evento, etc.

> **Modelo:** Vida universitaria: Un lugar perfecto para comer.
>
> **La cafetería:**
> **La comida es buena y barata. Es un buen sitio para hablar con los compañeros...**

Paso 4. ¡Es hora de votar! Cada grupo presenta sus nominaciones y el resto de la clase vota. Finalmente se puede elaborar una publicación con una página para cada categoría con las fotos y textos presentados, e indicando el ganador y finalista y los votos alcanzados por cada uno.

Categoría	Primer premio	Segundo premio	Tercer premio
_____	_____	_____	_____
_____	_____	_____	_____
_____	_____	_____	_____

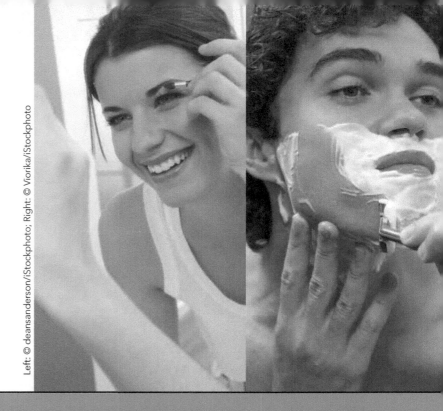

Así se dice

Así se forma

Cultura

Dicho y hecho

LEARNING OBJECTIVES

In this chapter, you will learn to:
- talk about daily routines
- talk about actions in the past
- talk about job-related issues
- discuss differences in daily routines in Spanish-speaking countries
- discover interesting things about Spain

Entrando al tema

1. ¿Es aceptable ir a clase con el cabello mojado (*wet hair*), sin afeitar (*unshaven*) o con pantalón de pijama? ¿Lo haces a veces?

2. ¿Qué culturas tuvieron (*had*) gran influencia en España?
   ☐ árabes ☐ ingleses ☐ chinos ☐ judíos (*Jewish*)

3. ¿Cuál es la moneda (*currency*) de España? (Nota: España es parte de la Comunidad Económica Europea.)

157

Así se dice

La vida diaria

Por la mañana

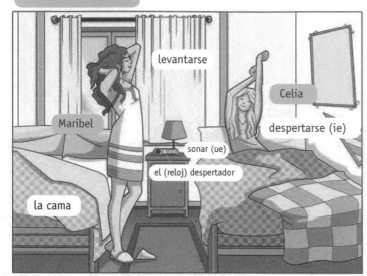

- levantarse
- Celia
- despertarse (ie)
- Maribel
- sonar (ue)
- el (reloj) despertador
- la cama

- vestirse (i, i)
- Tomás
- Alex
- ponerse (los zapatos, la ropa, etc.) (irreg.)

- Irene
- el cepillo
- Belén
- Ana
- Sonia
- lavarse (la cara, las manos, etc.)
- Mónica
- el peine
- el secador de pelo
- las tijeras
- maquillarse
- peinarse
- secarse (el pelo)
- cortarse (el pelo, las uñas, etc.)
- el jabón (líquido)
- cepillarse (el pelo/el cabello)
- el papel higiénico
- el maquillaje
- Rosa
- ir al baño
- Teresa

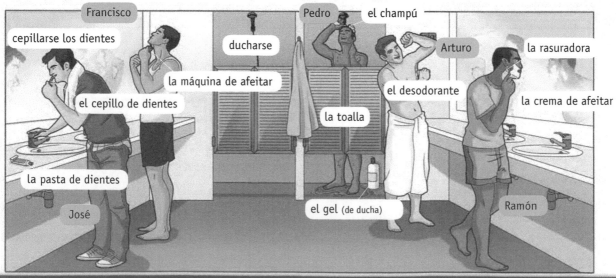

- Francisco
- el champú
- Pedro
- cepillarse los dientes
- ducharse
- Arturo
- la rasuradora
- la máquina de afeitar
- el cepillo de dientes
- el desodorante
- la crema de afeitar
- la toalla
- la pasta de dientes
- José
- el gel (de ducha)
- Ramón

Por la noche

WileyPLUS

Pronunciación: Practice the pronunciation of the chapter vocabulary and particular sounds of Spanish in *WileyPLUS*.

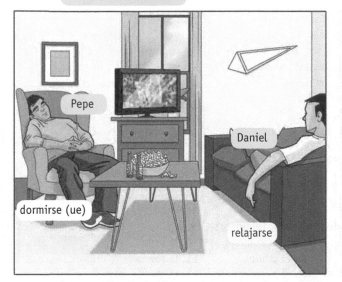

Pepe

Daniel

dormirse (ue)

relajarse

Carlos

Óscar

Marina

pasarlo bien(/mal)

divertirse (ie, i)

Alicia

"**Tengo sueño**, voy a **acostarme**. ¡Buenas noches!"

Cristina

bañarse

¿Y tú?

1. ¿Cómo es tu rutina similar o diferente a las rutinas de estas personas?

2. ¿Cómo te relajas al final del día? ¿Sales a divertirte con tus amigos durante la semana o solamente los fines de semana?

acostarse (ue)	to go to bed
despertarse (ie)	to wake up
divertirse (ie, i)	to have a good time
dormirse (ue, u)	to fall asleep, to go to sleep
lavarse (la cara, las manos)	to wash (one's face, hands)
levantarse	to get up, arise
pasarlo bien/mal	to have a good/bad time
quitarse (la ropa)	to take off (one's clothes, etc.)
secarse (el pelo, las manos, etc.)	to dry (one's hair, hands, etc.)
sonar (ue)	to ring, sound
tener sueño	to be sleepy
vestirse (i, i)	to get dressed

¿Qué ves? Responde a estas preguntas sobre la ilustración:

1. Es por la mañana, y el despertador suena en la habitación de Maribel y Celia, ¿quién se levanta antes, Maribel o Celia? ¿Quién se despierta más tarde?

2. Alex y Tomás ¿se visten o se desvisten? ¿Quién se pone la ropa? ¿Quién se pone los zapatos?

Puedes encontrar más preguntas de comprensión en *WileyPLUS* y en el *Book Companion Site* (BCS).

[6.1] La rutina diaria.

Paso 1. Organiza estas actividades en orden cronológico, según (*according to*) tu rutina diaria personal. Numéralas del 1 al 15.

_____ acostarse	_____ dormirse	_____ relajarse
_____ bañarse/ducharse	_____ ir a clase	_____ vestirse/ponerse la
_____ cenar	_____ estudiar	ropa
_____ cepillarse los dientes	_____ levantarse	_____ ver la tele
_____ desayunar	_____ peinarse	_____ divertirse/pasarlo
_____ despertarse	_____ quitarse la ropa	bien

Paso 2. Ahora compara tu lista con la lista de un/a compañero/a (*classmate*). ¿Son sus rutinas similares o diferentes?

[6.2] Nuestras actividades diarias. ¿Qué actividades asocias con los siguientes objetos? Intenta (*try to*) pensar en el mayor (*largest*) número posible.

Modelo: el reloj despertador **despertarse, levantarse, sonar...**

1. la ropa	**4.** las tijeras	**7.** el maquillaje	**10.** la cama
2. el champú	**5.** el peine	**8.** el jabón	**11.** la toalla
3. el pelo	**6.** la pasta de dientes	**9.** el desodorante	**12.** el cepillo

[6.3] ¡Adivina! (*Guess!*) En parejas, uno de ustedes lee las descripciones 1–5 mientras (*while*) el otro escucha e intenta identificar las actividades o cosas descritas. Después, el Estudiante B lee las descripciones 6-10 y el Estudiante A identifica.

Estudiante A
1. Un líquido para lavarse en la ducha.
2. Un objeto para cepillarse los dientes. Pones la pasta de dientes en él.
3. Una máquina para despertarse por la mañana. Suena mucho.
4. La acción de quitarse pelo con una rasuradora o con una máquina.
5. Después de la ducha o después de lavarse. Se hace con una toalla.

Estudiante B
6. Un objeto para cortarse el pelo o las uñas, para cortar papel, etc.
7. Un producto para lavarse la cara, las manos.
8. Ir a la cama para dormir.
9. Las chicas usan esto para estar guapas.
10. Un producto para lavarse el pelo.

En mi experiencia
Liz Torres, Chicago, IL

"In Mexico, the plumbing systems in most homes (and some hotels) are very delicate— including the size and angles of the water supply—so people don't flush toilet paper down the toilet. Needless to say, it took a while for me to get used to that. A friend came to visit me and I forgot to tell her, and believe me, depositing toilet paper in the trash is much preferable to having to call a plumber to fix the toilet!"

Have you ever had to follow this toilet paper practice? What are other toilet-related measures that people take to conserve resources?

[6.4] Dentalvit Micro-Cristal.

Paso 1. Mira el siguiente (*following*) anuncio (*ad*) y, antes de leerlo, contesta estas preguntas.

- ¿Qué está anunciando?

- Escribe una lista de ideas y palabras que posiblemente vas a encontrar en el anuncio.

Paso 2. Lee el anuncio y contesta las preguntas de abajo.

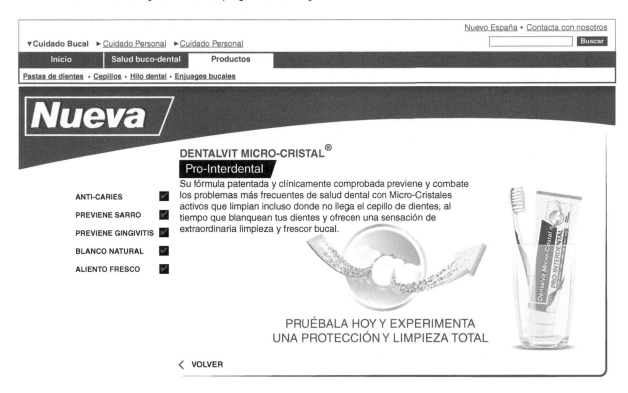

1. ¿Qué problemas de salud dental combate Dentalvit Micro-Cristal? ¿Qué otros beneficios ofrece?

2. ¿En qué se diferencia Dentalvit de otras pastas de dientes?

3. ¿Cuáles de las ideas y palabras que anticipaste están en el texto?

 Paso 3. En grupos pequeños, comenten las siguientes (*following*) preguntas sobre sus preferencias respecto a los productos de higiene personal.

1. ¿Qué marca (*brand*) de pasta de dientes usas?

2. Respecto a productos de higiene personal, ¿tienes marcas preferidas? ¿Hay marcas que no te gustan para nada (*at all*)?

3. ¿Qué factor es más importante cuando compras estos productos? ¿El precio? ¿El olor (*scent*) o el sabor (*taste*)? ¿Prefieres los productos clásicos o los nuevos?

PALABRAS ÚTILES

las caries	*cavities*
el sarro	*tartar*
el aliento	*breath*

▶ NOTA DE LENGUA

Many name brands in Hispanic countries are the same as in the United States, but with a Spanish pronunciation. How do you think Spanish-speakers pronounce these brands?

Colgate
Palmolive
Vicks VapoRub
Avon
Oral-B

Así se forma

1. Talking about daily routines: Reflexive verbs

WileyPLUS

Go to *WileyPLUS* to review this grammar point with the help of the **Animated Grammar Tutorial** and **Verb Conjugator**.

Tengo una clase a las 8:30 de la mañana y debo **levantarme** temprano, pero mi compañero de cuarto **se acuesta** muy tarde todos los días y no **me** puedo **dormir** hasta las 2 de la mañana. Por eso no **me despierto** fácilmente: programo la alarma de mi celular para las 7, pero generalmente no **me levanto** hasta casi las 8. Este semestre **me estoy duchando** por la noche, así por la mañana solo tengo que **lavarme** la cara y, **vestirme** y ¡estoy listo para salir!

These verbs combine with reflexive pronouns to indicate that the person is doing the action to herself/himself. Observe the contrast:

Teo **lava** su coche.   vs.   Teo **se lava**.

Teo washes his car.   *Teo washes himself.*

Note that some verbs have a reflexive form but not a reflexive meaning.

Nunca **me duermo** en clase.   *I never fall asleep in class.*

Mis amigos y yo **nos divertimos**.   *My friends and I have fun.*

ASÍ SE FORMA

Formation of reflexive verbs

There are a few important things to consider:

1. Which reflexive pronoun should you chose? The reflexive pronoun and the subject of the verb refer to the same person, so they agree with each other.

vestirse			
(yo)	**me** vist**o**	(nosotros/as)	**nos** vest**imos**
(tú)	**te** vist**es**	(vosotros/as)	**os** vest**ís**
(usted, él/ella)	**se** vist**e**	(ustedes, ellos/ellas)	**se** vist**en**

2. Where should you place the reflexive pronoun? This depends on the sentence structure:

- Immediately before a conjugated verb.

  Me despierto a las seis.   *I wake up at six.*
  No **nos** acostamos tarde.   *We don't go to bed late.*

- If a conjugated verb is followed by an infinitive or present participle (**–ando/ –iendo** form), place the reflexive pronoun either *immediately before the conjugated verb* or *after and attached to the infinitive or present participle.*

  Me debo levantar temprano. ⎤
  Debo levantar**me** temprano. ⎦ — *I have to get up early.*

  Marina **se** está divirtiendo. ⎤
  Marina está divirtiéndo**se**. ⎦ — *Marina is having a good time.*

- Note that when the reflexive pronoun is attached to a present participle, we need to add a written accent on the vowel that carries the emphasis.

  Marina esta divirti**é**ndose.
  Estoy ba**ñá**ndome.

▶ NOTA DE LENGUA

The definite article (not a possessive) is normally used to refer to parts of the body or articles of clothing.

Voy a cepillarme **los** [~~mis~~] dientes.
¿No te pones **el** [~~to~~] suéter?

[6.5] La rutina de Camila e Inés.

Paso 1. Observa las ilustraciones que representan la rutina matutina de Camila e Inés. Después, escucha las descripciones y escribe cada número y descripción bajo la ilustración correspondiente.

Camila

_____

_____

_____

_____

_____

_____

Inés

_____

_____

_____

1. Se levanta temprano.

_____

_____

_____

Paso 2. Ahora indica quién crees que hace estas actividades. Para el número 8, añade (*add*) una actividad que, en tu opinión, hacen las dos chicas.

	Camila	Inés
1. Se quita la ropa y la pone en el piso (*on the floor*).	☐	☐
2. Va a acostarse a las 2:00 de la mañana.	☐	☐
3. Se corta el pelo[1] en una peluquería (*hair salon*) elegante.	☐	☐
4. Nunca se pone camisas o pantalones de vestir (*dressy*).	☐	☐
5. No se quiere despertar temprano los sábados.	☐	☐
6. Se divierte viendo una película extranjera (*foreign movie*).	☐	☐
7. Se duerme mientras estudia.	☐	☐
8. _____.	☑	☑

[6.6] La rutina de Pepe.

Paso 1. Pepe, un estudiante español, va a describir su rutina en el *Colegio Mayor* (una residencia de estudiantes). Observa la tabla y complétala con las actividades del cuadro, indicando cuándo piensas que Pepe las hace. Después escucha a Pepe hablar de su rutina y comprueba (*check*) tus respuestas en el cuadro (*chart*).

levantarse	peinarse	cepillarse	lavarse la cara
dormirse	despertarse	los dientes	vestirse
quitarse los	ponerse ropa	acostarse	afeitarse
zapatos	de casa	ducharse	divertirse

Por la mañana	Por la tarde	Por la noche	Por la mañana y por la noche
se levanta			

Paso 2. Con un/a compañero/a, comenten la rutina de Pepe y si (*if*), en su opinión, es común o no.

Modelo: **Pepe se cepilla los dientes...**
Pienso que es/no es común.

---

[1]**Cortarse el pelo** is a peculiar reflexive verb in that it does not necessarily mean that one cuts her/his own hair. Often, it means: *to get/have a haircut*.

[6.7] ¿Y cuál es tu rutina diaria?

Paso 1. Lee las siguientes (*following*) preguntas sobre actividades diarias. En la columna *Tú*, decide si las oraciones son ciertas (**sí**) o falsas (**no**) para ti.

	Tú		Tu compañero/a	
Por las mañanas...	**Sí**	**No**	**Sí**	**No**
¿te despiertas con un reloj despertador?	☐	☐	☐	☐
¿te levantas antes de las 8 de la mañana?	☐	☐	☐	☐
¿te duchas en 5 minutos o menos (*less*)?	☐	☐	☐	☐
¿te cepillas los dientes antes de desayunar?	☐	☐	☐	☐
¿te afeitas o te maquillas?	☐	☐	☐	☐

	Tú		Tu compañero/a	
Por las noches...	**Sí**	**No**	**Sí**	**No**
¿te diviertes con tus amigos?	☐	☐	☐	☐
¿te duermes cuando ves la televisión?	☐	☐	☐	☐
¿te bañas para relajarte?	☐	☐	☐	☐
¿te peinas o cepillas el pelo?	☐	☐	☐	☐
¿te acuestas después de las 12 de la noche?	☐	☐	☐	☐

 Paso 2. Ahora, en parejas, entrevisten (*interview*) a su compañero/a con las preguntas del Paso 1. Pidan (*ask for*) y ofrezcan más detalles. Tomen nota de las respuestas de su compañero/a en la columna correspondiente. Después, expliquen a la clase si sus rutinas son similares o diferentes, dando ejemplos.

Modelo: Estudiante A: **Por las mañanas, ¿te despiertas con un despertador?**
Estudiante B: **No, no necesito un despertador porque mi compañero de cuarto siempre pone la televisión.**

[6.8] Los estudiantes en general.

Paso 1. Selecciona la opción u opciones que probablemente son ciertas para la mayoría (*most*) de los estudiantes universitarios. Escribe tres afirmaciones más usando los verbos en paréntesis. Mira la Nota de lengua en la siguiente página como referencia.

1. Normalmente nos levantamos... muy temprano/ temprano/ tarde/ muy tarde.

2. Nunca/ a veces/ frecuentemente/ todos los días/ ...desayunamos.

3. Nunca/ a veces/ generalmente/ siempre/ ...nos vestimos de manera muy informal.

4. Nunca/ a veces/ casi siempre ...nos afeitamos o nos maquillamos.

5. Para ir a clase a veces nos ponemos... pantalón de pijama (*pj pants*)/ gorra (*cap*)/ chancletas (*flip-flops*)

6. (relajarse) _____.

7. (divertirse) _____.

8. (acostarse) _____.

Paso 2. En grupos, compartan (*share*) sus respuestas. ¿Están de acuerdo (*do you agree*) en la mayoría de los casos? Deben estar listos (*ready*) para compartir sus ideas con el resto de la clase más tarde.

▶ NOTA DE LENGUA

Los adverbios

Adverbs are words that tell *how, how much, how often, when, why,* or *where* an action takes place. You know some already: **bien, mal, ahora, hoy, mañana, a veces, nunca, tarde, aquí, allí,** and **siempre**. Other adverbs are formed by adding **–mente** (equivalent to the English –ly) to an adjective.

- Add **–mente** to adjectives ending in **–e** or a consonant.
posible	→	**posiblemente**
general	→	**generalmente**

- Add **–mente** to the feminine singular form of adjectives ending in **–o/–a**.
rápido	→	rápida	→	**rápidamente**
tranquilo	→	tranquila	→	**tranquilamente**

- Adjectives with written accents maintain the written accent in the adverbial form.
rápido	→	**rápidamente**
fácil	→	**fácilmente**

En mi experiencia

Lee, Lexington, KY

"At my home campus in St. Louis, Missouri, many students (including me) showed up to our morning classes with wet hair, unshaven faces, baseball caps, and sometimes in clothes that resembled pajamas. When I studied abroad in Salamanca, Spain, I noticed that all of my classmates looked a bit more 'put together'—I'd say they always looked as if they were ready for dinner at a nice restaurant. I quickly learned that I would blend in better if I spent a few extra minutes on my morning routine."

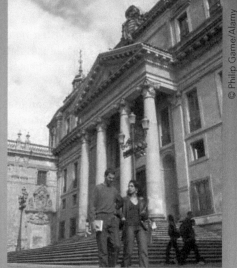
© Philip Game/Alamy

What might be some of the underlying values when university students feel comfortable going to class in the ways described by this student at his home campus? What might be the underlying values in places where students tend to be more 'put together' when they attend class?

[6.9] Los instructores.

Paso 1. Piensa ahora sobre (*about*) tus profesores. Escoge la opción que, en tu opinión, describe mejor a la mayoría de ellos. Escribe dos afirmaciones más.

1. Se levantan	☐ antes de las 7 de la mañana.	☐ entre las 7 y las 8 de la mañana.	☐ después de las 8 de la mañana.
2. Se afeitan (ellos) o se maquillan (ellas)	☐ todos los días.	☐ con frecuencia.	☐ a veces.
3. Se visten de manera	☐ informal.	☐ formal.	☐ muy formal.
4. Van a la universidad	☐ a pie (*by foot*) o en bicicleta.	☐ en coche.	☐ en autobús/tren.
5. Se divierten en clase	☐ siempre.	☐ con frecuencia.	☐ a veces.
6. Se acuestan	☐ antes de las 12 de la medianoche.	☐ entre las 12 y la 1 de la mañana.	☐ después de la 1 de la mañana.

7. _____.

8. _____.

Paso 2. En parejas, comparen sus respuestas. Después, pregunten a su instructor sobre algunas de sus actividades.

Modelo: ¿A qué hora se levanta usted?

[6.10] Hábitos diarios.
Muchos estudiantes universitarios se sienten (*feel*) cansados y se enferman (*get sick*) con frecuencia. El Centro de Salud (*health*) de tu universidad quiere investigar la causa de este problema y tú vas a colaborar en este estudio.

Paso 1. Responde a las preguntas 1 a 7. Después, anota otros datos relevantes sobre tu estilo de vida, por ejemplo, ejercicio físico, hábitos alimenticios (*eating habits*), etc.

Estudio: Hábitos de vida
Centro de Salud

1. ¿Tienes sueño ahora?   ☐ sí   ☐ un poco   ☐ no
2. ¿A qué hora te levantas los días de clase? _____
3. ¿A qué hora te acuestas normalmente? _____
4. ¿Te duermes cuando estudias o ves la televisión?   ☐ siempre   ☐ a veces   ☐ nunca
5. ¿Necesitas un reloj despertador para despertarte?   ☐ siempre   ☐ a veces   ☐ nunca
6. ¿Cuántas tazas de café o té tomas cada día? _____
7. ¿Desayunas antes de ir a clase?   ☐ siempre   ☐ a veces   ☐ nunca

Otra información:
_____
_____
_____

Paso 2. En grupos, compartan sus respuestas y tomen notas. Según sus respuestas y lo que saben sobre otros estudiantes, ¿pueden hacer alguna generalización sobre los hábitos de vida de los estudiantes universitarios? ¿Cuáles son las consecuencias de estos hábitos?

Modelo: **Muchos de nosotros nos acostamos tarde**
y tenemos sueño en clase. Por eso, ...

 [6.11] Consejos (Advice). Tu compañero/a y tú quieren ayudar a otros estudiantes a tener un estilo de vida más saludable (*healthy*). Por eso quieren ser voluntarios en la campaña (*campaign*) del Centro de Salud. Como parte de su entrenamiento (*training*), van a participar en algunas dramatizaciones (*role-plays*).

Paso 1. Tomen turnos para indicar qué tipo de problema tienen y escuchen los consejos (*advice*) de su compañero/a.

Modelo: Estudiante A: **Siempre tengo sueño.**
          Estudiante B: **Debes acostarte más temprano/tomar una siesta**
                          (take a nap).

PALABRAS ÚTILES

el estrés	*stress*
estar estresado/a	*to be stressed*
por eso	*That's why*
preocuparse	*to be worried*
sentirse	*to feel (physically, emotionally)*
tomar una siesta	*to take a nap*

Estudiante A
1. Nunca me despierto con el despertador y llego tarde a clase.
2. Siempre estoy débil.
3. Estoy estresado porque estudio, trabajo y hago actividades extra-curriculares todos los días.

Estudiante B
1. Me canso mucho (*I get very tired*) cuando camino a mis clases.
2. No puedo dormirme cuando me acuesto.
3. Me duermo en la clase de Contabilidad.

Paso 2. Ustedes quieren colaborar en la creación del folleto (*brochure*) del Departamento de Salud. Piensen y escriban juntos (*together*) los tres consejos más importantes que tienen para los estudiantes universitarios.

En mi experiencia

Cliff, San Francisco, CA

"I noticed a more easy-going pace in Spain. Whenever deciding on a time to meet, there always seemed to be a 30-minute window when people would arrive—particularly if someone ran into a friend on the way, because you always stop to talk even if just briefly. Also, it was common for neighbors and friends to pop over unannounced for visits. I found myself needing to relax my expectations and specific plans for how my day was going to proceed."

© Juice Images/Alamy

In general, in your social circles, how punctual do events tend to be? And how common is it to make unannounced social visits? What might be some of the underlying values in a culture that has a more flexible concept of an acceptable time to arrive to a social gathering and less insistence on planning visits in advance?

Cultura

España contemporánea

ANTES DE LEER

1. Mira un mapa de España. ¿Qué países tienen frontera con España? Y ¿cuánta distancia hay entre Marruecos y España?

2. Empareja la persona de España a cada (*each*) español de la lista con su profesión.

   ___ Penélope Cruz   a. Artista, 1881–1973

   ___ Miguel de Cervantesb. Escritora, periodista

   ___ Pablo Picasso   c. Actriz

   ___ Rosa Montero   d. Escritor, autor de *Don Quijote*

   ___ Rafa Nadal   e. Atleta

3. ¿Qué proporción de españoles piensas que toma una siesta todos los días?

La herencia (*heritage*)

Por toda España se observa la herencia de varias culturas y civilizaciones entre ellas la árabe. Los árabes (o "moros", *Moors*) vivieron en España durante casi 800 años (711–1492). El palacio La Alhambra en la ciudad de Granada y la Mezquita (*mosque*) de Córdoba son ejemplos exquisitos de la arquitectura de esa época. También las comunidades judías (*Jewish*) dejaron influencias importantes durante esta época.

▲ Patio de los leones en la Alhambra

La familia real

¡En España hay reyes, príncipes y princesas! El Rey Don Juan Carlos I tuvo un importante papel en la transición que llevó la democracia a España después de 40 años de dictadura militar. Juan Carlos I abdicó en 2014, y su hijo es ahora el Rey Felipe VI. Su papel es simbólico.

Un aspecto interesante sobre la familia real es su relación con los deportes: varios miembros de la familia real han participado en competiciones deportivas internacionales, incluyendo campeonatos de vela (*sailing*) en los Juegos Olímpicos.

▲ El Rey Felipe VI y su esposa, la Reina Doña Letizia

INVESTIG@ EN INTERNET

¿Qué sabes sobre la familia real española? Busca los nombres del rey y la reina, sus parientes, y cualquier (*any*) otra información de interés que puedas averiguar (*find out*) sobre ellos. Además, descubre quién es el sucesor o sucesora al trono.

◄ La Fuente de Cibeles, en frente del Ayuntamiento (*City Hall*) en el centro de Madrid.

Una de las obras (*works*) literarias más importantes del mundo es *Don Quijote de la Mancha*, escrito por el español Miguel de Cervantes en 1615. El artista español Pablo Picasso pintó este famoso cuadro de Don Quijote y su escudero (*squire*) Sancho Panza.

La vida diaria • 169

▼ Barcelona

Factoria Singular/Age Fotostock America, Inc.

▼ Museo Guggenheim, Bilbao

Hemis.fr/SuperStock

La modernidad

Las varias regiones de España constituyen diferentes zonas culturales con sus propios bailes, comidas, vestidos (*attire*) típicos, música, etc. La música y baile flamenco son típicos de Andalucía, región del sur de España donde se encuentra Sevilla. ¿Hay bailes típicos en la región donde vives tú?

En la España contemporánea existe una vigorosa cultura que combina la herencia de un pasado brillante con las nuevas posibilidades del futuro. La arquitectura futurista del Museo Guggenheim en Bilbao refleja la vitalidad de la vida cultural de España.

Es uno de los destinos turísticos más populares de Europa, y es el país número 3 para estudiar al extranjero (*study abroad*) de los estudiantes de Estados Unidos. Se puede esquiar en los Pirineos, ir a playas como las de Ibiza o el resto de las Islas Baleares y conocer ciudades como Madrid, Barcelona y Bilbao, sede de un museo Guggenheim.

España tiene un horario un poco más nocturno que en el resto de Europa. A las 22:00 horas en otros países la gente se prepara para ir a dormir, mientras que en España a esa hora se sirve la cena y comienza el 'prime time' en la televisión. Antes era común tomar una siesta durante el día, pero hoy muy poca gente lo hace. Sin embargo (*however*), muchos lugares cierran entre las 14:00 y las 16:00, cuando la gente va a comer, y quedan abiertos hasta las 19:00.

España tiene cuatro idiomas oficiales: el castellano (español), el catalán, el gallego y el vasco. Mira las diferencias entre estos cuatro idiomas.

inglés	castellano (español)	catalán	gallego	vasco
dog	perro	gos	can	txakurra
water	agua	aigua	auga	ur
sister	hermana	germana	irma	arreba

(DESPUÉS DE LEER)

1. En un viaje a España de 10 días, ¿a qué tres lugares te gustaría ir y por qué? Si quieres, puedes buscar información adicional en Internet.

2. Los moros (árabes) vivieron en España durante ____ años. Eso representa aproximadamente ____ veces el número de años que ha existido Estados Unidos.

3. ¿Te gustaría parar de trabajar entre las 14:00-16:00 y después trabajar hasta las 19:00? ¿Qué ventajas (*advantages*) y desventajas tiene este horario?

Así se forma

2. Talking about each other: Reciprocal constructions

Este semestre estoy estudiando en España y tengo muchos amigos aquí. **Nos vemos** todos los días porque tenemos casi todas las mismas (*the same*) clases y si no, **nos mandamos** mensajes de texto y **nos encontramos** (*we meet*) más tarde. Aquí los compañeros de clase estudian juntos, **se prestan** (*lend*) notas de clase, **se ayudan** con la tarea y ¡lo pasan bien juntos también!

English uses the phrases *each other* and *one another* to express reciprocal actions: *They love each other/one another*. Spanish uses the pronouns **nos** and **se**, accompanied by the corresponding verb forms, to express reciprocal or mutual actions.

Mi amiga Sara y yo **nos llamamos** mucho.   *My friend Sara and I call each other a lot.*
Los compañeros de clase **se prestan** las notas.   *Classmates lend each other their class notes.*

WileyPLUS

Go to *WileyPLUS* to review this grammar point with the help of the **Animated Grammar Tutorial**.

[6.12] ¿Reflexivo o recíproco? Lee las siguientes oraciones e indica si es una construcción reflexiva o recíproca:

1. Nos bañamos.
2. Nos escribimos mensajes.
3. Nos miramos en el espejo.
4. Nos vemos los sábados.
5. Nos dormimos muy tarde.
6. Nos despertamos todas las noches.

[6.13] ¿Similares o diferentes? Indica si estas afirmaciones son ciertas para estas personas en general.

	Los amigos	Los novios	Los padres e hijos
1. Se ayudan con la escuela/el trabajo.	☐	☐	☐
2. Se prestan ropa.	☐	☐	☐
3. Se dicen mentiras (*lies*) a veces.	☐	☐	☐
4. Se llaman varias veces al día.	☐	☐	☐
5. Se consultan las decisiones importantes.	☐	☐	☐
6. Se dicen que se quieren.	☐	☐	☐

[6.14] Tu mejor amigo/amiga y tú.

Paso 1. En tu cuaderno, contesta las siguientes preguntas sobre tu mejor amigo/a y tú.

1. ¿Cómo se comunican? ¿Se llaman por teléfono? ¿Se mandan correos electrónicos o mensajes de texto por teléfono?
2. ¿Se ven frecuentemente? ¿Dónde se encuentran? Si no viven en la misma ciudad, ¿se ven con un programa de videochat?
3. ¿Se cuentan (*tell*) sus problemas? ¿Se cuentan secretos?
4. ¿Se ayudan con los estudios?
5. ¿Qué cosas se prestan? ¿Dinero, ropa...?
6. ¿Se hacen reír (*make each other laugh*)?
7. ¿Se enojan (*get upset*) a veces también?

Paso 2. Comparte con un/a compañero/a tus respuestas sobre tu amigo/a y tú. Pídele (*ask her/him*) más detalles sobre sus respuestas y también elabora tus respuestas.

Modelo: Estudiante A: **Mi amigo Dan y yo no nos llamamos todos los días, pero nos mandamos correos electrónicos.**

           Estudiante B: **Mi amiga Julia y yo nos escribimos en Facebook, ¿ustedes también?**

Cultura

Los días festivos

ANTES DE LEER

¿Hay celebraciones donde vives tú que no se celebran en otras partes del país? ¿Cuáles son y cómo se celebran?

Los días festivos marcan un cambio en la rutina diaria. Normalmente, estas festividades son de dos tipos: religiosas o cívicas. Las fiestas religiosas celebran las tradiciones de la religión católica y las cívicas, los hechos (*events*) históricos. Cada país tiene sus propias (*their own*) fiestas, pero hay muchas que todos los hispanos conmemoran.

La celebración religiosa hispana más popular es la Semana Santa (*Holy Week*). Muchos participan en procesiones por las calles, llevando imágenes de Cristo o de la Virgen María, y se hacen representaciones de escenas bíblicas. Las actividades culminan el sábado y el domingo con bailes y fuegos artificiales (*fireworks*), para celebrar la resurrección de Cristo.

▲ Semana Santa en Sevilla, España

Orban Thierry/© Corbis

Las festividades nacionales son especialmente populares en Latinoamérica. El Día de la Independencia es una de las fechas más importantes. Generalmente, esta celebración consiste en grandes desfiles (*parades*). En algunas comunidades participan las fuerzas armadas y los estudiantes de las escuelas. Un gran número de banderas decoran las ciudades y la gente se divierte hasta muy tarde en la noche en las ferias y los bailes.

Pablo Blazquez Dominguez/Getty Images

Otras festividades religiosas honran al santo patrón de una ciudad o de un país. Durante la fiesta de San Fermín, en Pamplona, España, sueltan toros por algunas calles (*streets*). Los habitantes de la ciudad y una enorme cantidad de turistas se visten de blanco con pañuelos (*handkerchiefs*) y cinturones (*sashes*) rojos y corren detrás (*behind*) o delante (*in front of*) de los toros. La fiesta atrae a 1.5 millones de turistas todos los años. Desde 1925, 15 personas han muerto durante el evento y unas 300 se lastiman (*are injured*) cada año.

DESPUÉS DE LEER

1. ¿Hay celebraciones en Estados Unidos que se consideran peligrosas, como los San Fermines en Pamplona?

2. Completa el cuadro siguiente con algunos ejemplos específicos.

	Fiestas cívicas	Fiestas religiosas
España/Latinoamérica		
Estados Unidos		

Así se dice

El trabajo y las profesiones

WileyPLUS

Pronunciación:
Practice pronunciation of the chapter vocabulary and particular sounds of Spanish in *WileyPLUS*.

El señor Vega es **abogado.** Hoy defiende un caso en el tribunal (*court*).

La señora Vega es una **mujer de negocios** con mucho talento.

El Dr. López es **médico.** Es **doctor**[1] cirujano de tórax.

La señorita Rojas es **enfermera.** Trabaja en el hospital.

La señora Ruiz es **programadora de computadoras.**

El señor Gómez es **contador.** Trabaja para una **compañía** multinacional.

La señorita Cortés es **maestra** de segundo grado.

La señora Casona es **ama de casa.** ¡Es un trabajo muy exigente (*demanding*)!

Carmen es **secretaria** y **recepcionista.**

Linda es **dependienta** en una tienda de ropa.

Alfonso es **mesero** en un restaurante y Natalia es **cajera.**

Octavio es **periodista.** Escribe para el periódico (*newspaper*) de la universidad.

El trabajo

El **trabajo** es una de las actividades más importantes de nuestra vida. Muchos adultos tienen un trabajo **a tiempo completo** y trabajan todo el día, pero otros, por ejemplo muchos estudiantes, tienen trabajos **a tiempo parcial** y trabajan menos horas. No todos los trabajos compensan igual: los doctores, los abogados y otros, generalmente **ganan** mucho **dinero**, pero los maestros y las secretarias normalmente ganan poco. Algunas personas prefieren trabajar para una **compañía** grande, como una multinacional; otras personas prefieren **empresas** pequeñas o familiares. Hay personas que trabajan en una oficina, otras en una escuela o en una universidad, en una **tienda** o en un centro comercial, o por toda la ciudad, como los **policías**. Otros son **empleados** de una **fábrica**, de un restaurante o de un supermercado. ¿Qué tipo de trabajo prefieres tú?

> **NOTA DE LENGUA**
>
> *Some countries, like Spain, use the word **camarero/a** to refer to a waiter, while Mexico and other countries use **mesero/a** (which is related to the word **mesa**).*

---

[1]**El médico/la médica** and **el doctor/la doctora** are synonyms.

el amo/ama de casa	*homemaker*	**la empresa**	*firm*
el/la cajero/a	*cashier*	**la fábrica**	*factory*
el/la dependiente/a	*salesclerk*	**ganar**	*to earn*
la compañía	*company*		*(money); to win*
el/la contador/a	*accountant*	**el/la periodista**	*journalist*
el dinero	*money*	**el policía/la mujer**	*policeman/*
la tienda	*store*	**policía**[2]	*woman*
el/la empleado/a	*employee*	**a tiempo completo/**	
		parcial	*full-time/*
			part-time

▶ **NOTA DE LENGUA**

When stating a person's profession or vocation without further qualifiers or description, the indefinite article **un** or **una** is not used. When an adjective is added, the indefinite article is used.

> Mi madre es **abogada**. BUT Mi madre es **una abogada** excelente.
> ~~Mi madre es una abogada.~~

[6.15] **¿Sí o no?** Escucha los siguientes enunciados y decide si son lógicos (**sí**) o ilógicos (**no**).

1. ☐ Sí ☐ No   3. ☐ Sí ☐ No   5. ☐ Sí ☐ No
2. ☐ Sí ☐ No   4. ☐ Sí ☐ No   6. ☐ Sí ☐ No

[6.16] ¿Quién es?

Paso 1. Lee las siguientes descripciones e identifica cada profesión. Pon atención a si es un hombre o una mujer.

1. Cuida a (*looks after*) sus pacientes día y noche: toma su temperatura, observa su estado, administra medicinas, etc.

2. Revisa las finanzas de su empresa o cliente, calcula los impuestos (*taxes*), etc.

3. Dependiendo de dónde trabaja, puede vender ropa, zapatos, libros, etc.

4. Recibe las visitas y contesta el teléfono. Generalmente, también hace otras tareas administrativas.

5. Pasa casi todo el día en un aula. Tiene que leer muchas tareas.

6. Diagnostica y pone tratamiento a sus pacientes. A veces está de guardia y tiene que estar disponible durante el fin de semana o por la noche.

7. Toma la orden de los clientes y sirve comida en un restaurante.

8. Informa sobre las noticias y hace entrevistas.

---

[2]Note that **la policía** means the police force, the institution. Therefore, to refer to a female who works as a police woman, we say **la mujer policía**.

Paso 2. En grupos, escojan tres o cuatro de las ocupaciones anteriores. ¿Qué saben sobre ellas? Aquí tienen algunas preguntas para empezar:

- ¿Qué aspectos positivos y negativos tienen estas profesiones?

- ¿Qué cualidades personales o conocimientos son necesarios para desempeñar (*carry out*) esta profesión con éxito (*successfully*)?

- ¿Tienes experiencia personal o conoces a alguien con esta profesión? ¿Cuál es tu experiencia o la experiencia de esa persona?

 ## [6.17] La vida profesional.

Paso 1. Elige (*choose*) una de las profesiones nombradas anteriormente y escribe un párrafo corto sobre un día en la vida de una persona con esa profesión.

Modelo: Cada mañana esta persona se levanta a las...

 Paso 2. En grupos, compartan sus descripciones y adivinen (*guess*) a qué profesión se refiere cada descripción.

Situaciones

Uno/a de ustedes es un consejero/a de orientación profesional y el otro/a es él/ella mismo/a, buscando consejos sobre su futura carrera (*career*).

Consejero/a:

1. Vas a entrevistar a un/una estudiante. Debes hacerle las siguientes preguntas, y dos preguntas más que consideres relevantes (escríbelas abajo). Escucha y toma notas.
2. Escucha las respuestas de tu compañero/a, sugiere (*suggest*) una profesión apropiada para él/ella y explícale por qué es una buena opción para él/ella.

Estudiante:

1. Escucha las preguntas del consejero de orientación profesional y responde honestamente y con muchos detalles.
2. Escucha las sugerencias del consejero de orientación profesional. Dile si estás o no de acuerdo con su sugerencia, y explica por qué.

Cuestionario de orientación profesional.   Nombre: _____

1. ¿Tienes experiencia laboral? (Si respondes "No", salta (*skip*) al número 5.)
   _____

2. ¿En qué trabajo(s) tienes experiencia? _____

3. ¿Qué aspectos de esos trabajos te gustan? _____

4. ¿Qué aspectos no te gustan? _____

5. ¿Qué estudias? _____

6. ¿Cuáles son tus clases favoritas? _____

7. ¿Dónde quieres trabajar? En un lugar grande, la ciudad... _____

8. ¿Es importante para ti ganar mucho dinero? _____

9. ¿...? _____

10. ¿...? _____

La vida diaria • 175

Así se forma

3. Talking about actions in the past: The preterit of regular verbs and *ser/ir*

WileyPLUS

Go to *WileyPLUS* to review this grammar point with the help of the **Animated Grammar Tutorial** and **Verb Conjugator**.

Sandra: —Ayer **te levantaste** temprano, ¿no?

Violeta: —Sí, **me levanté** a las siete, **me vestí** rápidamente, **tomé** café y **fui** a mi entrevista de trabajo.

Sandra: —¿Tu entrevista **fue** esta mañana? Y, ¿qué tal?

Violeta: —**Llegué** tarde. Ayer no **leí** bien la dirección y **fui** al lugar equivocado.

Sandra: —¡Ay, no! Entonces, ¿qué **pasó** (*what happened*)?

Violeta: —**Llamé** por teléfono y **expliqué** la situación. **Fueron** muy amables, ¡me **ofrecieron** otra entrevista hoy!

The preterit tense is used to talk about actions or states viewed as completed in the past.

Ayer...

Me levanté a las siete, **me vestí** y **tomé** café.	*I got up, got dressed and had coffee.*
Llegué tarde a la entrevista.	*I arrived late to the interview.*
¡Me **ofrecieron** otra entrevista!	*I was offered another interview!*

Preterit form of regular verbs

	estudiar	volver (*to return*)	salir (*to leave*)
(yo)	estudi**é**	volv**í**	sal**í**
(tú)	estudi**aste**	volv**iste**	sal**iste**
(usted, él/ella)	estudi**ó**	volv**ió**	sal**ió**
(nosotros/as)	estudi**amos**[1]	volv**imos**	sal**imos**
(vosotros/as)	estudi**asteis**	volv**isteis**	sal**isteis**
(ustedes, ellos/ellas)	estudi**aron**	volv**ieron**	sal**ieron**

- Note that **–er/–ir** preterit verb endings are identical.
- In the preterit tense, **–ar** and **–er** verbs never undergo stem changes (See **volver** above.)

Other preterit forms

- Verbs ending in **–gar**, **–car**, and **–zar** have spelling changes in the preterit in order to maintain their pronunciation in the **yo** form.

- gar	g → gu	jugar, llegar	**jugué**, jugaste, jugó, ...
- car	c → qu	tocar, buscar	**toqué**, tocaste, tocó, ...
- zar	z → c	abrazar, almorzar	**abracé**, abrazaste, abrazó, ...

---

[1]The **nosotros** form of **-ar** and **-ir** verbs in the preterit are the same as their respective present-tense forms.
[2]You will learn about preterit forms of **-ir** stem-changing verbs in *Capítulo 7*.

- In the verbs **leer** and **oír** there are also changes in the third person forms: **-ió** → **yó**; **-ieron** → **-yeron**. Notice the written stress in all the forms except third person plural.

leer	leí, leíste, **leyó**, leímos, leísteis, **leyeron**
oír	oí, oíste, **oyó**, oímos, oísteis, **oyeron**

- There are some verbs with irregular preterit forms. **Ser** and **ir** have identical irregular preterit endings; the context clarifies which verb is used.

ser/ir	**fui, fuiste, fue, fuimos, fuisteis, fueron**

(ir)	**Fueron** a la playa ayer.	*They went to the beach yesterday.*
(ser)	**Fue** un día extraordinario.	*It was an extraordinary day.*

Here are some time expressions that set a specific, limited amount of time in the past, or the beginning or end of such a past time, and are commonly used with the preterit.

ayer	*yesterday*	**primero**	*first*
anteayer	*the day before yesterday*	**después**	*afterwards*
anoche	*last night*	**entonces**	*then*
la semana pasada	*last week*	**luego**	*then, later*
el mes pasado	*last month*	**ya**	*already*
el año pasado	*last year*		

[6.18] ¿Antes o ahora?

Escucha estas afirmaciones e indica si se refieren al presente o al pasado. En algunos casos pueden ser ambos.

1. Pasado Presente	**4.** Pasado Presente	**7.** Pasado Presente
2. Pasado Presente	**5.** Pasado Presente	**8.** Pasado Presente
3. Pasado Presente	**6.** Pasado Presente	**9.** Pasado Presente

[6.19] ¿Cómo fue tu día ayer?

Paso 1. Lee las siguientes oraciones y, si son ciertas para ti, escribe *Sí*. Si no, reescríbelas en tu cuaderno, haciéndolas (*making them*) ciertas para ti.

1. _____ Me levanté temprano.
2. _____ Fui al gimnasio.
3. _____ Desayuné en la cafetería de la universidad.
4. _____ Llegué temprano a mis clases.
5. _____ Mis amigos y yo comimos juntos.
6. _____ Estudié en la biblioteca.
7. _____ Mi amigo/a y yo fuimos a cenar a un restaurante.
8. _____ Leí una novela en mi cuarto.
9. _____ Me acosté a las 11 de la noche.

Paso 2. Ahora, describe en un párrafo tu día de ayer usando las oraciones relevantes del Paso 1 y añadiendo otros detalles. Usa por lo menos (*at least*) tres de las expresiones de tiempo de arriba (*above*).

Paso 3. En parejas o grupos pequeños, compartan sus descripciones y comparen las similitudes y diferencias en su día de ayer.

[6.20] La profesora Rodríguez.

Paso 1. Escucha las siguientes afirmaciones sobre la profesora Rodríguez e indica si se refieren a sus actividades habituales o actividades específicas de la semana pasada.

	Siempre	La semana pasada		Siempre	La semana pasada
1.	☐	☐	**6.**	☐	☐
2.	☐	☐	**7.**	☐	☐
3.	☐	☐	**8.**	☐	☐
4.	☐	☐	**9.**	☐	☐
5.	☐	☐	**10.**	☐	☐

PALABRAS ÚTILES

ayudar	*to help*
enseñar	*to teach*

Paso 2. ¿Y tu profesor o profesora? Escribe un párrafo indicando varias actividades que hace habitualmente. Después imagina que ayer fue un día extraordinario para él/ella, usa tu imaginación y describe sus actividades por escrito.

[6.21] El último año.

Paso 1. En la columna **El año pasado**, completa estas preguntas para tus compañeros de clase sobre si tuvieron (*had*) estas experiencias en el último año.

Modelo: comprar un coche nuevo   **¿Compraste un coche nuevo?**

		El año pasado	¿Quién?
1.	viajar a un lugar interesante	¿ _____? ¿Adónde?	
2.	ver una película excelente	¿ _____? ¿Cuál?	
3.	hablar con alguien famoso o importante	¿ _____? ¿Quién?	
4.	probar (*to try*) una comida nueva	¿ _____? ¿Cuál?	
5.	ir a un lugar peligroso (*dangerous place*)	¿ _____? ¿Adónde?	
6.	leer un libro inolvidable	¿ _____? ¿Cuál?	
7.	estudiar o aprender algo nuevo	¿ _____? ¿Qué?	
8.	¿?	¿ _____?	

Paso 2. Ahora, camina por la clase y lee tus preguntas a tus compañeros. Cuando un compañero/a responda "*Sí*", escribe su nombre en la columna **¿Quién?**, pide más detalles sobre esa experiencia y anótalos también.

Paso 3. En grupos de cuatro o cinco personas, comenten lo que descubrieron. ¿Quién tuvo el año más interesante?

[6.22] El sábado pasado. Observa las ilustraciones sobre las actividades de Javier y su hermano menor, Samuel, durante el sábado. Escribe un número debajo de cada ilustración, indicando en qué orden piensas que las hicieron. Después escribe un párrafo describiendo su día. Incluye otros detalles y expresiones de tiempo (después, luego, etc.)

_____   _____   _____

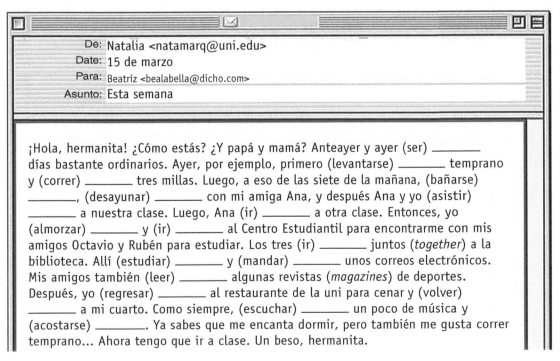

_____   _____   _____

[6.23] Un día normal. Lee el mensaje que Natalia le envió a su hermana ayer y completa los espacios con la forma apropiada de cada verbo.

De:	Natalia <natamarq@uni.edu>
Date:	15 de marzo
Para:	Beatriz <bealabella@dicho.com>
Asunto:	Esta semana

¡Hola, hermanita! ¿Cómo estás? ¿Y papá y mamá? Anteayer y ayer (ser) _____ días bastante ordinarios. Ayer, por ejemplo, primero (levantarse) _____ temprano y (correr) _____ tres millas. Luego, a eso de las siete de la mañana, (bañarse) _____, (desayunar) _____ con mi amiga Ana, y después Ana y yo (asistir) _____ a nuestra clase. Luego, Ana (ir) _____ a otra clase. Entonces, yo (almorzar) _____ y (ir) _____ al Centro Estudiantil para encontrarme con mis amigos Octavio y Rubén para estudiar. Los tres (ir) _____ juntos (_together_) a la biblioteca. Allí (estudiar) _____ y (mandar) _____ unos correos electrónicos. Mis amigos también (leer) _____ algunas revistas (_magazines_) de deportes. Después, yo (regresar) _____ al restaurante de la uni para cenar y (volver) _____ a mi cuarto. Como siempre, (escuchar) _____ un poco de música y (acostarse) _____. Ya sabes que me encanta dormir, pero también me gusta correr temprano... Ahora tengo que ir a clase. Un beso, hermanita.

[6.24] Un fin de semana interesante.

Paso 1. Escribe un párrafo con muchos detalles sobre lo que hiciste el sábado pasado. No escribas tu nombre en el papel.

Paso 2. Cuando toda la clase haya acabado (_has finished_), el instructor va a repartir (_distribute_) todas las historias. Lee la historia que recibas y adivina quién la escribió.

VideoEscenas

WileyPLUS

La rosa sevillana

▲ En el Capítulo 5, Rocío y Carmen hablaron de sus planes para el fin de semana. Carmen fue a visitar a una amiga en Sevilla. Ahora está en Madrid y habla con Rocío otra vez.

ANTES DE VER EL VIDEO

1. ¿Qué dos actividades te gusta hacer los fines de semana por la noche?

2. ¿Qué haces para prepararte para salir el sábado por la noche?

3. Di (*tell*) a un/a compañero/a adónde fuiste este fin de semana. ¿Fueron ustedes a algún lugar (*any place*) similar?

A VER EL VIDEO

Paso 1. Mira el video una vez y resume brevemente (*briefly*) el fin de semana de Carmen.

Paso 2. Lee las siguientes preguntas o afirmaciones y sus posibles respuestas. Si sabes las respuestas, márcalas ahora. Después, mira el video de nuevo, comprueba (*check*) o completa tus respuestas.

1. ¿Qué lugar **no** visitó Carmen en Sevilla?

    a. El Parque de María Luisa   c. El Alcázar
    b. El Museo de Bellas Artes   d. La Catedral

2. Antes de salir por la noche, ¿qué hizo Carmen para prepararse?

    a. lavarse   d. maquillarse
    b. ducharse   e. peinarse
    c. afeitarse   f. vestirse

3. ¿Adónde fueron Carmen y su amiga por la noche?

4. Carmen recibió un regalo (*gift*) de un bailaor[1] en el espectáculo. Para Carmen, ¿cuál fue la razón? ¿Piensa Rocío lo mismo (*the same*)?

DESPUÉS DE VER EL VIDEO

Imagina: tu amiga piensa que un chico está interesado románticamente en ella, pero tú sabes que no es verdad, ¿qué haces?

---

[1]Flamenco dancers are called **bailaores/bailaoras**, which other dancers are **bailarines**.

Así se forma

4. Direct object pronouns

Luis: —¿**Te** llamó Carlos?

Rodrigo: —Sí, **me** llamó ayer. Dice que olvidó (*forgot*) aquí su libro de alemán, pero yo no **lo** vi.

Luis: —Ah, sí, **lo** encontré en el pasillo (*corridor*) y **lo** llevé a mi cuarto.

Rodrigo: —Ah, muy bien. ¿Y tienes mi calculadora?

Luis: —Sí, **la** puedo llevar a tu cuarto ahora.

Rodrigo: —Gracias, necesito usar**la** esta tarde.

WileyPLUS

Go to *WileyPLUS* to review this grammar point with the help of the **Animated Grammar Tutorial** and **Verb Conjugator**.

A direct object is the person or thing that directly receives the action of the verb. It often answers the question *what?* or *who/whom?* about the verb. Observe the direct objects in bold:

Compré **el carro**.	*I bought the car.* (*what did I buy* → **the car**)
Vi **a Laura**.[1]	*I saw Laura.* (*whom did I see* → **Laura**)

We use direct object pronouns to replace a direct object when it has been previously mentioned, to avoid repetition. Observe the use of the direct object pronoun **lo** below, replacing *el carro*.

- Compré <u>el carro</u>.

- ¿Sí? ¿Finalmente **lo** compraste? ¿**Lo** puedo ver? ¿Dónde **lo** tienes?

Pronombres de objeto directo

me	Carlos no **me** llamó.	*Carlos did not call **me**.*
te	¿**Te** llamó Carlos?	*Did Carlos call **you**?*
lo	No **lo** conozco. (a Juan/a usted, *m.*) No **lo** tengo. (el libro)	*I don't know **him/you** (m.).* *I don't have **it** (m.).*
la	Juan **la** conoce. (a Lola/a usted, *f.*) Juan **la** come. (la fruta)	*Juan knows **her/you** (f.).* *Juan eats **it** (f.).*
nos	Laurie **nos** visitó anoche.	*Laurie visited **us** last night.*
os	¿Quién **os** visitó?	*Who visited **you** (pl.)?*
los	Voy a llamar**los**. (a ellos/a ustedes, *m.*) Voy a preparar**los**. (los cafés)	*I am going to call **them/you** (m.).* *I am going to prepare **them** (m.).*
las	Pedro **las** admira. (a ellas/a ustedes, *f.*) Pedro **las** va a preparar. (las bebidas)	*Pedro admires **them/you** (f.).* *Pedro is going to prepare **them** (f.).*

- Direct object pronouns must agree with the nouns they replace.
  —¿Compraste **la pasta de dientes**? —Sí, **la** compré esta mañana.
  —Ayer conocí **a los nuevos empleados**. —Yo también **los** conocí.

- Direct object pronouns are placed immediately before a conjugated verb. If the verb is negative, *no* must be placed before the pronoun.
  Lo compré pero no **lo** tengo ahora.

- If the conjugated verb is followed by an infinitive (**–ar, –er, –ir** form) or a present participle (**-ando, -iendo** form) you may place the direct object pronoun either

---

[1]Remember that, when the direct object is a person, it requires the **personal a** (see Nota de lengua, **La a personal, Así se dice, Relaciones personales**, and observe examples in this section.)

immediately before the conjugated verb (examples *a* below) or attached after the infinitive or present participle[1] (examples *b*.) It cannot be placed between both forms.

a. **La** voy a invitar.   OR   b. Voy a invitar**la**.   *I am going to invite **her**.*

a. **La** estoy llamando.   OR   b. Estoy llamándo**la**.   *I am calling **her**.*

> **▶ NOTA DE LENGUA**
>
> Note that the pronoun *it* can only be translated as **lo/la** when *it* functions as a direct object. The English *it* subject pronoun is usually omitted in Spanish.
>
> I ate it.   → **Lo comí.**   We didn't write it. → **No lo escribimos.**
>
> BUT
>
> It is expensive. → **Es caro.**   It opens at 8 A.M. → **Abre a las 8 de la mañana.**

[6.25] De compras. Estás en la farmacia para comprar algunas cosas que necesitan tú y tu compañera de cuarto. Eres un poco despistada (*absent-minded*) así que tu compañera te llama para asegurarse (*make sure*) de que no olvidas nada. Escucha y elige la respuesta correcta.

1. ☐ Sí, lo voy a comprar. | ☐ Sí, la voy a comprar. | ☐ Sí, los voy a comprar. | ☐ Sí, las voy a comprar.

2. ☐ Sí, lo tengo. | ☐ Sí, la tengo. | ☐ Sí, los tengo. | ☐ Sí, las tengo.

3. ☐ Sí, lo busqué. | ☐ Sí, la busqué. | ☐ Sí, los busqué. | ☐ Sí, las busqué.

4. ☐ No, no lo tengo. | ☐ No, no la tengo. | ☐ No, no los tengo. | ☐ No, no las tengo.

5. ☐ No, no lo tengo. | ☐ No, no la tengo. | ☐ No, no los tengo. | ☐ No, no las tengo.

6. ☐ No, no lo puedo comprar. | ☐ No, no los puedo comprar. | ☐ No, no la puedo comprar. | ☐ No, no las puedo comprar.

[6.26] ¿Quién tiene mis tijeras? Vives en la residencia de la ilustración de **Así se dice**, **La vida diaria**, y siempre prestas (*lend*) tus cosas a tus compañeros, pero ahora ¡no sabes quién las tiene! En parejas, el Estudiante A pregunta sobre sus cosas (números 1 a 5) y el Estudiante B, mirando las ilustraciones, responde. Después, el Estudiante B hace preguntas y el Estudiante A responde.

Modelo: tijeras

Estudiante A: **¿Quién tiene mis tijeras?**

Estudiante B: **Natalia *las* tiene. *Las* está usando para cortarse el pelo.**

Cosas del Estudiante A:

1. secador de pelo
2. peine
3. cepillo
4. maquillaje
5. champú

Cosas del Estudiante B:

6. máquina de afeitar
7. pasta de dientes
8. despertador
9. desodorante
10. guitarra

---

[1]In other instances, you must attach the pronoun to the infinitive or the **–ando/–iendo** form.
Voy al laboratorio para ver**lo**.
Aprendo los verbos practicándo**los**.

[6.27] La telenovela *Un día de la vida*. Van a hacer una prueba *(audition)* para los papeles de Aurora y Anselmo, dos personajes de una telenovela cursi *(cheesy)*: ***Un día de la vida.*** Primero, completen el diálogo con los objetos directos **me**, **te** o **lo.** Después, léanlo muy dramáticamente. ¡Realmente quieren obtener los papeles!

Anselmo: —Mi amor, estás muy triste. ¿Qué pasa?... _____ amas, ¿verdad?

Aurora: —_____ amo con todo mi corazón, pero tengo que ser muy franca. También adoro a Rafael y sé que él _____ adora a mí.

Anselmo: —Pero yo también _____ adoro. Eres el amor de mi vida. _____ necesitas, ¿verdad?

Aurora: —Claro que _____ necesito, pero no puedo imaginar mi vida sin Rafael. También _____ necesito a él. _____ extraño *(miss)* mucho.

Anselmo: —Mi cielo, tú sabes muy bien que no va a volver, y tú sabes que yo estoy aquí y que _____ quiero.

Aurora: *(Ella solloza* [sobs]*.)* —Pero él es único. Yo no _____ quiero a ti como _____ quiero a él.

Anselmo: *(También solloza.)* —Tengo que reconocer *(admit)* que también _____ quiero. Yo también _____ extraño.

Aurora: —Nunca vamos a encontrar otro perro como él.

[6.28] Cosas (*Things*) para vender. Imagina que eres un estudiante universitario en España. Necesitas dinero y quieres vender algunas cosas que ya no usas.

Paso 1. En tu cuaderno, haz una lista con dos objetos del cuadro que vas a vender. Piensa en una cosa más que tienes y quieres vender. Para cada objeto, decide en qué condición está (**nuevo, casi nuevo, usado, muy usado**) y escribe el precio (en euros) que quieres. ¡Tus compañeros no deben verlo!

una máquina de afeitar	un radio-despertador	un teléfono celular
un libro de psicología	una impresora/scáner a color	un sofá
un televisor LCD grande	una computadora IBM	unos CD de música clásica

Modelo: 1. *un libro de psicología, casi nuevo - € 39*

Paso 2. Ahora, piensa en dos cosas de la lista anterior que quieres comprar. Anota *(jot down)* el precio que puedes pagar para cada cosa. Puedes gastar *(spend)* más si encuentras *(if you find)* algo especial.

Paso 3. Camina por la clase, hablando con tus compañeros para vender tus cosas y comprar las cosas que necesitas. No olvides vender el objeto que añadiste *(you added)* a la lista: intenta hacerlo interesante para los compradores. Anota qué vendes, qué compras y por cuánto dinero.

Modelo: Estudiante A: **Tengo una pelota de baloncesto para vender. Está casi nueva.**

Estudiante B: **¿Cuánto cuesta?**

Estudiante A: **La vendo por diecinueve euros. ¿Quieres comprarla?**

Estudiante B: **Sí, la compro./ Es un poco cara *(expensive)*, ¿la vendes por...?**

INVESTIG@ EN INTERNET

Since Spain is a member of the European Union (EU), its currency is the euro (€). Can you find out the current exchange rate from USD to euros? Then think of an item you have purchased recently and convert the dollar amount to euros.

DICHO Y HECHO

PARA LEER: Vivir a la española

ANTES DE LEER

1. Observa el formato de este texto y decide cuál es la descripción correcta:

☐ Es un informe sobre los hábitos de los españoles.
☐ Son entrevistas (*interviews*) sobre la vida en España.

2. ¿Qué ideas asocias con la vida en España? Piensa en costumbres, hábitos, tradiciones, etc. Escribe 2 o 3 ideas.

3. Busca en Internet sobre la beca (*scholarship*) Erasmus. ¿De qué se trata?

ESTRATEGIA DE LECTURA

Activate your background knowledge

You can get an idea of the topic and main ideas in a text by looking at the title, headings and visuals, and skimming over it. Then is a good idea to think about what you know about the topic before you start to read. Applying that knowledge, you'll be better able to interpret the text. Keep in mind the ideas that you came up with in question 2 above, as well as anything else you may have learned about Spain as you read the selection that follows.

A LEER

El cliché relaciona a España con los toros[1], el flamenco, la juerga[2] y el sol. Cierto o no, entrevistamos a dos jóvenes extranjeros[3] que viven aquí y les preguntamos sobre su vida en nuestro país.

ALBERTA ARVALLI 25 años, Padua (Italia)

Lleva cinco meses en Madrid, pero antes vivió un año en Sevilla porque ganó la beca Erasmus.

¿Por qué decidiste volver a España?

Porque, bueno, España me encanta por la manera que tienen los españoles de vivir y Madrid es una ciudad preciosa que ya conocía y, nada, porque encontré al final trabajo aquí.

¿Crees que hay diferencia entre la gente[4] española y la gente italiana?

Yo creo que la gente del sur de España es más parecida[5] a la gente del sur de Italia. La gente del norte de España, más parecida a la del norte de Italia. La cultura es un poco diferente, pero la gente es muy similar.

Has mencionado la cultura española, ¿qué piensas de ella?

A mí me encanta. A mí me encanta leer y creo que hay muchos libros, mucha literatura española que la gente tiene que leer porque España tiene una cultura muy amplia.

PHILLIP STARK 28 años, Toledo (Ohio)

Llegó a Bilbao hace seis años y desde entonces vive en España. Empezó trabajando como profesor de inglés y hoy en día dirige una revista[6], tiene un negocio en Internet y realiza documentales.

¿Por qué decidiste venir a España?

Pues... yo había visto un folleto[7] para estudiar español en el extranjero y me parecía muy interesante Bilbao. Entonces, fui a Bilbao y lo pasé genial[8], y me dije "yo me quedo aquí para siempre".

¿Para ti qué es lo mejor que tiene España?

A ver... lo mejor que tiene España... es una cultura muy tranquila, gente tranquila, las cosas van un poco más lentas. Me gusta la comida, me gusta Madrid porque es como vivir en Nueva York pero sin tanta locura.

Y ahora que vives en Madrid, ¿para ti cómo es un día ideal en esta ciudad?

¿En Madrid? Pues un día ideal es irme a un bar de viejos, hablar con el camarero un poquito, tomarme una cañita[9] y una tapa y ya está, no me hace falta más.

Texto: Elena Giménez/*De la revista Punto y coma (Habla con eñe)*

▲ Alberta Arvalli, de Padua, Italia

▲ Phillip Stark, de Ohio, Estados Unidos

Punto y coma magazine article:
Vivir a la española

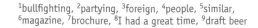

[1]bullfighting, [2]partying, [3]foreign, [4]people, [5]similar, [6]magazine, [7]brochure, [8]I had a great time, [9]draft beer

1. ¿Menciona el texto algunas ideas que tú y tus compañeros tenían sobre la vida en España antes de leerlo? ¿Cuáles?

2. Escoge la opción más apropiada de acuerdo con las opiniones de los entrevistados.

   a. Los españoles son parecidos a/diferentes de/más lentos que los italianos.

   b. La literatura española es muy famosa/excesiva/extensa.

   c. Madrid es similar a Nueva York porque es una ciudad tranquila/es una ciudad loca/ofrece variedad de eventos culturales.

3. Imagina que eres el periodista que entrevistó a Alberta y Phillip. ¿Qué otras preguntas tienes para ellos?

PARA CONVERSAR: ¿Somos compatibles?

Tres amigos/as y tú están pensando en alquilar (*to rent*) un apartamento juntos, pero hay dos dormitorios (*bedrooms*) y un cuarto de baño (*bathroom*).

Paso 1. Descríbeles a tus compañeros/as tus actividades en un día normal. En particular, incluye las cosas que haces en casa y cuándo. También debes escuchar las descripciones de ellos/ellas y hacer preguntas.

Paso 2. Decidan como grupo si son compatibles o no. Deben decidir si son compatibles para compartir el apartamento, quiénes van a compartir dormitorio y cómo van a organizar el uso del baño y la cocina.

ASÍ SE HABLA

En su conversación, intenten usar estas frases muy comunes en España:

vale = *ok*
tío/tía = *similar to "dude" or "man"*
guay = *cool*

ESTRATEGIA DE COMUNICACIÓN

Establishing timeframe and sequence

Giving structure to your description of the events of a regular day will make your message easier for your listener to understand. Organize the events into morning events **(Por la mañana...)**, and afternoon events **(Por la tarde...)**, and within each timeframe, use expressions such as the following to mark sequence.

Primero...	*First...*	**Después...**	*Afterwards...*
Luego...	*Then...; Later...*	**Finalmente...**	*Finally..., Lastly...*

PARA ESCRIBIR: Un día inolvidable (*unforgettable*)

Vas a describir un día que fue inolvidable por alguna razón, usando verbos en el pretérito. Este texto es parte de tu autobiografía, que vas a publicar pronto (*soon*).

ANTES DE ESCRIBIR

Paso 1. ¿Qué día quieres describir?

- ☐ el mejor día de mi vida
- ☐ el día más feliz de mi vida
- ☐ _____
- ☐ el día más triste de mi vida
- ☐ el día más extraño de mi vida

ESTRATEGIA DE REDACCIÓN

Topic sentences

While you're learning to write in Spanish, it's a good idea to stick with clear, simple organization. Each paragraph should begin with a topic sentence that tells the reader what the rest of the paragraph is going to discuss. You shouldn't try to include information in a paragraph that isn't directly related to the topic sentence. Here's a short paragraph in Spanish. After reading, decide which of the two options that follow would be the best topic sentence to begin this paragraph.

> Es muy común ver a la gente correr en las calles en Estados Unidos. Sin embargo, en Latinoamérica, la gente típicamente va a un gimnasio o a una pista para correr. Una vez, en México, salí a la calle a correr, y un vecino (*neighbor*) me preguntó: "¿Cuál es la emergencia? ¿Te pasó algo? ¿Adónde vas?".

Which one would be the best topic sentence?

☐ Es un poco raro (*strange*) correr en público en Latinoamérica.
☐ Hay diferencias entre Estados Unidos y Latinoamérica respecto a la práctica de algunos deportes.

Paso 2. ¿Qué pasó ese día? Ahora piensa en al menos (*at least*) cuatro eventos que ocurrieron ese día y escríbelos en el pretérito. Intenta evitar verbos con formas de pretérito irregulares, pero si los necesitas, consulta las tablas de conjugación al final del libro.

Modelo: El despertador no **funcionó**...

A ESCRIBIR

Escribe un primer borrador (*draft*) para describir ese día. Usa los eventos del Paso 2 de *Antes de escribir* como oraciones temáticas de tus párrafos.

Para escribir mejor: Estas palabras de conexión probablemente te pueden ayudar a escribir mejor al igual que en la conversación.

primero	*first*	**finalmente**	*finally*
segundo	*second*	**por último**	*lastly*
después	*next/then*	**además**	*in addition*

En tu conclusión, puedes usar frases como estas:

No quiero tener nunca otro día como este.
Este día fue realmente fantástico.

DESPUÉS DE ESCRIBIR

Revisar y editar: Después de escribir el primer borrador de tu composición, déjalo a un lado (*put it aside*) por un mínimo de un día sin leerlo. Cuando vuelvas (*you return*) a leerlo, corrige la organización, el contenido, la gramática y el vocabulario. Hazte (*ask yourself*) estas preguntas:

☐ ¿Tiene cada (*each*) párrafo una oración temática?

☐ ¿Tiene cada idea, en cada párrafo, relación con la oración temática?

☐ ¿Describí los cuatro eventos con suficientes detalles?

☐ ¿Usé palabras de conexión entre los eventos?

☐ Subraya (*underline*) cada verbo. ¿Usé correctamente el pretérito?

☐ ¿Usé correctamente los pronombres de objeto directo?

PARA VER Y ESCUCHAR: La feria de San Isidro

© John Wiley & Sons, Inc.

ANTES DE VER EL VIDEO

Piensa en las celebraciones típicas de Estados Unidos. ¿Cómo se festejan (*are they celebrated*)?

La gente...	Celebraciones
... se pone ropa especial.	
... come algo en particular.	
... toca música.	
... va a un servicio religioso.	

ESTRATEGIA DE COMPRENSIÓN

Taking notes

When listening to a lecture, instructions or whenever you need to recall specific information, it is useful to take notes. It is key to keep in mind your purpose (for example, are you interested in the main ideas or specific details?) so that you can focus on taking notes that are relevant.

A VER EL VIDEO

1. Mira el video concentrándote en las ideas generales. Puedes tomar notas breves de ideas o palabras clave. Después, escribe un resumen de las ideas principales del video.

   La Feria de San Isidro es...
   Algunas actividades típicas durante la feria son...

2. Lee las siguientes preguntas. Después mira el video otra vez y toma nota de los detalles relevantes para responder a las preguntas.

   a. ¿Cuándo y dónde se celebra el día de San Isidro?

   b. ¿Qué hace la gente en la iglesia de San Isidro?

   c. Después van a la Plaza Mayor, ¿qué hacen allí?

   d. ¿Cuántos tipos de rosquillas hay? ¿Cómo es cada tipo?

   e. ¿Qué tipos de música y baile se escuchan y ven durante esta fiesta?

DESPUÉS DE VER EL VIDEO

¿Tiene algo en común la Feria de San Isidro con alguna celebración que conoces en Estados Unidos?

Repaso de vocabulario activo

Adverbios y expresiones adverbiales

el (año/mes/verano, etc.)
  pasado   *last (year/month/summer)*
anoche   *last night*
anteayer   *the day before yesterday*
ayer   *yesterday*
después   *later*
entonces   *then*
el fin de semana pasado   *last weekend*
luego   *later, then*
más tarde   *later*
primero   *first*
la semana pasada   *last week*
ya   *already*

Sustantivos

La rutina diaria   *Daily routine*

la cama   *bed*
el cepillo (de dientes)   *(tooth) brush*
el champú   *shampoo*
la crema de afeitar   *shaving cream*
el desodorante   *deodorant*
el gel (de ducha)   *(shower) gel*
el jabón (líquido)   *soap*
el maquillaje   *makeup*
la máquina de afeitar   *electric shaver*
el papel higiénico   *toilet paper*
la pasta de dientes   *toothpaste*
el peine   *comb*
la rasuradora   *razor*
el (reloj) despertador   *alarm clock*
el secador de pelo   *hair dryer*

las tijeras   *scissors*
la toalla   *towel*

El trabajo   *Work*

la compañía   *company*
el dinero   *money*
la empresa   *a business, company*
la fábrica   *factory*
la tienda   *store, shop*
  de ropa   *clothing store*
  a tiempo completo/
    parcial   *full-time/part-time*

Más personas y profesiones

el/la abogado/a   *lawyer*
el amo/a de casa   *homemaker*
el/la cajero/a   *cashier*
el/la contador/a   *accountant*
el/la dependiente/a   *salesclerk*
el/la empleado/a   *employee*
el/la enfermero/a   *nurse*
el hombre/la mujer de
  negocios   *businessperson*
el/la maestro/a   *teacher*
el/la médico/a   *doctor*
el/la mesero/a   *waiter/waitress*
el/la periodista   *journalist*
el/la programador/a de
  computadoras   *computer
    programmer*
el/la recepcionista   *receptionist*
el/la secretario/a   *secretary*

Verbos y expresiones verbales

acostarse (ue)   *to go to bed*
afeitarse   *to shave*

bañarse   *to take a bath*
cepillarse los dientes/el pelo
  to brush one's teeth/hair
cortarse el pelo/las uñas/el dedo
  to cut one's hair/nails/a finger
despertarse (ie)   *to wake up*
divertirse (ie, i)   *to have fun*
dormirse (ue, u)   *to sleep*
ducharse   *to take a shower*
encontrarse   *to meet*
ganar   *to earn, make (money)*
lavarse las manos/la cara, etc.
  to wash one's hands/face, etc.
levantarse   *to get up*
maquillarse   *to put on makeup*
pasarlo bien/mal   *to have a good/bad
    time*
peinarse   *to comb one's hair*
ponerse los zapatos/la ropa, etc.
  (irreg.)   *to put on one's shoes/
    clothes, etc.*
prestar (prestarse)   *to lend (to lend
    each other)*
quitarse (la ropa)   *to take off (one's
    clothes)*
relajarse   *to relax*
secarse   *to dry (oneself)*
tener (irreg.) sueño   *to be sleepy, tired*
trabajar para...   *to work for*
sonar (ue)   *to ring, sound*
vestirse (i, i)   *to get dressed*

© Raga/mauritius images/agefotostock

7

Por la ciudad

LEARNING OBJECTIVES

In this chapter, you will learn to:

- talk about places and things in the city.
- carry out transactions at the post office and the bank.
- talk about actions in the past.
- talk about to whom or for whom something is done.
- understand city life in Spanish-speaking countries.
- discover Argentina and Chile.

Entrando al tema

1. La foto muestra la ciudad de Santiago, la capital de Chile. Tiene 5 millones de habitantes, una infraestructura muy moderna y está a dos horas de la costa. ¿Es similar a alguna ciudad en Estados Unidos?

2. ¿Cuáles son las ventajas y desventajas de vivir en una gran ciudad?

3. De las ciudades del mundo hispano que conoces, ¿en cuál te gustaría (*would you like to*) vivir?

189

Así se dice

Por la ciudad

WileyPLUS

Pronunciación:
Practice the pronunciation of the chapter vocabulary in *WileyPLUS*.

el rascacielos

el edificio

el cine

el centro comercial

la película

OFICINA DE CORREOS

la oficina de correos

RESTAURANTE Mar de Plata

CINE COLÓN

EL REGRESO DEL HOMBRE ARAÑA

CENTRO COM

BAR DE JORGE

la pizzería

el bar

Pastelería Colón

la pastelería

Pizzería Roma

el restaurante/el café

hacer cola/hacer fila

la zapatería

la joyería

el museo

ZAPATERÍA COLÓN

joyería la Perla

MUS

Calle 3

EXPOSICIÓN TEMPORAL
Escultura conceptual
1 junio – 1 agosto
Marta Minujín

la parada de autobús

el autobús

la calle

el parque

la estatua

el banco (*bench*)

el metro

METRO PLAZA COLÓN

la plaza

¿Qué ves? Responde a estas preguntas sobre la ilustración:

1. Observa el centro de esta ciudad. ¿En qué avenida están el Banco Central y el Almacén Torres? ¿Cuántas personas van a entrar en el almacén?
2. ¿Qué puedes comprar en la pastelería? ¿Y en la pizzería? ¿Puedes comprar algo para comer en el quiosco? ¿En la joyería? ¿En la iglesia? ¿En el centro comercial?

Puedes encontrar más preguntas de comprensión en *WileyPLUS* y en el *Book Companion Site* (BCS).

el estacionamiento

Estacionamiento

BANCO

el banco (bank)

el almacén

ALMACÉN TORRES

la gente

Avenida Colón

la iglesia

ARTE

EXPOSICIÓN TEMPORAL
Escultura
conceptual
1 junio - 1 agosto
Marta Minujín

la avenida

el taxi

TAXI

el buzón

el quiosco

las noticias

NATION

el periódico

la revista

el almacén/la tienda por departamentos	*department store*
el banco	*bank; bench*
el centro comercial	*shopping center, mall*
el edificio	*building*
entrar (en/a)[1]	*to enter, go in*
esperar	*to wait for*
la gente	*people*
hacer cola/hacer fila	*to get/stand/wait in line*
la parada (de autobús, metro)	*(bus, subway) stop*
la película	*film, movie*
la plaza	*town square*
el rascacielos	*skyscraper*

[1]**Entrar a** is more common in Latin America, while **entrar en** is more common in Spain.

¿Y tú?

1. ¿Qué lugares (*places*) de esta ciudad existen también en tu ciudad? ¿Hay algo en esta ciudad que no es típico en una ciudad de Estados Unidos?

2. Vas a pasar una tarde en esta ciudad, ¿qué vas a hacer?, ¿a qué lugares y tiendas quieres ir?

En el centro de la ciudad

¡Hola Alberto! Mañana me visitas, ¿verdad? Te voy a **explicar** mi plan: Vamos a **pasar** el día en el centro porque allí encontramos los **lugares** más interesantes de la ciudad. Primero, tenemos que saber a qué hora **abren** las tiendas y los museos en la mañana, y a qué hora **cierran** en la tarde. También, queremos **preguntar** dónde podemos comprar **entradas** para una **obra de teatro**, y a qué hora **empieza** la representación. Por la mañana, queremos ir de compras a las tiendas pequeñas y también al centro comercial. Después, podemos visitar un museo, tomar algo y luego pasar la tarde en un parque o dar un paseo en un jardín botánico o el zoológico. El **mejor** restaurante también está en el centro y quiero **invitar**[1] a mi amigo a cenar allí. Si la obra de teatro **termina** tarde, podemos regresar a casa tomando el metro o un taxi.

© Paco Gómez Garcia/age fotostock

▲ Calle Corrientes, Buenos aires, Argentina

empezar (ie)	*to start, begin*	la obra (de teatro)	*play*
la entrada	*ticket*	pasar (tiempo)	*to spend (time)*
el lugar	*place*	preguntar	*to ask (a question)*
el/la mejor	*the best*	terminar	*to finish, end*

[7.1] En mi ciudad.
Indica si la comunidad donde vives tiene estos lugares. Si marcas el cuadro (*box*), escribe el nombre de uno específico.

1 **un parque** ☐ _____   6 **una avenida** ☐ _____

2 **un café** ☐ _____   7 **un quiosco** ☐ _____

3 **una zapatería** ☐ _____   8 **una iglesia** ☐ _____

4 **una estatua** ☐ _____   9 **un cine** ☐ _____

5 **un rascacielos** ☐ _____   10 **una parada de metro** ☐ _____

[7.2] ¿Dónde?

Paso 1. Escucha varias actividades que vas a hacer. ¿Dónde haces cada actividad?

Modelo: Oyes: Quieres comprar una pizza.
       Escribes: **Voy a una pizzería.**

1. _____   4. _____   7. _____
2. _____   5. _____   8. _____
3. _____   6. _____

Paso 2. En parejas, escriban otras actividades que quieren hacer. Después, con otra pareja, lean sus oraciones, sus compañeros van a sugerir dónde pueden hacerlo en su comunidad.

Modelo: Pareja A: **Queremos comprar unos zapatos.**
       Pareja B: **Pueden ir a la zapatería Heels, en la Avenida Norte.**

[7.3] ¿Qué pueden hacer?
En parejas, el Estudiante A explica una serie de problemas al Estudiante B, que ofrece sugerencias, y viceversa. Añadan (*Add*) un problema nuevo a su lista. Pueden referirse a (*refer to*) la ciudad donde viven ahora o una ciudad grande cercana (*nearby.*)

---

[1]**Invitar** requires the preposition **a** when followed by the infinitive: **Me invitó *a* cenar.**

221

Estudiante A

1. Mi amigo y yo queremos comer pizza pero nuestro restaurante favorito está lejos y hace mucho frío.
2. Quiero comprar un periódico o una revista, pero no conozco ningún quiosco en esta ciudad.
3. Jesús va a la joyería para comprar un regalo a su novia, pero dejó su dinero en casa.
4. Mis amigos quieren ir a una obra de teatro y después a un bar cerca del teatro, pero no saben dónde y no tienen coche.
5. _____

Estudiante B

1. Necesito enviar esta carta, pero no recuerdo si hay una oficina de correos cerca.
2. Quiero comprar regalos para toda mi familia, pero hace mucho frío para pasar tiempo en la calle.
3. Mis padres van a visitarme y quiero invitarlos a cenar en el mejor restaurante de la ciudad.
4. También quieren ver un museo interesante y edificios bonitos o históricos.
5. _____

[7.4] Nuestras actividades comunes.

Paso 1. ¿Con qué frecuencia haces estas actividades? Indícalo en las columnas bajo *(under)* Yo.

	Yo			Mi compañero/a		
	Mucho	A veces	Nunca	Mucho	A veces	Nunca
1. leer el periódico						
2. ver una obra de teatro						
3. ir a una iglesia, una mezquita *(mosque)* o un templo						
4. tomar el autobús						
5. ver una exposición en un museo						
6. ir al cine						
7. invitar a un/a amigo/a a cenar en un restaurante						
8. pasar todo el día con amigos						

 Paso 2. Ahora pregunta a un/a compañero/a con qué frecuencia hace estas actividades e indícalo en las columnas bajo *Mi compañero/a*. Pidan más detalles.

Modelo: Estudiante A: **¿Con qué frecuencia vas al cine?**
Estudiante B: **Voy al cine mucho. Casi siempre voy al cine en el centro comercial, ¿y tú?**

En mi experiencia

Jennifer, Seattle, WA

"When I lived in Santiago, Chile, I went to the movies about once a week with my friends. Most new films being shown in U.S. theaters were also available there. I noticed that you could choose a dubbed version or a subtitled version—except for kids' movies, which were always dubbed. I later learned that this is common all over Latin America."

© David R. Frazier Photolibrary, Inc./Alamy

Why might a movie-going public prefer to watch a subtitled movie rather than a dubbed one? Which do you prefer and why?

Así se forma

1. Indicating relationships: Prepositions

Prepositions of location and other useful prepositions

¿Sabes dónde está el apartamento de Carmen?

Sí, está cerca del museo.

Natalia: ¿Sabes dónde está el apartamento de Carmen?

Camila: Sí, está en la Avenida Sur, **cerca del** museo y **frente al** parque.

Natalia: ¿Hay estacionamiento **debajo del** edificio?

Camila: Sí, pero **en vez de** estacionar allí, podemos dejar el coche en la calle, casi siempre hay espacio **delante de** su casa.

WileyPLUS

Go to *WileyPLUS* to review this grammar point with the help of the **Animated Grammar Tutorial**.

Prepositions are words that express a relationship between nouns (or pronouns) and other words in a sentence. You have already learned some prepositions such as: **a** (*to, at*), **en** (*in, on, at*), **de** (*from, of, about*), **con** (*with*), and **sin** (*without*). Below are some additional prepositions to describe location and movement through a place.

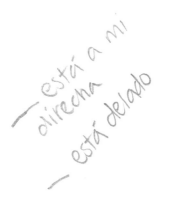

está a mi dirrecha
está delado

Preposiciones de lugar		
cerca de	*near*	El almacén Torres está **cerca de** la Plaza Colón.
lejos de	*far from*	Los rascacielos están **lejos de** la Plaza Colón.
dentro de	*inside*	Hay muchas oficinas **dentro del** Banco Central.
fuera de	*outside*	Hay un buzón **fuera de** la oficina de correos.
debajo de	*beneath, under*	La estación de metro está **debajo de** la plaza.
encima de	*on top of, above*	Hay apartamentos **encima de** la pastelería.
detrás de	*behind*	El niño corre **detrás de** su perro.
delante de	*in front of*	El perro corre **delante del** niño.
enfrente de, frente a	*in front of, opposite*	El banco está **frente al** quiosco.
al lado de	*beside, next to*	El Museo de Arte Colonial está **al lado del** cine.
sobre, en	*on*	Hay periódicos **sobre el** suelo, al lado del quiosco.
entre	*between, among*	La joyería está **entre** la zapatería y el mesón.
por	*by, through, alongside, around*	La niña pasea en bicicleta **por** la plaza. El autobús pasa **por** la avenida Colón.

Otras preposiciones útiles		
antes de	*before*	Quiero leer el menú **antes de** pedir la comida.
después de	*after*	Podemos tomar un café **después de** comer.
en vez de	*instead of*	Yo quiero té **en vez de** café.
para + *infinitive*	*in order to (do something)*	Necesito dinero **para tomar** un taxi.
al + *infinitive*	*upon (doing something)*	Tienes que levantar la mano **al pedir** un taxi.

¡Importante! In Spanish, a verb following a preposition is always in the infinitive (–ar, –er, –ir) form. In contrast, English uses the –*ing* form.

Antes de ir al teatro, vamos a cenar.
~~Antes de yendo al teatro...~~

Before going to the theater, we're going to have dinner.

Pronouns with prepositions

The pronouns that follow prepositions (**pronombres preposicionales**) are the same as subject pronouns except for **yo** and **tú**, which become **mí** and **ti**.

—¿Es este cuadro para **mí**?   *Is this painting for me?*
—Sí, es para **ti**.   *Yes, it's for you.*

Pronombres Preposicionales (a, de, para, por, sin, etc.)	
para **mí**	para **nosotros/as**
para **ti**	para **vosotros/as**
para **usted**	para **vosotros/as**
para **él/ella**	para **ellos/ellas**

The combination of **con + mí** or **ti** becomes **conmigo** (*with me*) or **contigo** (*with you*), respectively.

—¿Quieres ir **conmigo**?   *Do you want to go with me?*
—¡Sí! Voy **contigo**.   *Yes! I'll go with you.*

HINT

Remember that with verbs like **gustar, a** + *prepositional pronoun* is sometimes used for emphasis or clarification.
A él no **le** gustó la película.
He *didn't like* the *movie*.
A mí tampoco **me** gustó.
I *didn't like it, either*.

[7.5] ¿Cierto o falso?

Paso 1. Tu amigo/a dice que conoce esta ciudad (en las páginas de **Así se dice 1: Por la ciudad**.) perfectamente, pero en realidad está un poco confundido/a. Lee sus comentarios, decide si son **ciertos** o **falsos** y, si son falsos, corrígelos (*correct them*).

Modelo: La pizzería está al lado de la joyería.
        No, la pizzería está al lado de la pastelería.

1. El buzón está detrás de la oficina de correos, ¿verdad?

2. Y el cine Colón está entre el restaurante Mar de Plata y el Centro Comercial.

3. El autobús pasa por la Calle 3, ¿no?

4. Creo que el Museo de Arte está cerca del Almacén Torres.

5. El Banco Central está delante de la zapatería y de la joyería.

6. En la Plaza Colón, hay personas bailando enfrente del quiosco, ¿verdad?

7. Todas las mesas del Mar de Plata están dentro del restaurante, ¿verdad?

8. No hay ningún rascacielos cerca de la Plaza Colón, ¿verdad?

9. Y hay una plaza enfrente de la iglesia, ¿no?

10. En la Plaza Colón hay una estatua de Hernán Cortés muy bonita delante del cine, ¿verdad?

Paso 2. Escribe dos oraciones ciertas y dos falsas similares a las del **Paso 1**, pero en referencia a tu campus o ciudad. Después, en parejas, lee tus oraciones a tu compañero/a, que debe confirmar si son correctas y corregir el error si son falsas.

▶ NOTA DE LENGUA

Spanish speakers use the following question tags to seek agreement: After an affirmative statement, use either **¿verdad?** or **¿no?** After a negative statement, use **¿verdad?**

Tienes tiempo, ¿verdad/no?
No tienes tiempo, ¿verdad?

[7.6] ¿Qué o quién es?

Paso 1. Escoge cuatro objetos o personas que ves en la clase y escribe oraciones describiendo dónde están.

Modelo: Esta persona/cosa está entre la puerta y Sara.
Está detrás de Tom y al lado de...

 Paso 2. En parejas, lee tus oraciones a tu compañero/a. Él/Ella va a intentar (*try*) identificar a la persona o cosa a la que te refieres.

[7.7] Nuestros lugares interesantes. Un estudiante de Chile

acaba de llegar a estudiar en tu universidad. ¿Qué lugares interesantes del campus o de la ciudad puedes recomendarle?

Paso 1. Escribe una lista de cinco lugares y explica dónde están con el mayor detalle posible (*with as much detail as possible*). Usa las preposiciones de lugar.

 Paso 2. En grupos pequeños, comparen sus listas y escojan los diez lugares más interesantes.

[7.8] Tus hábitos.

Paso 1. Completa estas oraciones pensando en tus hábitos y preferencias.

Modelo: Casi siempre <u>voy a la biblioteca</u> para <u>hacer la tarea</u>.

1. Casi siempre voy a _____ para comer.

2. Necesito _____ para sentirme (*feel*) bien.

3. No me gusta _____ sin _____.

4. Me gusta _____ antes de _____.

5. A veces yo _____ en vez de estudiar.

6. Nunca, nunca _____ después de _____.

 Paso 2. Ahora, en grupos pequeños, comparte esta información con tus compañeros/as y pregunta si ellos/as también lo hacen.

Modelo: Estudiante A: **Casi siempre voy a la biblioteca para hacer la tarea.**
Estudiante B: **Yo no voy a la biblioteca para hacer la tarea, pero voy a veces para estudiar.**
Estudiante C: **Pues yo siempre voy a mi cuarto para hacer la tarea y para estudiar.**

En mi experiencia
Olivia, Lubbock, Texas

"I'm from a relatively small, quiet town. When I lived in Buenos Aires for 5 months, I had to get used to all the sounds coming from the street announcing various services: the gas truck, milk delivery, drinking water salespeople, etc. Each truck has its own sound so you know when to go outside to hail the vendor."

Do you prefer exact times for deliveries and other services, or are you more tolerant of ambiguity? What advantages and disadvantages would there be to the practices described here?

[7.9] **Una noche romántica.** Completa la conversación con los pronombres apropiados. Después, en parejas, comparen sus respuestas e inventen el final.

Violeta habla por teléfono con su novio Miguel.

Miguel: Violeta, ¿quieres salir con_____ esta noche? Me muero (*I'm dying*) por verte.

Violeta: Sí, mi amor. Voy con_____ a donde quieras.

Miguel: Pues, te voy a llevar a un lugar muy especial y... ¡tengo una sorpresa maravillosa para _____!

Violeta: ¿Para _____? ¡Eres un ángel, Miguel! A _____ me encantan las sorpresas. Yo también tengo una sorpresa para _____.

Miguel: ¿Ah, sí? ¿Cuál es?

Violeta: Pues, no vamos a estar solos esta noche porque mi hermanito menor tiene que venir con _____.

Miguel: ¿Con _____? ¿No pueden quedarse (*stay*) tus padres con _____?

Violeta: Miguelito, sé (*be*) flexible. ¿No quieres hacerlo por _____?

Miguel: Bueno, está bien.

Violeta: ¡Gracias, mi amor! Por cierto, ¿qué sorpresa tienes para _____?

Miguel: _____
_____

NOTA CULTURAL

¿Hablas "lunfardo"?

So many Italians settled in the city of Buenos Aires, Argentina in the 19th and 20th centuries that many Italian words made their way into the Spanish of the region. This local dialect is called *lunfardo*, and it was common in the lyrics of tango music. Some *lunfardo* words are popularly used in nearby Chile and Paraguay as well. A few have even been recognized by the Spanish Royal Academy of Language.

See if you can match the *lunfardo* words below to their meanings.

____ *fiaca*   a. to work (from Italian *lavorare*, "to work")

____ *laburar*   b. laziness, or lazy person (from the Italian *fiacca*, "laziness, sluggishness")

____ *manyar*   c. to eat (from the Italian *mangiare*, "to eat").

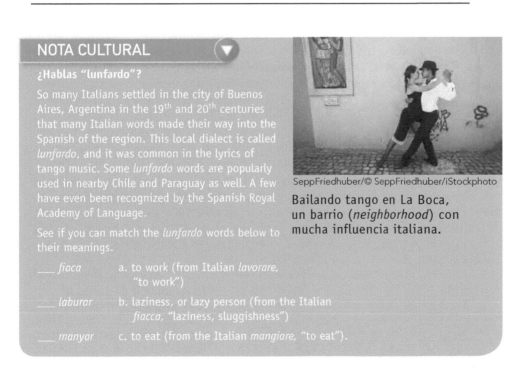

SeppFriedhuber/© SeppFriedhuber/iStockphoto

Bailando tango en La Boca, un barrio (*neighborhood*) con mucha influencia italiana.

Cultura
Argentina y Chile

▲ Argentina

▲ Chile

ANTES DE LEER

¿Cierto o falso?

1. Cuando es invierno en Estados Unidos, es verano en el Cono Sur.

2. El agua se desagua (*drains*) en sentido horario (*clockwise*) en Estados Unidos pero en sentido antihorario en el Cono Sur.

Dos gigantes del Cono Sur

Chile y Argentina son dos países que tienen mucho en común:

- Se nota una fuerte influencia europea. Se estima que un 97% de los argentinos tienen ascendencia europea (y el 60% viene de Italia). En Chile se determinó que el 65% de la genética humana viene de Europa, el 35% es amerindio y el 1% es "otro".

- Los dos han tenido mujeres presidentes y las dos han sido elegidas dos veces. En Argentina es Cristina Fernández de Kirchner (2007-ahora). En Chile, Michelle Bachelet fue presidente de 2006–2010 y de nuevo empezando en 2014.

- Sus habitantes son los menos religiosos de Latinoamérica. Menos del 60% indica que la religión es importante en su vida.

- Los dos han ganado la Copa Mundial de Futbol (FIFA) dos veces; con Brasil, son los únicos tres países fuera de Europa que lo han hecho.

- Los dos países producen vinos con excelente reputación internacional.

- La carne asada (*barbecue*) es una gran tradición culinaria en el Cono Sur, donde los gauchos (*cowboys*) son símbolos de identidad nacional.

Por cierto (*by the way*), ¡es un mito que el agua baje en sentido contrario en el Cono Sur! Pero es cierto que las estaciones del año son opuestas en el Hemisferio Sur. Los meses de junio, julio y agosto son los más fríos del año.

Argentina

Argentina es el país hispanohablante más grande del mundo, con una extensión de casi 1,100,000 millas cuadradas (*square*) y tiene la cuarta población más grande de los países hispanohablantes (42,000,000) después de México, España y Colombia.

A pesar de la gran extensión del territorio de Argentina, la vida se centra en su capital, Buenos Aires, llamada la "París de las Américas". Más del 30% de la población de Argentina vive en el área de Buenos Aires y se les llama "porteños" (que significa "del puerto"). En Buenos Aires nació Jorge Luis Borges, escritor filosófico y del "realismo mágico" que algunos consideran el más importante en la lengua española desde Cervantes.

En Buenos Aires, una gran metrópolis con tiendas elegantes, restaurantes y una intensa vida nocturna, las artes son muy importantes. Allí nació el tango, un baile con influencias europeas y africanas, en los barrios humildes (*lower-class*) de Buenos Aires. Sufrió un periodo de persecución durante los años 1960-1980, pero con el fin de la dictadura y el prestigio del que gozaba (*was enjoying*) en París, Londres y Berlín, el tango recobró (*regained*) popularidad en Argentina. En 2009 se declaró parte de la "herencia cultural mundial" por la UNESCO.

▲ En Buenos Aires nació el tango, el apasionado baile que todo el mundo asocia con Argentina. ¿Sabes bailar tango? Busca en Internet "Tete y Silvia tango vals" para ver un auténtico ejemplo del tango.

◄ La Avenida 9 de Julio, la más ancha (*wide*) del mundo. ¿Cuántos carriles (*lanes*) tiene esta avenida? Busca en Internet lo que ocurrió el 9 de julio en Argentina.

Chile

Chile tiene una configuración geográfica interesante. Tiene 2,690 millas de largo y solamente 291 millas de ancho; es el país más largo (*long*) del mundo. Los Andes recorren gran parte del país de Norte a Sur, paralelos a la cercana costa. Es posible practicar esquí acuático en el mar por la mañana y esquiar en la nieve de las montañas por la tarde.

La capital, Santiago, se fundó en 1541. Hoy es una metrópolis moderna con un sistema de transporte muy avanzado, teatros, restaurantes y el edificio más alto de Latinoamérica, la Gran Torre Santiago. En las afueras de la ciudad hay muchos viñedos (*vineyards*) de alta calidad.

▲ Santiago de Chile

Barnabas Bosshart/© Corbis

Leo Rosenthal/Getty Images

▲ En 1945, la poeta chilena Gabriela Mistral (1889–1957) fue la primera persona latinoamericana en ganar el Premio Nobel de Literatura.

DESPUÉS DE LEER

1. Revisa tus respuestas a las preguntas "Antes de leer". ¿Quieres cambiar alguna?

2. ¿Hay regiones en los Estados Unidos que, como Argentina y Chile, tienen fama por las carnes asadas y los gauchos? ¿Qué región de Estados Unidos también produce vino y sufre de terremotos?

3. ¿Qué ciudades en Estados Unidos son más o menos del mismo tamaño? ¿Crees que tienen otras cosas en común? Buenos Aires, Argentina tiene 3 millones de habitantes; Santiago, Chile tiene 310,000.

Ciudad y país	Población	Ciudad en Estados Unidos	Población
Buenos Aires, Argentina	3 millones		
Santiago, Chile	310,000		

INVESTIG@ EN INTERNET

Imagina que vas a pasar unas cortas vacaciones en Santiago de Chile y quieres organizarlo todo antes de (*before*) llegar. Busca un hotel cerca del (*near*) centro y planifica actividades para cinco días, incluyendo detalles sobre el transporte, los lugares que quieres visitar, algunos restaurantes donde te gustaría comer, etc. Calcula aproximadamente cuánto dinero vas a necesitar.

NOTA CULTURAL

El mate

Mate is a tea-like beverage consumed mainly in Argentina, Chile, Uruguay, Paraguay, and southern Brazil. The name *mate* derives from the word for the gourd that is traditionally used to drink the infusion. Mate is sipped using a metal or wood decorative straw and filter called **bombilla**. Sharing a cup of mate among close friends and family, using the same *bombilla*, is a sign of acceptance and friendship. Some mate varieties contain as little as 25 mg of caffeine, but others contain almost 150 mg, the same amount in most cups of coffee.

Is there a food or drink item that people in your community share in similar ways to the sharing of a *bombilla de mate*?

Bobbi Fabian/Photolibrary/Getty Images

Alamy Images

Por la ciudad • 199

Así se forma

2. Demonstrative adjectives and pronouns

> ¿Quién es ese muchacho que está con Noelia?

> ¿Ese? Es su novio.

WileyPLUS
Go to *WileyPLUS* to review this grammar point with the help of the **Animated Grammar Tutorial**.

Nicolás: Mira Arturo, **esa** chica es Noelia, ¿verdad? ¡Qué guapa!

Arturo: Sí, es Noelia. **Esta** tarde vamos a estudiar juntos en **aquel** café italiano de la plaza. ¿Quieres venir?

Nicolás: Sí, sí, pero ¿quién es **ese** chico que está con ella?

Arturo: ¿**Ese**? Es su novio.

Demonstratives point out the location of nouns (such as objects and people) with respect to the speaker, whether in terms of physical space or time. Like other adjectives and pronouns, they agree in gender and number with the noun they refer to.

close to speaker		at a short distance		at a great distance	
este bar	esta calle	ese bar	esa calle	aquel bar	aquella calle
estos bares	estas calles	esos bares	esas calles	aquellos bares	aquellas calles

Me gusta **este** parque pero no me gusta **esa** fuente.
I like this park but I don't like that fountain.
Aquellos edificios son bonitos también.
Those buildings (over there) are nice too.

Demonstratives can function as adjectives, preceding a noun, or pronouns, replacing an already mentioned noun.

Compramos en **esta** tienda y en **aquella**.
    (adjective)   (pronoun)
We shop in this store and that one.

— ¿Te gustan **estos** zapatos?
        (adjective)
Do you like these shoes?

— No. Prefiero **esos**.
      (pronoun)
No. I prefer those.

> ▶ **NOTA DE LENGUA**
>
> The demonstratives **esto** (this) and **eso** (that) are neutral in gender (neither masculine nor feminine) because they refer to an idea, situation or statement, or to an object that has not yet been identified.
>
> —¿Qué es **esto?**   *What is this?*
> —¡No sé!   *I don't know!*
> —No quiere pagar la cuenta.   *He doesn't want to pay the bill.*
> —¡**Eso** es ridículo!   *That's ridiculous!*

[7.10] ¿Dónde está? Estás paseando por la ciudad con una amiga. Escucha las oraciones que dice y decide si los lugares que menciona están cerca, un poco lejos o muy lejos. ¡Presta atención al adjetivo demostrativo que menciona tu amiga!

Modelo: Me gusta este parque.   ☑ Está cerca.
         Vamos a comer en aquella pizzería.   ☑ Está muy lejos.

1. ☐ Está cerca.   ☐ Está un poco lejos.   ☐ Está muy lejos.
2. ☐ Está cerca.   ☐ Está un poco lejos.   ☐ Está muy lejos.
3. ☐ Está cerca.   ☐ Está un poco lejos.   ☐ Está muy lejos.
4. ☐ Está cerca.   ☐ Está un poco lejos.   ☐ Está muy lejos.
5. ☐ Está cerca.   ☐ Está un poco lejos.   ☐ Está muy lejos.

[7.11] Soy guía turístico. Imagina que trabajas para una agencia de turismo en Buenos Aires y le muestras (show) la ciudad a un grupo de visitantes. Usa adjetivos demostrativos para simplificar las oraciones.

Modelo: La iglesia que (that) está un poco lejos es del período colonial.
       Esa iglesia es del período colonial.

1. El rascacielos que está muy lejos es el más moderno de la ciudad.

2. La estatua que está un poco lejos es del presidente.

3. La estación del metro que está cerca fue la primera (the first) de la ciudad.

4. El parque que está un poco lejos es muy famoso.

5. Las ceremonias importantes se celebran en la iglesia que está muy lejos.

6. Los almacenes que están cerca venden de todo.

7. El restaurante que está un poco lejos sirve parrilladas (barbecue) y otros platos argentinos.

 [7.12] ¡Tengo hambre! ¿Cuánto cuestan? Después del paseo por Buenos Aires, tienes hambre y vas a la Pastelería Río de la Plata. Trabaja con un compañero/a, que va a ser el/la dependiente/a. Pregunta los precios de los productos, el/la dependiente/a contesta consultando los precios de la lista en la próxima página.

Modelo: Cliente/a: **¿Cuánto cuesta este pastel de limón?**
        Dependiente/a: **Ese cuesta dos pesos, cincuenta y cinco centavos.**

Al final, decide qué vas a comprar y completen la transacción.

      Cliente/a: **Voy a comprar ese/esa... y ...**
      Dependiente/a: **Muy bien, son... pesos.**

PALABRAS ÚTILES	
empanada	*turnover*
medialuna	*croissant*

Río de la Plata

galletas de chocolate	– $4.75 la docena		**pan** de queso	– $2.25
de azúcar	– $4.00 la docena		de aceitunas	– $2.60
pastel de manzana	– $2.50 (el pedazo)		**empanada** de carne	– $1.60 cada una
de limón	– $2.75 (el pedazo)		vegetariana	– $1.15 cada una
torta de chocolate	– $12.95		**medialuna** de jamón y queso	– $1.90 cada una
de fresa	– $13.25		de chocolate	– $1.80 cada una

Cultura

El transporte en las ciudades hispanas

ANTES DE LEER

¿Cómo te mueves por tu pueblo o ciudad? ¿Es importante un buen sistema de transporte público?

▲ Microbús, la Ciudad de Panamá

▲ E-bike, Argentina

El transporte es un tema de vital importancia en cualquier ciudad o pueblo. En el mundo moderno, la gente se tiene que desplazar entre varios lugares como la casa, el trabajo, la escuela o universidad, el mercado y otros lugares. Debido a la contaminación causada por el motor de combustible, muchos planificadores urbanos se dedican a establecer sistemas de transporte público, que también ahorran (*save*) miles de horas anuales, reducen los gastos (*expenditures*) vehiculares y mejoran la seguridad vial (*road safety*).

Muchas ciudades en el mundo hispano tienen un sistema subterráneo llamado el metro. Por ejemplo, el metro de Madrid tiene más de 300 estaciones, y es el sexto metro más largo del mundo. En muchas estaciones pueden apreciarse piezas de arte en las paredes, e incluso en la estación Andén 0 se encuentra un museo.

Hay otros modos de transporte público como los autobuses, varios tipos de 'microbuses,' los taxis (privados y colectivos) y los bicitaxis. Un problema con algunos microbuses es que no cuentan con permisos oficiales ni con la supervisión del gobierno, lo cual presenta un riesgo (*risk*) a la seguridad vial.

Durante 2013, aumentó el transporte público sostenible en varias capitales latinoamericanas. En la Ciudad de México se inauguró la quinta ruta Metrobús, se extendió el sistema Ecobici y se abrió una calle peatonal (*pedestrian*) en el centro histórico. Mientras tanto, en Buenos Aires empezó la tercera línea del Metrobús y el gobierno expandió su programa "Buenos Aires, mejor en bici" que incluye las bicicletas eléctricas.

En Bogotá, Colombia el Autobús TransMilenio ha tenido un impacto positivo en la congestión vial—antes de su implementación ¡se estimaba casi 7 millones de horas perdidas por día en el tráfico!

En la Ciudad de México, hay un día de la semana en el que cada coche no puede circular, dependiendo del último número de la placa (*license plate*). Los coches que tienen menos de 9 años de fabricación generalmente son exentos (*exempt*) del programa y pueden circular todos los días.

Las motos (*motorcycles*) también son populares en algunos países de Latinoamérica. En Estados Unidos, las motos forman solo un 3% de todos los vehículos motorizados, pero en Colombia son el 40% y en Uruguay el 47%.

▲ El TranSantiago, Santiago de Chile

Día que no circula	Último número de la placa
Lunes	5, 6
Martes	7, 8
Miércoles	3, 4
Jueves	1, 2
Viernes	9, 0

DESPUÉS DE LEER

1. Si tienes coche y lo llevas a la Ciudad de México, ¿qué día no circula?

2. ¿Qué mejoras (*improvements*) te gustaría ver en el transporte público donde vives?

3. Busca en Internet "bicicleta eléctrica Latinoamérica". ¿Qué problemas se asocian con este medio de transporte?

Así se forma

WileyPLUS
Go to *WileyPLUS* to review this grammar point with the help of the **Animated Grammar Tutorial** and **Verb Conjugator**.

3. Talking about actions in the past: The preterit of stem-changing verbs and the verb *hacer*

¿Quién pidió los espaguetis?

Mesero: ¿Quién **pidió** los espaguetis?

Esteban: Los **pedí** yo.

Mesero: Entonces usted **prefirió** el sandwich, ¿verdad?

Alfonso: Sí, gracias... pero aún no me **sirvió** la ensalada.

Mesero: ¿Ensalada? Disculpe, voy a ver si el cocinero ya la **hizo**.

In chapter 6, you learned that stem-changing verbs in **–ar** and **–er** have regular forms in the preterit. However, **–ir** verbs with a stem change in the present tense also change in the preterit. This stem change only occurs in third person forms (**él/ella/usted** and **ustedes/ellas/ellos**) and it is the same change that takes place in the present participle, so all preterit stem changes are either **o → u** or **e → i**

dormir (ue, u)[1]		pedir (i, i)		preferir (ie, i)	
dormí	dormimos	pedí	pedimos	preferí	preferimos
dormiste	dormisteis	pediste	pedisteis	preferiste	preferisteis
d**u**rmió	d**u**rmieron	p**i**dió	p**i**dieron	prefirió	prefirieron

Here are more examples of stem-changing **–ir** verbs in their preterit forms.

o → ue; u	morir (ue, u)	*to die*	Gabriela Mistral **murió** en 1957.
e → ie; i	divertirse (ie, i)	*to have a good time*	¿Se **divirtieron** en el restaurante anoche?
e → i; i	pedir (i, i)	*to ask for, request*	Tina **pidió** una paella de mariscos.
	servir (i, i)	*to serve*	¿Qué más **sirvieron**?
	repetir (i, i)	*to repeat*	El mesero **repitió** la lista de postres.
	vestirse (i, i)	*to get dressed*	Más tarde se **vistieron** y fueron a un baile.

In chapter 6 you learned the preterit of two high frequency irregular verbs (**ser/ir.**) Here you have the preterit of **hacer**. Note that the stem (**hic–**) is constant and that **c → z** before **o** to maintain the pronunciation. Also observe the special preterit endings **–e** and **–o**.

hacer:	hice, hiciste, hizo, hicimos, hicisteis, hicieron

—¿Qué **hiciste** anoche? *What did you do last night?*
—Fui al gimnasio e **hice ejercicio**. *I went to the gym and worked out.*

---

[1]Remember that stem changes are indicated in parenthesis, the first (and sometimes only) change shows present simple changes and the second one shows present participle/preterit changes.

[7.13] Las actividades de Alicia. ¿Qué hizo Alicia ayer? Relaciona las actividades de la columna A con las actividades correspondientes de la columna B.

A	B
____ 1. Por la tarde, hizo su tarea de francés y escuchó el audio del Capítulo 7.	a. Las chicas prefirieron la torta de chocolate.
____ 2. Luego, para descansar un poco, buscó un periódico.	b. Todas pidieron pasta con camarones y ensalada.
____ 3. A las siete de la tarde, ella y dos de sus amigas cenaron en un restaurante.	c. No durmió mucho.
____ 4. El mesero les sirvió tres postres diferentes.	d. Leyó que tres personas murieron en un accidente. ¡Qué triste!
____ 5. Después de cenar, estudió casi toda la noche en la biblioteca.	e. Repitió las palabras del vocabulario.

[7.14] El día de Jaime. Primero, imagina el orden cronológico de las actividades de Jaime. Luego, escribe en tu cuaderno lo que hizo usando el pretérito.

Modelo: Se levantó a las siete de la mañana. Luego,...

____ irse al trabajo	____ pedir café con leche y pan
____ bañarse	____ acostarse a medianoche
____ desayunar en un café	____ dormirse
____ salir con sus amigos	____ cenar en casa
____ levantarse a las siete	____ divertirse mucho
____ vestirse	____ regresar a casa después del trabajo

[7.15] Los sábados de Javier. Escucha las siguientes oraciones e indica si Javier se refiere a los sábados en general (verbo en presente) o al sábado pasado (verbo en pasado).

1. los sábados ☐   el sábado pasado ☐   4. los sábados ☐   el sábado pasado ☐

2. los sábados ☐   el sábado pasado ☐   5. los sábados ☐   el sábado pasado ☐

3. los sábados ☐   el sábado pasado ☐   6. los sábados ☐   el sábado pasado ☐

[7.16] El sábado pasado.

Paso 1. Lee abajo la descripción que hace Javier de sus sábados. Con base en esto, ¿qué hizo Javier el sábado pasado? Cambia los verbos en **negrita** (*boldface*) al pretérito.

¿Qué **hago** los sábados? Pues **duermo** hasta tarde, no **me levanto** hasta las nueve. Después **me visto** y **desayuno** en casa. A las diez **juego** al tenis con mi hermano o con un amigo. Luego **almuerzo** con mi familia y por la tarde **hacemos** una visita a mis abuelos. **Vamos** a la hora de merendar y la abuela **hace** café y chocolate caliente, y **sirve** sus galletas especiales. Más tarde mis padres **hacen** las compras para la semana, pero yo **prefiero** salir con mis amigos. **Cenamos** en un restaurante y **vamos** al cine. **Nos divertimos** mucho y **volvemos** a casa tarde. **Llego** tan cansado... que los domingos no **hago** ¡nada!

Modelo: ¿Qué **hice** el sábado pasado? Pues...

Paso 2. Ahora escribe un párrafo comparando tu sábado pasado con el de Javier.

Modelo: Javier se levantó tarde, pero yo me levanté a las 6:00 de la mañana...

[7.17] Y ayer, ¿qué hiciste?

Paso 1. Piensa en lo que hiciste ayer y completa la columna *Yo* con tus actividades.

	Yo	Mi compañero/a _____
por la mañana temprano		
a media mañana (*midmorning*)		
al mediodía (*noon*)		
por la tarde		
por la noche		

 Paso 2. Ahora entrevista a un/a compañero/a. Haz preguntas sobre los detalles: ¿Dónde? ¿Con quién? ¿Qué? (¿Qué película viste? ¿Qué comiste?). Anota sus respuestas en la columna **Mi compañero/a** en el Paso 1. Túrnense. ¿Quién tuvo el día más interesante?

Modelo:	Estudiante A:	¿Qué hiciste ayer por la mañana temprano?
	Estudiante B:	Bueno, me levanté a las ocho de la mañana, me duché y tomé el desayuno.
	Estudiante A:	¿Sí? ¿Qué tomaste? (¿Dónde? ¿Fuiste con alguien? ...)

EXPRESIONES ÚTILES

¿Sí?/¿De verdad?

These expressions look for confirmation (similar to *Really?*).

No me digas.

This expresses disbelief/ surprise and encouragement to continue (as in *No way!*).

Yo también/tampoco.

This expresses agreement (equivalent to *Me too/ neither.*).

[7.18] Nos divertimos. En parejas, entrevista (*interview*) a tu compañero/a sobre una visita pasada a una gran ciudad. Haz preguntas sobre temas del cuadro, y pide muchos detalles:

Modelo: Estudiante A: **¿Cuál fue tu visita favorita a una gran ciudad?**
Estudiante B: **Fui a Nueva York el año pasado.**
Estudiante A: **¿Fuiste al cine? (¿Con quién? ¿Qué película viste?..)**

> **Estudiante A**
> - ir al cine, teatro o a un concierto.
> - comprar comida en la calle
> - ir de compras a un centro comercial, almacén, etc.
> - otras actividades

> **Estudiante B**
> - ir a un museo o a un lugar interesante.
> - comer en un restaurante excelente
> - tomar el transporte público
> - otras actividades

 [7.19] ¿Qué te pasó? En grupos de cinco o seis estudiantes, van a inventar la historia de algo increíble que pasó ayer. Tomando turnos, cada estudiante debe añadir (*add*) una oración de la historia usando uno de los verbos en el cuadro. Un secretario toma nota para compartir con la clase después.

abrazar	buscar	despertarse	divertirse	ganar	ir
leer	llegar	pedir	ponerse	tocar	ver

NOTA CULTURAL

Los mapuches de Chile

The Mapuche, or "people of the earth," are the most numerous indigenous group in Chile and the only one to have successfully resisted attacks from both the Incas and the Spaniards. After Chile gained its independence from Spain in 1818, a long, armed conflict between the government and the Mapuche led to a significant reduction in the Mapuche territory. As a result, many Mapuches moved to urban areas. However, in central and southern Chile, the Mapuches still maintain a strong cultural identity. Their ancestral beliefs are traditionally passed on by women in Mapundungun, the Mapuche language.

Do you know of Native American groups in the United States who live on special territories and also in urban or semi-urban areas?

Martin Thomas/Reuters/NewsCom

VideoEscenas

WileyPLUS

Y ¿luego fueron al cine?

▲ Álvaro le cuenta a María lo que hizo ayer.

ANTES DE VER EL VIDEO

Responde a estas preguntas antes de ver el video.

1. ¿Con quién sales los fines de semana?
2. ¿Adónde van tú y tus amigos cuando salen?

A VER EL VIDEO

1. Mira el video prestando atención (*paying attention*) a la idea principal. Después, resume (*summarize*) lo que hizo Álvaro completando estas oraciones.

Álvaro _____ con sus amigos para _____.

Ellos _____ muchas cosas, pero no _____.

2. Lee las siguientes preguntas. Si sabes algunas respuestas (*answers*), puedes escribirlas ahora. Después, mira el video otra vez para comprobar (*check*) y completar tus respuestas.

   a. ¿Cómo se divirtieron Álvaro y sus amigos?

   b. ¿Adónde fueron los chicos primero y para qué?

   c. ¿Adónde fueron después y para qué?

   d. ¿Adónde fueron más tarde y para qué?

   e. ¿Adónde fueron los chicos finalmente y por qué?

DESPUÉS DE VER EL VIDEO

Cuando ves a tus amigos, ¿tienen planes específicos antes de salir? ¿Hay ocasiones cuando no hacen nada más que pasar tiempo juntos?

Así se dice

En el correo y en el banco

Aunque actualmente nos comunicamos con mensajes de texto, correos electrónicos y redes sociales (*social networking sites*), **el correo** tradicional todavía tiene una importante función. Yo voy a la oficina de correos para **mandar** y **recoger paquetes**, **enviar cartas** importantes o **tarjetas...** Además, también me gusta mucho **recibir** cartas o tarjetas en Navidad o para mi cumpleaños. Y siempre estoy atenta a cuando pasa **el cartero** para ver si hay una sorpresa en el buzón.

En la oficina de correos

Quiero **mandar/ enviar** esta tarjeta postal a mi amigo.

Recibí una **carta** de mi amiga.

Quiero **contestar** hoy. Escribo la **dirección** en el **sobre**.

Necesito comprar una **estampilla**/un **sello**.

¿Para quién es este **paquete?**

el cartero	*postman*	**mandar**	*to send*	**recoger**	*to pick up*
contestar	*to answer*	**recibir**	*to receive*	**el sobre**	*envelope*
enviar	*to send*				

[7.20] Combinaciones. Escribe combinaciones lógicas usando al menos una palabra de cada línea.

enviar	mandar	recibir	contestar	escribir	carta
cartero	dirección	paquete	sello	tarjeta	sobre

Modelo: enviar la carta, escribir la dirección en el sobre...

[7.21] La historia de una carta. Imagina y escribe la historia de una carta, de principio a fin (*from beginning to end*) con muchos detalles. Inventa un final emocionante, sorprendente o divertido.

El año pasado una carta cambió mi vida. Por eso quiero contar su historia. Primero, escribí la carta con mucho trabajo y atención. Después...

[7.22] Y tú, ¿cómo te comunicas?

Paso 1. En grupos, cada grupo asume una posición: defensores del correo tradicional, o del correo electrónico, o de los mensajes de texto y redes sociales como medios de comunicación. Escriban juntos una lista de razones para justificar su preferencia. Consideren también qué desventajas pueden mencionar sobre los otros métodos.

Paso 2. Formen nuevos grupos, con un "defensor" de cada herramienta (*tool*) de comunicación y debatan el tema.

Modelo: Estudiante A: **El correo electrónico es muy rápido.**

Estudiante B: **Sí, es cierto, el correo tradicional no es muy rápido, pero no requiere tener computadora.**

Estudiante C: **Los mensajes de texto...**

El dinero y los bancos

Nicolás **gana** un poco de dinero trabajando por las tardes.

A veces **gasta** su dinero en una tienda.

Pero ahora quiere **ahorrar**. Primero **cuenta** su dinero...

... y decide abrir **una cuenta** en el banco. Allí puede **depositar** su dinero, o **invertirlo**.

El sistema de bancos no es igual en todos los países hispanos. Por ejemplo, los bancos abren y cierran a horas diferentes dependiendo del país y, a veces, también varían de verano a invierno. Aunque en Estados Unidos es frecuente **pagar** con **cheques personales** y **tarjetas**, en otros países se usa mucho más **el efectivo**. Si viajas a otro país es importante llevar diferentes formas de dinero: un poco de efectivo en **la moneda** local, **cheques de viajero** y **tarjetas de crédito**; también debes averiguar si es fácil **encontrar** muchos **cajeros automáticos** o no, si puedes usar tu **tarjeta de débito** en el país que visitas, qué **tarifas cobra** el banco local y tu banco por **cambiar** o **retirar** dinero, o qué hacer si **pierdes** tu tarjeta.

el cajero automático	*ATM machine*	**depositar**	*to deposit*
cambiar	*to change, exchange*	**invertir (ie, i)**	*to invest*
el cambio	*change, exchange*	**la moneda**	*currency, money, coin*
el cheque (de viajero)	*check (traveler's check)*	**pagar (la cuenta)**	*to pay (for)(the bill, check)*
cobrar	*to cash; charge*	**perder (ie)**	*to lose*
contar (ue)	*to count*	**retirar**	*to withdraw*
el efectivo	*cash*	**la tarjeta de crédito/débito**	*credit/debit card*
encontrar	*to find*		

▶ NOTA DE LENGUA

Note the difference between the use of **gastar** (dinero/energía) vs. **pasar** (tiempo)

Gastamos mucho **dinero** en libros. *We spend a lot of money on books.*
Jorge **pasa** bastante **tiempo** estudiando. *Jorge spends a lot of time studying.*

[7.23] Tus finanzas.

Paso 1. Marca tus respuestas a esta encuesta (*survey*) sobre tus hábitos financieros.

Usted y el dinero

1. Indique qué cuentas bancarias o productos financieros tiene:
   - ☐ cuenta corriente
   - ☐ tarjeta de crédito
   - ☐ cuenta de ahorro
   - ☐ tarjeta de débito
   - ☐ cuenta de inversión
   - ☐ préstamo (*loan*) de estudios
   - ☐ hipoteca (*mortgage*)

2. Tiene cuentas bancarias o de inversión en:
   - ☐ un banco físico
   - ☐ un banco en Internet
   - ☐ los dos

3. Si tiene cuentas en un banco físico, generalmente hace sus transacciones:
   - ☐ en persona en la oficina
   - ☐ electrónicamente

4. Casi siempre pago…
   - ☐ con efectivo
   - ☐ con tarjeta de débito
   - ☐ con tarjeta de crédito

5. Intento ahorrar…
   - ☐ un 10% de mi salario
   - ☐ un 25% de mi salario
   - ☐ No ahorro nada.

6. Cuando tengo monedas…
   - ☐ las uso
   - ☐ no las quiero
   - ☐ las ahorro y luego las llevo al banco

7. Reviso mis gastos…
   - ☐ cada semana
   - ☐ cada mes
   - ☐ nunca

8. Organizo mis finanzas:
   - ☐ con lápiz y papel
   - ☐ con un programa de software
   - ☐ con una aplicación/sitio web

9. Mis tarjetas de crédito…
   - ☐ tienen un saldo (*balance*) pequeño
   - ☐ tienen un saldo grande
   - ☐ ¿Qué tarjetas de crédito?

10. Invierto…
    - ☐ en la bolsa (*stock market*)
    - ☐ en productos seguros (*safe*)
    - ☐ No invierto en nada.

11. Pago mis cuentas a tiempo…
    - ☐ siempre
    - ☐ a veces
    - ☐ casi nunca

Paso 2. Ahora, en parejas, comparen sus respuestas y decidan si sus hábitos son similares o diferentes. Comenten también si, en su opinión, sus actitudes y hábitos respecto al dinero son típicas entre los estudiantes.

Paso 3. En grupos, escriban una pequeña *Guía de consejos financieros para estudiantes*.

[7.24] **Una visita al banco.** En grupos pequeños, tienen cinco minutos para describir la escena ilustrada en el dibujo. Mencionen lo que está pasando, lo que pasó y lo que va a pasar. Escriban también los diálogos entre los empleados del banco y los clientes. Un/a estudiante sirve de secretario/a y apunta las ideas. ¡Usen su imaginación! ¿Qué grupo puede escribir la descripción más completa?

PALABRAS ÚTILES

se escapa	*escapes*
recoger	*to pick up*
suelo	*floor*

Situaciones

Estás en el aeropuerto y decides tomar un taxi con una persona que no conoces, y compartir el precio del viaje para llegar al centro. Cuando llegas a tu destino, ¡descubres que no tienes tu billetera (*wallet*)! ¿Qué dices? ¿Cómo reacciona el otro pasajero? Intenten llegar a una solución. Las expresiones útiles a continuación les pueden ayudar.

Estudiante A: No tienes dinero para pagar el taxi. Debes pedir disculpas y proponer alternativas al otro pasajero hasta encontrar una solución.

Estudiante B: Tu compañero/a de taxi dice que no tiene dinero. Estás enojado y, por supuesto (*of course*), no quieres pagarlo todo tú. Defiende tu postura hasta llegar a una solución justa.

EXPRESIONES ÚTILES

¡Ay, Dios mío!
Oh, my God!
¡Lo siento muchísimo!
I am very sorry!
¿Qué le parece si... ?
What do you think about . . . ?
(No) Me parece bien/mal...
I (do not) think it's okay/ not okay . . .

Así se forma

4. Indicating to whom or for whom something is done: Indirect object pronouns

WileyPLUS
Go to *WileyPLUS* to review this grammar point with the help of the **Animated Grammar Tutorial**.

Fede y Virginia hablan del fin de semana:

Fede: **Me** contó Juan que fueron juntos a ver una obra de teatro. ¿**Te** gustó?

Virginia: Sí, **me** gustó mucho. De hecho, **les** voy a comprar entradas **a mis padres** para verla. Es su aniversario y quiero hacer**les** un regalo especial.

Fede: ¿Qué hicieron después? ¿Algo romántico? Juan **me** dijo que **le** gustas mucho...

Virginia: ¿De verdad? Pues a **mí** no **me** dijo nada... solo (*only*) **le** di las gracias, **nos** dijimos adiós y regresé a casa.

An indirect object identifies the person *to whom* or *for whom* something is done. Thus, this person receives the action of the verb *indirectly*.

To whom?   *I gave the package **to her**. / I gave **her** the package.*
For whom?   *I bought some tea **for him**. / I bought **him** some tea.*

In contrast, remember that the direct object indicates who or what directly receives the action of the verb.

Who(m)?   *I saw **her** yesterday.*
What?   *Did you buy **the newspaper**?*

Indirect object nouns are generally introduced by **a.**

Dimos una sorpresa **a Juan.**
   (*OD*)   (*OI*)

HINT

Review direct object pronouns in *Capítulo 6*. Remember to ask the questions *Who(m)?* or *What?* to identify the direct object.

Pronombres de objeto indirecto

You already know the indirect object pronouns: they are the forms used with the verb **gustar** to indicate *to whom* something is pleasing.

A Carlos **le** gustó mucho la plaza.   *Carlos liked the plaza very much.*
 (*OI*)   (*S*)

Los pronombres de objeto indirecto		
me	*me (to/for me)*	José **me** dio una foto de los mapuches.
te	*you*	¿**Te** dio una carta?
le	*you (formal)*	Él quiere dar**le** un libro a usted.
	him	Yo quiero dar**le** un libro a él.
	her	Quiero dar**le** un libro a ella también
nos	*us*	Nuestros amigos **nos** compraron chocolates.
os	*you*	¿**Os** pidieron algo?
les	*you/them*	¿Ellos **les** mandaron tarjetas postales **a ustedes**?

Position of indirect object pronouns

The indirect object pronoun, like the direct object pronoun and reflexive pronoun, is placed immediately before a conjugated verb, but may be attached to an infinitive or a present participle.

Me dijeron que esa película es muy buena.	*They told me that that movie is really good.*
¿Vas a comprar**me** esa revista? ⌉ ¿**Me** vas a comprar esa revista? ⌋	*Are you going to buy me that magazine?*
Estoy dándo**le** mi tarjeta de crédito. ⌉ **Le** estoy dando mi tarjeta de crédito. ⌋	*I'm giving her/him my credit card.*

- **Redundancy.** Even though it may sound redundant, third-person indirect object pronouns **(le/les)** are generally used in conjunction with the indirect object noun.

Les escribí **a mis primos.**	*I wrote to my cousins.*
También **le** escribí **a Mónica.**	*I wrote to Mónica, too.*

- **Le** and **les** are often clarified with the preposition **a** + *pronoun.*

Le escribí **a ella** anoche.	*I wrote to her last night.*

  It is also common to use the forms **a mí, a ti, a usted, a él, a ella, a nosotros/as,** a v**osotros/as, a ustedes, a ellos, a ellas** with the indirect object pronoun for emphasis.

Sancho **me** mandó el paquete **a mí.**	*Sancho sent the package to me.* (*not to someone else*)

Dar and other verbs that frequently require indirect object pronouns

The verb **dar** (*to give*) is almost always used with indirect objects. Review its present tense conjugation and study the preterit.

dar			
Presente		**Pretérito**	
doy	damos	di[1]	dimos
das	dais	diste	disteis
da	dan	dio	dieron

- Some verbs that frequently have indirect objects are **contestar, decir, enviar, escribir, mandar,** and **pedir,** as one generally tells, sends, or asks for something (OD) **to someone** (OI).

Here are some new verbs that frequently have indirect objects:

ayudar[2]	*to help*	**preguntar**	*to ask*
contar (ue)[3]	*to tell, narrate (a story or incident)*	**prestar**	*to lend*
enseñar[2]	*to teach, show*	**regalar**	*to give (as a gift)*
explicar	*to explain*		

---

[1]Note that in the preterit **dar** uses **–er/–ir** endings, but with no written accent.
[2]**ayudar** and **enseñar** both take a complement with "a" to indicate what someone helps with or teaches how to do. For instance: Javier me ayudó a preparar la cena y me enseñó a hacer empanadas.
[3]You learned the verb **contar (ue)** earlier in the chapter meaning to count. Note that, when it means to tell or narrate, it often takes both a direct and indirect object (we tell something to somebody.)

[7.25] ¿Qué hice o qué voy a hacer? Relaciona las declaraciones de la columna A con las actividades correspondientes de la columna B. Lee las oraciones relacionadas.

A	B
____ **1.** Mis abuelos siempre quieren saber lo que estoy haciendo en la universidad.	**a.** Voy a prestarle mi carro.
____ **2.** Es el cumpleaños de mi madre.	**b.** ¿Puedes darme la dirección?
____ **3.** Mi amiga Natalia no tiene medio de transporte y necesita ir al centro.	**c.** Le conté toda la historia (*story*).
____ **4.** Quiero ir al restaurante argentino esta noche. Tú sabes dónde está, ¿verdad?	**d.** Te voy a explicar cómo funcionan.
____ **5.** Mi hermana quería saber lo que pasó anoche.	**e.** Voy a escribirles una carta.
____ **6.** ¿No entendiste los pronombres?	**f.** Le mandé un regalo (*gift*).

[7.26] Sondeo: Cuestiones personales. Casi todos tenemos buenas relaciones con nuestros padres, hermanos, mejores amigos, etc., pero ¿hasta qué punto?

Paso 1. Indica tus respuestas a las siguientes preguntas.

	padre	madre	hermanos/as	mejor amigo/a	pareja	otros
¿A quién...						
... le pides consejo?						
... le cuentas todo?						
... le dices tus notas?						
... le prestas tus apuntes de clase?						
... le prestas libros, discos, etc.?						
¿Quién...						
... te pide consejo?						
... te cuenta todo?						
... te dice sus notas?						
... te presta sus apuntes de clase?						
... te presta libros, discos, etc.?						

 Paso 2. Ahora, en grupos, hablen sobre sus respuestas y discutan las posibles diferencias personales.

Modelo: Yo les pido consejo a mi madre y a mi padre porque... pero no les pido consejo a mis hermanos porque...

[7.27] La tarjeta perdida (lost). Completa las oraciones. Usa los pronombres **lo/la** (directos) o **le** (indirecto) según la situación.

Ayer Manuel _____ pidió un favor a su novia Linda. _____ dio su tarjeta del cajero automático y _____ dijo: "¿Puedes ir al cajero esta tarde y sacar _____ $100?" Cuando Linda llegó al cajero y buscó la tarjeta ¡no _____ pudo encontrar! _____ buscó en su mochila y en los bolsillos (*pockets*). ¿Quizá _____ dejó en su cuarto? Llamó a su compañera y _____ preguntó: "¿Hay una tarjeta en mi escritorio?" Su compañera _____ respondió que no. Pero unos segundos después, dijo: "¡_____ encontré! Está al lado de la puerta!" Cuando por fin Linda _____ llevó el dinero a Manuel, no _____ contó nada de la tarjeta perdida.

 [7.28] Cosas especiales.

Paso 1. Escribe oraciones sobre tus experiencias siguiendo el modelo.

Modelo: regalar

Mis padres me regalaron algo (*something*) fantástico
o **Yo le regalé a mi mejor amiga algo divertido.**

1. regalar _____

2. enseñar _____

3. decir _____

4. enviar _____

5. ayudar _____

 Paso 2. Comparte tus oraciones con un compañero/a y responde sus preguntas. Escucha también a tu compañero/a y pide más detalles.

Modelo: Estudiante A: **Mis padres me regalaron algo fantástico.**
Estudiante B: **¿Qué te regalaron? ¿Cuándo? ¿Por qué te gustó?...**

▲ Il postino

©AP/Wide World Photos

DICHO Y HECHO

PARA LEER: El Tortoni: Café con historia

ANTES DE LEER

1. ¿Qué cafés hay cerca de tu casa o de tu campus? ¿Qué hace la gente allí, aparte de tomar café?

2. Busca en Internet la lista de los "10 cafés más bellos del mundo" publicada por UCityGuides. ¿Qué país tiene tres cafés en la lista?

3. Busca en Internet un poco de información sobre 3-4 de las siguientes personas:

Jorge Luis Borges	Carlos Gardel	José Ortega y Gasset
Federico García Lorca	Vittorio Gassman	Alfonsina Storni

ESTRATEGIA DE LECTURA

Writing down unfamiliar words

As you read through a text for the first time, write down unfamiliar words that seem important in understanding the overall meaning. Note: This does not mean that you should write down every word you don't understand. As you read each paragraph, focus on new words that seem key in understanding its message.

As you read through the article about el *Café Tortoni* for the first time, write down two or three unfamiliar words in each paragraph. Then, as you read each paragraph more closely a second time, decide which of the words you've written down still seem key to unlocking its meaning and go ahead and look those up.

A LEER

Pocos turistas visitan Buenos Aires sin entrar al famoso Café Tortoni, seleccionado por UCityGuides como uno de los diez cafés más bellos del mundo. Fue fundado en 1858 por el francés Jean Touan con el nombre "Tortoni" en referencia a un café de París donde se reunía la élite en el siglo XIX.

Durante sus 150 años de existencia, ha formado una parte importante en la historia de la ciudad, y su nombre está asociado con el tango y la literatura, el jazz y la pintura, la política y las artes. Sus mesas fueron frecuentadas por personajes célebres como Jorge Luis Borges, Carlos Gardel, Vittorio Gassman y Federico García Lorca, dándole al café fama internacional.

En 1926, un grupo de clientes habituales llamado la "Agrupación Gente de Artes y Letras" pero popularmente conocidos como "La Peña" ("el club") piden permiso al dueño para reunirse en la bodega (*wine cellar*). Son un grupo de pintores, escritores, periodistas y músicos que se dedica a la difusión de la cultura mediante conciertos, recitales, conferencias, etc. Entre los asistentes figuraban celebridades de todas las disciplinas: Ortega y Gasset, Albert Einstein, Alfonsina Storni, Juana de Ibarbourou y Arthur Rubinstein. La Peña funcionó hasta 1943, cuando se cerró la bodega y el grupo se disolvió.

Hoy en día, el propietario del Café Tortoni es el Touring Club Argentino y la bodega es escenario habitual para artistas de distinto género. El tango, por ejemplo, siempre ha tenido un sitio preferente en el Café Tortoni, y en la primera planta del mismo edificio se encuentra la Academia Nacional del Tango. Otras actividades incluyen presentaciones de libros, concursos de poesía y exposiciones de pintura.

Texto: Carlos Paredes/*De la revista Punto y coma (Habla con eñe)*

DESPUÉS DE LEER

1. ¿Por qué es el Café Tortoni un destino popular para turistas?

2. ¿Qué similitudes y diferencias hay entre el Tortoni de los años 20 (*in the 20s*) y el actual (*the current one*)?

3. ¿Crees que un grupo artístico como "La Peña" o la "Asociación Amigos del Café Tortoni" podría formarse en un café de cadena (*chain*) como Starbucks? ¿Por qué sí o no?

4. ¿Para qué vas a un café (o para que va la gente)? ¿Cuáles piensas que son las diferencias entre los cafés en los países hispanos y los de Estados Unidos?

© Emiliano Rodriguez/Alamy

PARA CONVERSAR: ¿Qué compramos?

En parejas, imaginen que son hermanos de visita en Buenos Aires, pero pronto vuelven a casa. Tienen $250 pesos argentinos (ARS), que es aproximadamente el equivalente a $60 dólares estadounidenses, y quieren gastarlos antes de irse. Cada uno (*Each one*) de ustedes quiere comprar un recuerdo (*souvenir*), pero también quieren llevar regalos a sus padres.

ESTRATEGIA DE COMUNICACIÓN

Expressing emphatic reaction

You and your classmate may not agree on how to spend all of your money. Look at the list of items available to get a sense of what things you think are well priced and what things you think are too expensive. Think about what things are useful, practical, etc. and which might be frivolous (to you). As you discuss what to buy with your classmate, react emphatically to her/his suggestions when you don't agree. Here are some useful expressions.

¡(Pero) hombre/mujer...!	(roughly equivalent to *Come on now!*)
¿Cómo?	*What!?*
¡Ay no!	*No way!*
¡Ni pensarlo!	*Don't even think about it!; Not a chance!*

PALABRAS ÚTILES

A mí me gusta más...
Yo prefiero...
(No) Me parece buena idea...

caro/a	*expensive*
barato/a	*inexpensive, cheap*
un buen precio	*a good price*

Dos libras (*pounds*) de mate y una bombilla	$ 97	ARS
Una cartera de cuero (*leather*)	$116	ARS
Una botella de vino de Mendoza	$ 77	ARS
Un CD de tango	$ 77	ARS
Una camiseta del grupo de rock Los Piojos	$ 96	ARS
Un libro de recetas de comida argentina	$ 58	ARS

ASÍ SE HABLA

En su conversación, intenten usar estas frases muy comunes en Argentina y Chile:

Argentina:
che = *"man" or "pal"*
¡Qué copado! = *How cool!*

Chile:
¿Cachai? = *Do you understand?*
fome = *inferior, not cool*

PARA ESCRIBIR: Tres días en Santiago o en Buenos Aires

Vas a preparar una propuesta (*proposal*) para un itinerario de tres días en una capital de América del Sur: Santiago, Chile, o Buenos Aires, Argentina. Tu propuesta es para una agencia de viajes que va a regalar un viaje al autor del mejor itinerario.

ANTES DE ESCRIBIR

Elige la ciudad que "visitaste" y cuándo (elige un mes):

☐ Santiago, Chile en _____ (mes)

☐ Buenos Aires, Argentina en _____

Haz un mapa de ideas con la información que aprendiste sobre la ciudad en este capítulo. También busca detalles adicionales en Internet. Nota: Es muy importante que consideres cómo es el tiempo en América del Sur en el mes de tu itinerario. Por ejemplo, recuerda que el verano allá es de noviembre a enero.

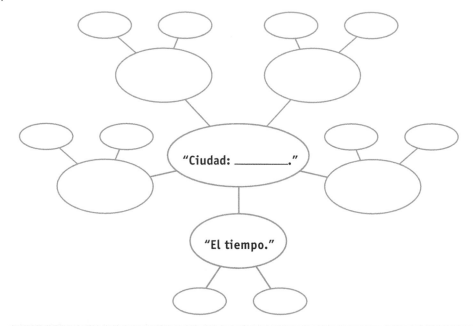

ESTRATEGIA DE REDACCIÓN

Outlines

In *Capítulo 3* you learned how to use idea maps to generate concepts. Once you have a number of good ideas, it's necessary to organize them in a clear and logical way. An outline helps you determine the best order in which to present and develop your ideas. What order is best depends on the type of writing you are doing—a narrative, for example, often uses chronological order to sequence the events of its plot.

It is important to remember that outlines are tools to help you get started, but that they shouldn't limit or restrict you! As part of the writing process, we often change our ideas, and can simply go back and change the outline. Don't be afraid to change your outline as your ideas develop!

Choose one of the models below, or your own thoughts about organization, to outline the ideas you will develop to describe your imagined trip.

Modelo 1	Modelo 2
Párrafo 1: La ciudad que elegí es _____ porque _____. Ahora voy a describir mi propuesta para un itinerario de tres días en esta ciudad.	**Párrafo 1:** La ciudad que elegí es _____ porque _____. Ahora voy a describir mi propuesta para un itinerario de tres días en esta ciudad.
Párrafo 2: Eventos culturales (días 1 y 3): Qué museos visitar, cuánto cuestan las entradas, etc.	**Párrafo 2:** Día 1: Todo lo que quiero hacer.
Párrafo 3: Eventos deportivos (día 2)	**Párrafo 3:** Día 2: Todo lo que quiero hacer.
Párrafo 4: De compras (días 2 y 3): Lo que voy a comprar, dónde, etc.	**Párrafo 4:** Día 3: Todo lo que quiero hacer.
Conclusión: Mi itinerario es fantástico porque...	**Conclusión:** Mi itinerario es muy original porque...

A ESCRIBIR

Escribe un primer borrador que describa tu itinerario con muchos detalles. ¡La agencia de viajes va a pagar un viaje de verdad para la descripción más detallada y entusiasta!

Para escribir mejor: Estas formas de enfatizar adjetivos te pueden ayudar.

muy + adjetivo	*very + adjective*	muy bello
adjetivo + -ísimo/a	*very + adjective*	bellísimo
tan + adjetivo	*so + adjective*	tan bello
realmente + adjetivo	*really + adjective*	realmente bello
enormemente + adjetivo	*greatly + adjective*	enormemente bello

Aquí tienes otras palabras útiles.

incomparable	*incomparable*	**impresionante**	*impressive, stunning*
extraordinario	*outstanding*		

DESPUÉS DE ESCRIBIR

Revisar y editar: El vocabulario. Al escribir es importante escoger palabras y expresiones apropiadas y que expresen nuestras ideas de forma precisa. Presta especial atención al uso de falsos cognados y, si usas un diccionario, comprueba que escoges palabras correctas. También debes evitar la repetición e intentar usar el vocabulario que estás aprendiendo. Hazte (*Ask yourself*) estas preguntas:

- ☐ ¿Uso vocabulario preciso y apropiado? ¿Uso vocabulario variado? ¿Demuestra el texto el vocabulario que sé en español?

- ☐ ¿Estoy seguro/a (*sure*) de que no hay falsos cognados o expresiones traducidas (*translated*) literalmente del inglés?

La organización y el contenido. Después de escribir el primer borrador de tu composición, no lo leas (*do not read it*) al menos por un día. Cuando vuelvas (*you return*) a leerlo, corrígelo en términos de contenido, organización y gramática. Después, revisa también el uso de vocabulario con las preguntas de arriba. Además, hazte estas preguntas:

- ☐ ¿Está clara la organización?

- ☐ ¿Hay suficientes detalles?

- ☐ ¿Comunica entusiasmo la composición? ¿Es apropiada para competir por un premio?

- ☐ ¿Es correcta la gramática? ¿Usé correctamente los verbos en pretérito?

PARA VER Y ESCUCHAR:

La plaza: Corazón de la ciudad

ANTES DE VER EL VIDEO

En parejas o grupos pequeños, respondan a estas preguntas.

1. ¿Qué lugares o áreas son importantes en esta ciudad? ¿Por qué?

2. ¿Hay alguna plaza en esta ciudad? ¿Qué hace la gente allí?

© John Wiley & Sons, Inc.

ESTRATEGIA DE COMPRENSIÓN

Repeated viewing and pausing

When you view and/or listen to recorded materials, you can play the video/audio several times. Focus on the main ideas first, and listen for details later. When listening for specific information, you can also use the pause function to take notes of each idea you heard so that you can concentrate on the next segment. Although you might not have a pause or replay option in a conversation in Spanish, you can also ask your interlocutor to repeat (**¿Perdón?** or **¿Puede repetir, por favor?**) or pause (**Un momento, por favor.**)

A VER EL VIDEO

Paso 1. Mira el video y responde a estas preguntas.

1. ¿Cuál era la función original de las plazas?

2. ¿Qué función tienen ahora las plazas?

Paso 2. Observa la siguiente tabla y presta atención a la información que debes obtener. Vas a escuchar el video dos veces (*twice*). La primera vez, usa la pausa después de cada sección para tomar notas. La segunda vez, intenta completar tus notas sin usar la pausa.

Plazas que vemos en el video	Eventos en las plazas actuales	Actividades y entretenimiento

DESPUÉS DE VER EL VIDEO

En grupos pequeños, respondan a estas preguntas.

1. ¿En qué son similares y diferentes las plazas hispanas y las de tu comunidad?

2. ¿Hay otros lugares en tu comunidad que tienen una función similar a la plaza hispana?

Repaso de vocabulario activo

Adjetivo

el/la mejor   *the best*

Preposiciones

al lado de   *beside, next to*

antes de   *before*

cerca de   *near, close to*

debajo de   *beneath, under*

delante de   *in front of*

dentro de   *inside*

después de   *after*

detrás de   *behind*

en   *in, on*

encima de   *on top of, above*

enfrente de   *opposite, facing*

entre   *between, among*

en vez de   *instead of*

frente a   *opposite, facing*

fuera de   *outside*

lejos de   *far from*

para + infinitivo   *in order to + do something*

por   *by, through, alongside, around*

sobre   *on*

Sustantivos

En el banco   *In the bank*

el cajero automático   *ATM machine*

el cambio   *change, small change, exchange*

el cheque   *check*

   (de viajero)   *(traveler's check)*

la cuenta   *account*

el efectivo   *cash*

la moneda   *currency, money, coin*

la tarifa   *rate*

la tarjeta de crédito/débito   *credit/debit card*

En la ciudad   *In the city*

el almacén/la tienda por departamentos   *department store*

el autobús   *bus*

la avenida   *avenue*

el banco   *bank; bench*

el bar   *bar*

el café   *café, coffee shop*

la calle   *street*

el centro comercial   *shopping center, mall*

el cine   *movie theater, cinema*

el edificio   *building*

la entrada   *entrance; ticket*

el estacionamiento   *parking*

la estatua   *statue*

la gente   *people*

la iglesia   *church*

la joyería   *jewelry store*

la librería   *bookstore*

el lugar   *place*

el metro   *metro, subway*

el museo   *museum*

la obra de teatro   *play (theater)*

la parada de autobús   *bus stop*

el parque   *park*

la pastelería   *pastry shop, bakery*

la película   *film, movie*

el periódico   *newspaper*

la pizzería   *pizzeria*

la plaza   *plaza, town square*

el quiosco   *kiosk, newsstand*

el rascacielos   *skyscraper*

el restaurante   *restaurant*

la revista   *magazine*

el taxi   *taxi*

el teatro   *theater*

la zapatería   *shoe store*

En la oficina de correos   *In the post office*

el buzón   *mailbox*

la carta   *letter*

la dirección   *address*

la estampilla/el sello   *stamp*
el paquete   *package*
el sobre   *envelope*
la tarjeta postal   *postcard*

Verbos y expresiones verbales

abrir   *to open*
ahorrar   *to save*
ayudar   *to help*
cambiar   *to change, exchange*
cerrar (ie)   *to close*
cobrar   *to cash; to charge*
contar (ue)   *to count, tell, narrate*
contestar   *to answer, reply*
depositar   *to deposit*
empezar (ie)   *to start*
encontrar (ue)   *to find*
enseñar   *to teach*
entrar (en/a)   *to enter, go in*

enviar   *to send*
esperar   *to wait (for)*
explicar   *to explain*
gastar   *to spend (money)*
hacer cola/fila   *to be in line*
invertir (ie, i)   *to invest*
invitar   *to invite*
morir (ue, u)   *to die*
pagar   *to pay (for)*
pasar   *to pass, go by;*
   to spend (time)
perder (ie)   *to lose*
preguntar   *to ask*
prestar   *to lend*
recibir   *to receive*
regalar   *to give (as a gift)*
repetir (i, i)   *to repeat*
retirar   *to withdraw (money)*
terminar   *to finish*

LEARNING OBJECTIVES

In this chapter, you will learn to:

- talk about and purchase clothing.
- indicate and emphasize possession.
- talk about actions in the past.
- express negation.
- avoid repetition using double object pronouns.
- be familiar with shopping in Spanish-speaking countries.
- discover Peru, Ecuador, and Bolivia.

Entrando al tema

1. Para ti, ¿es la ropa (*clothing*) algo necesario y funcional o una forma de expresar tu estilo?

2. ¿Te gusta ir de compras? ¿Vas solo/a o con amigos? ¿Es divertido o una tarea (*chore*) necesaria?

3. ¿Sabes cuál es la moneda oficial de Ecuador?
   ☐ el peso ☐ el sucre ☐ el dólar

223

Así se dice

De compras

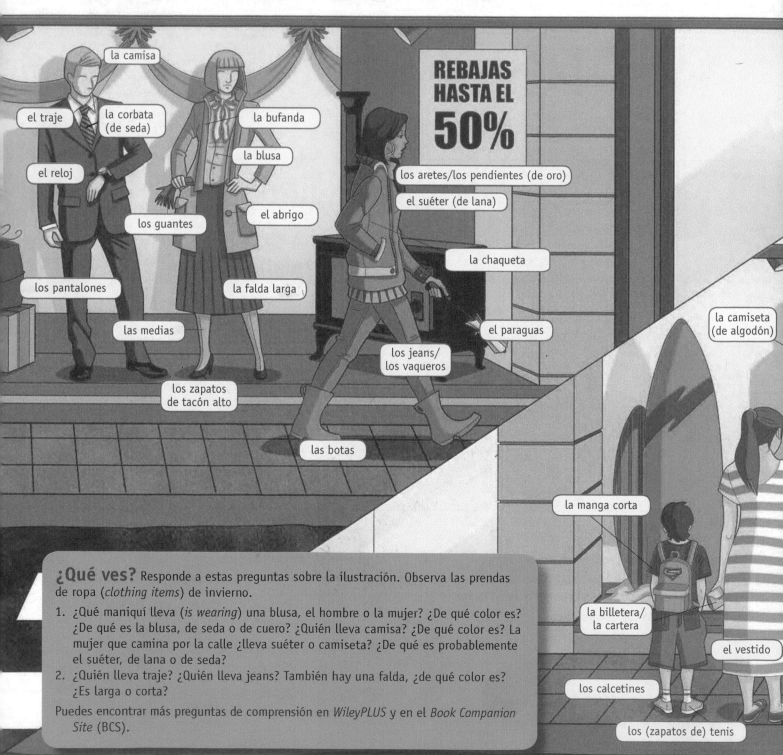

MARA

la camisa
el traje
la corbata (de seda)
el reloj
los guantes
los pantalones
las medias
los zapatos de tacón alto
las botas
la bufanda
la blusa
el abrigo
la falda larga

REBAJAS HASTA EL 50%

los aretes/los pendientes (de oro)
el suéter (de lana)
la chaqueta
el paraguas
los jeans/ los vaqueros

la camiseta (de algodón)
la manga corta
la billetera/ la cartera
el vestido
los calcetines
los (zapatos de) tenis

¿Qué ves? Responde a estas preguntas sobre la ilustración. Observa las prendas de ropa (*clothing items*) de invierno.

1. ¿Qué maniquí lleva (*is wearing*) una blusa, el hombre o la mujer? ¿De qué color es? ¿De qué es la blusa, de seda o de cuero? ¿Quién lleva camisa? ¿De qué color es? La mujer que camina por la calle ¿lleva suéter o camiseta? ¿De qué es probablemente el suéter, de lana o de seda?

2. ¿Quién lleva traje? ¿Quién lleva jeans? También hay una falda, ¿de qué color es? ¿Es larga o corta?

Puedes encontrar más preguntas de comprensión en *WileyPLUS* y en el *Book Companion Site* (BCS).

corto/a	*short (things, not people)*
de tacón alto/bajo	*high-heeled/flat (shoe)*
el algodón	*cotton*
el cuero	*leather*
el oro	*gold*
las rebajas	*sales*
la cartera/	
la billetera	*wallet*
la manga	*sleeve*
largo/a	*long*
la plata	*silver*
la lana	*wool*
la seda	*silk*
las joyas	*jewelry*
llevar	*to wear*

WileyPLUS

Pronunciación:
Practice pronunciation of the chapter vocabulary and particular sounds of Spanish in *WileyPLUS*.

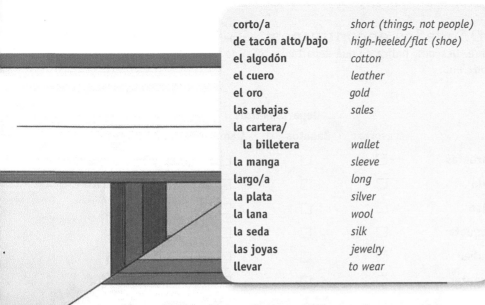

las gafas/los lentes (de sol)

la gorra

el sombrero

el collar (de plata)

el traje de baño

las joyas

el cinturón/ la correa

la pulsera

el anillo/ la sortija

los pantalones cortos

las sandalias

los zapatos (de piel/de cuero)

la bolsa/el bolso

▶ NOTA DE LENGUA

There is much regional variation in clothing vocabulary. Keep these differences in mind when you travel.

- la chaqueta → el saco (Argentina); la chamarra (México)
- el suéter → el jersey (España); el pulóver (Argentina)
- la falda → la pollera (Argentina)
- el abrigo → el tapado (Argentina); el sobretodo (Colombia)

¿Y tú?

1. ¿Qué tipos de prendas (*clothing items*) de esta tienda tienes? ¿Hay algunos tipos de prendas que no usas?

2. ¿Qué complementos y joyas usas?

[8.1] ¿Dónde los encontramos? Primero, empareja cada artículo con su nombre. Después, indica en qué departamento(s) de la tienda podemos encontrar cada uno.

	Departamentos			
	Accesorios	Zapatos	Damas	Caballeros
__ las corbatas	☐	☐	☐	☐
__ la falda	☐	☐	☐	☐
__ el bolso	☐	☐	☐	☐
__ la chaqueta	☐	☐	☐	☐
__ la camisa	☐	☐	☐	☐
__ los guantes	☐	☐	☐	☐
__ los tenis[1]	☐	☐	☐	☐
__ la gorra	☐	☐	☐	☐
__ la pulsera	☐	☐	☐	☐

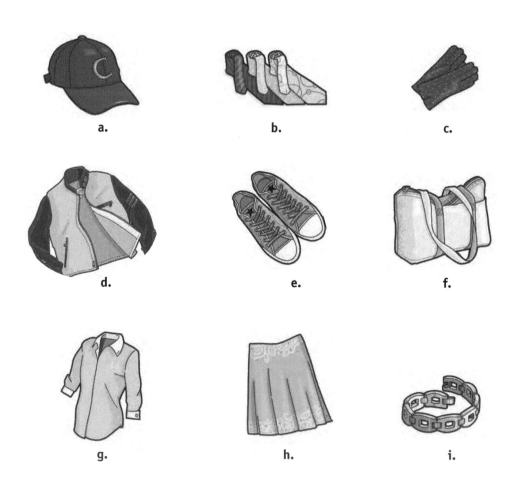

a.

b.

c.

d.

e.

f.

g.

h.

i.

[1]**Los tenis** is a common way of referring to **los zapatos de tenis.**

[8.2] ¿De hombre o de mujer? Escucha la mención de varios artículos de ropa y decide si cada uno normalmente se asocia con las mujeres, los hombres o los dos.

	Mujeres	Hombres	Los dos		Mujeres	Hombres	Los dos
1.	☐	☐	☐	6.	☐	☐	☐
2.	☐	☐	☐	7.	☐	☐	☐
3.	☐	☐	☐	8.	☐	☐	☐
4.	☐	☐	☐	9.	☐	☐	☐
5.	☐	☐	☐	10.	☐	☐	☐

[8.3] ¿De quién es? Tus amigos olvidaron (*forgot*) algunas cosas en tu cuarto.

Paso 1. Lee las siguientes oraciones y completa el cuadro para deducir quién olvidó cada prenda de vestir (*article of clothing*).

1. La bolsa es negra.
2. Sandra no tiene prendas o accesorios de cuero.
3. La gorra es de algodón.
4. Una prenda es de seda, otra es blanca y roja.
5. Raquel no olvidó una gorra.
6. La corbata es azul con lunares blancos.
7. Óscar olvidó una prenda de algodón.
8. Una chica olvidó su bolsa de cuero.
9. La bufanda es de rayas verdes y blancas.
10. La prenda de Sandra es de lana.

Amigo/a	Prenda	Material	Color
		de algodón	
			rayas verdes y blancas
	una bolsa		
Alberto			

Paso 2. Ahora, escribe cuatro oraciones para describir las prendas que tus amigos/as olvidaron. Piensa en ropa o complementos que usan frecuentemente.

Modelo: **Andrea olvidó una blusa de algodón amarilla.**

PALABRAS ÚTILES	
de/a rayas	*striped*
lunares	*dots*

De compras • 227

[8.4] ¿Qué ropa es apropiada?

Paso 1. Escucha las siguientes descripciones e indica en qué ocasión es apropiado llevar esta ropa. (Algunas opciones pueden ser apropiadas para más de una ocasión.)

_____ para la playa   _____ para las clases

_____ para una entrevista de trabajo (*job interview*)   _____ para una cena formal

_____ para correr en el parque   _____ para la discoteca

Paso 2. Indica qué ropa y accesorios son apropiados para estas situaciones.

	La playa	Las clases	Una entrevista de trabajo	Una cena formal
joyas de oro				
una camiseta vieja				
una corbata				
una gorra				
sandalias				
jeans				
pantalones cortos				
una falda corta				
una camisa				

Paso 3. En grupos pequeños, comparen sus respuestas. ¿Tienen opiniones similares? ¿Qué prendas de ropa y complementos consideran inapropiados para cada ocasión?

[8.5] ¿Quién es?

Paso 1. Observa a tus compañeros de clase y a tu instructor/a. Escoge a dos personas y, en tu cuaderno, describe su ropa con detalle.

Paso 2. En grupos, y por turnos, cada estudiante lee una de tus descripciones sin mencionar el nombre de la persona. Tus compañeros deben identificar quién es.

[8.6] ¿Qué necesitamos?

Paso 1. El próximo año vas a estudiar en Ecuador y estás pensando qué empacar (*pack*) para el viaje. ¿Qué ropa y accesorios vas a necesitar para ir a los siguientes lugares? Busca información por Internet sobre el clima en estos lugares y meses.

Las playas de Guayaquil (agosto)	Volcán Chimborazo (noviembre)	Selva amazónica (septiembre)	Cena en la Embajada de EE. UU. en Quito (octubre)

Paso 2. ¡Qué casualidad! Tu compañero/a también va a ir a Ecuador. Comparen sus listas y expliquen por qué van a llevar estas cosas. ¿Quieres eliminar, añadir (*add*) o cambiar algo en tu lista?

[8.7] El color perfecto para cada ocasión.

Paso 1. En parejas o grupos pequeños, contesten estas preguntas:

– ¿Cuál es tu color favorito? ¿Por qué te gusta? ¿Tienes mucha ropa de ese color?

– ¿Qué impresión te da una persona que lleva amarillo?, ¿y rojo?, ¿azul?, ¿negro?

Paso 2. Lee el texto a continuación y contesta las preguntas que siguen.

El color perfecto para cada ocasión

• **ROJO.** Se relaciona con éxito, energía, pasión y peligro. ¿Sabías que el rojo estimula la respiración y el ritmo cardiaco? • **NARANJA.** Es el color de la comunicación. La persona que lo lleva transmite energía positiva, vitalidad y buen humor. • **AMARILLO.** Es el color del sol, y por tanto inspira emociones cálidas, de luz y optimismo, pero también simboliza traición y mentira. Es un color difícil de asimilar para el ojo, por tanto es conveniente usarlo en dosis pequeñas o en tonos claros. • **VERDE.** Es el color del dinero y la naturaleza. Da la impresión de independencia y naturalidad. El verde claro produce relajación y bienestar. • **AZUL.** Transmite seguridad, calma, pero también autoridad y poder, y es el color más frecuente en eventos diplomáticos y políticos.• **MARRÓN.** El color de la tierra, transmite comodidad, seguridad y estabilidad. • **MORADO.** El color de la realeza y nobleza. Expresa grandeza, misterio y elegancia. • **BLANCO.** Un color clásico, sinónimo de pureza, inocencia, paz, pero también puede ser severo y dar una sensación clínica. • **NEGRO.** Es un color de autoridad, seriedad, drama e incluso tristeza, pero puede ser muy elegante y sofisticado, y también da un aire de misterio.

PALABRAS ÚTILES	
el éxito	*success*
el peligro	*danger*
la respiración	*breathing*
cálido/a	*warm*
la traición	*betrayal*

1. ¿Son tus impresiones sobre estos colores similares a las que describe el texto? ¿Dice el texto algo que te pareció interesante, sorprendente o dudoso (*doubtful*)?

2. Según (*According to*) el texto, ¿qué se asocia con tu color favorito? ¿Crees que estas características describen tu personalidad correctamente? Si el artículo no menciona tu color favorito, ¿qué color es? ¿Y qué crees tú que puede sugerir?

Paso 3. Basándote en el texto *El color perfecto para cada ocasión*, ayuda a estas personas a escoger ropa apropiada para las siguientes ocasiones.

Modelo: Rosa quiere pedir un aumento (*raise*) en el trabajo.
Puede llevar un traje negro porque es elegante y profesional, y una blusa verde para atraer (*attract*) el dinero.

1. El Sr. Donoso va a comer con un cliente importante.

2. Pedro va a trabajar cuidando a niños esta noche.

3. Bernardo tiene una cita (*a date*) esta noche.

4. Andrea va a hacer una presentación en la clase de historia mañana.

5. Leo va a visitar a su abuela en el hospital.

La transformación de Manuela

▶ NOTA DE LENGUA

While shopping, one usually looks for, looks at, and sees various items. Observe the differences between the verbs **buscar** (*to look for*), **mirar** (*to look at*), and **ver** (*to see*). Natalia y Camila...

   buscan un regalo,
      are looking for a gift,
   miran varias gafas de sol
      look at various
      sunglasses,
   y **ven** las que quieren comprar.
      and *see* the ones they want
      to buy.

Mañana es mi cumpleaños y decidí empezar este nuevo año con un cambio de imagen. Para empezar, fui al oftalmólogo y cambié mis gafas por **lentes de contacto.** Después, fui a un salón de belleza y peluquería y ¡qué diferencia! Me sentí (*I felt*) más guapa, pero también más alegre y optimista. Eso me motivó a organizar mi **ropero.** Saqué mucha **ropa** que no me sienta bien (*fit me*), lavé otras cosas **sucias, devolví** ropa nueva que no uso, y ahora está todo **limpio** y ordenado. Llamé a mi amiga Irene para ir de compras, ella siempre me da buenos consejos y sabe encontrar ropa de **calidad** y bastante (*quite*) **barata,** porque ¡ir a **la moda** puede ser muy **caro! Miramos** en varias tiendas, donde nos **mostraron** mucha ropa bonita. **Me probé** muchas **cosas** y compré algunas (*some*) a buen **precio.** ¡Ahora sé cuál es mi **talla** real! Estoy lista para mi cumpleaños y ya recibí un **regalo** fantástico: mi nueva yo.

Antes

Después

barato/a	cheap	mostrar (ue)	to show
caro/a	expensive	probarse[2]	to try on
la calidad	quality	el regalo	gift
la cosa	thing	la ropa	clothing/ clothes
devolver (ue)	to return, give back	el ropero	closet
limpio/a	clean	sucio/a	dirty
la moda[1]	fashion, style	la talla	size

[8.8] ¿Qué prefieres?

Paso 1. Indica tus preferencias respecto a la ropa y las compras. Puedes marcar más de un cuadro.

---

[1]While **ir/estar a la moda** is used to refer to people (to dress with style), **estar de moda** is used to talk about a particular article of clothing, color, etc. that is in fashion: **El negro está de moda.**

[2]Note that **probar** means *to try out* (something new), while **probarse** means *to try on* clothes or complements.

Almacenes Mara – Estudio de mercado

1. Prefiero ropa
- ☐ elegante
- ☐ de calidad
- ☐ a la moda
- ☐ cómoda (*comfortable*)
- ☐ funcional

2. Me encantan
- ☐ los zapatos
- ☐ las camisetas
- ☐ las joyas
- ☐ _____

3. Mi prenda o complemento favorita/o es _____

4. Compro
- ☐ ropa barata frecuentemente
- ☐ poco, pero de gran calidad
- ☐ cosas con buena relación de calidad y precio

5. Siempre miro
- ☐ la composición
- ☐ el país de origen
- ☐ el precio
- ☐ cómo limpiarlo
- ☐ Si me gusta, no miro nada

6. Me pruebo la ropa
- ☐ en la tienda
- ☐ en casa
- ☐ no me pruebo la ropa antes de ponérmela

7. Compro
- ☐ en tiendas especializadas
- ☐ en el centro comercial
- ☐ en Internet
- ☐ en hipermercados (Walmart, Target)
- ☐ en tiendas de segunda mano

8. Voy de compras
- ☐ solo/a
- ☐ con un pariente
- ☐ con un amigo/a
- ☐ con un grupo

9. Voy de compras
- ☐ frecuentemente
- ☐ a veces
- ☐ poco
- ☐ solo en rebajas
- ☐ para mirar, como diversión
- ☐ cuando necesito algo específico

10. Devuelve sus compras
- ☐ frecuentemente
- ☐ a veces
- ☐ poco
- ☐ nunca
- ☐ porque cambio de opinión
- ☐ porque la prenda no me queda bien

 Paso 2. En grupos, comparen sus preferencias, haciendo preguntas y dando detalles.

En mi experiencia
Anthony, Rockford, IL

"At my home campus, it's normal for students to attend class in sweatpants and other informal clothes. But when I studied a semester in Quito, Ecuador, I noticed that no one dressed that way. I quickly learned that by rotating 4-5 polo shirts, a few pairs of khakis or jeans, and shoes (not sneakers!), I fit in a lot better. Also, all of the kids in my neighborhood wore uniforms to school."

What are the advantages and disadvantages to a more formal dress code and to uniforms? If you wore a uniform when you were in school, what was your opinion about it?

Danita Delimont/Gallo Images/Getty Images

De compras • 231

[8.9] El precio correcto. Trabajan en el Almacén Galerías de la Moda y deben poner las etiquetas de precios en estos artículos. Pero, ¿dónde está la lista de precios? En parejas, decidan qué precio corresponde a cada artículo.

Modelo: Estudiante A: —**Yo creo que el reloj cuesta 370 dólares.**
          Estudiante B: —**¿Tú crees? Me parece un precio barato.**
          Estudiante A: —**Pero no es de oro, ¿verdad?...**

$3,450
$2,500
$25
$6
$10
$175
$125
$36
$65

EXPRESIONES ÚTILES

¿Tú crees?
Do you think so?
¿Estás seguro/a?
Are you sure?
¿Qué te parece?
What do you think?
Me parece (caro/barato)
It seems (expensive/ cheap)

EXPRESIONES ÚTILES

¡Qué barato/caro!
How cheap/expensive!
¡No me digas!
Really?/Seriously?/No way!

▶ NOTA DE LENGUA

The prepositions **por** and **para** can be problematic for English speakers because they both can be equivalent to *for*. Which one is used depends on the meaning we want to convey. You have already studied some uses of **por** and **para** (*Capítulo 7*). Additional uses are:

Para + *person/thing = for + the recipient/beneficiary of something*
Esta blusa es **para** mi novia.   *This blouse is for my girlfriend.*
Necesita una silla **para** su oficina.   *He needs a chair for his office.*

Por + *an amount = for, in exchange for*
En el mercado de las pulgas conseguí   *At the flea market I got a*
un collar de perlas **por** $20.   *pearl necklace for $20.*

~~Pagué $200 **para** el collar.~~

 [8.10] Regalos para todos. El Almacén Galerías de la Moda tiene rebajas y ustedes compran muchos regalos para su familia y sus amigos. Habla con tu compañero/a y dile qué compraste, para quién es cada regalo y cuánto dinero gastaste. Haz preguntas y comentarios sobre sus compras. Túrnense.

Modelo: Estudiante A: **Estos guantes son para mi hermana. Los compré por cuatro dólares.**
          Estudiante B: **¡Qué baratos! Pero ahora no hace mucho frío.**
          Estudiante A: **No, pero mi hermana siempre tiene frío.**

▲ Mercado de Otavalo, Ecuador.

© Zoonar/John Mitchell/age fotostock

Situaciones

Usen como referencia la foto del mercado de Otavalo, arriba en la Nota cultural.

Estudiante A: Estás en el mercado de Otavalo, en Ecuador. Quieres comprar una blusa bordada para tu madre, un cinturón de cuero para tu mejor amigo/a y un poncho para ti, pero no tienes mucho dinero. Pregunta al vendedor detalles sobre su mercancía, precios e intenta regatear (*haggle*).

Estudiante B: Tienes un puesto de ropa y complementos artesanales en el mercado de Otavalo, en Ecuador. Responde a las preguntas del cliente, háblale de la calidad de tus productos e intenta hacer una venta (*sale*).

PALABRAS ÚTILES

bordado/a	*embroidered*
hecho a mano	*hand-made*
el poncho tradicional	*traditional poncho*
talla pequeña/mediana/ grande	*small/medium/ large size*

INVESTIG@ EN INTERNET

Investiga dónde puedes comprar ropa, joyas o artesanía (*crafts*) de Latinoamérica en tu ciudad o en Internet. Escoge dos o tres cosas que te gustaría comprar para ti o para alguien que conoces. Describe sus características y precio y dónde comprarlo y, si puedes, incluye una foto.

De compras • 233

Así se forma

1. Emphasizing possession: Stressed possessives

WileyPLUS

Go to *WileyPLUS* to review this grammar point with the help of the **Animated Grammar Tutorial**.

¿Son estas cosas **tuyas**?

Sí, son **mías**. Y esta camisa, ¿es **tuya**?

Diego   Ismael

Diego e Ismael usaron la misma secadora de ropa. Ahora cada uno (*each one*) busca su ropa.

Diego: Aquí hay una camisa de manga corta **tuya**.

Ismael: Sí, la camisa y los pantalones cortos son **míos**. Y esta camisa azul, ¿es **tuya**?

Diego: No, Pedro la dejó en mi cuarto ayer. Creo que es **suya**.

You have already learned one form of possessive adjectives (**mi**, **tu**, **su**, **nuestro**, **vuestro**, **su**). Stressed possessives are corresponding forms that are used for emphasis and contrast.

Esta no es **mi** bolsa. La bolsa roja sí es **mía**.   *This is not my bag. The red one is mine.*

Note that these forms must also agree in gender and number with the thing possessed.

mío/a, míos/as	*mine*	Esa chaqueta es **mía**.
tuyo/a, tuyos/as	*yours*	¿Los guantes azules son **tuyos**?
suyo/a, suyos/as[1]	*his*	Pepe dice que esa gorra es **suya**.
	hers	Ana dice que esas botas son **suyas**.
	yours (usted)	¿El bolso de cuero es **suyo**?
nuestro/a, nuestros/as	*ours*	Esa ropa es **nuestra**.
		Esos dos abrigos son **nuestros**.
vuestro/a, vuestros/as	*yours*	¿Es **vuestro** ese regalo?
		¿Son **vuestras** las corbatas?
suyo/a, suyos/as	*theirs*	Ana y Tere dicen que esas cosas son **suyas**.
	yours (ustedes)	Señoras, ¿son **suyos** estos paraguas?

They can be used as adjectives following the verb **ser** (translated as *mine*, *yours*, etc.) or a noun (translated as *of mine*, *of yours*, etc.)

¿Esa bufanda es **tuya** o **mía**?   *Is that scarf yours or mine?*
Muchos amigos **míos** llevan jeans.   *Many friends of mine wear jeans.*

They are also frequently used as pronouns, when the possessed noun has been mentioned before, to avoid repetition. When used as pronouns they require the use of definite articles (**el**, **la**, **los**, **las**).

—Tengo mi suéter. Y tú, ¿tienes **el tuyo**?   *I have my sweater. And you, do you have yours?*

—Sí, yo también tengo **el mío**.   *Yes, I have mine, too.*

---

[1]As with **su/sus**, if the context does not clearly indicate who **suyo/a/os/as** refers to, you may use an alternate form for clarity.

Es **su** ropa.	*Or,*	Es la ropa **de él/ella/usted**.
Esa ropa es **suya**.	*Or,*	Esa ropa es **de ellos/ellas/ustedes**.

[8.11] En la lavandería (*laundromat*). Diego e Ismael compartieron (*shared*) una secadora en la lavandería. Ahora cada uno busca su ropa.

Paso 1. Diego saca varias prendas de la secadora. Indica a qué prendas se refiere y si son suyas (de Diego), o de Ismael.

una camisa	un suéter	unas camisetas	unos calcetines

Modelo: Diego dice: Este es mío. **Es el suéter de Diego.**

Diego dice:

1. Esta es mía. _____

2. Estos son míos. _____

3. Estos son tuyos. _____

4. Este es tuyo. _____

5. Estas son mías. _____

6. Esta es tuya. _____

Paso 2. Diego lleva la cesta (*basket*) con su ropa al cuarto, pero algunas cosas son de Ismael. Completa sus observaciones.

Modelo: Mi suéter es negro, este suéter gris no es **mío**, es **suyo.**

1. Mis calcetines son largos, estos calcetines cortos no son _____, son _____.

2. Mis camisetas son de talla grande, estas camisetas de talla mediana no son _____, son _____.

3. Mis jeans son nuevos, estos jeans viejos no son _____, son _____.

4. Mi camisa es azul, esta camisa verde no es _____, es _____.

[8.12] ¿De quién es? Después de una reunión (*get-together*) en casa de Fermín, sus amigos van a regresar a sus casas, y buscan sus abrigos y complementos. Completa las preguntas y respuestas de todos.

Fermín: ¿Esta chaqueta negra es _____, Vanesa, o es de Regina?

Vanesa: No, no es _____. La _____ es azul. Esa puede ser de Regina, la _____ sí es negra.

Fermín: Esta bufanda y gorro de lana también son _____, ¿verdad?

Vanesa: ¿De Regina? No, esos son _____. También traje (*I brought*) un bolso negro.

Fermín: Aquí hay dos bolsos negros. ¿El _____ tiene cremallera (*zipper*)?

Vanesa: Sí, sí, ese es _____.

[8.13] ¡Un ladrón o una ladrona (*thief*) en la clase! ¡Cierren los ojos! (El/La profesor/a va a caminar por la clase "robando" algunos de los artículos de los/as estudiantes para ponerlos sobre su escritorio.) Luego, abran los ojos y contesten las preguntas del/de la profesor/a.

Modelo: Profesor/a: Señor/Señorita, ¿es suyo este reloj?
Estudiante: No, no es **mío.**
Profesor/a a la clase: Pues, ¿de quién es?
Un/a estudiante indica: Es **suyo.** *Or,* Es **de Lisa.**

Cultura

Perú, Ecuador y Bolivia

▼ Perú
▼ Bolivia
▼ Ecuador

ANTES DE LEER

1. Mira el mapa al principio de este libro. ¿Qué tienen Ecuador y Perú que no tiene Bolivia?

   ☐ costa (*coast*)   ☐ frontera con otro país   ☐ montañas

2. ¿Sabes qué es Machu Picchu?

3. Cierto o falso: La gente de Ecuador, Perú y Bolivia habla solamente el español.

▲ Indígenas quechua

El gran Imperio inca

Ecuador, Perú y Bolivia están situados en el corazón (*heart*) de los Andes. Los tres formaron parte del antiguo Imperio inca llamado Tahuantinsuyo.

Los emperadores incas gobernaron durante casi 400 años. Bajo su gobierno a nadie le faltó (*no one lacked*) comida ni ropa y después de conquistar a otras tribus, los incas incorporaban a los líderes conquistados en su gobierno. El último emperador inca fue Atahualpa y fue capturado en 1532 por Francisco Pizarro cuando los españoles conquistaron la región. Durante este periodo, la ciudad peruana de Lima se convirtió en el centro colonial más importante de América del Sur.

Los incas perfeccionaron el cultivo de la papa y el cuidado del ganado (*livestock*) de los Andes, como las llamas y las alpacas. Muchos indígenas todavía llevan la ropa tradicional andina: sarapes, ponchos y sombreros hechos de lana de alpaca. Después del español, el quechua es la lengua más hablada entre los indígenas de la zona andina. Las siguientes palabras proceden del quechua: *cóndor*, *puma* y *papa*.

▲ Plaza de la Independencia, Quito, Ecuador

Ecuador

La línea ecuatorial que pasa por el norte le dio su nombre al país. Ecuador es un país pequeño, pero de grandes contrastes geográficos: playas excelentes en la costa, zonas amazónicas y áreas volcánicas en la región andina.

Quito, la capital de Ecuador, tiene una zona antigua de gran belleza con numerosos ejemplos de arte y arquitectura coloniales. Por eso, muchas personas la llaman "la cara de Dios (*the face of God*)". El 10 de agosto de 1809, el primer grito (*cry*) de independencia de América Latina se dio en Quito.

Las islas Galápagos, donde Darwin desarrolló muchas de sus teorías, son un verdadero tesoro ecológico. Estas islas, cuyo nombre oficial es "Archipiélago de Colón", quedan a unas 600 millas de la costa ecuatoriana. En ellas coexisten especies de reptiles, aves (*birds*) y plantas únicas en el mundo. Las tortugas (*turtles*) de las Galápagos pueden vivir sin comer un año, llegar a pesar 500 libras y vivir hasta 100 años.

Perú

▼ Cuzco

La costa del Pacífico (donde está Lima, la capital) es la región más dinámica del país, pero el área andina, con montañas muy elevadas, domina la geografía. La influencia indígena en Perú es muy notable. Los idiomas oficiales de Perú son el español y un gran número de lenguas indígenas, entre ellas el quechua y el aimara. En la foto, una calle de Cuzco muestra la fusión de las culturas indígena y española: Los incas construyeron el muro de piedra (*stone*) y los españoles construyeron la parte superior del edificio.

Perú tiene una de las economías que crece más rápido en el mundo, debido al *boom* económico de los años 2000. El turismo constituye la tercera industria más grande de la nación después de la pesca (*fishing*) y la minería.

Cerca de Cuzco, a más de 8,000 pies de altura, los incas construyeron la ciudad de Machu Picchu. Esta ciudad refleja el alto nivel de tecnología del imperio inca. Los españoles no sabían de la existencia de Machu Picchu y, después de la conquista, el sitio se perdió durante siglos. Sus ruinas fueron redescubiertas en 1911 por el arqueólogo estadounidense Hiram Bingham.

▲ Ciudad de Machu Picchu, Perú

Bolivia

El nombre de este país es en honor a Simón Bolívar, el héroe de las guerras de independencia de Hispanoamérica. La Paz es famosa por ser una de las ciudades más altas del mundo. De hecho, debido a la poca cantidad de oxígeno, es muy difícil encender (*light*) y mantener un fuego. Aún (*even*) más que en Perú y Ecuador, la presencia indígena es muy visible en Bolivia: solo la mitad de los bolivianos hablan español como primera lengua, y hay más de treinta lenguas oficiales como el quechua, el aimara y el guaraní.

Las minas de plata fueron la atracción principal para los españoles en tiempos coloniales. Bolivia es un país en desarrollo (*developing*); hoy en día, la economía todavía (*still*) tiene su base principal en la extracción y exportación de sus recursos naturales.

▲ La Paz, Bolivia

DESPUÉS DE LEER

1. ¿A qué país o países se refieren las siguientes oraciones?

	Ecuador	Perú	Bolivia
Las islas Galápagos pertenecen a (*belong to*) este país.	☐	☐	☐
Tiene playas, selva tropical, volcanes y zonas frías.	☐	☐	☐
El quechua es una lengua oficial de este país.	☐	☐	☐
Su capital es una de las ciudades más altas del mundo.	☐	☐	☐

2. El presidente de Ecuador, Rafael Correa, sabe hablar quechua. ¿Algún presidente de Estados Unidos hablaba alguna lengua indígena?

3. Busca por Internet las "Nuevas siete maravillas del mundo moderno" y las "Nuevas siete ciudades maravilla". ¿Cuáles de los lugares mencionados aquí se nombraron (*were nominated*) o ganaron (*won*)?

Así se forma

2. Expressing actions in the past: The preterit of irregular verbs

WileyPLUS

Go to *WileyPLUS* to review this grammar point with the help of the **Animated Grammar Tutorial** and **Verb Conjugator**.

Ayer fue mi cumpleaños. Mis amigos me **dieron** una fiesta, pero yo no lo **supe** hasta que todos **vinieron** a mi casa por la tarde, no **quisieron** decirme nada para darme una sorpresa. **Trajeron** comida, bebida, decoraciones, regalos y un pastel, y yo no **tuve** que hacer nada más que pasarlo bien. Como les **dije** después de soplar (*blow out*) las velas, el mejor regalo es que **pude** disfrutar de su compañía y amistad.

You have already learned the irregular preterit forms of the verbs **ser**, **ir** (*Capítulo 6*) and **hacer** (*Capítulo 7*). The following verbs have a consistent preterit stem and the same endings as **hacer.**

estar **estuv-**	tener **tuv-**	poder **pud-**	poner **pus-**	saber **sup-**	venir **vin-**	querer **quis-**	traer **traj-**	decir **dij-**
estuve	tuve	pude	puse	supe	vine	quise	traje	dije
estuviste	tuviste	pudiste	pusiste	supiste	viniste	quisiste	trajiste	dijiste
estuvo	tuvo	pudo	puso	supo	vino	quiso	trajo	dijo
estuvimos	tuvimos	pudimos	pusimos	supimos	vinimos	quisimos	trajimos	dijimos
estuvisteis	tuvisteis	pudisteis	pusisteis	supisteis	vinisteis	quisisteis	trajisteis	dijisteis
estuvieron	tuvieron	pudieron	pusieron	supieron	vinieron	quisieron	trajeron	dijeron

- Notice the difference in the **ellos, ellas,** and **ustedes** endings (**-ieron** and **-eron**) between the two groups of verbs above. Verbs whose stems end in **j** add **-eron** instead of **-ieron.**

Note that the preterit endings for **dar** are like those for –er/-ir vebs.

> **dar:** di, diste, dio, dimos, disteis, dieron.

- The verbs **saber, querer,** and **poder** convey a slightly different meaning in the preterit than in the present.

saber	**Supe** hacerlo.	*I found out/figured out how to do it.*
querer	**Quise** hablar con ella.	*I tried to speak with her.*
no querer	Ella **no quiso** hablar conmigo.	*She refused to speak with me.*
poder	**Pude** terminar el proyecto.	*I managed to finish the project.*
no poder	**No pude** encontrar al profesor.	*I didn't manage to find the professor.*

[8.14] La fiesta de cumpleaños. Este fin de semana fue el cumpleaños de Carmen y sus amigos le dieron una fiesta.

Paso 1. Escucha las siguientes descripciones y escribe el número correspondiente debajo del dibujo que describe la actividad. (Nota: Las actividades no están en orden.)

Paso 2. En parejas, organicen en orden cronológico las actividades del **Paso 1** y describan la fiesta de cumpleaños de Carmen con los verbos del cuadro e inventando más detalles.

comprar	traer	hacer	abrir	irse	poner

[8.15] ¿Qué hicieron el fin de semana pasado (last weekend)?

Paso 1. Indica qué hiciste el fin de semana pasado en la columna **Yo**, abajo. Añade (*Add*) una oración más al final.

Paso 2. En parejas, comparte tus respuestas con tu compañero/a, añadiendo detalles y haciendo preguntas sobre sus actividades. Anota sus respuestas en la columna *Mi compañero/a.*

Modelo: Estudiante A: **El sábado hice ejercicio. Fui al gimnasio y monté en bicicleta. ¿Y tú, hiciste ejercicio o practicaste un deporte?**

Estudiante B: **No, este fin de semana no hice ejercicio.**

Yo	Tu compañero/a
☐ hice ejercicio o practiqué un deporte.	☐ hizo ejercicio o practicó un deporte.
☐ tuve que estudiar mucho.	☐ tuvo que estudiar mucho.
☐ di o estuve en una fiesta.	☐ Dio o estuvo en una fiesta.
☐ quise salir pero no pude.	☐ quiso salir pero no pudo.
☐ fui al cine.	☐ fue al cine.
☐ tuve que trabajar.	☐ tuvo que trabajar.
☐ me puse enfermo/a.	☐ se puso enfermo/a.
☐ pude dormir mucho.	☐ pudo dormir mucho.
☐ dije chistes (*jokes*).	☐ dijo chistes.
☐ _____	☐ _____

PALABRAS ÚTILES

ponerse (enfermo *to get (sick,* /a, contento, etc.) *happy, etc.)*

Paso 3. En grupos de 4 o 5, comparen sus actividades y respondan:

- ¿Quién tuvo el fin de semana más relajado? ¿Y el más activo?
- ¿Quién tuvo el fin de semana más divertido? ¿Y el más ocupado?

[8.16] De compras en el centro. Completa las oraciones con la forma apropiada de **saber**, **querer** o **poder**.

El domingo mis amigos y yo decidimos ir de compras al centro. Cuando llegamos a la parada de autobús _____ que no hay servicio los domingos por la tarde, entonces no _____ ir en autobús. Pero no _____ cambiar nuestros planes y caminamos hasta el centro de la ciudad. Yo _____ comprar unos jeans, pero no _____ encontrar uno de mi talla. Por suerte, yo _____ que los zapatos estaban en rebajas y no _____ desperdiciar (*to waste*) la oportunidad: compré dos pares a muy buen precio.

 [8.17] Excusas. Tu compañero/a y tú iban a (*were going to*) cenar juntos/as ayer, pero ¡los/as dos lo olvidaron (*forgot*)! Siguiendo el modelo, inventen excusas para explicar su ausencia y pregúntenle a su compañero/a sobre las suyas. Túrnense.

Modelo: Estudiante A: **Lo siento, Pete, pero ayer tuve laboratorio de química.**
         Estudiante B: **¿De verdad? ¿A qué hora fue? ¿Dónde?...**

Estudiante A
1. no poder salir del cuarto/apartamento
2. tener que ayudar a un/a amigo/a
3. sustituir a un/a compañero/a en el trabajo
4. ...

Estudiante B
1. no saber llegar al restaurante
2. querer llamar por teléfono y no poder
3. estar enfermo/a
4. ...

 [8.18] Mi aventura.

Paso 1. Escribe un párrafo de al menos (*at least*) seis oraciones describiendo una aventura (real o imaginaria). ¿Adónde fuiste? ¿Qué pasó (*What happened*)? ¿Qué hiciste? ¿Tuviste alguna experiencia interesante?

Paso 2. En grupos de cuatro, cada estudiante lee su aventura a los demás y estos hacen preguntas sobre los detalles. Si tu aventura es imaginaria, ¡invéntalos! El resto del grupo intenta adivinar si las aventuras de sus compañeros/as son reales o imaginarias.

Cultura WileyPLUS

La ropa tradicional

ANTES DE LEER

¿Se lleva ropa tradicional actualmente en algunas regiones de tu país? ¿Dónde? ¿Puedes describir un ejemplo?

La ropa tradicional de España y de Hispanoamérica es muy variada. En las ciudades se usa la ropa tradicional en los días de fiesta nacional: por ejemplo, en los desfiles (*parades*) cívicos, los niños, jóvenes y adultos se visten con la ropa típica de las diferentes regiones de su país y bailan música tradicional. Las compañías nacionales de danza también usan ropa típica. Gracias al flamenco, los trajes típicos del sur de España se conocen en todo el mundo.

Las polleras de las panameñas son verdaderos tesoros: estas prendas están decoradas con finos encajes (*lace*) y bordadas con hilos (*threads*) de oro. Como aprendiste en el *Capítulo 5*, en las regiones costeras, sobre todo en el Caribe, es común ver a hombres con guayaberas, que son perfectas para el clima caliente de la zona. En Bolivia, el **bombín**, un tipo de sombrero europeo, se integró a la ropa tradicional de las mujeres.

▲ Una guayabera

◀ La pollera panameña

Sin embargo, los indígenas de las zonas rurales de muchos países, como Bolivia, Ecuador, Guatemala y México, usan ropa típica todos los días. En México, las mujeres de Oaxaca y de la península de Yucatán usan el **huipil**, un vestido (o una blusa) con un bordado (*embroidery*) de flores de colores vivos (*bright*). Por el tipo de diseño del huipil que viste la mujer, se distingue la región en la que vive.

En el pueblo de Otavalo, en la región andina de Ecuador, las mujeres llevan una falda negra con bordados de colores, una blusa blanca bordada de encajes, muchos collares y pulseras de cuentas (*beads*) rojas y doradas (*golden*) y, a veces, un turbante en la cabeza (como en la foto de la Nota cultural: Los mercados y el regateo). Por lo general, los hombres de esta región llevan un poncho de lana sobre una camisa, pantalones blancos con alpargatas (*rope-soled sandals*) blancas y un sombrero negro.

▲ Mujer indígena de Oaxaca, México

DESPUÉS DE LEER

1. Empareja estos artículos de ropa con los lugares en los que se usan:

a. los huipiles   __ Panamá

b. la pollera   __ el Caribe

c. el poncho de lana   __ Ecuador

d. la guayabera   __ México

    ¿Cuál te gusta más?

2. ¿Has visto la incorporación de elementos tradicionales en la ropa moderna? Descríbela.

De compras • 241

269

Así se forma

3. Double object pronouns: direct and indirect object pronouns combined

WileyPLUS

Go to *WileyPLUS* to review this grammar point with the help of the **Animated Grammar Tutorial**.

Ana: El sábado voy a una fiesta, pero no tengo nada que ponerme. Ese vestido de seda tan bonito que llevaste el sábado ... ¿**me lo** prestas, por favor?

Isabel: No **te lo** puedo prestar, es de mi hermana mayor y **se lo** tengo que devolver.

Ana: Por favor, Isabelita... No tienes que decír**selo** a tu hermana, ¿no?

Isabel: Mira, tengo una falda muy elegante. **Te la** voy a mostrar y, si te gusta, **te la** presto.

When we replace with pronouns both the direct object (**me**, **te**, **lo/la**, **nos**, **os**, **los/las**) and the indirect object (**me**, **te**, **le**, **nos**, **os**, **les**), they combine as double object pronouns.

- The indirect object pronoun always precedes the direct object pronoun. Placement in the sentence does not change: before conjugated verbs and attached to infinitives (**-ar**, **-er**, **-ir** forms) and present participles (**–ndo** forms.) In a negative statement, **no** precedes both pronouns.

Este libro es fascinante. La profesora **me lo** mostró en clase.	*This book is fascinating. The professor showed it to me in class.*
Te lo voy a prestar./ Voy a prestár**telo**.	*I am going to lend it to you.*
¿Por qué **no me lo** regalas?	*Why don't you give it to me?*

- When both double object pronouns refer to the third person, the indirect object pronouns **le** and **les** change to **se**.

Encontré tu cartera. **Se la** di a tu hermana.	*I found your wallet. I gave it to your sister.*
¡Qué collar tan bonito! **Se lo** voy a regalar a mi mamá./ Voy a regalár**selo** a mi mamá.	*What a pretty necklace! I am going to give it to my mom.*

- Note that when two pronouns are added to the infinitive or present participle, a written accent is added to preserve the original stress pattern:

Va a **dármela**.   Está **mostrándomelo**.   Quiero **decírselo**.

Situaciones

Vas de compras a los *Almacenes Mara* (**Así se dice: De compras**, al principio de este capítulo) con un/a compañero/a de clase porque los/las dos tienen que comprarles regalos a varios amigos o familiares. Cuando llegan al almacén, se separan y hacen sus compras por separado. Después, se reúnen en la cafetería del almacén para tomar un café. Háganse preguntas sobre qué le compraron a quién.

[8.19] ¡Nos encantan los regalos! Octavio trajo varios regalos de Ecuador a sus amigas.

Paso 1. Empareja (*match*) las reacciones de sus amigas con las ilustraciones correspondientes.

1.

Natalia/camiseta

2.

Elena/póster

3.

Carmen e Inés/
toallas de playa

4.

Camila y Linda/
collares y pendientes

_____ a. ¡Impresionante! Octavio me lo regaló.

_____ b. ¡Nos encantan! Octavio nos las trajo.

_____ c. ¡Qué bonitos! Octavio nos los dio.

_____ d. ¡Me encanta! Octavio me la regaló.

Paso 2. En parejas, tú y tu compañero hablan sobre los regalos de Octavio. Tomando turnos, uno de ustedes hace una pregunta siguiendo el modelo. El compañero responde confirmando o corrigiendo (*correcting*) la información, usando pronombres.

Modelo: Estudiante A: **¿Octavio le trajo una camiseta a Natalia?**
Estudiante B: **Sí, se la trajo a Natalia.** *O,*
No, no se la trajo a Natalia. Se la trajo a...

[8.20] En la boutique. Aida y Patricia van de compras a una boutique de moda. Completa esta conversación con los pronombres de objeto directo y objeto indirecto apropiados.

Aida: Necesito unos jeans de la talla 27. Esos me gustan, ¿ _____ _____ puede buscar en mi talla, por favor?

Asistente: Sí, claro. _____ _____ traigo ahora en su talla. ¿Quieren ustedes ver alguna cosa más?

Aida: Esas blusas bordadas son muy bonitas, ¿ _____ _____ muestra?

Asistente: Estas blusas _____ _____ traen de Oaxaca, México. Están hechas a mano.

Aida: ¡Son preciosas! Voy a comprar esta blanca, ¿y tú Patricia?

Patricia: Me encanta la roja, pero ahora no tengo dinero.

Aida: _____ _____ presto yo, _____ _____ puedes devolver mañana. Oye, ¿no es tu cumpleaños la próxima semana? Pues si realmente te gusta la blusa, _____ _____ regalo.

[8.21] Las compras. Tú y tu compañero/a fueron hoy de compras: uno/a fue al supermercado y el/la otro/a fue a la librería. Tú le pediste a tu compañero/a algunas cosas. Pregúntale si te las compró. Responde también a sus preguntas.

Modelo: Estudiante A: **¿Me compraste los bolígrafos?**
           Estudiante B: **Sí, te los compré.**

Estudiante A
Pediste a tu compañero/a:
bolígrafos
un cuaderno   **Compraste para tu compañero/a:**
una regla (*ruler*)   leche
                            tortillas

Estudiante B
Pediste a tu compañero/a
pan
tortillas
leche

Compraste para tu compañero/a:
bolígrafos
una regla

[8.22] El amigo invisible. Van a jugar al amigo invisible (*Secret Santa*) en su clase. Lean las instrucciones con atención.

Paso 1.

a. Escribe tu nombre en un pedazo de papel y dáselo al/a la profesor/a.

b. Ahora, toma un papel y mira el nombre.

c. Piensa en un regalo perfecto para esta persona y escríbelo en la parte de atrás (*back*) del papel. Dale el papel al/a la profesor/a otra vez.

d. El/La profesor/a va a leer los nombres y distribuir los "regalos".

Paso 2. Cada estudiante cuenta a la clase lo que le regalaron, si el regalo le gusta o no y por qué. Después, pregunta quién le hizo este regalo. El/La estudiante responsable responde y explica sus razones.

Modelo: Estudiante A: **Me regalaron un/a..., (no) me gusta porque...**
           Profesor/a (A La Clase): **¿Quién se lo regaló?**
           Estudiante B: **Yo se lo regalé porque...**

 [8.23] ¿Quién lo tiene?

Paso 1. Cada estudiante le presta un objeto a un compañero/a y toma nota del intercambio. Después, caminan por la clase e intercambian este objeto con otro compañero/a, tomando nota de nuevo. Deben completar cuatro intercambios en total.

Modelo: Dices: **Peter, te presto mi bolígrafo. ¿Me prestas tu gorra?**
           Escribes: **Le presté mi bolígrafo a Peter. Él me prestó una gorra.**

Paso 2. Necesitas el objeto que prestaste, ¿quién lo tiene? Pregunta al compañero que lo tomó prestado (*borrowed*) y responde también a sus preguntas (consulta tus notas si es necesario). Continúa hasta encontrar tu objeto.

Modelo: Estudiante A: **Peter, necesito mi bolígrafo, ¿lo tienes?**
           Estudiante B: **No, no lo tengo. Se lo presté a John.**
           Estudiante A: **John, necesito mi bolígrafo, ¿lo tienes?...**

○ VideoEscenas

WileyPLUS

¿Qué le compro?

ANTES DE VER EL VIDEO

¿Cuáles de estos te parecen buenos regalos para un/a amigo/a o para los dos? Añade dos más.

	Un amigo	Una amiga
1. un libro	☐	☐
2. un CD	☐	☐
3. una pulsera	☐	☐
4. unas flores	☐	☐
5. unos zapatos	☐	☐
6. _____	☑	☐
7. _____	☐	☑

▲ Álvaro y María van de compras.

A VER EL VIDEO

Mira el video e indica si estas afirmaciones son ciertas o falsas. Corrige las oraciones falsas.

	Cierto	Falso
1. Álvaro olvidó (*forgot*) el cumpleaños de Marisol.	☐	☐
2. María le compró unos zapatos a Marisol.	☐	☐
3. A María no le gusta llevar pulseras.	☐	☐
4. María sugiere comprar flores.	☐	☐

Lee las siguientes preguntas. Después, mira el video otra vez y responde.

1. ¿Por qué no fue Álvaro a la fiesta de Marisol?

2. ¿Qué le regaló María a Marisol?

3. ¿Por qué no es buena idea comprarle una pulsera?

4. ¿Por qué no le compran los aretes?

5. ¿Por qué piensa María que las rosas son un buen regalo?

DESPUÉS DE VER EL VIDEO

 En grupos de tres o cuatro, respondan a estas preguntas:

1. En el video, María dice que las rosas les gustan a las mujeres. ¿Te parece que las flores son un buen regalo para un chico o un hombre? ¿Qué regalos haces a tus amigos y parientes hombres? ¿Y a las mujeres?

2. ¿Cuál fue el mejor regalo que te hicieron? ¿Cuál fue el peor? Explica por qué y escucha las experiencias de tus compañeros. ¿Quién recibió el mejor regalo del grupo? ¿Y el peor?

Así se forma

4. Indefinite words and expressions

WileyPLUS

Go to *WileyPLUS* to review this grammar point with the help of the **Animated Grammar Tutorial**.

Eduardo: Esta noche voy a una cena formal y tengo que ponerme **algo** elegante, pero no tengo **ni** camisas **ni** corbatas. ¿Tienes tú **alguna**?

José Luis: No tengo **ninguna** corbata **tampoco**, pero sí tengo **algunas** camisas. Y **también** tengo un corbatín (*bowtie*), si quieres.

Eduardo: ¿Un corbatín? **Nadie** lleva corbatines, están pasados de moda.

José Luis: ¿Ah, sí? Pues busca a **alguien** más moderno y pídele una corbata… y una camisa **también**.

In *Capítulo 2* (under *Así se forma* 2) you learned the indefinite and negative frequency adverbs **siempre**, **a veces** and **nunca**. Here are some additional indefinite and negative words.

Indefinite and negative adverbs

también[1]	*also*	Tenemos vestidos, y **también** faldas.
tampoco	*neither, not either*	No tenemos vestidos, y **tampoco** faldas.

Indefinite and negative pronouns

todo	*everything, all*	Me gusta **todo**.
algo	*something, anything* (*interrogative*)	¿Quieres **algo**?
nada	*nothing*	No, no quiero **nada**, gracias.
alguien	*someone, anyone* (*interrogative*)	¿Invistaste a **alguien**[2] a la cena?
nadie	*no one, nobody*	**Nadie** quiere ir a esa cena.

Indefinite and negative adjectives

algún/alguna/os/ as	*some, any*	Quiero comprar **algunas** cosas. ¿Tienen **algún** reloj?
ningún/ninguna	*no, not any*	No tenemos **ningún** reloj. ¿No quiere **ninguna** otra cosa?

Conjunctions

o	*or*	**o… o**	*either…or*	**O** te pones la falda **o** el vestido.
ni	*nor, not even*	**ni…ni**	*neither…nor*	No tengo **ni** collares **ni** pulseras.

- As mentioned in *Capítulo 2, Así se forma 2*, in Spanish, negation must be expressed before the verb. We may use negative expressions before the verb or, if we use them after the verb, then we must place **no** before the verb:

Nada le gusta.	*Or,*	**No** le gusta **nada**.
Tampoco tenemos faldas.	*Or,*	**No** tenemos faldas **tampoco**.

- The adjectives **algún/alguna/os/as** and **ningún/ninguna** have corresponding pronouns. The forms are the same except for the masculine singular, which becomes **alguno** and **ninguno** respectively.

- ¿Tienen algún reloj?	*- Do you have any watches?*
- Sí, tenemos **alguno**./No, no tenemos **ninguno**.	*-Yes, we have **some**./No, we don't have **any**.*

- **Ningún/a** mean *not a single* and consequently are not used in plural.

Tengo **algunos** vestidos negros, pero no tengo **ningún** vestido azul.	*I have some black dresses, but I don't have any blue dresses.*

[1]Note that adverbs can be placed in different places in the sentence: **También** tenemos faldas // Tenemos faldas **también**// Tenemos **también** faldas

[2]Since **alguien** and **nadie** refer to people, they are preceded by the **personal a** when they function as direct objects.

[8.24] **El centro comercial.** Tu amiga y tú van a visitar Lima y quieres ir de compras al centro comercial Plaza.

Paso 1. Lee la descripción de este centro. Después, escucha las preguntas de tu amiga y escoge la respuesta correcta.

El centro comercial PLAZA es una propuesta moderna donde puede realizar sus compras, comer, entretenerse, relajarse, cuidar su imagen o simplemente pasear. Le ofrecemos 180 locales comerciales que incluyen tiendas de moda y accesorios, zapaterías, joyerías, salones de belleza, un *spa* y muchísimo más. Después de un largo día de compras, puede disfrutar de deliciosos momentos en alguno de los restaurantes o cafés en nuestro patio de comidas y, por qué no, de una película en una de nuestras 14 salas de cine.

Otros servicios a su disposición son: servicio de información y atención al cliente, centro financiero con oficinas bancarias y cajeros automáticos, café Internet con Wi-Fi gratuito, sillas de ruedas (*wheelchairs*) y coches de niños (*strollers*), servicio de taxis.

Nuestro horario es de 10:00 a. m. a 10:00 p. m. todos los días.

William Albert Allard/National Geographic/Getty Images, Inc.

1. ☐ Sí, hay alguna.   ☐ Sí, hay alguno.   ☐ No, no hay ninguna.   ☐ No, no hay ninguno.
2. ☐ Sí, hay algunas.   ☐ Sí, hay algunos.   ☐ No, no hay ninguna.   ☐ No, no hay ninguno.
3. ☐ Sí, hay algunas.   ☐ Sí, hay algunos.   ☐ No, no hay ninguna.   ☐ No, no hay ninguno.
4. ☐ Sí, hay algunas.   ☐ Sí, hay algunos.   ☐ No, no hay ninguna.   ☐ No, no hay ninguno.
5. ☐ Sí, cuesta algo.   ☐ No, no cuesta nada.
6. ☐ Sí, hay alguien.   ☐ No, no hay nadie.

 Paso 2. Escribe un párrafo describiendo el centro comercial de tu ciudad (o una ciudad cercana) y comparándolo con el centro comercial Plaza.

Modelo: **El centro comercial de mi ciudad se llama Vista Bay. Hay muchas tiendas de ropa, algunas zapaterías...**

[8.25] ¿Qué hay en el centro comercial? Antes de ir al centro comercial Plaza, tu amiga llama al servicio de atención al cliente. Completa su conversación con las palabras indefinidas y negativas del siguiente cuadro.

siempre	nunca	algún/alguna/os/as	ningún/ninguna	alguien	ni ... ni

Tu amiga: Perdón, señor. ¿Hay _____ estación de metro cercana?

Telefonista: Lo siento mucho, señora, no hay _____. Pero sí hay _____ autobuses que vienen desde el centro de la ciudad.

Tu amiga: Bueno... ¿Y tienen _____ restaurante de comida tradicional peruana?

Telefonista: Claro, hay _____ en el patio de comidas.

Tu amiga: ¡Qué bien! Y ¿hay _____ en la oficina de atención al cliente a toda hora? Es por si tengo _____ pregunta más...

Telefonista: Sí, señora, _____ hay _____.

Tu amiga: Y, para estar segura, no cierran temprano _____ los sábados _____ los domingos, ¿verdad?

Telefonista: No, _____ cerramos antes de las 10 de la noche.

[8.26] ¿Cierto o falso? Observa el aula de español o el lugar donde estás. ¿Son las siguientes declaraciones ciertas o falsas? Responde y da ejemplos. Si son falsas, corrígelas usando palabras indefinidas y negativas.

Modelo: Nadie tiene mochila.
Cierto, nadie tiene mochila. *o,* **Falso. Algunas personas tienen mochila. Por ejemplo, Ben.**

1. Alguien está escribiendo.
2. Hay algo en la mesa.
3. No hay nadie aburrido.
4. No hay tizas. Tampoco hay papelera.

5. No hay nada en la pared (*wall*).
6. Algunos estudiantes están hablando.
7. No hay ningún libro cerrado.
8. Hay alguien descansando.

[8.27] ¿Eres un buen testigo (*witness*)?

Paso 1. Mira las siguientes ilustraciones durante un minuto y después cúbrelas (*cover them*) con la mano o una hoja de papel.

Paso 2. Ayer fuiste testigo de un robo a un banco (*bank robbery*) y ahora la policía te hace preguntas sobre el ladrón y lo que sucedió. Con los dibujos cubiertos (*covered*), lee las instrucciones y preguntas de la policía y anota tus respuestas en una hoja. Luego, compara tus respuestas con las de un/a compañero/a.

PALABRAS ÚTILES

la pistola	*gun*
apuntar	*to point*
el mostrador	*counter*
el cristal	*glass*

Informe policial

1. Cuando llega el ladrón, ¿hay alguien en el banco? ¿Cuántos empleados y clientes hay? ¿Dónde están? _____

2. ¿El ladrón entra solo o con alguien? _____

3. Describa al ladrón: ¿cómo es? ¿Qué ropa lleva? ¿Lleva algo en la cabeza o la cara? _____

4. ¿Lleva algo en las manos cuando entra? _____

5. ¿Habla con alguien? ¿Dice algo? _____

6. ¿Qué hacen los empleados? ¿Qué hacen los demás (*the rest*)? _____

7. Cuando el ladrón sale, ¿hay algo en su bolsa (*bag*)? ¿Qué? _____

8. ¿Llama alguien a la policía? _____

9. ¿Recuerda algún otro detalle? _____

 [8.28] Sospechoso (*suspect*). ¡Tu compañero/a de clase sospecha que tú eres el ladrón! Y la verdad es que tú también tienes sospechas (*suspicions*) sobre él/ella. Haz y responde a las siguientes preguntas y piensa en otras preguntas para hacerle a tu compañero/a. Contesta con oraciones completas.

1. ¿Estudiaste con alguien ayer por la tarde? (¿Con quién? ¿Desde qué hora? ¿Hasta qué hora?)

2. ¿Hablaste con alguien por teléfono? (¿Con quién? ¿Cuánto tiempo?)

3. ¿Fuiste a clases después de almorzar? (¿Qué clases? ¿Quién es el/la profesor/a?)

4. ¿Fuiste a la biblioteca o al laboratorio? (¿A qué hora? ¿Solo/a o con alguien?)

5. ¿A qué hora fuiste a tu cuarto? ¿Viste a tu compañero/a de cuarto?

6. ¿...?

[8.29] Tu estilo personal. Describe por escrito tus preferencias y estilo personal. Aquí tienes algunas preguntas como punto de partida. Integra expresiones indefinidas y negativas de la sección **Así se forma 4,** como en el modelo.

- ¿Qué ropa y complementos llevas siempre? ¿Qué no llevas nunca?

- ¿Tienes algunos jeans? ¿Tienes algunos pantalones o faldas formales?

- ¿Llevas alguna joya normalmente?

- ¿Qué color o colores predominan en tu ropa?

Modelo: **Mi estilo personal es muy relajado y alegre. Siempre llevo ropa con color, y no tengo nada negro ni gris ni marrón...**

En mi experiencia
Julia, Omaha, NE

"It took me about a month to figure out that in Mexico, most customers offer a small tip (loose change) to the people who bag groceries at the supermarket. I also noticed that no one brings their own reusable bags; everyone takes brand new plastic bags to carry what they buy."

Have you ever noticed differences in tipping habits in different parts of the country or among different people you know? Do you ever bring your own bags when shopping? What are the advantages and disadvantages?

© Dorothy Alexander/Alamy

DICHO Y HECHO

PARA LEER: Peseta: La democratización de lo exclusivo

ANTES DE LEER

1. ¿Qué tipo de accesorios o complementos usas habitualmente?

2. Busca en Internet "peseta accesorios" para obtener un poco de información sobre esta compañía. ¿Ofrecen accesorios para hombres y mujeres? ¿Te gusta algún accesorio, o ves algo que le gustaría a alguien que conoces?

ESTRATEGIA DE LECTURA

Guessing meaning from context When reading in Spanish you will encounter many unfamiliar words. While some can be ignored, others are important to understanding the message of the text. You can often approximate the meaning of a new word by (1) paying attention to the overall meaning of the sentence (as we often do in our first language), (2) thinking of any similar words that you may know, and (3) recognizing whether a word is a noun, adjective, verb, etc. For instance, if a word is preceded by an article, you can be sure it is a noun; if you can recognize a verb ending, then it must be a verb, etc. Take these steps in trying to interpret unfamiliar words as you read the selection that follows.

A LEER

Si te encantan los estampados[1], si te mueres por los complementos[2] y si quieres ir a la moda, está claro: necesitas un Peseta. Bolsos, llaveros, bolsitas, mochilas o carteras son solo algunas de las cosas que ofrece esta compañía. Cada pieza tiene un nombre y una tarjeta que anuncia el origen de los materiales, la fecha y el lugar de creación. El encanto de Peseta es que cada complemento incorpora nuevas telas[3] y formas sin estar limitado a lo que está de moda en un momento particular.

Los complementos de esta marca siguen dos principios básicos: la necesidad y la multifuncionalidad. Nunca sabes lo que te espera dentro: bolsos-mochilas que se transforman a tu gusto, llaveros o bolsitas que puedes ajustar de tantas formas como la imaginación te permita. En cada pieza también se mezclan[4] estampados: flores, estrellas, patos, galletas, rayas o cuadros sin la más mínima estridencia. A Peseta le gusta lo que hace, quizá por eso ha conseguido encontrarle el lado emocional a este negocio de la moda.

La nueva colección de Peseta llega con muchas sorpresas, como la bolsa-ukelele, de la que hizo una edición limitada para Marc Jacobs. Y eso no es todo, ya que también hay espacio para sus inconfundibles clásicos básicos. Así que no te lo pienses[5], ¡corre y consigue un Peseta ya!

Texto: Elena Giménez/*De la revista Punto y coma*
(*Habla con eñe*) Fotografía: Peseta

▲ La bolsa "Mariposer"

Punto y Coma Magazine

---

[1]patterned prints [2]accessories [3]fabrics [4]mix [5]don't think twice about it

DESPUÉS DE LEER

1. ¿Cómo son diferentes los productos de Peseta? ¿Cuáles son los dos principios que guían el diseño de estos complementos?

2. Escoge los adjetivos de la lista que pueden aplicarse para describir los objetos de Peseta. Después compara tu lista con la de un/a compañero/a y justifica tu selección basándote en el texto.

artesanal	creativo	convencional	divertido *(fun)*	lujoso *(luxurious)*	práctico

3. Mira los precios de algunos complementos de Peseta en su página web (busca peseta.org). Después, vuelve a leer el título de la lectura. ¿Cómo lo interpretas?

PARA CONVERSAR: El equipaje perdido

Acaban de llegar al aeropuerto Mariscal Sucre de Quito, pero su equipaje no ha llegado y probablemente ¡está perdido! Van a estar en Ecuador una semana, visitando la costa y la capital, pero no tienen nada. La línea aérea les da $250 a cada uno/a como compensación por su pérdida.

Paso 1. Algunos estudiantes son turistas, otros son dependientes en tiendas o mercados callejeros. Individualmente, los turistas hacen una lista de los productos y la ropa que necesitan, mientras los dependientes hacen inventario de sus productos y sus precios.

ESTRATEGIA DE COMUNICACIÓN

Being specific

If you are a tourist, you know that you will be going to both the city and the beach. When coming up with your shopping list, think about what you will need for a week (which items of personal hygiene and clothing, how many, what fabric or material, etc.) Salespeople have to come up with a list of items they sell (with details such as size, material, and number of each item in stock) and their prices, consistent with the store or market stall they have.

Paso 2. Los turistas visitan varias tiendas e intentan comprar todo lo que necesitan. Tanto los compradores como los vendedores deben intentar ser específicos (inventen los detalles que no habían anticipado). Hagan listas con sus compras y ventas, incluyendo los precios pagados.

ASÍ SE HABLA

En su conversación, intenten usar algunas de estas frases comunes en **Perú**, **Ecuador** y **Bolivia**:

chuta = *"oh, no"* or *"aw, man!"*

pana = *buddy*

¿Me cachas? = *Do you understand me?*

PARA ESCRIBIR: La ropa aquí y allá

Vas a describir brevemente el valor y la función de la ropa en Estados Unidos. El público estará compuesto por (*will be comprised of*) los miembros de un grupo indígena de América Latina, que usan ropa tradicional para indicar la región en la que viven y, a veces, la tribu a la que pertenecen. Seguramente, estos grupos tradicionales van a pensar que nuestra forma de vestir (*way of dressing*) es muy diferente a la suya (*theirs*).

ANTES DE ESCRIBIR

Paso 1. Piensa en la ropa y contesta estas preguntas:

1. Mira la ropa que tienes puesta en este momento. ¿Sabes de qué material está hecha? ¿Sabes dónde se fabricó? Si no, mira las etiquetas (*labels*). ¿Es importante para ti conocer el material y el origen de la ropa?

2. Mira a varias personas y analiza la ropa que llevan puesta. ¿Qué nos puede indicar sobre su vida la ropa que lleva una persona?

Paso 2. Ahora, debes hacer las mismas tres preguntas a dos personas diferentes que conoces. Si no hablan español, les puedes preguntar en inglés. Trata de escribir todo lo que dicen en sus respuestas.

ESTRATEGIA DE REDACCIÓN

Incorporating survey data

In this composition, you are going to answer three questions about clothing. You are also going to conduct a survey of two people you know, asking each the same three questions. There are various ways of incorporating and presenting the data you gather in your composition. For example, you might organize the data by person.

Persona 1 (yo): Mis respuestas a las tres preguntas.
Persona 2: Sus respuestas a las tres preguntas.
Persona 3: Sus respuestas a las tres preguntas.

Or, you might organize your data by question:

Pregunta 1: Las respuestas de la Persona 1 (yo); las de la Persona 2; las de la Persona 3.
Pregunta 2: Las respuestas de la Persona 1 (yo); las de la Persona 2; las de la Persona 3.
Pregunta 3: Las respuestas de la Persona 1 (yo); las de la Persona 2; las de la Persona 3.

Choose whichever option you think is best suited to the ideas you want to express along with the basic data of your survey. Both offer a clear and organized way of presenting the data.

A ESCRIBIR

Escribe un primer borrador que resuma (*summarizes*) las respuestas de tu encuesta. Debes usar la opción 1 o la opción 2 de la sección *Estrategia de redacción* para organizar tu composición.

Para escribir mejor: Estas frases para expresar opiniones pueden ayudarte.

opinar que	*to be of the opinion that*
sentir que	*to feel that*
alegar que	*to claim that*

En tu conclusión, puedes usar frases como éstas:

En general, entre mis amigos, es importante/no es importante _____.
Algunos de mis amigos opinan _____, pero otros dicen que _____.

Revisar y editar: La organización. Después de escribir el primer borrador de tu composición, déjalo a un lado por un mínimo de un día sin leerlo. Cuando vuelvas a leerlo, corrígelo en términos de (*in terms of*) organización y contenido, además de gramática y vocabulario. Hazte estas preguntas:

☐ ¿Seguí bien la opción 1 o la opción 2 en términos de organización?

☐ ¿Está clara la conclusión?

☐ ¿Tuve en cuenta que el público de esta composición son grupos indígenas con ropa tradicional?

PARA VER Y ESCUCHAR: El arte del tejido: Una tradición viva

© John Wiley & Sons, Inc.

ANTES DE VER EL VIDEO

1. ¿Qué animales dan pelo o lana que se usa para fabricar ropa?

2. ¿Tienen alguna idea de cómo se fabrica la tela en las fábricas (*factories*) modernas?

ESTRATEGIA DE COMPRENSIÓN

Categorizing information
As you are listening to a presentation of information in Spanish, you can try to identify the kinds of information being delivered and develop different categories for each kind of information. This can help you process the information more accurately. In this video, you will be asked to pay attention to four different categories of information.

A VER EL VIDEO

Mira el video e intenta completar la tabla.

Colaboradores		
___ comunidades	___ adultos	___ niños y jóvenes

Tres animales cuyas (*whose*) fibras se usan

Fuentes (*sources*) de los tintes (*dyes*)

Ropa tradicional que se usa	
Mujeres	**Hombres**

DESPUÉS DE VER EL VIDEO

 En grupos pequeños, respondan a estas preguntas.

1. Según el video, los tejedores sienten mucho orgullo (*pride*) por la ropa que crean. ¿Conoces a alguna otra persona que siente orgullo por la ropa que crea?

2. ¿En qué son similares y diferentes los métodos modernos y tradicionales de fabricación de telas?

Repaso de vocabulario activo

Adjetivos

barato/a *cheap, inexpensive*
caro/a *expensive*
corto/a *short*
largo/a *long*
limpio/a *clean*
sucio/a *dirty*

Palabras indefinidas y negativas

algo *something, anything (interrogative)*
alguien *someone, anyone (interrogative)*
algún, alguno/a/os/as *any, some, someone*
nada *nothing*
nadie *no one, nobody*
ni *nor, not even*
ni... ni *neither... nor*
ningún, ninguno/a *no, none, no one*
o *or*
o... o *either... or*
siempre *always*
también *also*
tampoco *neither, not either*
todo/a *everything, every*

Sustantivos
La ropa *Clothes/Clothing*

el abrigo *coat*
el algodón *cotton*
la blusa *blouse*
las botas *boots*
la bufanda *scarf*
los calcetines *socks*
la camisa *shirt*
la camiseta *T-shirt*
la chaqueta *jacket*
el cinturón/la correa *belt*
la corbata *tie*

la piel/el cuero *leather*
la falda *skirt*
la gorra *cap*
los guantes *gloves*
los jeans/los vaqueros *jeans*
la lana *wool*
la manga *sleeve*
las medias *stockings, hose*
los pantalones *pants*
los pantalones cortos *shorts*
la ropa interior *underwear*
las sandalias *sandals*
la seda *silk*
el sombrero *hat*
el suéter *sweater*
los (zapatos de) tenis *tennis shoes, sneakers*
el traje *suit*
el traje de baño *bathing suit*
el vestido *dress*
los zapatos *shoes*
de tacón alto/bajo *high heeled/ flat (shoes)*
la calidad *quality*
la ropa *clothes, clothing*

Las joyas *Jewelry*

el anillo/la sortija *ring*
los aretes/los pendientes *earrings*
el collar *necklace*
el oro *gold*
la plata *silver*
la pulsera *bracelet*
el reloj *watch*

Otras palabras útiles

la billetera/la cartera *wallet*
el bolso/la bolsa *purse, bag*
la cosa *thing*

las gafas/los lentes (de sol) *glasses/ sunglasses*

los/las lentes de contacto *contact lenses*

la moda *fashion*

el paraguas *umbrella*

el precio *price*

las rebajas *sales*

el regalo *gift*

el ropero *closet*

la talla *size*

Verbos

devolver (ue) *return (something)*

llevar *wear, carry, take*

mirar *look at*

mostrar (ue) *show*

probarse *to try on*

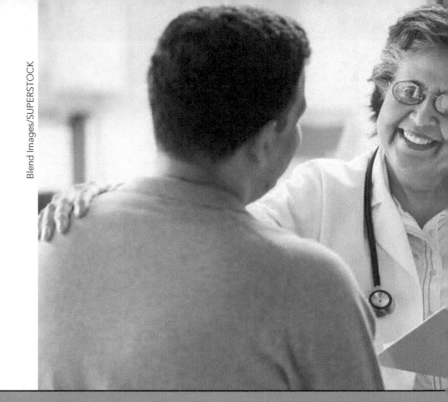
Blend Images/SUPERSTOCK

CAPÍTULO

9

La salud

LEARNING OBJECTIVES

In this chapter, you will learn to:

- talk about health and related ailments.
- identify parts of the body.
- use commands in formal situations.
- talk about and describe persons, places, and actions in the past.
- recognize some home remedies of the Spanish speaking world.
- discover Colombia and Venezuela.

Entrando al tema

1. ¿Cuidas tu salud? ¿Cómo lo haces? ¿Cuidas tu dieta? ¿Haces ejercicio?

2. ¿Tiene tu campus un sistema de atención médica? ¿Cómo es?

3. ¿Usas algún remedio casero (*home remedy*)? ¿Cuál?

Así se dice

La salud

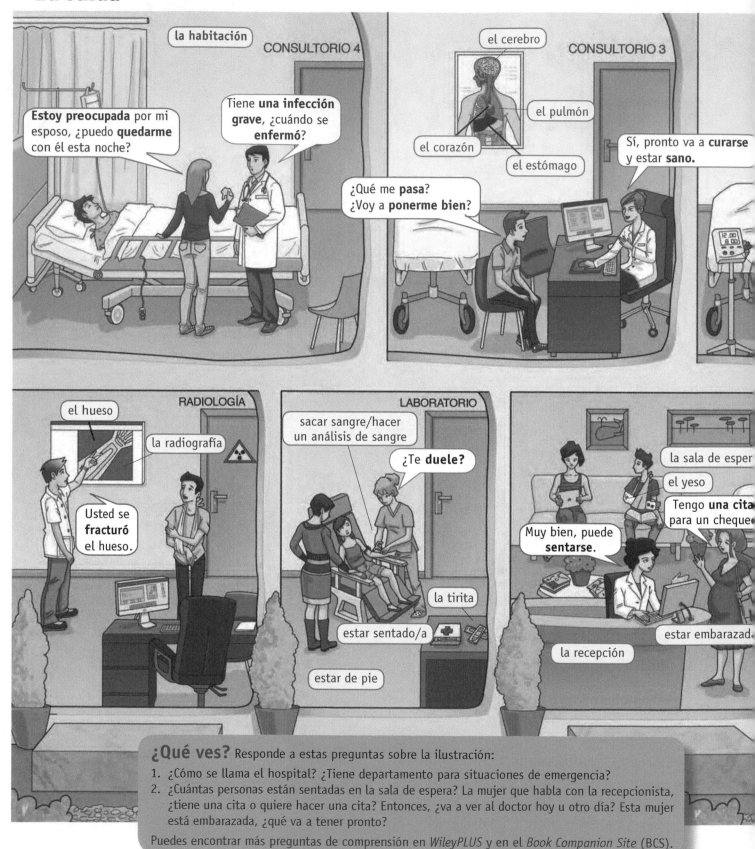

Pronunciación: Practice pronunciation of the chapter vocabulary and particular sounds of Spanish in *WileyPLUS*.

el análisis (de sangre)	*a (blood) test*
el cerebro	*brain*
el consultorio	*doctor's office*
doler (ue)	*to be hurting, to hurt*
enfermarse	*to get/become sick*
estar de pie	*to stand*
estar sentado/a	*to be seated*
fracturarse	*to break (a bone)*
la habitación	*room*
hacer una cita	*to make an appointment*
la herida (grave)	*(serious) wound*
lastimarse	*to hurt oneself*
pasar[1]	*happen*
ponerse (bien)	*to get (well)*
preocuparse por	*to worry about*
quedarse	*to stay*
sacar sangre	*to draw blood*
sacar una radiografía	*to take an X-ray*
la sala de espera	*waiting room*
sano	*healthy*
sentarse (ie)	*to sit down*
la tirita	*band-aid*
la vacuna	*vaccine*
(la sala de) urgencias	*emergency-room*
el yeso	*cast*

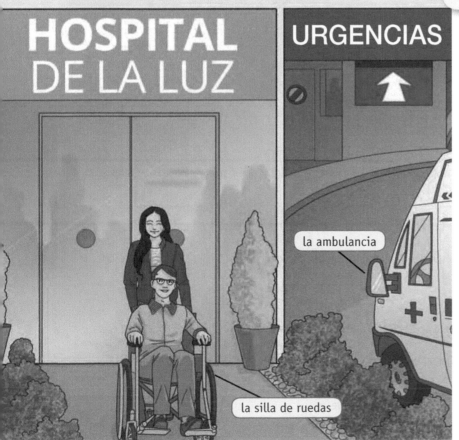

¿Y tú?

1. ¿Vas al doctor frecuentemente? ¿Te haces chequeos o vas solamente cuando te enfermas?

2. ¿Tuviste que ir a la sala de urgencias o quedarte en un hospital alguna vez? ¿Qué te pasó?

Listen to all the new vocabulary in the **Repaso de vocabulario activo** at the end of the chapter.

[1]**¿Qué le pasa?** is best translated as *What is wrong?/What is the matter?*

El cuerpo humano

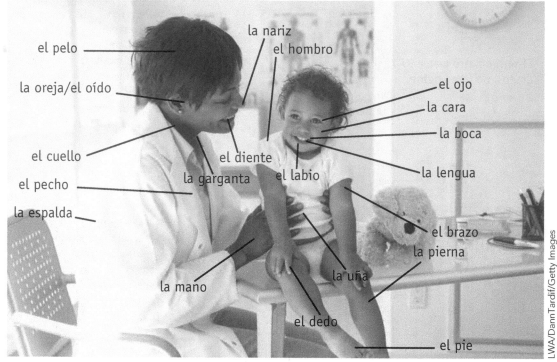

Whole body on exam

la nariz
el pelo
el hombro
la oreja/el oído
el ojo
la cara
la boca
el cuello
el diente
el labio
la lengua
la garganta
el pecho
la espalda
el brazo
la pierna
la uña
la mano
el dedo
el pie

LWA/DannTardif/Getty Images

Listen to all the new vocabulary in the **Repaso de vocabulario activo** at the end of the chapter.

la cara	face	el oído	medium and inner ear; hearing
la cuello	neck	la oreja	external ear
la garganta	throat		
la lengua	tongue		

[9.1] ¿Qué parte del cuerpo es?

Paso 1. Escucha las siguientes descripciones e indica a qué parte del cuerpo se refieren.

1. _____ 2. _____ 3. _____

4. _____ 5. _____ 6. _____

Paso 2. Escribe descripciones para dos partes más del cuerpo. Después, en grupos, vas a leer tus descripciones y el resto del grupo va a identificar la parte del cuerpo.

[9.2] Pobre Daniel.
Daniel tuvo un accidente hace unos meses (*a few months ago*). Primero, completa las oraciones con formas del pretérito de los verbos entre paréntesis. Después, determina el orden cronológico de los eventos y lee la narración completa.

_____ La médica le _____ (poner) un yeso.

_____ Daniel _____ (salir) del hospital en una silla de ruedas.

_____ Daniel _____ (ir) a la sala de urgencias.

__1__ Daniel _____ (fracturarse) la pierna esquiando.

_____ La pierna estaba curada, y Daniel _____ (empezar) un programa de fisioterapia.

_____ La médica le _____ (examinar) la pierna.

_____ Varias semanas más tarde, la médica le _____ (quitar) el yeso.

_____ La médica le _____ (sacar) una radiografía.

_____ Daniel _____ (volver) a la médica seis meses después para un chequeo.

_____ La médica le _____ (dar) medicamentos para el dolor (*pain*).

[9.3] ¿Qué pueden hacer? Estudias medicina y tus amigos siempre te hacen preguntas. Responde, intentando explicar con detalle.

Modelo: Estudiante A: Este invierno no quiero enfermarme, ¿qué debo hacer?

Estudiante B: **Debes ir al centro de salud, allí te van a dar recomendaciones y pueden ponerte una vacuna.**

> **Estudiante A**
> **1.** No estoy enfermo, pero quiero saber si mi salud está bien ¿qué debo hacer?
> **2.** Mi amigo se cayó (*fell*) de la bicicleta y no puede caminar.

> **Estudiante B**
> **1.** Me duele mucho la cabeza, tengo calor y estoy muy débil.
> **2.** Mi hermano tuvo un accidente, tiene una herida en la pierna con mucha sangre.

PALABRAS ÚTILES

pesar	*to weight*
medir	*measure*
tomar el pulso	*take the pulse*

 ## [9.4] ¿Qué partes del cuerpo usamos? Miren las actividades a continuación. En parejas, un/a estudiante elige una actividad sin nombrarla y describe para su compañero/a las partes del cuerpo que se usan para esa actividad. El/la compañero/a trata de adivinar qué actividad es.

manejar	escuchar música	leer	nadar
comer	tocar el piano	besar	cocinar

Modelo: Estudiante A: **En esta actividad son muy importantes los brazos y las piernas. También usamos los hombros y las rodillas.**

Estudiante B: **¿Es esquiar?**

► NOTA DE LENGUA

El español, como muchas lenguas, tiene frases que incluyen partes del cuerpo. Trata de emparejar (*match*) estas frases con sus traducciones.

_____ **tener buen diente**
_____ **no tener pelos en la lengua**
_____ **ser un caradura (hard-face)**

a. *to be shameless*
b. *to not mince words*
c. *to have a good appetite*

[9.5] Una película de extraterrestres. Tu compañero/a y tú tienen una gran idea para una película del espacio, pero aún (*still*) deben diseñar cómo van a ser los extraterrestres.

Paso 1. Dibuja con detalle el extraterrestre perfecto para la película. Luego, descríbeselo a tu compañero/a, que lo va a dibujar ¡sin mirar tu dibujo! Después tú vas a dibujar el extraterrestre que tu compañero/a va a describir.

Paso 2. Compara el dibujo original de tu compañero/a con el dibujo que hiciste siguiendo sus instrucciones. ¿Son similares?

La salud • 261

Así se forma

1. Giving direct orders and instructions to others: *Usted/Ustedes* commands.

WileyPLUS

Go to *WileyPLUS* to review this grammar point with the help of the **Animated Grammar Tutorial**.

Dr. Ayala: Sr. Ocaña, su colesterol está muy alto y tiene sobrepeso (*you are overweight*).

Sr. Ocaña: **Dígame**, doctor, ¿es grave? **Explíqueme** qué debo tomar.

Dr. Ayala: Bueno, para empezar, **no coma** grasas animales y **haga** más ejercicio.

Sr. Ocaña: ¡**No me diga** que tengo hacer dieta! ¿No hay alguna medicina para esto?

Dr. Ayala: **Créame**, Sr. Ocaña, **viva** una vida sana y no **vaya** a la farmacia tanto. ¡Es la mejor (*best*) medicina!

You have already seen some **ustedes** commands when instructions are given to more than one student (**lean** las preguntas, **respondan**.) In this chapter, you will learn more about command forms to address a person formally (**usted**) and when addressing more than one person (**ustedes**.)

To form commands for regular verbs, remove the final **–o** from the **yo** form of the present tense and add the endings indicated in the chart below.

	esperar	**beb**er	**escrib**ir
usted	(no) esper**e**	(no) beb**a**	(no) escrib**a**
ustedes	(no) esper**en**	(no) beb**an**	(no) escrib**an**

Stem-changing and irregular verb usted/ustedes commands are formed similarly, except for the verb **ir**, which has an irregular command form not based on the present **yo** form.

decir: **diga, digan**	dormir: **duerma, duerman**		pedir: **pida, pidan**
hacer: **haga, hagan**	volver: **vuelva, vuelvan**	PERO	ir: **vaya, vayan**

Object and reflexive pronouns *are attached* to the end of all *affirmative* commands. Note that a written accent is often added.[1]

Béba**lo**.	*Drink it.*
Siénte**se**, por favor.	*Please, sit down.*

But they *precede* the verb in all *negative* commands.

No lo beba.	*Don't drink it.*
No se siente todavía, por favor.	*Do not sit down yet, please.*

---

[1]The emphasis in command forms with more than one syllable is on the second-to-last syllable (<u>to</u>me, <u>be</u>ba), so these do not need an accent mark. When adding an extra syllable, the stressed syllable becomes third-to-last, and therefore it needs an accent mark.

Estas son las instrucciones que nos da la doctora para hacer un examen físico. Presta atención al nuevo vocabulario.

Después de examinarnos, nos da consejos.

Listen to all the new vocabulary in the **Repaso de vocabulario activo** at the end of the chapter.

cuidarse	*to take care (of one self)*	**respirar**	*to breathe*
la receta	*prescription*		

[9.6] **¿Usted o ustedes?** Escucha estas instrucciones. Decide si esta persona le habla a *usted* o a *ustedes*.

1. ☐ Usted ☐ Ustedes
2. ☐ Usted ☐ Ustedes
3. ☐ Usted ☐ Ustedes
4. ☐ Usted ☐ Ustedes
5. ☐ Usted ☐ Ustedes

---

[1]Verbs ending in **–car**, are not really irregular in their command forms but they do have a spelling change: **sacar → saque, saques, saque, ...**

[9.7] ¿Qué dice un doctor responsable?

Paso 1. Decide si un doctor dice esto a sus pacientes, marcando **Sí** o **No**. Después, reescribe los mandatos marcados **No** para hacerlos apropiados.

Modelo: Coma más tocino. Sí No <u>**No coma mucho tocino./Coma tocino con moderación.**</u>

1. Coma frutas y verduras.   Sí   No _____

2. Haga ejercicio una vez al mes.   Sí   No _____

3. Duerma cinco horas cada noche.   Sí   No _____

4. Tome vitaminas.   Sí   No _____

5. Vuelva a verme si no se pone bien.   Sí   No _____

6. No venga más a sus chequeos.   Sí   No _____

 Paso 2. En parejas, inventen dos oraciones para cada verbo: una la dice un/a doctor/a responsable y otra la dice un/a doctor/a irresponsable. Lean sus oraciones a otra pareja, que intenta adivinar quién las dice.

comer	ir	beber	tomar

[9.8] ¿Puedo pedirlo?
Una persona con colesterol alto está en un restaurante cubano de Miami, pero no sabe qué puede comer y llama a su doctor. Observa el menú del restaurante, a continuación, y las recomendaciones para regular el colesterol.

Consejos para controlar el colesterol

- **EVITE** alimentos fritos o con mucha grasa.
- **TOME** alimentos lácteos desnatados (*skim*) o bajos en grasa.
- **CONSUMA** alimentos altos en colesterol (huevos, camarones, etc.) con moderación.
- **COMA** más frutas y verduras.
- **COMA** más pan integral, cereales, frijoles y arroz.

SOPAS
SOPA DEL DÍA	$6.75
SOPA DE POLLO	$6.50
SOPA DE FRIJOLES NEGROS	$6.50

TORTILLAS
TORTILLA ESPAÑOLA[1] *CON ARROZ Y PLÁTANOS*	$9.75
TORTILLA DE PLÁTANO *CON ARROZ Y FRIJOLES NEGROS*	$8.95

ENSALADAS
ENSALADA DE LA CASA	$7.75
ENSALADA DE SARDINAS	$9.95
ENSALADA DE TOMATE	$6.50
SERRUCHO EN ESCABECHE[2]	$11.25
PLATO DE FRUTAS	$7.95

POLLO
PECHUGA DE POLLO A LA PLANCHA[3]	$12.25
POLLO ASADO	$11.95
CHICHARRONES DE POLLO[4]	$11.95
ARROZ CON POLLO	$10.95
PECHUGA DE POLLO RELLENA[5] *CON CAMARONES*	$12.95

PESCADOS
PESCADO EMPANIZADO[6]	$13.95
PESCADO A LA PLANCHA	$13.75
BROCHETA[7] DE CAMARONES	$15.75
CAMARONES EMPANIZADOS	$16.25
CAMARONES AL AJILLO	$16.25
LANGOSTA ENCHILADA	$24.50

POSTRES
FLAN DE HUEVO	$7.50
HELADOS VARIADOS	$7.50
ENSALADA DE FRUTA TROPICAL	$6.50

[1]If you are not sure what **tortilla española** is, see the Nota cultural in chapter 4, under Así se dice 2; [2]pickled kingfish; [3]grilled chicken breast; [4]deep fried chicken chunks; [5]stuffed; [6]breaded; [7]kabob

Paso 1. Empareja las preguntas del paciente y las respuestas del doctor. Presta atención al uso de pronombres de objeto directo.

Paciente	**Doctor/a**
1. ¿Puedo pedir sopa de pollo? _____	**a.** No, no lo pida. Tiene mucho huevo.
2. ¿Y los chicharrones de pollo? _____	**b.** Sí, pídalo. Es de fruta y no tiene grasa.
3. ¿Puedo pedir masas de puerco? _____	**c.** No, no los pida. Son fritos.
4. ¿Y sorbete de guanábana? _____	**d.** Sí, pídala. Tiene verduras y poca grasa.
5. ¿Y el flan de leche? _____	**e.** No, no las pida. Son fritas.

Paso 2. En parejas, uno de ustedes es el/la doctor/a y el/la otro/a es el/la paciente. Teniendo en cuenta los problemas de salud del/de la paciente, el/la doctor/a responde sus preguntas sobre lo que puede comer. Usen las preguntas y respuestas del **Paso 1** como modelo. Después, intercambien los papeles (*reverse roles*).

[9.9] ¿A los pacientes, estudiantes o hijos?

Paso 1. La doctora Flores, que también es profesora en la Facultad de Medicina y tiene dos hijos adolescentes, hace estas recomendaciones frecuentemente. Indica para quién piensas que son. Puedes marcar más de una opción.

	Pacientes	Estudiantes	Hijos
1. Saquen la lengua.	☐	☐	☐
2. Péinense.	☐	☐	☐
3. Estudien más si quieren pasar el curso.	☐	☐	☐
4. Digan "¡Aaah!"	☐	☐	☐
5. Lávense las manos frecuentemente.	☐	☐	☐
6. Vengan a mi oficina si tienen preguntas.	☐	☐	☐
7. No se duerman durante las clases.	☐	☐	☐
8. Tomen una pastilla cada dos horas.	☐	☐	☐

Paso 2. En parejas, escriban dos recomendaciones más que la doctora Flores probablemente hace a sus pacientes, a sus estudiantes y a sus hijos.

NOTA CULTURAL

La forma *usted* en Colombia

In Colombia, the form ***usted*** is often used when the ***tú*** form is used in many other countries. It is common to hear friends, siblings, and married couples use ***usted*** with each other. A similar phenomenon happened in English over 500 years ago, when the informal *thou* was replaced by the formal *you*.

[9.10] ¿Quién manda?

Paso 1. Forma oraciones con mandatos de los padres a sus hijos y los profesores a sus estudiantes. Pueden ser mandatos afirmativos o negativos.

	Los padres	Los profesores
1. comer	Coman sus verduras	No coman en la clase
2. hacer	hagen los platos	No hago la tarea
3. decir	Dicen nada	Dice la lectura
4. ir	Fue al cine	Fue al biblioteca
5. sentarse	se sientanen la silla	se sienta en la silla
6. escuchar	Escuchen los niños	Escuché la clase

 Paso 2. Ustedes mandan. Imaginen que, solo por un día, pueden dar instrucciones u órdenes a sus padres y a sus profesores. En parejas, escriban mandatos afirmativos y negativos en los cuadros.

	A los padres	A los profesores
Mandatos afirmativos	1. _____ 2. _____ 3. _____	1. _____ 2. _____ 3. _____
Mandatos negativos	1. _____ 2. _____ 3. _____	1. _____ 2. _____ 3. _____

 Paso 3. Compartan sus ideas con otro grupo y escojan el mandato más razonable (*sensible*), el más atrevido (*daring*) y el más divertido de todos.

En mi experiencia
Julie, Akron, OH

"Where I lived in Mexico, when people were sick they went to a pharmacy, explained their symptoms, and got medication. Lots of things were available without a prescription. The doctor was only for serious things, like if you needed surgery or hospitalization, or if the medicine didn't work."

Do you know people who ask pharmacists for medical advice? What are the advantages and disadvantages to a large range of medicine being available without a prescription?

Cultura

Colombia y Venezuela

▲ Colombia

▲ Venezuela

ANTES DE LEER

1. ¿Has escuchado sobre la leyenda (*legend*) de "El Dorado"?
2. ¿Cuáles son las orquestas más famosas en Estados Unidos? ¿Tienen programas para jóvenes músicos?

Colombia

Los españoles escucharon la leyenda de "El Dorado" (*the Golden One*) sobre un rey cubierto en oro que vivía en una ciudad llena de oro (*gold*). Lo buscaron durante 200 años por el vasto terreno montañoso que hoy es Colombia. Por fin, descubrieron un grupo de indígenas que celebraban una ceremonia en la que cubrían a su líder con polvo (*powder*) de oro – pero no había ninguna ciudad de oro.

Hoy en día, Colombia es:

- El primer productor de oro de América del Sur
- El principal productor de esmeraldas de todo el mundo
- El segundo productor de café en el mundo, después de Brasil

▲ El vallenato

Una encuesta realizada entre ciudadanos de 54 países determinó que Colombia es el país más feliz del mundo. El espíritu del pueblo colombiano se ve en su música, sus bailes y sus diversiones populares. La cumbia y el vallenato son ritmos musicales de origen colombiano muy famosos en todo el mundo. Busca "vallenato" en Internet.

Colombia tiene el número más grande de especies por unidad de área en el planeta; es el segundo país más 'megadiverso' del mundo después de Brasil. El turismo está incrementándose mucho en los años recientes.

▲ Esmeraldas

INVESTIG@ EN INTERNET

Shakira es de Barranquilla, Colombia. Busca una de sus canciones en español y algo de información sobre ella en Internet y compártela con tus compañeros de clase.

▲ Orquesta Sinfónica Simón Bolívar, dirigida por Gustavo Dudamel.

Venezuela

El nombre del país significa "pequeña Venecia (*Venice*)" porque a principios del siglo XVI, los españoles se encontraron con unos habitantes indígenas, los guajiros, que vivían en chozas (*huts*) suspendidas sobre unas islas muy pequeñas en el lago Maracaibo, que les recordaban (*reminded them*) a los edificios de la famosa ciudad italiana de Venecia.

La mayor riqueza de Venezuela hoy es el "oro negro" o petróleo que se empezó a explotar del lago Maracaibo a principios del siglo XX. Esta industria generó mucha prosperidad y la población del país se cuadruplicó. Hoy en día, Caracas tiene más de 2 millones de habitantes. Es una ciudad cosmopolita y moderna, y cuenta con (*has*) importantes centros culturales y un sistema de metro con 4 líneas y 47 estaciones.

Un motivo de especial orgullo para los venezolanos es El Sistema Nacional de Orquestas y Coros Juveniles e Infantiles, resultado de decadas de trabajo entre el gobierno y varias organizaciones privadas. Su fundador, José Antonio Abreu, ha exportado la filosofía de El Sistema a decenas de países, como una forma de reducir la pobreza y la exclusión en niños y jóvenes. Gustavo Dudamel, que comenzó su formación musical en El Sistema, es el director de la Filarmónica de Los Ángeles. Busca "*Dudamel: Let the children play*" para aprender sobre su trabajo para fomentar la apreciación musical entre los niños. También puedes buscar *El Sistema USA* para ver si existe un programa en tu comunidad.

▲ En Venezuela está el Salto Ángel, ¡la cascada más alta del mundo (3,281 pies/979 metros)!

DESPUÉS DE LEER

1. ¿A qué país se refiere cada oración?

	Colombia	Venezuela
a. Es el primer productor de esmeraldas del mundo.	☐	☐
b. Los indios guajiros vivían en chozas suspendidas en un lago.	☐	☐
c. La cumbia y el vallenato son dos ritmos típicos.	☐	☐
d. Tiene la cascada más alta del mundo.	☐	☐

2. Piensa en una ciudad o región de Estados Unidos con uno de los siguientes elementos característicos de Colombia y Venezuela.

a. Una orquesta sinfónica

b. Un sistema de metro con más de 40 estaciones

c. Una fuerte cultura de café

Así se dice

Una visita al consultorio

Observa el cuestionario para pacientes del Centro de salud Bolívar.

Centro de salud Bolívar

Cuestionario sobre su salud

	Sí	No
1. ¿Le **duele la cabeza** con frecuencia?	☐	☐
2. ¿Tiene **dolor de estómago?**	☐	☐
3. ¿Tiene **vómitos?**	☐	☐
4. ¿Tiene **náuseas?**	☐	☐
5. ¿Tiene **diarrea?**	☐	☐
6. ¿Tiene **resfriados** o **gripe** con frecuencia?	☐	☐
7. ¿Tiene **alergias?**	☐	☐
8. ¿Tiene **congestión nasal?** ¿**Estornuda** mucho?	☐	☐
9. ¿Le **duele la garganta** con frecuencia?	☐	☐
10. ¿Tiene mucha **tos?**	☐	☐
11. ¿Tiene **fiebre?**	☐	☐
12. ¿**Fuma?** ¿Cuántos cigarillos por día?	☐	☐
13. ¿**Se cansa** con frecuencia?	☐	☐
14. ¿Duerme bien?	☐	☐
15. ¿**Se siente deprimido/a?**	☐	☐

Otros síntomas _____

Listen to all the new vocabulary in the **Repaso de vocabulario activo** at the end of the chapter.

cansarse	*to get tired*	**la gripe**	*flu*
fumar	*to smoke*	**la salud**	*health*
el resfriado	*cold*	**la tos**	*cough*
estornudar	*to sneeze*	**sentirse (ie, i)**	*to feel*

▶ NOTA DE LENGUA

To express aches, pains, and how you feel, use the following verbs and expressions:

doler (like **gustar**): *indirect object* + **doler (ue)** + **el/la/los/las** + *body part*

Me **duelen** las piernas.	*My legs hurt.*
¿Te **duele** el estómago?	*Do you have a stomach ache?*

tener dolor de + *body part*

Tengo dolor de espalda.	*I have a back ache.*

sentirse (ie, i) + *adjective*

Se sintió/ Se siente bien, mal, enfermo/a, triste, cansado/a, etc.	*She/He felt/feels . . .*

Lynn Johnson/Aurora Photos

[9.11] ¿De quién es el diagnóstico y el tratamiento?

Paso 1. Mientras estudias en Venezuela, tus amigos Jorge, Pedro, Alberto y Daniel se enferman y van al médico. Escúchalos describir sus síntomas e indica a quién le pertenece cada diagnóstico y tratamiento.

Diagnóstico	Tratamiento	Es de			
		Jorge	Pedro	Alberto	Daniel
1. Otitis (infección de oído)	<u>Tomar</u> antibióticos cada (*every*) 6 horas. <u>Aplicar</u> calor seco (*dry*) para aliviar el dolor.	☐	☐	☐	☐
2. Alergia al polen	<u>Cerrar</u> las ventanas. <u>Tomar</u> *Allegra* antes de salir a la calle.	☐	☐	☐	☐
3. Gastroenteritis	<u>Tomar</u> líquidos para evitar (*avoid*) la deshidratación y <u>descansar</u> mucho. No necesita medicina.	☐	☐	☐	☐
4. Gripe	<u>Tomar</u> aspirinas, líquidos y <u>descansar</u>.	☐	☐	☐	☐

Paso 2. Ahora, convierte las recomendaciones del médico (los verbos subrayados) en mandatos con la forma *usted*.

Modelo: **Tome antibióticos cada 6 horas.**

[9.12] ¿Qué me pasa, doctor? Ahora tú te sientes enfermo/a también y vas al consultorio.

Paso 1. Piensa en algunos síntomas y escríbelos en una hoja con el mayor detalle posible.

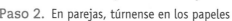 **Paso 2.** En parejas, túrnense en los papeles de paciente y doctor/a.

PALABRAS ÚTILES

el escalofrío	*chill*
inflamado	*swollen*
mareado/a	*dizzy, faint, nauseated*
sangrar	*to bleed*

Paciente: Describe tus síntomas al/a la doctor/a y responde sus preguntas (puedes improvisar). Después de escuchar su diagnóstico y recomendaciones, haz una o dos preguntas sobre qué cosas puedes o no puedes hacer.

Doctor/a: Escucha al/a la paciente y hazle algunas preguntas más sobre sus síntomas. Después, haz un diagnóstico y recomienda un tratamiento según la tabla (*chart*). Responde a las preguntas del/de la paciente.

Modelo: Paciente: **Buenas tardes, doctor/a... Tengo muchos problemas. Estoy.../Me siento...**

Médico/A: **A ver, ¿le duele(n)... ? ¿Tiene usted... ? Tengo varias recomendaciones: Primero... / Tome...**

Paciente: **¿Puedo... ? / ¿Tengo que... ?**

Diagnóstico	Tratamiento
gripe	tomar aspirinas, líquidos, descansar
mononucleosis	tomar ibuprofeno, líquidos, descansar mucho
acidez de estómago	tomar un líquido contra la acidez
infección de...	tomar antibióticos
resfriado	tomar muchos líquidos, descansar
bronquitis	tomar jarabe para la tos y un expectorante
depresión	ir a ver a un psicólogo o psiquiatra

Situaciones

Estudiante A: Eres estudiante de primer año. Estás cansado/a y te enfermas con frecuencia. Además engordaste (*gained*) 5 libras y estás estresado/a porque los exámenes son la próxima semana... pero te encanta tu nueva "libertad" (*freedom*) y quieres disfrutarla (*enjoy it*).

Estudiante B: Tu amigo/a está cometiendo muchos errores: no come bien, no hace ejercicio, sale con los amigos/as durante la semana y duerme poco. Tú ya tienes más experiencia; habla con él/ella y ofrécele algunos consejos (*advice*).

EXPRESIONES ÚTILES

Debes + infinitivo...
You ought to/should/must...
Tienes que + infinitivo...
You have to/must...
Puedes + infinitivo...
You can...
¿Por qué no + presente...?
Why don't you...?

NOTA CULTURAL

Variedad étnica en el mundo hispano

The word *Hispanic* in the U.S. usually refers to culture and ethnicity, so Hispanics have many different physical features and origins including European, African, Asian, and Native American. In Latin America, people also combine different traits from various origins. For example, **mestizos** have European and Native American origins, while **mulatos** are of European and African origins. There are many unmixed Europeans in Argentina, Chile, and Uruguay. There are also unmixed Native Americans in the Andes and parts of Mexico and Central America, and a great range of mixed populations in the Caribbean region.

The populations of Colombia and Venezuela show the following diversity:

Colombia: 58% mestizo, 20% European, 14% mulatto, 4% African, 3% African and Native American, 1% Native American

Venezuela: 67% mestizo and mulatto, 21% European, 10% African, 2% Native American

People of different origins often guide their lives by different worldviews. For example, look up "healthcare beliefs of mestizo Ecuadorians." What are some of the challenges that local nurses face when working with these populations?

Glowimages/Age Fotostock America, Inc.

Jose Luis Pelaez/Age Fotostock America, Inc.

Glowimages/Age Fotostock America, Inc.

Jon Feingersh Photogr/Age Fotostock America, Inc.

Así se forma

2. The imperfect: Descriptions in the past

WileyPLUS

Go to *WileyPLUS* to review this grammar point with the help of the **Animated Grammar Tutorial** and **Verb Conjugator**.

Courtesy of Silvia Sobral.

▲ "Aquí tenía ocho años. Era el día de mi comunión".

¿Ven esta foto? **Era** el 8 de Mayo de 1941, yo **tenía** ocho años. **Llevaba** traje porque **era** el día de mi primera comunión. Entonces los niños **nos divertíamos** sin televisión ni computadoras. **Caminábamos** a la escuela, **jugábamos** fuera todo el día, **montábamos** en bicicleta... No **tomábamos** vitaminas ni nos **ponían** vacunas, y no **había** doctor en nuestro pueblo, solo **venía** dos veces por semana o cuando alguien **estaba** enfermo, pero no sé... la vida **era** más sana.

Use of the imperfect

In previous chapters you have studied the preterit, which expresses complete actions and events in the past. The imperfect tense is also used to talk about the past, but it describes actions and events that were ongoing at a particular time. It is used primarily to:

- describe characteristics of people, things and places in the past.

La doctora **era** muy amable.	*The doctor was very kind.*
El hospital **tenía** grandes ventanas.	*The hospital had large windows.*

- describe background situation: date, time, weather, age, ongoing conditions, etc.

Era sábado y **llovía**.	*It was Saturday and it was raining.*
El centro de salud **estaba** cerrado.	*The health center was closed.*
Había dos pacientes en la sala de espera.	*There were two patients in the waiting room.*

- indicate that past actions, events or states were in progress, ongoing, or habitual.

Cuando llegué, la recepcionista **hablaba** por teléfono.	*When I arrived, the receptionist was speaking on the phone.*
La enfermera me **saludaba** todos los días.	*The nurse greeted me every day.*
El paciente **estaba** preocupado.	*The patient was worried.*

- describe actions happening at the same time in the past.

Mientras el paciente **hablaba** el doctor **tomaba** notas.	*While the patient was speaking, the doctor was taking notes.*

The imperfect can be translated with the English forms below, depending on the actual meaning expressed:

Leía mientras **esperaba** al médico.	*She read while she was waiting/ waited for the doctor.*
Se **hacía** un chequeo todos los años.	*She used to/would get a checkup every year.*

Forms of the imperfect

To form the imperfect in regular verbs, delete the **–ar, –er,** or **–ir** from the infinitive and add the endings indicated below. Note that the imperfect **–er/–ir** endings are identical.

	examinar	**toser**	**salir**
(yo)	examin**aba**	tos**ía**	sal**ía**
(tú)	examin**abas**	tos**ías**	sal**ías**
(usted, él/ella)	examin**aba**	tos**ía**	sal**ía**
(nosotros/as)	examináb**amos**	tos**íamos**	sal**íamos**
(vosotros/as)	examin**abais**	tos**íais**	sal**íais**
(ustedes, ellos/ellas)	examin**aban**	tos**ían**	sal**ían**

Only three verbs are irregular in the imperfect:

ser		**ir**		**ver**	
era	éramos	iba	íbamos	veía	veíamos
eras	erais	ibas	ibais	veías	veíais
era	eran	iba	iban	veía	veían

[9.13] En el tiempo de nuestros abuelos.

Paso 1. Cuando nuestros abuelos eran jóvenes, los problemas y el cuidado de la salud eran diferentes. Indica si piensas que estas afirmaciones son ciertas o falsas y escribe otra afirmación para el número 10.

Cuando mis abuelos eran jóvenes...	Cierto	Falso
1. Los jóvenes no eran activos; pasaban muchas horas sentados.	☐	☐
2. No había muchos problemas de estrés.	☐	☐
3. Muchas personas consumían comida rápida y procesada.	☐	☐
4. Todos conocían los efectos nocivos (harmful) de fumar.	☐	☐
5. Había problemas de alcohol y drogas.	☐	☐
6. Los niños y adultos recibían muchas vacunas.	☐	☐
7. Había tratamientos efectivos para el cáncer.	☐	☐
8. Muchas personas usaban remedios caseros.	☐	☐
9. Las medicinas alternativas como la acupuntura eran populares.	☐	☐
10. _____	☐	☐

 Paso 2. En parejas, contrasten el pasado (usando **antes**) y el presente (usando **ahora**). Incluyan sus afirmaciones originales.

Modelo: **Antes los jóvenes eran muy activos y no pasaban muchas horas sentados, pero ahora...**

[9.14] Para mejorar (*improve*) la salud.

Paso 1. Un amigo está tratando de mejorar su salud y te pide tu opinión. Primero quieres saber más sobre sus hábitos pasados y actuales (*current*). Escucha sus descripciones e indica si habla de hábitos pasados (**Antes**) o actuales (**Ahora**).

	Antes	Ahora
1. tomar mucha cerveza los fines de semana	☐	☐
2. comer pocas ensaladas y fruta	☐	☐
3. ver la televisión dos o tres horas por la noche	☐	☐
4. no tomar desayuno	☐	☐
5. dormir menos de seis horas	☐	☐
6. fumar bastante	☐	☐
7. tomar mucho café todos los días	☐	☐
8. ser poco activo	☐	☐
9. ir al gimnasio una vez por semana	☐	☐

Paso 2. Tu amigo/a todavía tiene algunos hábitos poco saludables. Tú también hacías cosas similares antes, pero ahora tienes costumbres más sanas y ¡te sientes mucho mejor! Explícaselo en un mensaje de e-mail.

Modelo: **Hola Andrés:**

Ya veo que tienes algunos buenos hábitos, pero todavía puedes mejorar otras cosas. ¡Vale la pena! (*It's worth it!*) Antes yo tampoco tomaba desayuno, pero ahora como cereal todas las mañanas y tengo mucha energía...

En mi experiencia
Rebecca, Seattle, WA

"When I lived in Spain for six months, I saw that my host family always respected the wishes of their elders. This differed from my experience in the U.S., where I was used to being able to negotiate things with my parents a lot more. Also, they very rarely put their relatives in facilities for the elderly."

Have you noticed differences in the way the elderly are treated in different families, different parts of the U.S., or different countries? What are the arguments for and against facilities, particularly for those in poor health?

[9.15] Cuando teníamos trece años.

Paso 1. Escribe oraciones describiendo cómo eras y qué hacías cuando tenías trece años.

1. ser (tímido/a; perezoso/a; trabajador/a...)
2. estudiar (¿Cuánto? ¿Dónde? ¿Con quién?)
3. hacer (deporte/actividades extraescolares...)
4. ver la tele (¿Cuánto? ¿Qué programas?)
5. leer (¿Qué revistas/libros/cómics?)
6. escuchar música (¿Qué tipo de música/cantante/grupo?)
7. hablar mucho por teléfono (¿Con quién?)
8. salir con mis amigos/as (¿Adónde? ¿Con qué frecuencia?)
9. trabajar (¿Dónde? ¿Con quién?)
10. querer tener o hacer... (¿Qué?)

 Paso 2. Ahora, en parejas, haz preguntas a tu compañero/a sobre diferentes aspectos de su adolescencia. ¿Eran ustedes similares o diferentes cuando tenían trece años?

Modelo: ¿Cuánto estudiabas? ¿Dónde preferías estudiar? ¿Qué materia te gustaba estudiar?

[9.16] Antes y ahora.

 Paso 1. Escribe párrafos breves comparando algunos aspectos de tu vida cuando estabas en la escuela primaria, en la escuela secundaria y ahora. Aquí tienes algunos posibles temas:

dormir	comida/bebida	ejercicio/deporte	relaciones personales	tiempo libre

Paso 2. En grupos pequeños, comparen sus experiencias. ¿Han cambiado sus vidas de forma similar? ¿En qué aspectos era su vida más o menos saludable?

Michelly Rall/Getty Images, Inc.

○ Cultura

Remedios caseros del mundo hispano

▼ La flor del naranjo, los azahares

Jim Parkin/iStockphoto;
cup of tea: Felicia Martinez/PhotoEdit

Un té de tilo es bueno ▲
para calmar el estrés.

1. ¿Usan remedios caseros en tu familia? ¿Cuáles? ¿Son efectivos?
2. ¿Prefieres usar remedios caseros o farmacéuticos?

Desde que (*since*) el ser humano se dio cuenta de que (*realized*) podía aliviar sus dolencias (*aches and pains*) con la ayuda de hierbas y plantas medicinales, toda una tradición de remedios se transmitió de generación en generación. Cada cultura, cada país, cada región tiene sus propias curas. A continuación vas a encontrar algunas de las tradiciones médicas populares del mundo hispano. Recuerda que no debes tomar remedios caseros ni farmacéuticos sin consultar con tu médico/a.

Hipo (*Hiccups*)

Una vez más, los consejos son múltiples. Se recomienda poner jugo de limón en la lengua o tomar sorbos (*sips*) de agua. Otros creen que se debe asustar (*scare*) al paciente. En México, las abuelitas les ponen un hilo (*string*) rojo en la frente (*forehead*) a los bebés para detener el hipo.

Resfriado/gripe/catarro

Todos los remedios comienzan con una limonada caliente. Lo que cambia de receta a receta son los ingredientes que se agregan (*are added*). Algunos ponen miel (*honey*) en la limonada, mientras que otros ponen ron o whisky.

Orzuelos (*Styes*)

Se recomienda hervir (*boiling*) unos clavos de olor (*cloves*) en agua y, cuando está tibia (*lukewarm*), aplicarla al orzuelo. Según los costarricenses, es un remedio seguro. Otros afirman que lo mejor es aplicar miel. Algunos orzuelos son infecciones y, si no desaparecen por su cuenta (*on their own*), deben ser tratadas con antibióticos.

Dolor de oído

Se recomienda dorar (*browning*) un ajo al fuego, ponerlo en un algodón y colocarlo en la entrada del oído.

Nerviosismo/estrés

Las flores del naranjo, los azahares, hervidas en agua, tienen propiedades sedantes. Un té de tilo, otra hierba medicinal, también ayuda a calmar la ansiedad.

Dolor de pies

Para relajar los pies y aliviar el cansancio se deben poner en agua tibia con sal. Un masaje con una crema hidratante también hace maravillas.

La próxima vez que le preguntes a un hispanoparlante sobre remedios caseros, prepárate: quizás recibas muchos consejos (*advice*) y respuestas.

Empareja los siguientes remedios con los problemas que curan.

____ limonada caliente   a. el estrés

____ los azahares   b. el resfriado

____ el ajo   c. el dolor de oído

○ VideoEscenas

WileyPLUS

Un deporte peligroso

Indica si los siguientes deportes son peligrosos o no. Después, compara tu lista con la de un/a compañero/a. ¿Están de acuerdo (*do you agree*) en todo?

¿Es peligroso?

	Sí	No
1. el fútbol	☐	☐
2. el tenis	☐	☐
3. el fútbol americano	☐	☐
4. el esquí	☐	☐
5. el esquí acuático	☐	☐
6. el boxeo	☐	☐

▲ Jaime le cuenta a Ana su accidente deportivo.

A VER EL VIDEO

Paso 1. Mira el video prestando atención a las ideas principales. Después, indica si las siguientes afirmaciones son **ciertas** o **falsas**.

	Cierto	Falso
1. Jaime jugó al futbol con sus amigos el sábado.	☐	☐
2. Después del partido, los amigos de Jaime se enfermaron.	☐	☐
3. Jaime tuvo un accidente jugando al fútbol.	☐	☐
4. Jaime no va a clase porque está enfermo.	☐	☐

Paso 2. Todos los amigos de Jaime tuvieron problemas de salud la semana pasada. Mira el video otra vez e indica qué le pasaba a cada uno.

Miguel: _____

José Mari: _____

Juan: _____

Germán: _____

Ana se ríe después de escuchar la historia de Jaime. ¿Piensas que su reacción es apropiada o inapropiada? ¿Por qué?

Así se forma

3. The imperfect vs. the preterit: Narrating in the past

WileyPLUS

Go to *WileyPLUS* to review this grammar point with the help of the **Animated Grammar Tutorial** and **Verb Conjugator**.

> **Estaba** nervioso, y mientras mi madre me **vestía**, **empecé** a sentirme mal.

Antes todos los niños en mi pueblo **hacían** la primera comunión cuando **tenían** siete u ocho años. La mía **fue** el 4 de Mayo de 1941. Ese día **estaba** muy nervioso. **Me levanté** temprano porque no **podía** dormir, **tomé** mi desayuno y, mientras mi madre me **vestía**, **empecé** a sentirme mal. **Corrí** al baño y **vomité**.

Por suerte, la ceremonia **fue** breve y después lo **pasé** muy bien. Todos mis parientes **vinieron** y me **dieron** regalos, mi mamá **sirvió** un gran almuerzo, y por la tarde mis primos y yo **jugamos** y **nos divertimos** mucho.

You have already learned about the imperfect and the past, and you have probably noticed that the difference is not one of when the action took place but how it is viewed or what parts of it are expressed. In general, **the preterit** is used to talk about single, complete actions, or actions where there is a perceived beginning and/or end, while the **imperfect** presents an action or event in the past with no reference to its beginning and/or end. Some specific guidelines:

The imperfect . . .	The preterit . . .
1. Describes the *middle* of a past action, state, or condition; indicates that it was *in progress*, with no emphasis on the beginning or end. Juan **estaba enfermo**. No **quería** comer. Solo **dormía** y **veía** la tele.	a. Focuses on a past action or condition with an evident *beginning*, *end*, or *specific time period or duration*. Anita **se enfermó** el sábado. **Estuvo enferma** toda la semana. **Pasó** tres días allí. **Salió** del hospital ayer.
2. Describes a past action that was *repeated* or *habitual* over an indefinite period of time. La enfermera **visitaba** a sus pacientes todas las noches. A veces les **llevaba** jugo de naranja.	b. Indicates a *single complete, bounded action*, or a *series of actions* in the past. El paciente **entró** en el consultorio. El enfermero le **tomó** la temperatura, le **explicó** el problema y le **puso** una inyección.

In addition, when narrating the **imperfect** describes the situation and background actions, while the **preterit** recounts the events, moving the story forward.

The imperfect . . .	The preterit . . .
3. Sets the stage, give background information.	**c.** Expresses an event that interrupts or is completed within an ongoing action.

3. Sets the stage, give background information.
   - The date, the season, time of day:
     Era el 12 de diciembre. **Era** invierno.
     Era medianoche.
   - The weather:
     Hacía frío y **nevaba.**
   - A description of the setting:
     La casa era muy vieja y **tenía** un árbol muy grande enfrente.
   - A description of the people involved, both their physical and personality traits, and also their age:
     La abuela **era** bonita y muy amable.
     Tenía ochenta años.

4. Indicates people's emotional/physical state or condition.

   Estaba tranquila.
   Tenía frío.

5. Describes ongoing actions.
   Ella **leía** un libro y yo **escribía.**
   Todos **esperaban** mientras ella **se vestía.**

c. Expresses an event that interrupts or is completed within an ongoing action.

   Mientras <u>leía</u> el libro, **sonó** el teléfono. Mientras <u>esperaba</u> al doctor, **leyó** un artículo.

d. Narrates sequential events; moves the story forward, telling what happened.

   Se levantó, **contestó** el teléfono y **salió** de la casa inmediatamente.

Some time expressions convey the idea of a state or repetition and are commonly used with the imperfect. Similarly, time expressions that refer to a particular point in the past or a delimited past time are often associated with the preterit.

Imperfecto		Pretérito	
muchas veces	*many times, often*	**una vez/un día**	*once/one day*
todos los días	*every day*	**ayer/anoche**	*yesterday/last night*
mientras	*while*	**de repente**	*suddenly*
con frecuencia	*frequently*	**entonces/después/ luego/más tarde**	*then, later*
siempre/ generalmente	*always/generally*	**por último/ finalmente**	*finally*

<u>Todos los veranos</u> **íbamos** a la playa, pero <u>el verano pasado</u> **fuimos** a las montañas.

Note, however, that these are just tendencies, and these expressions do not require the use of one tense or the other. The main criteria for choosing a past tense should always be the speaker´s perspective—that is, what she/he wants to convey.

Cuando estaba en el hospital, mi tío **vino** a verme **todos los días.**	*When I was in the hospital, my uncle came to see me every day.*
El verano pasado íbamos mucho a la playa.	*Last summer we used to go to the beach a lot.*

[9.17] Nuestro gato Rodolfo. Lee esta historia sobre el gato Rodolfo. Después indica qué significado expresa cada verbo de la narración, usando los números (1 - 5) y letras (a – d) que enumeran los usos del imperfecto y pretérito en el cuadro de la sección **Así se forma 3**. En algunos casos hay más de una opción correcta.

Ayer nuestro gato Rodolfo (1) **estuvo** enfermo. (2) **Tenía** diarrea y no (3) **comía** ni casi (4) **bebía** agua. (5) **Se quedó** en su cesta toda la mañana ¡Pobrecito! Por supuesto, todos (6) **estábamos** muy preocupados. Elena y yo lo (7) **llevamos** al veterinario y (8) **nos sentamos** en la sala de espera, donde (9) **había** muchos animales. Rodolfo (10) **estaba** en una caja de cartón (*cardboard box*) y, por supuesto, no (11) **estaba** nada contento. (12) **¡Esperamos** por una hora! Por fin (13) **llegó** nuestro turno. Cuando el veterinario lo (14) **examinaba**, (15) **descubrió** que el pobre Rodolfo (16) **tenía** una infección intestinal y le (17) **recetó** un antibiótico. (18) **Volvimos** a casa e inmediatamente le (19) **dimos** su medicamento. En poco tiempo, (20) **se recuperó**. ¡Qué suerte! (*What luck!*)

1. _____   2. _____   3. _____   4. _____   5. _____   6. _____   7. _____

8. _____   9. _____   10. _____   11. _____   12. _____   13. _____   14. _____

15. _____   16. _____   17. _____   1   18. _____   19. _____   20. _____

[9.18] ¡Pobre Rodolfo! La familia llevó a Rodolfo al veterinario porque notaron varios cambios en el pobre gato. En parejas, escriban oraciones sobre lo que Rodolfo hacía *casi todos los días* y lo que hizo *ayer*. ¡Usen la imaginación!

Modelo: pasear por el jardín por las noches
Siempre paseaba por el jardín por las noches, pero ayer no salió de la casa.

Casi todos los días...

1. comer toda la comida de su tazón

2. descansar junto a la chimenea

3. pelear con Teo, el perro

4. jugar con Elena y Juanito

5. dormir una siesta por la tarde

6. ¿...?

[9.19] Más sobre nuestro gato Rodolfo. Describan al gato Rodolfo y algunas de sus aventuras juveniles. Usen el pretérito o el imperfecto según el caso.

Es verdad que Rodolfo es un gato único. Cuando _____ (tener) dos años y _____ (llegar) a nuestra casa, _____ (ser) gordo y bonito. _____ (Poder) correr muy rápido y aún subir a los árboles, donde le _____ (encantar) observar los pájaros (*birds*). Año tras (*after*) año nos _____ (dar) sorpresas. Por ejemplo, normalmente _____ (tomar) agua de su tazón, pero un día ¡la _____ (tomar) del inodoro (*toilet*)! Casi siempre _____ (dormir) en el sótano, en el sofá, pero una noche _____ (dormir) afuera, en el jardín. Allí _____ (conocer) a Gitana (*Gypsy*), su gata favorita. Unos días más tarde, nos _____ (dar) otra sorpresa: ¡ _____ (Comerse) el jamón de mi sándwich! Cuando yo _____ (entrar) en la cocina y lo _____ (descubrir), ¡el "delincuente" _____ (salir) corriendo de la casa! Allí _____ (ver) a Gitana y los dos _____ (escaparse). _____ (Regresar) a casa ¡tres días más tarde! Ahora tenemos una pareja de gatos durmiendo junto a la chimenea y probablemente una familia por venir.

[9.20] Martes trece. No eres supersticioso/a, pero ayer fue martes, día 13, y ¡todo salió mal (*went wrong*)!

Paso 1. Mira la tabla a continuación. Decide qué acciones de la primera columna hacías cuando sucedieron los eventos de la segunda columna. Escribe el número de la primera frase al lado de la segunda frase.

Paso 2. Usando las ideas del **Paso 1**, explica lo que hacías y lo que pasó. Luego continúa la historia contando dos cosas que pasaron por la noche.

Modelo: Por la mañana, mientras me duchaba, se terminó el agua caliente...

Mientras...		
1.	ducharse	____ encontrar un pelo en la sopa
2.	desayunar	____ empezar a llover
3.	hacer un examen	____ congelarse (*freeze*) la computadora
4.	comer en la cafetería	____ terminarse (*run out*) el agua caliente
5.	escribir un trabajo	____ sonar mi teléfono celular
6.	volver a mi cuarto	____ derramar (*spill*) café en mi camisa

[9.21] El accidente de Martín un martes trece. Narra la historia en pasado. Cambia los verbos al pretérito o al imperfecto según el caso. Debes estar preparado para explicar las razones de tus decisiones a la clase.

Martín **maneja** muy contento. No **ve** el alto (*stop sign*) y **choca** (*crashes*) con otro coche que **viene** en la dirección opuesta. Al otro conductor no le **pasa** nada, pero el pobre Martín **se lastima**. **Llega** la policía y una ambulancia que lo **lleva** al hospital. La pierna le **duele** mucho. El médico lo **examina** y lo **manda** a radiología. **Es** un mal día para Martín. **Se fractura** la pierna y **sale** del hospital en muletas. **Es** un martes trece y como dice el dicho: "Martes trece, ni te cases ni te embarques, ni de tu casa te apartes".

En mi experiencia
Sergio, 29, Tucson, AZ

"There are a lot of Mexican-origin people where I live. Whenever they take babies and young children outside, they are bundled up much more than in my family – layers of thick polyester blankets, plastic covers over the stroller, and hats and scarves when it's 50 degrees outside. A friend once expressed this concern about her young niece: *"Que no le pegue el aire"* ("I don't want the air to hit her") but in my family, we think it's healthy for kids to be outside getting fresh air."

How does your family treat the concept of "taking air" outside? What beliefs might underlie the different practices described by Sergio?

Marcel Jancovic/Shutterstock

[9.22] ¡Una noche increíble! En grupos, inventen la historia de una noche increíble. Pueden usar una de las ideas de abajo o una diferente. Un/a secretario/a escribe la historia para leérsela a la clase más tarde. Presten atención al uso del pretérito y del imperfecto.

Temas posibles:

1. una noche en la Ciudad de Nueva York
2. una noche en la sala de urgencias de un hospital
3. un sábado por la noche en una fiesta de la universidad
4. una noche viajando en autobús en Colombia o Venezuela
5. una noche en casa de los Simpson

Incluyan:

- referencia a la fecha, el día, la hora y el lugar donde estaban
- descripción del tiempo, del lugar y de las personas
- descripción de lo que pasaba en ese lugar (acciones en progreso, etc.)
- lo que pasó
- final de la historia

[9.23] Un evento memorable en mi vida. En grupos, cada estudiante piensa en un evento <u>verdadero o ficticio</u> de su pasado. Luego van a narrarlo al grupo con muchos detalles. El resto del grupo puede hacer seis preguntas sobre los detalles. Después, el grupo decide si el evento es verdadero o no.

Situaciones

Estudiante A: Anoche fuiste a una fiesta fantástica, pero tu amigo/a no fue. Llámalo/a para preguntarle por qué no fue y hazle preguntas sobre su situación. También cuéntale sobre la fiesta: dónde era, qué música había, qué comida o bebidas tenían, quiénes estaban y qué hicieron tú y tus amigos. Al final, cuenta a tu amigo/a algo sorprendente que ocurrió.

Estudiante B: Anoche querías ir a una fiesta con tus amigos, pero te enfermaste y te sentías muy mal. Explícale a tu amigo/a por qué no fuiste, describiendo tus síntomas. Hazle también preguntas sobre la fiesta.

NOTA CULTURAL

Gabriel García Márquez was a Colombian writer and journalist born in 1927. He won international acclaim in 1967 with his masterpiece *One Hundred Years of Solitude*, a defining classic of 20th century literature. He was awarded the Nobel Prize for Literature in 1982. Film adaptations of his novels include *Love in the Time of Cholera* (2007) and *Of Love and Other Demons* (2010). When he died in 2014 at the age of 87, president Santos declared three days of mourning for 'Gabo," whom he called "the best Colombian to ever have lived" as he was adored by people of every social class, race, and age group.

Stephan Wallgren/AFP/Getty Images

DICHO Y HECHO

PARA LEER: Ayurveda: La ciencia de la vida

ANTES DE LEER

1. El término *ayurveda* viene del idioma sánscrito: *ayus* = vida, *veda* = ciencia. Probablemente se refiere a:

   ☐ Películas de ciencia ficción hechas en la India.

   ☐ Un sistema de medicina tradicional.

2. Lee las tres descripciones a continuación y decide cuál te describe mejor.

   ☐ Individuo nervioso, de carácter activo; esbelto (*svelte*), pelo y piel (*skin*) secos.

   ☐ Individuo visceral, de carácter decidido; figura proporcionada; buen apetito.

   ☐ Individuo emocional, de carácter pacífico; figura grande, con tendencia a ganar peso.

ESTRATEGIA DE LECTURA

Scanning for details

In *Capítulo* 2 you practiced skimming a text to get the main idea(s). Sometimes getting the general idea of a text fulfills your purpose in reading it. Other times, you may be reading a text with a more focused purpose. Scanning consists of reading quickly over a text with the purpose of finding the specific information you are interested in or need to find. When scanning for specific details, run your eye over the text, looking for key words that will lead you to the information you need. Look at the first paragraph of the article that follows, for example. If your purpose is to find specific information about where this particular form of medicine originated, you would scan until seeing **origen**, read more closely, and determine that its origins are in southern India. If your purpose is to determine the role the patient plays, you would scan until seeing **paciente** and **activo**. Read the following article first for the purpose of general understanding. You will practice scanning for specific information in *Después de leer*.

A LEER

El *ayurveda* no es solamente una medicina, es algo que te ayuda a conocerte mejor a ti mismo. El paciente tiene un papel[1] activo dentro de la terapia; es decir, cada uno debe aprender a ser su propio médico. Es la medicina tradicional más antigua de la historia, y sus conocimientos aparecen en textos de más de 5,000 años. Tiene su origen en el sur de la India y se basa en un sistema medicinal global e integral[2].

El estilo de vida de moda

El ayurveda se identifica con un estilo de vida que intenta ser beneficioso para la salud y para la belleza, mejorando la calidad de la piel y el cabello y ayudando a prevenir el envejecimiento[3]. En Occidente[4] es su perspectiva estética la que se ha puesto de moda y se ha introducido en *spas* y salones de belleza por sus buenos resultados. Incluso personajes como Madonna utilizan prácticas ayurvédicas para mantenerse sanos y jóvenes.

Pero esta ciencia no está limitada a lo superficial, abarca[5] los campos médicos como medicina interna completa, pediatría, ginecología, gerontología, toxicología y psiquiatría. Además, está reconocida por la Organización Mundial de la Salud.

Basándose en el estudio de los *doshas*, se trata al paciente como un individuo único, creando remedios y terapias específicos para cada persona.

---

[1]plays a role, [2]holistic, [3]aging, [4]the Western World, [5]covers

Doshas o tipologías de las personas

Los *doshas* son los responsables de los cambios psico-biológicos y psico-patológicos de nuestro organismo. Existen tres *doshas: vata* (controla el sistema nervioso), *pitta* (responsable de las funciones digestivas y del hígado[6]) *y khapa* (controla las emociones).

Analizando las características fisiológicas, la constitución y el metabolismo, podemos reconocer cuáles son los *doshas* dominantes en cada persona:

Vata: Individuos nerviosos, de carácter activo; esbeltos, con tendencia a tener el pelo y la piel secos.

Pitta: Individuos viscerales, de carácter decidido; figura media y proporcionada y con tendencia a tener buen apetito.

Kapha: Individuos emocionales, de carácter pacífico; figura grande, con tendencia a ganar peso.

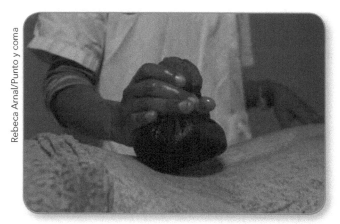

La clave para estar sanos es lograr el equilibrio porque según el ayurveda, los desequilibrios entre los *doshas* son la causa de toda enfermedad. Observando los desequilibrios y el estado de los *doshas* se pueden determinar las causas de distintas enfermedades, curarlas y prevenirlas.

"El ayurveda tiene tres pilares muy importantes: el primero es la dieta; el segundo, el estilo de vida; y el tercero es, si hay una enfermedad, tratarla", explica Deva Paksha, investigadora ayurvédica y terapeuta.

Los tratamientos

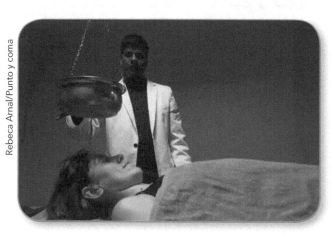

Los tratamientos ayurvédicos incluyen masajes terapéuticos, uso de aceites, ungüentos[7] e infusiones y un control de la dieta. Lo que caracteriza a los productos que se utilizan en el ayurveda es que todos parten de una base natural de plantas medicinales.

Los tratamientos más conocidos del ayurveda se ocupan de la desintoxicación del organismo para limpiar el sistema nervioso y circulatorio y equilibrar el cuerpo.

El ayurveda es una alternativa para tratar diversos problemas de salud y mejorar nuestra calidad de vida y aspecto físico. Si logramos estar en equilibrio y armonía con nuestro organismo, estaremos sanos y, por consecuencia, más guapos y jóvenes.

Texto: y fotografía Rebeca Arnal / *De la revista Punto y coma (Habla con eñe)*

[6]liver, [7]ointment

1. Indica si las siguientes afirmaciones son **ciertas** o **falsas** según el texto.

Cierto	Falso	
☐	☐	**a.** El ayurveda es una de las medicinas más modernas de la historia.
☐	☐	**b.** Es una ciencia ancestral reconocida por prestigiosos organismos internacionales.
☐	☐	**c.** Con esta ciencia se pueden mejorar el pelo, la piel y retrasar el envejecimiento.
☐	☐	**d.** La salud se alcanza logrando el equilibrio y la armonía en nuestro organismo.
☐	☐	**e.** Esta medicina se basa en controlar lo que comemos y cómo vivimos, pero no hay tratamientos o curas directas de las enfermedades.

2. Practica la estrategia de "*scanning*" para emparejar cada uno de estos términos con su significado.

____ dosha   **a.** La armonía de diferentes elementos o energías.
____ equilibrio   **b.** La combinación del sistema nervioso, digestivo y emocional.
____ ayurveda   **c.** *Dosha* responsable de la digestión y del hígado.
____ pitta   **d.** Un sistema de salud global que tiene más de 5,000 años.

3. Escanea el texto para buscar la información necesaria para contestar estas preguntas:

a. ¿Qué campos de la medicina tradicional incluye el ayurveda?

b. ¿Cuál es la causa de todas las enfermedades, según el ayurveda?

c. ¿De qué se componen los productos ayurvédicos?

4. ¿Cómo son similares y diferentes el ayurveda y la medicina occidental?

PARA CONVERSAR: En la sala de urgencias

Imaginen que tres de ustedes están en la sala de urgencias de la clínica de la universidad. Cada uno/a le explica al/a la recepcionista por qué necesita ver al/a la doctor/a. El/La recepcionista les hace preguntas para determinar quién va primero.

Posibilidades:

- Estabas corriendo, te caíste (*fell*) y ahora...
- Comiste unos mariscos y ahora...
- Piensas que tienes la gripe.
- Tienes bronquitis.

ESTRATEGIA DE COMUNICACIÓN

Taking Risks

Many adults can feel apprehensive about speaking a second language because they do not feel they are as convincing or authoritative as they are in their first language. But sometimes it is important to just jump in and take risks when speaking a second language without worrying too much about how you sound to the listeners. A very important part of a successful communication is a positive attitude and persistence. When carrying out this activity, try your best to communicate your needs so that you will be attended to in the emergency room.

ASÍ SE HABLA

En su conversación, intenten usar algunas de estas frases comunes de **Colombia y Venezuela:**

¡Qué chanda! = *That stinks.*

¡Qué vaina! = *Too bad.*

Burda = *A lot. (For example, "¡Me duele burda!")*

PARA ESCRIBIR: Lo que me pasó

Esta vez vas a contar una historia sobre una enfermedad o una visita médica. Puede ser cierta o ficticia, realista o imaginativa, sobre ti o sobre otros. ¿Qué historia vas a contar? Puedes contar una historia sobre una vez que estuviste enfermo/a o tuviste un accidente, una estadía en el hospital o una visita médica. Recuerda que la historia puede ser real o ficticia, seria o cómica, etc.

ANTES DE ESCRIBIR

- Escribe un bosquejo de los eventos en orden cronológico. ¿Qué pasó? ¿Cuándo?

- Escribe una lista de los lugares donde ocurrió la historia, y algunos detalles para describirlos. Piensa en estas preguntas: ¿En qué lugar estuve? ¿Cómo eran esos lugares? ¿Qué había? ¿Cómo era el ambiente (*atmosphere*)?

- Escribe una lista de personajes relevantes, incluyendo características importantes para la historia. Puedes pensar en preguntas como: ¿Qué personas fueron relevantes para la historia? ¿Cómo eran? ¿Qué hicieron? ¿Por qué?

ESTRATEGIA DE REDACCIÓN

Narrating
There are many ways to tell a story. While you're learning Spanish, here are a few ideas that might help you.

- In terms of content, think of the events and the people who are important to the story. To add details, think of questions like *What? When? Where? Who? How? Why?* and choose details (answers to those questions) that are important or will make your story more interesting.

- Tell the story in chronological order and use connecting words that will help the reader follow the sequence of actions.

- Pay attention to your use of verb tenses. Remember to use the preterit to talk about completed actions and the imperfect to describe the scene and situation, the people, the atmosphere, etc.

A ESCRIBIR

Narra la historia incorporando información sobre la situación y los personajes cuando sea apropiado. Si quieres, puedes añadir otros detalles al escribir para dar interés y emoción (*excitement*) a tu historia. Puedes seguir esta estructura general:

Primer párrafo: Comienza con una oración introductoria seguida de oraciones atractivas o misteriosas para interesar al lector. Después describe la situación y el ambiente.

Modelo: **Era la noche del jueves y estaba en mi cuarto, haciendo la tarea de español, como todos los jueves...**

Párrafos centrales: Narra la acción y los eventos de la historia, introduciendo descripciones de personajes y lugares, o añadiendo otros detalles sobre la situación cuando sea apropiado.

Modelo: **...cuando llegué al hospital, la recepcionista me miró alarmada...**

Último párrafo: Como conclusión, ofrece un desenlace (*closure*) y una reflexión final.

Modelo: **...al día siguiente no recordaba nada. Aprendí algo importante esa noche...**

Para escribir mejor: Estos conectores ayudan a marcar la secuencia cronológica de una narración.

al final	*at the end*
al principio	*at the beginning*
al cabo de (un mes/dos días)	*(a month/two days) later*
de repente	*suddenly*
después de (una hora)	*after (an hour)*
después, luego, más tarde	*later*
en ese momento/instante	*at that time/moment*
entonces	*then*
mientras (+ imperfecto)	*while (+ imperfect)*
mientras tanto	*in the meantime*

DESPUÉS DE ESCRIBIR

Revisar y editar: El contenido, la organización, la gramática y el vocabulario.

Después de escribir el primer borrador de tu composición, déjalo a un lado por un mínimo de un día. Cuando vuelvas (*you return*) a leerlo, corrige el contenido, la organización, la gramática y el vocabulario. Además, hazte (*ask yourself*) estas preguntas:

☐ ¿Está clara la historia? ¿Es interesante? ¿Hay suficientes detalles sobre los personajes, lugares y situaciones?

☐ ¿Está clara la secuencia de eventos? ¿Usé la estructura sugerida **A escribir**? ¿Usé conectores apropiados para indicar el orden cronológico y para mejorar la fluidez (*improve the flow*)?

☐ ¿Usé el pretérito y el imperfecto correctamente para describir y narrar en el pasado?

PARA VER Y ESCUCHAR: La medicina moderna y tradicional   WileyPLUS

ANTES DE VER EL VIDEO

Empareja los tratamientos de enfermedades o dolencias (*ailments*) con las descripciones que les correspondan.

1. ____ acupuntura
2. ____ quiropráctica
3. ____ homeopatía
4. ____ remedios naturales/caseros

a. Uso de hierbas y productos comunes.

b. Tratamiento de manipulación manual del sistema músculo-esqueletal.

c. Inserción y manipulación de agujas (*needles*) en el cuerpo.

d. Uso de sustancias que provocan una reacción similar a la enfermedad, diluídas (*diluted*) al extremo.

A VER EL VIDEO

© John Wiley & Sons, Inc.

Paso 1. Mira el video una vez, concentrándote en la idea principal. Resúmelo en una o dos oraciones.

ESTRATEGIA DE COMPRENSIÓN

Listening for a purpose, focusing on specific information

If there is a particular goal for your listening (e.g., finding out what gate your plane leaves from in an airport) or you know ahead of time what specific information you need to gather from a spoken text, focusing your attention on that purpose will help you focus on the relevant information.

Paso 2. En este video, un herbolario mexicano nos explica los beneficios del uso de hierbas medicinales tradicionales. Antes de ver otra vez el video, lee las preguntas a las que vas a responder.

1. Según el video, ¿chocan (*clash*) en América Latina la medicina moderna y la tradicional, que usa hierbas medicinales?

2. ¿Por qué cree el herbolario que las hierbas medicinales son más seguras?

3. El herbolario menciona tres productos de su tienda. Anota <u>dos</u> problemas o enfermedades que trata cada uno.
   La menta:
   La caña de jabalí:
   El compuesto de hierbas:

4. ¿En qué casos puede ser peligroso (*dangerous*) el uso de hierbas medicinales?

DESPUÉS DE VER EL VIDEO

 Contesten estas preguntas en grupos:

1. ¿Conocen a alguien que haya usado alguna de las terapias mencionadas en el video? ¿Sabes cómo fue su experiencia?

2. ¿Están dispuestos/as (*willing*) a usar alguna de esas terapias u otras diferentes? ¿Cuáles? ¿Por qué?

Repaso de vocabulario activo

Adjetivos

deprimido/a   *depressed*

embarazada   *pregnant*

grave   *serious*

sano/a   *healthy*

Adverbios

cada   *each*

de repente   *all of a sudden, suddenly*

mientras   *meanwhile/while*

por fin   *finally*

una vez/muchas veces   *once/ many times*

Expresiones sobre la salud   *Expressions about Health*

el síntoma   *symptom*

hacer un análisis de sangre/sacar sangre   *to do a blood test/to draw blood*

hacer una cita   *to make an appointment*

poner una inyección/una vacuna   *to give a shot/vaccination*

sacar una radiografía   *to take an X-ray*

tener dolor de (cabeza/estómago)   *to have a (head/stomach ache)*

tener náuseas/vómitos   *to have nausea/ to be vomiting*

tomar la temperatura/la presión arterial   *to take one's temperature/ blood pressure*

Sustantivos

Algunos problemas de salud   *Some Health Problems*

la alergia   *allergy*

la congestión nasal   *nasal congestion*

la diarrea   *diarrhea*

la fiebre   *fever*

la gripe   *flu*

la herida (grave)   *(serious) wound*

la infección   *infection*

el mareo   *dizziness*

el resfriado   *cold (illness)*

la tos   *cough*

El cuerpo humano   *The Human Body*

la boca   *mouth*

el brazo   *arm*

la cabeza   *head*

la cara   *face*

el cerebro   *brain*

el corazón   *heart*

el cuello   *neck*

el dedo   *finger*

el diente   *tooth*

la espalda   *back*

el estómago   *stomach*

la garganta   *throat*

el hombro   *shoulder*

el hueso   *bone*

el labio   *lip*

la lengua   *tongue*

la mano   *hand*

la nariz   *nose*

el oído   *medium and inner ear; hearing*

el ojo   *eye*

la oreja   *ear (outer)*

el pecho   *chest*

el pelo   *hair*

el pie   *foot*

la pierna   *leg*

el pulmón   *lung*

el tobillo   *ankle*

la uña   *nail*

la rodilla   knee

En el hospital/el centro de salud   *At the Hospital/At the Health Center*

la ambulancia   *ambulance*

la cápsula   *the capsule*

el chequeo   *checkup*

el consultorio del médico/de la médica   *doctor's office*

la habitación   *room*

la farmacia   *pharmacy*
el hospital   *hospital*
la inyección   *shot, injection*
el/la paciente   *patient*
la pastilla   *pill*
la recepción   *reception desk*
la receta   *prescription*
la sala de espera   *waiting room*
la silla de ruedas   *wheelchair*
el termómetro   *thermometer*
la tirita   *band-aid*
(la sala de) urgencias   *emergency room*
la vacuna   *vaccine*
el yeso   *cast*

Verbos

caerse   *to fall*
cansarse   *to get tired*
cuidarse   *to take care (of oneself)*
curar (curarse)   *to cure (to heal)*

doler (ue)   *to hurt/be hurting*
enfermarse   *to get sick*
estornudar   *to sneeze*
examinar   *to examine*
fracturar(se)   *to break (one's arm)*
lastimarse   *to hurt oneself*
pasar   *happen*
ponerse (bien)   *to get (well)*
preocuparse   *to worry*
quedarse   *to stay*
respirar   *to breathe*
sacar   *to take out, stick out*
sentarse (ie)/estar sentado/de pie
          to seat/to be seated/
          to be standing
sentirse (ie, i)   *to feel*
tomar   *to take, drink*
torcer(se) (ue)   *to sprain (one's ankle)*
toser   *to cough*
vomitar   *to vomit*

10

Así es mi casa

© age fotostock Spain, S.L./Alamy

Así se dice

Así se forma

Cultura

Dicho y hecho

In this chapter, you will learn to:

- describe a house or an apartment and its contents.
- talk about household chores.
- use commands in informal situations.
- talk about what has or had happened.
- make comparisons.
- discover Paraguay and Uruguay.
- discover more about the role of the patio in Hispanic homes.

1. ¿Vives en una casa, en un apartamento o en un lugar diferente? ¿Qué tipos de viviendas son comunes en tu comunidad?

2. Piensa en las características de tu casa ideal. Al final del capítulo vas a describir la casa de tus sueños.

291

Así se dice

Así es mi casa

el techo

El dormitorio/
la habitación (principal)

el póster

la pared

el inodoro

la ducha

el espejo

la lámpara

la bañera

El lavabo

el suelo/piso

la alfombra

El primer piso

La sala de estar

el refrigerador

el sillón

el cuadro

El comedor

el sofá

la mesita

el bote
de basura

la chimenea

La planta baja

El sótano

el estante

la escalera

la secadora

la lavadora

¿Qué ves? Responde estas preguntas sobre la ilustración:

1. En esta casa vive una familia. ¿Quiénes están en la cocina? ¿Y en la sala? ¿Hay alguien en el patio o en jardín? ¿Cuántos carros hay en el garaje?

2. ¿Cuántos baños ves? ¿Cuántos dormitorios ves? ¿Dónde están el baño y los dormitorios, en la planta baja o en el primer piso? Otro espacio en el primer piso es el balcón, ¿qué hay allí?

Puedes encontrar más preguntas de comprensión en *WileyPLUS* y en el *Book Companion Site* (BCS).

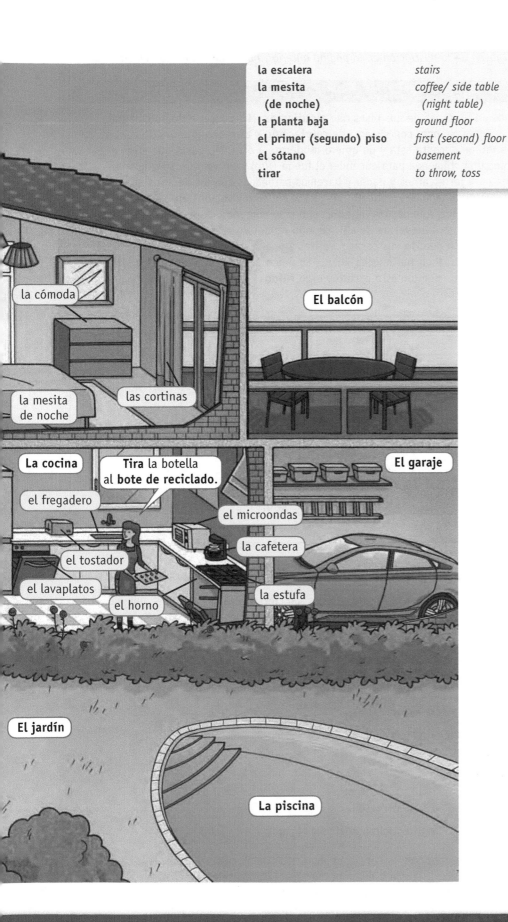

la escalera	*stairs*
la mesita	*coffee/ side table*
(de noche)	*(night table)*
la planta baja	*ground floor*
el primer (segundo) piso	*first (second) floor*
el sótano	*basement*
tirar	*to throw, toss*

WileyPLUS

Pronunciación: Practice pronunciation of the chapter vocabulary and particular sounds of Spanish on *WileyPLUS*.

Listen to all the new vocabulary in the **Repaso de vocabulario activo** at the end of the chapter.

¿Y tú?

1. ¿Es tu casa familiar similar o diferente a esta? ¿Ves algo en esta casa que no tienes en tu casa y quieres tener?

2. ¿Qué te gusta más y qué te gusta menos de tu casa?

En nuestra casa

Pedro, el joven de la ilustración en la página anterior, nos habla de la vida en su casa.

Vivimos en una casa de dos pisos que **alquilamos**. Mis padres quieren comprar una casa más grande, con sistema de **calefacción** y **aire acondicionado** central, pero a mí me encanta esta y no quiero **mudarme** a otra. Me gusta que en invierno tenemos una chimenea para encender el fuego (*fire*) y en verano, tenemos la piscina para refrescarnos y nadar y hacemos barbacoas con los **vecinos** que viven en la casa de al lado. En realidad, me gustan todos los vecinos en nuestro **barrio**, son muy amables. Además los **muebles** son muy cómodos, a veces me siento en el sofá y no quiero **moverme** de allí. Cuando no quiero estar en la sala **subo** a mi dormitorio[1], allí **guardo** mis cosas favoritas y puedo hacer lo que quiero: **prender** o **apagar** la **luz**, escuchar música, leer... Lo único que no me gusta en esta casa es **bajar** al sótano, siempre está oscuro y oigo **ruidos** extraños.

---

[1] Remember **dormitorio** means *bedroom*. *Dorm* is **residencia estudiantil.**

el aire acondicionado	*air conditioning*	**el mueble**	*piece of furniture*
apagar	*to turn off*	**mudarse**	*to move (to a new house, city, etc.)*
alquilar	*to rent*	**mover**	*to move (something)*
bajar	*to go down*	**moverse**	*to move (oneself)*
el barrio	*neighborhood*	**prender**	*to turn on*
la calefacción	*heating*	**el ruido**	*noise*
guardar	*to keep, to put away*	**subir**	*to go up*
la luz	*light*	**el/la vecino/a**	*neighbor*

[10.1] ¿Dónde están?

Paso 1. Decide si las siguientes descripciones son **ciertas** o **falsas,** según el dibujo de **Así se dice, Así es mi casa.** En tu cuaderno, reescribe las oraciones falsas modificándolas para hacerlas ciertas.

	Cierto	Falso
1. La lámpara está encima de la mesita de noche.	☐	☐
2. La mesita está frente al sofá.	☐	☐
3. El bote de basura está lejos del fregadero.	☐	☐
4. El garaje está al lado de la casa.	☐	☐
5. El lavabo está cerca del horno.	☐	☐
6. El dormitorio está debajo del techo.	☐	☐
7. El baño está al lado del dormitorio del joven Pedro.	☐	☐

 Paso 2. Ahora, escribe tres descripciones sobre otras habitaciones y cosas de la casa, como las oraciones del Paso 1. Después, en grupos pequeños, túrnense para leer sus descripciones e identificar las habitaciones y cosas que sus compañeros describen.

Modelo: Estudiante A: **Está entre la sala y el comedor.**
Estudiante B: **Es la escalera.**

[10.2] ¿En qué parte de la casa está? Escucha la lista de muebles y objetos y anótalos en el cuarto o cuartos donde se encuentran (*are found*) más frecuentemente. Después, añade tres objetos más para cada cuarto.

Cocina	Baño	Sala	Dormitorio	Comedor

[10.3] Asociaciones. En parejas, el/la Estudiante A lee una palabra de su lista al/a la Estudiante B, quien dice palabras asociadas con esta y el/la Estudiante A las escribe. Túrnense.

Modelo: Estudiante A: **prender**
Estudiante B: **la luz, el televisor, la lavadora** (el Estudiante A escribe estas palabras junto a **prender**)

Estudiante A

bajar _____

sótano _____

secadora _____

vecino _____

_____ mueble

_____ ruido

_____ jardín

_____ alquilar

Estudiante B

[10.4] ¿Cómo viven los estudiantes?

Paso 1. Hagan las siguientes preguntas a tres compañeros de clase. Escriban sus nombres y anoten sus respuestas.

	Estudiante 1: _____	Estudiante 2: _____	Estudiante 3: _____
1. ¿Es mejor vivir en una residencia universitaria o en un apartamento/una casa compartido/a? ¿Por qué?			
2. ¿Es mejor vivir solo/a o con compañeros de cuarto/casa? ¿Por qué?			
3. ¿Qué te gusta/no te gusta del lugar donde vives ahora? ¿Por qué?			

Paso 2. Compartan lo que aprendieron con la clase. ¿Tienen ustedes preferencias similares?

Modelo: **Yo prefiero vivir sola porque no me gusta el ruido *(noise)*, pero Jennifer prefiere vivir con compañeros porque no le gusta estar sola.**

Así es mi casa • 295

[10.5] Diferentes tipos de vivienda (*dwelling*). En grupos pequeños, describan y comparen los siguientes tipos de viviendas y los barrios donde generalmente se encuentran (*are found*).

- una casa adosada (*townhouse*) en el centro de una ciudad

- una casa en un barrio residencial de las afueras (*suburb*)

- un apartamento urbano

Consideren las siguientes preguntas: ¿Cómo son similares o diferentes? ¿Qué ventajas o desventajas tiene cada una? ¿En cuáles has vivido? ¿En cuál quieres vivir en el futuro?

[10.6] Tu estudio (*studio*) ideal.

Paso 1. En una hoja de papel, dibuja (*draw*) un estudio consistente en una sala principal con cocina y espacios para comer, dormir, etc. más un baño separado. Incluye elementos arquitectónicos (puertas, ventanas) así como los muebles y accesorios que quieres tener en tu estudio ideal.

 Paso 2. En parejas, describe tu estudio a tu compañero/a sin mostrárselo. Él/Ella lo va a dibujar. Luego, comparen cada dibujo original con la versión del compañero/a, ¿hay diferencias?

En mi experiencia
Mark, Bismarck, ND

"When I lived in Uruguay, my host family had a very modern apartment in a nice part of town, so I was surprised that they didn't have a clothes dryer. It turns out that most people there dry their clothes on clotheslines, either on balconies or even out the window. Also, the washing machine is in the kitchen, which was new for me."

If you have ever line-dried your clothes, in what ways does it differ from using a machine? Might there be any advantages to having the washing machine in the kitchen? What does it suggest about U.S. culture that we have separate rooms dedicated to doing laundry?

NOTA CULTURAL

Los quehaceres y las empleadas domésticas (*maids*)

Domestic help is more common in Latin America, than in the U.S., and many middle class families can afford to hire maids who take care of most of the household chores and sometimes a good deal of childrearing activities as well (try to see the award-winning 2009 comedy film *La Nana* (The Maid)). In other families, it is often (but not always) the case that the women are expected to take care of cooking and cleaning tasks.

Los quehaceres domésticos

Alfonso
Javier
Carmen
Natalia
Linda
Manuel
Esteban
Elena

El verano pasado estos amigos alquilaron una casa para las vacaciones, y todos **compartieron** los quehaceres domésticos. Cuando llegaron, Alfonso y Javier **ordenaron** los cuartos en el segundo piso y **sacudieron** los muebles. Alfonso tiene alergia al polvo (*dust*), por eso prefirió **hacer las camas** y limpiar el baño mientras Javier **barría** el piso y **pasaba la aspiradora**. Durante el resto de la semana, Carmen **ponía la mesa** antes de comer y, cuando terminaban de comer, Natalia **quitaba la mesa** y llevaba los platos a la cocina. Allí Linda y Manuel estaban muy bien organizados para terminar pronto: Linda **lavaba los platos** y Manuel los **secaba**. También había cosas para hacer fuera de la casa. Esteban **sacaba la basura** por las mañanas y Elena **cortaba el césped** todas las semanas. En realidad, todos **recogían** y **ayudaban** para terminar temprano y disfrutar del tiempo libre.

ayudar	*to help*	**ordenar/recoger**	*to straighten up/pick up*
barrer	*to sweep*	**sacudir (los muebles)**	*to dust*
compartir	*to share*		

[10.7] Los quehaceres del hogar.

Paso 1. Completa la tabla escribiendo quién hacía estos quehaceres en la casa de tu familia y si tú los haces ahora. Añade dos quehaceres más.

	En la casa de tu familia, ¿quién hacía esto?	Ahora, ¿lo haces?
1. poner la mesa	Modelo: **Mi mamá la ponía.**	**Sí, la pongo. / No, no la pongo.**
2. hacer mi cama		
3. lavar los platos		
4. sacar la basura		
5. pasar la aspiradora		
6. cortar el césped		
7. _____		
8. _____		

 Paso 2. Ahora, en grupos pequeños, compartan la información de sus tablas.

Modelo: De niño, yo hacía mi cama y ahora también la hago. *o,* **pero ahora no la hago.**

Así es mi casa • 297

Paso 3. Contesten ahora las siguientes preguntas.

1. ¿Ayudaban mucho en su casa cuando eran niños? ¿Qué quehaceres les gustaban más/menos? ¿Recibían alguna compensación por su ayuda?

2. ¿Cómo era la división de los quehaceres en su familia entre los adultos y los niños? ¿Y entre los hombres y las mujeres?

3. ¿Qué quehaceres hacen ahora? ¿Con qué frecuencia? Si viven con otras personas, ¿cómo comparten los quehaceres?

[10.8] ¿Todos los días?

Paso 1. Buscas compañero/a para compartir apartamento, y quieres estar seguro/a de que ustedes tienen hábitos de limpieza similares. Indica con qué frecuencia, en tu opinión, es necesario hacer cada quehacer.

> **HINT**
>
> | | |
> |---|---|
> | al menos… | *at least* |
> | cada dos/ tres días | *every other/ third day* |
> | una vez a la semana/ al mes | *once a week/ month* |
> | de vez en cuando | *once in a while* |

1. limpiar el baño
   _____

2. lavar los platos
   _____

3. limpiar la estufa y el fregadero
   _____

4. pasar la aspiradora
   _____

5. sacudir los muebles
   _____

6. recoger la sala y el comedor
   _____

Paso 2. En parejas, comparen sus respuestas del **Paso 1** para determinar si sus hábitos son compatibles. Si no lo son, intenten llegar a un compromiso y crear un plan. Deben estar preparados para compartirlo con la clase.

[10.9] ¡Qué confusión! Tu compañero/a de cuarto está haciendo afirmaciones ilógicas. Responde corrigiendo las partes en cursiva (*italics*).

Modelo: Hay muchos platos en el fregadero. *Voy a sacar la basura.*
¿Quieres decir que vas lavar los platos?

1. ¿Tienes la escoba *(broom)*? *Voy a lavar los platos.*

2. Voy a salir al jardín para *pasar la aspiradora.*

3. No quiero hacer todo solo. Tienes que *compartir.*

4. Antes de comer yo *quito la mesa* y después *tú la pones.*

5. Tengo alergia al polvo, entonces tú *sacas la basura* y yo *sacudo los muebles.*

En mi experiencia
Yoshi, Fresno, CA

"In Mexico City, you don't put out the garbage the night before it's collected; there are no secure receptacles, and if you leave bags out the dogs make a mess. You have to wait to hear the garbage collectors ringing their bell when they're in the neighborhood—usually at the same time, three days a week. My host brother used to joke with his younger siblings that they should 'Run and hide!' when we heard that bell. If you're not home when they come, you can pay someone to pick it up for you at another time."

How does garbage and recycling collection work where you live? Why might some towns not maintain secure garbage receptacles?

Así se forma

1. Petitions and advice to a relative or friend: *Tú* commands

WileyPLUS

Go to *WileyPLUS* to review this grammar point with the help of the **Animated Grammar Tutorial.**

> **Tira la botella al bote de reciclado.**

Elisa: Carlos, **no tires** la botella a la basura. **Ponla** en el bote de reciclado.

Carlos: Sí, **no te preocupes. Dime,** ¿está ya lista la cena? ¡Tengo mucha hambre!

Elisa: En quince minutos, **ve** a la sala y **díselo** a todos. ¡**Espera,** Carlos, **no te vayas** todavía! **Ven** a la cocina y **ayúdame** a preparar la ensalada, por favor. Y **pon** la mesa.

Carlos: ¿Algo más, su majestad?

Elisa: Sí, **come** una empanada. El hambre te pone de mal humor.

Informal **tú** commands are used to give orders or advice to persons whom you address informally as **tú** (friends, children, etc.).

Affirmative *tú* commands

Regular affirmative **tú** command forms have the same form as the third person singular of the present tense.

¡Mira! *Look!*   **¡Espera!** *Wait!*   **¡Vuelve!** *Come back!*

Some affirmative **tú** command forms are irregular:

decir	**di**	**Di**me, ¿limpio el baño?	salir	**sal**	¡**Sal** del baño ya!
hacer	**haz**	**Haz** la cama.	ser	**sé**	**Sé** razonable.
ir	**ve**	**Ve** a sacar la basura.	tener	**ten**	**Ten** paciencia, ya vamos a cenar.
poner	**pon**	**Pon** el traje en el armario.	venir	**ven**	**Ven** a la cocina para ayudarme.

Note that, like affirmative **usted** commands, object and reflexive pronouns follow and are attached to affirmative **tú** commands. A written accent is added in combinations of more than two syllables[1].

Muéstramelo. *Show it to me.*   **Hazlo.** *Do it.*   **Póntelo.** *Put it on.*

Negative *tú* commands

To make a negative **tú** command, simply add **–s** to the **usted** command form.

Usted command	Negative *tú* command	
Espere en la sala.	No **esperes** en la sala.	*Don't wait in the living room.*
Ponga los libros allí.	No **pongas** los libros allí.	*Don't put the books there.*
Cierre la ventana.	No **cierres** la ventana.	*Don't close the window.*

---

[1] The oral stress in affirmative **tú** command forms is on the second-to-last syllable: **mi**ra, **com**pra (unless, of course, the verb form only has one syllable: **haz**). The oral stress does not change, but adding pronouns means adding syllables: **mí**rame, **cóm**pralo, **haz**lo.

Object and reflexive pronouns are placed before the verb in all negative commands. Observe the placement of the pronouns in the following negative commands and compare them with the corresponding affirmative commands.

Negative	Affirmative
¡No **lo** comas!	¡Cóme**lo**!
¡No **los** compres!	¡Cómpra**los**!
¡No **lo** hagas!	¡Haz**lo**!
¡No **te** vayas!	¡Ve**te**!

[10.10] Los quehaceres en casa. Escribe cada mandato que escuches debajo del dibujo correcto.

a. _____

b. _____

c. _____

d. _____

e. _____

f. _____

g. _____

h. _____

i. _____

[10.11] ¿Quién lo debe hacer? Hoy quieres preparar una cena especial para tu mejor amigo y su madre, que te visitan. Ellos te están ayudando. Lee los siguientes mandatos e indica si son apropiados para tu amigo (formas de *tú*) o para su madre (formas de *usted*).

	Tu amigo	Su madre
1. Dígame si prefiere carne o pescado.	☐	☐
2. Saca el pan de la bolsa, por favor.	☐	☐
3. Por favor, tome el pan y llévelo a la mesa.	☐	☐

	Tu amigo	Su madre
4. Abre la puerta del horno.	☐	☐
5. Ve a la tienda a comprar limones.	☐	☐
6. Abra esta lata (*can*) de tomates, por favor.	☐	☐
7. Ayúdame a poner la mesa.	☐	☐
8. Vaya a la sala de estar y descanse.	☐	☐

[10.12] ¿Arturo u Óscar?

Paso 1. Tienes dos amigos muy diferentes. Arturo es muy responsable, pero un poco aburrido. En cambio, Óscar es divertido, aunque (*although*) a veces demasiado imprudente (*careless*). Indica si estas sugerencias las hace Arturo (A) u Óscar (O).

1. Toma un refresco, pero no bebas cerveza.

2. Ve a todas tus clases.

3. No vayas a la biblioteca, ¡ven a mi fiesta!

4. No seas aburrido, no estudies tanto.

5. No te acuestes tarde, duerme al menos siete horas.

6. No hagas ejercicio, juega a un videojuego conmigo.

 Paso 2. En parejas, uno/una de ustedes es responsable como Arturo y el otro/la otra es imprudente como Óscar. Para cada situación de abajo, y usando mandatos afirmativos y negativos, digan a su compañero/a qué debe o no debe hacer y por qué.

1. Hay una película en la tele, pero termina a las 2 a. m. y mañana tienen una clase a las 8:30 a. m.

2. Tienen una docena de pasteles de chocolate en el frigorífico.

3. Hoy es el último día del mes. Los dos trabajan y recibieron sus cheques.

4. Tienen clase de español, pero hay un partido importante de su equipo favorito.

[10.13] Compañeros de piso. En parejas, imaginen que ustedes son compañeros/as de cuarto. Hay muchas cosas que les molestan de los hábitos de su compañero/a y hoy, por fin, deciden resolver sus diferencias.

Paso 1. Escribe peticiones para tu compañero/a, con mandatos afirmativos o negativos, basadas en las ideas de tu lista. Añade una petición más.

Modelo: fumar en casa   **No fumes en casa. Sal fuera para fumar.**

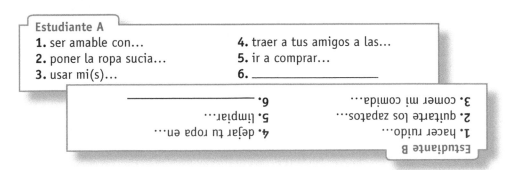

Estudiante A
1. ser amable con...
2. poner la ropa sucia...
3. usar mi(s)...
4. traer a tus amigos a las...
5. ir a comprar...
6. _____

Estudiante B
1. hacer ruido...
2. quitarte los zapatos...
3. comer mi comida...
4. dejar tu ropa en...
5. limpiar...
6. _____

Paso 2. Después, por turnos, hagan sus peticiones explicando sus razones, y respondan a las peticiones de su compañero/a con una excusa o justificación.

Modelo: Estudiante A: **Por favor, no fumes en casa, me da tos y huele (*it smells*) muy mal. Sal fuera para fumar.**

Estudiante B: **Pero hace mucho frío fuera (*outside*).**

Así es mi casa • 301

Cultura
Paraguay y Uruguay

▲ Paraguay

▲ Uruguay

ANTES DE LEER

1. Mira el mapa de América del Sur al principio de este libro. Paraguay tiene el mismo tamaño (*size*) que ¿cuál estado de Estados Unidos?

   ☐ Illinois   ☐ Rhode Island   ☐ California

2. Uruguay y Paraguay, junto con Brasil y Argentina, crearon en 1991 el Mercosur, una zona económica que corresponde a un área cuatro veces más grande que la de la Unión Europea. ¿Qué otras zonas económicas conoces?

▲ La capital de Paraguay, **Asunción**, está a orillas (*on the banks*) del río Paraguay. Es la ciudad más moderna del país y es el puerto más importante. Pero la ciudad también conserva muchos ejemplos de arquitectura colonial. Los tranvías (*trolleys*) amarillos de Asunción son una antigüedad. ¿Qué otras ciudades famosas tienen tranvías?

Durante el periodo colonial, **Uruguay** y **Paraguay** tuvieron una historia muy similar. Sin embargo, su situación geográfica y su destino político generaron diferencias regionales que resultaron en dos naciones con identidades muy distintas.

Paraguay

Paraguay es uno de los dos países de Latinoamérica (junto con Bolivia) que no tiene costa. El río Paraguay cruza el país de norte a sur y lo divide en dos partes; casi el 95% de la población vive al este del río (esto se nota claramente mirando un mapa por Internet). Tenía una población indígena (del grupo guaraní) muy numerosa cuando llegaron los españoles. A partir de 1609, los jesuitas establecieron comunidades autosuficientes que protegían a los guaraníes de los traficantes de esclavos (*slaves*) portugueses y españoles, que se relata en la película *The Mission* (1986) con Jeremy Irons y Robert DeNiro; intenta ver el corto (*trailer*) o la película completa.

Hoy en día, el 95% de la población es de origen mestizo y la mayoría vive de la agricultura.

Existen en Paraguay dos lenguas oficiales, el español y el guaraní. El 94% de los paraguayos hablan y escriben en ambas (*both*) lenguas. La constitución federal y los libros de texto son escritos tanto en (*both*) español como en guaraní. Las palabras *jaguar y piraña* vienen del guaraní, y también el nombre del país: *pará = océano; gua = a o de; y = agua;* es decir, agua que va al océano.

▲ Las ruinas de las misiones jesuitas en Trinidad, Paraguay.

Uruguay

Uruguay es la república sudamericana más pequeña. La exportación de productos agrícolas y ganaderos (*livestock/beef products*) son la base de la economía del país, que es una de las más sólidas de Latinoamérica. El turismo también genera muchos beneficios y representa casi el 30% de la actividad económica. En Uruguay, la población no es muy diversa —casi un 90% de los uruguayos descienden de inmigrantes europeos, sobre todo de España e Italia. El nivel de alfabetismo (*literacy*) es de un 96%, el más alto de Latinoamérica, y la legislación social es una de las más innovadoras de Hispanoamérica. La vida cultural en Uruguay es muy intensa, incluyendo la producción literaria de la escritora Cristina Peri Rossi y muchísimos campeonatos de fútbol; el estadio Centenario en Montevideo tiene una capacidad de 80.000 personas.

▲ Montevideo, la bella capital, está situada a orillas del Río de la Plata y el océano Atlántico; posee el mejor puerto natural de América del Sur. En esta ciudad vive la mitad (*half*) de la población del país.

DESPUÉS DE LEER

1. Existen varios contrastes importantes entre Paraguay y Uruguay. ¿A qué país hace referencia cada oración?

	Paraguay	Uruguay
a. No tiene costas.	☐	☐
b. El español es la única lengua oficial.	☐	☐
c. El nivel de alfabetización es muy alto.	☐	☐
d. Su población es diversa; existe una gran variedad de grupos indígenas.	☐	☐
e. Su población es uniforme; casi todos descienden de inmigrantes europeos.	☐	☐

2. El gran número de grupos indígenas en Paraguay es evidente. ¿Esto se parece a qué país estudiado en un capítulo anterior?

☐ Venezuela   ☐ Chile   ☐ Bolivia

3. Observa la foto de las ruinas de las misiones en Trinidad, Paraguay en la página anterior. ¿Conoces otras misiones como éstas en Estados Unidos o en otro país? ¿Dónde?

Así se forma

2. Telling what has/had happened: Perfect tenses

WileyPLUS

Go to *WileyPLUS* to review this grammar point with the help of the **Animated Grammar Tutorial** and **Verb Conjugator**.

Lee este anuncio comercial inmobiliario *(real estate advertisement)*.

¿**Ha soñado** usted con una casa en la playa? ¿**Ha imaginado** un refugio del estrés diario frente al mar? Venga a visitarnos a La Marina, en Punta del Este. Aquí **hemos abierto** la puerta del paraíso para usted. En este espacio ideal **hemos construido** viviendas amplias, luminosas y con vistas al mar. Esto **han dicho** nuestros clientes:

"Nunca antes **habíamos visto** residencias como estas a un precio similar. Muchas veces **habíamos soñado** con una casa en la playa, y en La Marina lo hemos conseguido".

Spanish perfect tenses closely correspond to their English counterparts, both in form and the meaning they express.

Perfect tenses are formed by combining a conjugated form of **haber** (*to have*) and the **past participle** of a verb. To form the past participle of most Spanish verbs, add **–ado** to the stem of **–ar** verbs and **–ido** to the stem of **–er** and **–ir** verbs.

llamar → llam**ado**   comer → com**ido**   vivir → viv**ido**

The following **–er** and **–ir** verbs have irregular past participles.

abrir → **abierto**	hacer → **hecho**	resolver → **resuelto**
decir → **dicho**	morir → **muerto**	ver → **visto**
devolver → **devuelto**	poner → **puesto**	volver → **vuelto**
escribir → **escrito**	romper (*to break*) → **roto**	

 ### NOTA DE LENGUA

The past participle may also be used as an adjective with **estar** and with nouns to show a condition. As an adjective, it agrees in gender and number with the noun it describes. You have used this construction in previous chapters.

La puerta está **cerrada**.	*The door is closed.*
Duermo con las ventanas **abiertas**.	*I sleep with the windows open.*
Mis amigos/as están **sentados/as** en el sofá.	*My friends are seated on the sofa.*

The present perfect: Saying what *has* happened

The present perfect is formed with the present tense of **haber** and the past participle.

presente de *haber* + participio pasado		
(yo)	**he lavado**	(*I have washed*)
(tú)	**has lavado**	(*you have washed*)
(usted, él/ella)	**ha lavado**	(*you have washed, he/she has washed*)
(nosotros/as)	**hemos lavado**	(*we have washed*)
(vosotros/as)	**habéis lavado**	(*you have washed*)
(ustedes, ellos/ellas)	**han lavado**	(*you/they have washed*)

– ¿**Has lavado** tú mi camiseta?	*Have you washed my t-shirt?*
– No, yo no **he lavado** ropa hoy.	*No, I haven't washed clothes today.*

- Note that the conjugated form of **haber** and the past participle must remain together, so object and reflexive pronouns immediately precede the **haber** form.

Todavía no **lo** <u>he limpiado</u>.	*I haven't cleaned it yet.*
Lo <u>he ayudado</u> muchas veces.	*I have helped him many times.*

In terms of meaning, and similarly to English, the Spanish present perfect describes actions that began in the past but are still connected to the present in that the event still continues or its consequences are still felt in the present.

He vivido aquí tres meses.	*I have lived here for three months.*
Juan **ha vivido** en muchos países; siempre cuenta historias interesantes.	*Juan has lived in many countries; he always tells interesting stories.*
Hemos alquilado un apartamento y ahora tenemos que comprar muebles.	*We have rented an apartment and now we have to buy furniture.*

> ▶ **NOTA DE LENGUA**
>
> Use the expression **acabar de** + *infinitive* to talk about things you or someone else has just done.
>
> | **acabar de** + *infinitive* | *to have just... (completed an action)* |
> |---|---|
> | Acabo de vestirme. | *I have just gotten dressed.* |

[10.14] Una visita especial. Tus amigos Max y Nicolás acaban de mudarse *(have just moved)* a un nuevo apartamento y han dado una fiesta para celebrarlo. Estás impresionado/a porque ¡todo está perfecto! Escucha a Max, escribe cada tarea e indica quién lo hizo.

Modelo: Oyes: He pasado la aspiradora.
Marcas y escribes: Max ☑ Nicolás ☐ Los dos ☐ *pasar la aspiradora*

1. Max ☐   Nicolás ☐   Los dos ☐   _____

2. Max ☐   Nicolás ☐   Los dos ☐   _____

3. Max ☐   Nicolás ☐   Los dos ☐   _____

4. Max ☐   Nicolás ☐   Los dos ☐   _____

5. Max ☐   Nicolás ☐   Los dos ☐   _____

6. Max ☐   Nicolás ☐   Los dos ☐   _____

7. Max ☐   Nicolás ☐   Los dos ☐   _____

8. Max ☐   Nicolás ☐   Los dos ☐   _____

[10.15] Este semestre. Escribe oraciones indicando quién(es) en la clase han hecho estas cosas, en tu opinión. Después comparen sus respuestas con la clase, ¿están de acuerdo?

Modelo: ser muy responsable   **Sandra y Rob han sido muy responsables.**

1. ser muy responsable _____

2. hacer buenas preguntas _____

3. estar siempre de buen humor _____

4. leer muchas tareas _____

5. decir chistes graciosos *(funny jokes)* _____

6. aprender mucho _____

[10.16] Experiencias.

Paso 1. Completa la columna *Yo* con información verdadera sobre tus experiencias especificando adónde has ido, qué has ganado, etc. Añade otra experiencia interesante en la última línea.

Modelo: 1. He viajado a Paraguay.

	Yo	Un/a compañero/a
1 viajar a otro país		
2 conocer a alguien famoso		
3 ganar una competencia		
4 visitar un lugar fascinante		
5 aprender a hacer algo interesante		
6 hacer* algo peligroso *(dangerous)*		

> **HINT**
>
> * = irregular past participle

	Yo	Un/a compañero/a
7 alcanzar (*achieve*) un objetivo personal importante		
8 ver* un concierto/una obra de teatro muy especial		
9 participar en un evento especial/importante		
10 ¿...?		

 Paso 2. Mientras caminas por el aula, haz preguntas a tus compañeros para averiguar si alguien ha hecho algo similar. Si un/a estudiante responde afirmativamente, anota su nombre en la columna *Un/a compañero/a* en la tabla de arriba. Todos los nombres deben ser de personas diferentes. Responde también a las preguntas de tus compañeros/as, hablando de tus experiencias.

Modelo: —**¿Has viajado a Paraguay?**
—**Sí, he viajado a Paraguay. / No, no he viajado a otros países. / No, pero he viajado a Uruguay.**

Paso 3. ¿Quién tiene el mayor número de compañeros/as en la lista? ¿Qué experiencias compartes con otros/as estudiantes de la clase?

Modelo: **Abel y yo hemos viajado a Paraguay.**

[10.17] ¡Qué mentiroso! (*What a liar!*)

Paso 1. Escribe en un papel tres oraciones describiendo cosas que has hecho (o no has hecho). Piensa en actividades poco frecuentes o atípicas. Dos deben ser ciertas y una falsa.

Modelo: **He montado en elefante.**
He jugado al tenis con Rafael Nadal.
Nunca he visto el océano.

 Paso 2. En grupos, un/a estudiante lee sus oraciones, cada compañero/a del grupo puede hacer una pregunta sobre los detalles. (Deben inventar detalles creíbles para la oración falsa). Después el grupo vota qué experiencia piensan que es falsa.

Situaciones

Son compañeros de apartamento y comparten (*share*) los quehaceres. Este fin de semana era el turno de limpiar de Estudiante B, pero cuando Estudiante A llega a casa el domingo por la tarde, todo está desordenado y sucio.
Estudiante A: Pregunta a tu compañero/a por qué no ha hecho cada uno de los quehaceres, escucha sus respuestas y dile lo que debe hacer.
Estudiante B: Inventa excusas para explicar por qué no has limpiado.

ASÍ SE FORMA

The past perfect: Saying what *had* happened

The past perfect is formed with the **imperfect** of **haber** and the **past participle**.

imperfecto de *haber* + participio pasado		
(yo)	**había lavado**	(I had washed)
(tú)	**habías lavado**	(you had washed)
(usted, él/ella)	**había lavado**	(you/he/she had washed)
(nosotros/as)	**habíamos lavado**	(we had washed)
(vosotros/as)	**habíais lavado**	(you had washed)
(ustedes, ellos/ellas)	**habían lavado**	(you/they had washed)

As in English, the past perfect is used to describe an action that had already occurred prior to another event or given time in the past (that event or time can be explicit or part of the context.)

Cuando llegaron los abuelos, ya **habíamos limpiado** la casa.	*When our grandparents arrived, we had already cleaned the house.*
A las diez de la noche aún no **habían cenado**.	*At 10 p.m. they had not eaten dinner yet.*
La universidad me cambió mucho. Nunca **había sido** tan responsable.	*College changed me very much. I had never been so responsible.*

[10.18] ¿Qué ocurrió primero?

Decide para cada oración qué acción ocurrió primero (márcala con un "1") y cuál sucedió después (márcala con un "2"). Luego decide si cada oración es **lógica** o **ilógica**.

Modelo: Esteban <u>llegó</u> a su casa cansado porque ya <u>había estudiado</u> más de tres horas.
         2   1

	Lógico	Ilógico
	☑	☐
1. Alfonso ya había hecho la cama cuando se despertó.	☐	☐
2. Pepita sacó la basura. Ya había cortado el césped.	☐	☐
3. Natalia lavó los platos. Ya había recogido la mesa.	☐	☐
4. Esteban había secado los platos y los lavó.	☐	☐
5. Manuel ordenó su cuarto cuando ya había barrido el patio.	☐	☐

[10.19] ¡Qué hijos tan irresponsables!

Paso 1. Los padres salieron de la casa. ¿Qué descubrieron al regresar? ¿Qué habían y qué no habían hecho los hijos?

Modelo: ordenar la sala
          Probablemente no habían ordenado la sala.

1. pasar la aspiradora
2. hacer las camas
3. invitar a amigos/as a la casa
4. comer toda la comida
5. sacar la basura
6. lavar los platos
7. ver muchas películas
8. romper una ventana

 Paso 2. Escribe la historia de una ocasión en la que tus padres (o los padres de un amigo) no estaban y cuando llegaron... ¿qué había pasado? Describe con muchos detalles.

[10.20] Las experiencias de la vida.

Paso 1. Escribe tres oraciones describiendo algunas cosas interesantes que ya habías hecho antes de los dieciocho años y tres cosas que todavía no habías hecho.

Modelo: Ya **había jugado** muchos torneos de tenis.
          Todavía **no había aprendido** a nadar.

Cosas que ya había hecho antes de los dieciocho años.	Cosas que todavía no había hecho antes de los dieciocho años.
1.	1.
2.	2.
3.	3.

 Paso 2. En grupos, compartan sus experiencias y pidan más detalles sobre las experiencias de sus compañeros/as.

Cultura

El patio de las casas hispanas: Un parque privado

ANTES DE LEER

¿Tiene tu casa un patio o una terraza (*deck*)? ¿Qué haces allí?

▲ Un patio tradicional hispano, en Colombia. ¿Qué actividades pueden realizarse en esta parte de la casa?

Uno de los elementos más representativos de muchas viviendas hispanas es el patio. Muchas casas —incluso las más pequeñas— tienen algún tipo de patio. El diseño tradicional del patio hispano, rodeado de (*surrounded by*) paredes altas, es una mezcla (*mix*) de influencias romanas y árabes. En estas dos culturas la privacidad era muy importante y las casas estaban separadas de la calle por paredes y muros (*walls*). La luz y el aire entraban en los cuartos por las ventanas, las puertas y los balcones que rodeaban el patio central.

Las casas hispanas de estilo colonial tienen este tipo de patio central, con una fuente (*fountain*) y plantas; pero, en las casas más modernas, el patio generalmente está detrás de la casa. A diferencia de las terrazas, tan populares en Estados Unidos, los patios de las casas de los hispanos no tienen pisos de madera (*wood*). El suelo frecuentemente está cubierto de losas de cerámica o piedra (*stone*).

El patio, un lugar privado al aire libre (*open air*), es un espacio fundamental de las viviendas hispanas porque tiene varias funciones importantes. Es un sitio cómodo (*comfortable*) para tomar un poco de sol o respirar aire fresco y recibir visitas o celebrar una pequeña fiesta.

DESPUÉS DE LEER

Nombra dos similitudes entre los patios o terrazas de las casas en Estados Unidos y el patio de las casas hispanoamericanas.

©Timothy Ross/The Image Works

○ VideoEscenas

¡Hazlo tú!

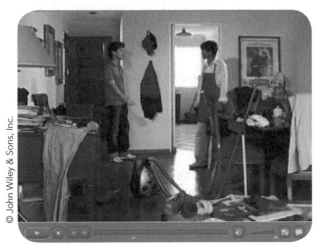

▲ Ernesto y Javier, compañeros de piso/
apartamento, discuten sobre los
quehaceres domésticos.

ANTES DE VER EL VIDEO

Paso 1. Escribe una lista de los quehaceres que haces en tu residencia o apartamento.
Si vives con otras personas, escribe otra lista indicando lo que hacen ellos/ellas. Cuando
termines, compara tu lista con la de un/a compañero/a.

A VER EL VIDEO

Paso 2. Mira el video y presta atención a las ideas principales. Después imagina que eres
amigo de Ernesto y Javier. Has escuchado su conversación y la resumes para otro amigo
común en un mensaje electrónico.

Modelo: **¿Sabes qué pasó ayer? Ernesto y Javier discutieron sobre los quehaceres
domésticos...**

Paso 3. Mira el video otra vez y responde las siguientes preguntas.

- ¿Por qué está Javier enojado con Ernesto?

- ¿Qué quehaceres debe hacer Ernesto? Escribe al menos cuatro.

- ¿Cuál es el último quehacer que le pide Javier a Ernesto? ¿Cómo reacciona
  Ernesto?

DESPUÉS DE VER EL VIDEO

Paso 4. En grupos de cuatro personas, dos estudiantes van a escribir consejos para Javier y
los otros dos para Ernesto. Después compartan sus ideas. ¿Qué sugerencias pueden funcionar
mejor?

Así se forma

3. Comparing and expressing extremes: Comparisons and superlatives

WileyPLUS

Go to *WileyPLUS* to review this grammar point with the help of the **Animated Grammar Tutorial**.

Beatriz: ¡Por fin encontramos apartamento! Para ti, ¿qué dormitorio es **el mejor**?

Mirta: El dormitorio azul es **más grande que** el verde, y tiene **más luz que** el amarillo.

Eva: Sí, el amarillo no es **tan luminoso como** los otros, y es **el menos espacioso de** todos.

Beatriz: Yo también pienso que el dormitorio amarillo es **el peor**. Si alguien lo quiere, no debe **pagar tanto como** las otras, ¿no? ¡O quizá (*maybe*) no tiene que hacer **tantos quehaceres como** las demás (*the rest*)!

Eva: ¡Entonces lo quiero yo!

When we compare two or more things, we can use **comparatives** to say that they are equal (as much as) or unequal (more or less than), or we can use **superlatives** to point out the extremes (the most or least.)

Comparisons

	+	–	=
Adjective (**alto/a**)	Luis es **más** alto **que** yo.	... **menos** alto **que**...	... **tan** alto **como**...
	Ana es **más** alta **que** yo.	... **menos** alta **que**...	... **tan** alta **como**...
Adverb (**tarde**)	Luis llegó **más** tarde **que** tú.	... **menos** tarde **que**...	... **tan** tarde **como**...
Noun (**dinero**)	Tienes **más** dinero **que** él.	... **menos** dinero **que**...	... **tanto** dinero **como**...
			... **tanta** tarea **como**...
			... **tantos** tíos **como**...
			... **tantas** tías **como**...
Verb (**leer**)	Leo **más que** tú.	Leo **menos que** tú.	Leo **tanto como** tú.

- The adjective in a comparison (**alto/a**) agrees with the noun it refers to (**Luis/Ana**).
- When comparing nouns, the comparative (**tanto/a/os/as**) agrees in gender and number with the noun.
- Use **de** instead of **que** before a number:

    El sillón costó **más/menos de** $625.   *The amchair cost more/less than $625.*

- Some Spanish adjectives and adverbs have irregular comparative forms. These forms do not use **más** or **menos**.

Adjetivo		Adverbio		Comparativo	
bueno/a	*good*	**bien**	*well*	**mejor**	*better*
malo/a	*bad*	**mal**	*badly*	**peor**	*worse*
joven	*young*			**menor**	*younger (person's age)*
viejo/a	*old*			**mayor**	*older (person's age)*

Algunos ejemplos:

La casa es **buena**, pero la mansión es **mejor**.

The house is good, but the mansion is better.

Lupe limpia **bien**, pero Alicia limpia **mejor**.

Lupe cleans well, but Alicia cleans better.

Tengo un hermano **mayor**.

I have an older brother.

[10.21] ¿Son similares? Escucha las siguientes afirmaciones e indica si son **ciertas** o **falsas**.

Octavio y Javier

1. _____

Javier y Manuel

2. _____

Camila y su amiga

3. _____

Linda e Inés

4. _____

Natalia y Rubén

5. _____

Elena y Esteban

6. _____

[10.22] ¿De acuerdo? (Do you agree?)

Paso 1. Completa las siguientes comparaciones indicando tus opiniones, y escribe una más al final.

1. La clase de español es más _____ que la clase de _____.

2. Esta universidad es mejor que _____.

3. Los hombres no son tan _____ como las mujeres.

4. El equipo deportivo _____ es peor que _____.

5. El amor es más importante que _____, pero menos importante que
   _____.

6. _____.

 Paso 2. En grupos pequeños, compartan sus comparaciones, digan si están de acuerdo o no con sus compañeros y por qué.

 ## [10.23] ¿Somos similares?

Paso 1. Formen grupos de tres personas. Primero, escriban los nombres de las personas en cada columna de la tabla. Luego, háganse preguntas para completar el cuadro y apunten la cantidad (quantity). Después, hagan comparaciones usando la información del cuadro.

Modelo: horas de estudio por día
   ¿Cuántas horas estudias por día? (Anotan respuestas)
   Tengo más/menos clases que Juan. o, **Tengo tantas clases como Juan.**

	_____	_____	_____
1. Número de clases este semestre			
2. Horas para hacer los quehaceres domésticos por semana			
3. Horas de trabajo por semana			
4. Tiempo para deportes/actividades extracurriculares cada semana			
5. Horas de descanso (televisión, amigos/as) por día			
6. Horas para leer o escribir correos electrónicos/ navegar en Internet por día			
7. Horas que duermes cada noche			

 Paso 2. Ahora, basándote en la información del cuadro, escribe un párrafo comparando los estilos de vida de tus compañeros y tú. Aquí tienes algunas preguntas que pueden guiar tu escritura:

- ¿Quién está más ocupado? ¿Quién tiene más tiempo para descansar?
- ¿Quién es más activo? ¿Quién es más tranquilo?
- ¿Quién tiene una vida más equilibrada? ¿Quién está estresado?
- ¿Quién está más concentrado en sus estudios? ¿Quién tiene más variedad en sus actividades?

[10.24] ¡Cuánta variedad!

Paso 1. Comparen las siguientes fotos. Hagan varias comparaciones, en cada caso, basadas en las fotografías.

Modelo: **La casa en Mérida es más grande que la choza en el campo.**

Grupo 1: Familia

1.

Una familia indígena en Paraguay

2.

La familia de Gustavo y Elvira, México

3.

Un padre con sus hijos, Uruguay

Grupo 2: Casas

4.

Casa (choza) en el campo, Paraguay

5.

Casa familiar en Mérida, Yucatán, México

6.

Apartamento en Montevideo, Uruguay

Grupo 3: Comidas

7.
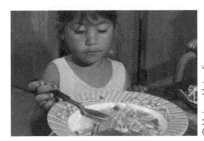

Un plato guaraní, Paraguay

8.

Un almuerzo, México

9.

Asado para la cena, Uruguay

Paso 2. Imaginen que cada uno de ustedes es miembro de una de las familias de las fotos anteriores (1–3). En sus grupos, expliquen a los otros los aspectos más positivos de sus vidas, comparándolas con las de las otras fotos. Usen su imaginación.

[10.25] Quiero alquilar un apartamento. Decides alquilar un apartamento en Asunción, Paraguay. Lee los tres anuncios y escribe cuatro oraciones comparando los tres apartamentos. ¿Cuál prefieres y por qué? Usa comparaciones para explicar tu preferencia.

1.

ENCANTADOR PENTHOUSE.
en Manorá, G 5,200,000, 3
habs., 2 baños con terraza,
jacuzzi, bar. BUENA VISTA
565-2132

2.

ESTUDIO AMUEBLADO.
C/Igatimí. G 4,000,000. Bello.
1 hab., baño, sala, comedor,
cocina. Totalmente equipado.
Muebles nuevos. Inversor.
NUEVOS HORIZONTES 592-2100

3.

PENTHOUSE AMUEBLADO.
Avda. Carlos Antonio López.
4 habs., 5 baños, 3 balcones, 2
terrazas techadas, amplias áreas
de servicio. Vista panorámica, 2
parqueos techados, ascensor. G
10,250,000. Lucía. 541-1987

ASÍ SE FORMA

The superlative

The superlative form of the adjective is used when persons or things are singled out as being *the most . . . , least . . . , best . . . , worst . . . , tallest . . . ,* etc. To form the superlative, use:

> **el/la/los/las** + (noun) + **más/menos** + (adjective) + **de...**

La cocina **es el lugar más popular de** nuestra casa.
The kitchen is the most popular place in our house.

- Note the use of the preposition **de** in Spanish superlatives, not **en**, which is often incorrectly used by English speakers.

Liliana es **la más alta de la** clase.   ~~Liliana es **la más alta en la** clase.~~

To form the superlative of **bueno/a, malo/a,** we use the same irregular forms as in the comparative.

> **el/la/los/las** + **mejor(es)/peor(es)** + (noun) + **de...**

Los mejores restaurantes **de** la ciudad están en el centro.
The best restaurants in the city are downtown.

▶ **NOTA DE LENGUA**

The ending *–ísimo/a* is another way to express a superlative degree with adjectives and adverbs, and an emphatic alternative to **muy.**

Tienen una piscina **grandísima**, pero viven **lejísimo** del centro.

Courtesy of Kim Potowski

◀ Mendoza, Argentina. Según la tienda, ¿cuáles son los mejores productos de Argentina? ¿Puedes identificar tres?

[10.26] Tus preferencias. Acabas de conocer a un estudiante que vendrá a tu universidad el próximo año.

Paso 1. Escucha las preguntas del estudiante y responde con tu opinión personal. Escribe oraciones completas.

1. _____
2. _____
3. _____
4. _____
5. _____
6. _____

Paso 2. En grupos, comparen sus respuestas, explicando sus razones. Deben ponerse de acuerdo (*agree*) en una o dos sugerencias del grupo para cada pregunta del estudiante.

Modelo: Estudiante A: **Para mí la clase más fácil es psicología 101.**
Estudiante B: **Sí, la clase de psicología es facilísima, pero la de biología es la más fácil en mi opinión.**

[10.27] Experiencias peculiares. En parejas, entrevista a tu compañero/a sobre sus experiencias. Usa las preguntas del cuadro y añade dos más.

> **Estudiante A**
> 1. ¿Cuál es la comida más exótica o extraña que has comido?
> 2. ¿Quién es la persona más interesante o extraordinaria que has conocido?
> 3. ¿Cuál es el lugar más bonito que has visto?
> 4. _____
> 5. _____

> **Estudiante B**
> 1. ¿Cuál es el lugar más lejano o diferente donde has estado?
> 2. ¿Cuál es tu talento más especial u original?
> 3. ¿Cuál es el mejor regalo que has recibido?
> 4. _____
> 5. _____

Así es mi casa • **317**

[10.28] ¿Cuál es el mejor?

Paso 1. Primero, escoge (*choose*) tres de las siguientes categorías. Luego, para cada categoría, usa superlativos para escribir tu opinión sobre tres aspectos.

Modelo: actor:

Para mí, Sean Penn es el mejor de todos.
Jack Black es el menos guapo de todos.
En mi opinión, Will Farrell es el más divertido.

1. película
2. actor y actriz
3. libro
4. cantante o grupo musical

5. canción o pieza musical
6. deporte
7. destino para las vacaciones
8. ciudad o lugar para vivir

 Paso 2. En grupos, lean sus opiniones a sus compañeros y escuchen las de ellos. ¿Están de acuerdo? Justifiquen sus posiciones.

INVESTIG@ EN INTERNET

¿En qué país se ha registrado el terremoto (*earthquake*) de mayor magnitud?
¿Cuál es la ciudad más poblada del continente americano?
¿Cuál es la ciudad más austral (*southernmost*) del mundo?

En mi experiencia
Beatrice, Charlotte, NC

"I was told I'd be living on the third floor of an apartment building in Montevideo, Uruguay. I figured I'd get used to the walk up pretty quickly. But it turns out that the ground floor doesn't count as the first floor; it's like a "floor zero." That means that the third floor is actually four flights up!"

Both Spain and Latin America use this system of numbering floors. Is there sensible logic behind that system and the one used in the U.S.?

DICHO Y HECHO

PARA LEER: Gaudí y Barcelona

ANTES DE LEER

¿Cuál es tu edificio u obra arquitectónica favorita? ¿Lo has visitado personalmente? Explica por qué te gusta.

ESTRATEGIA DE LECTURA

Using a bilingual dictionary

When you encounter an unknown word that seems key to understanding the text, try first to guess its meaning based on context or association with related words you know (word families). If you still cannot make out what it means, a bilingual dictionary can be helpful. It is important, however, that you limit use of a dictionary and avoid looking up every word you might not know, since this habit often leads to missing the point of the text.

When you look up a word, you will need to search for its basic form: the infinitive of a verb, the singular form of a noun, etc. Once you find the correct entry, be sure to go over the different English equivalents or definitions given to determine which is the most logical in the context of what you're reading.

Look at these words from the article that follows and decide for each (1) what part of speech it is (verb, noun, etc.), and (2) what form of the word you would look for in a Spanish–English dictionary.

tirar	**nenúfares**
roto	**destacan**

As you read the article, circle these and other new words that seem key in understanding the general message and try some of the strategies you have practiced in earlier chapters to interpret their meanings (for example, cognates, context, or word families). Once you have exhausted other strategies, go ahead and look up any words you're still struggling with in a Spanish–English dictionary.

A LEER

Barcelona, conocida familiarmente como "Barna", es una de las capitales mundiales de la arquitectura. Te proponemos disfrutar[1] de dos obras[2] creadas por Antoni Gaudí (Reus, 1852 – Barcelona, 1926) y declaradas Patrimonio de la Humanidad por la UNESCO.

Casa Batlló, "Una Sonrisa Arquitectónica"

La casa del nº 43 del Paseo de Gracia fue construida en 1875. En el año 1900, Gaudí fue contratado por su propietario, don José Batlló Casanovas, para tirar la casa y levantar una nueva, pero finalmente se decidió hacer una reforma. El resultado, finalizado en 1906, es una de las obras más poéticas e inspiradas del arquitecto. La fachada está revestida[3] de cerámica vidriada y fragmentos de cristales rotos de colores cuya colocación exacta[4] dirigió personalmente Gaudí desde la calle. Sus columnas tienen forma ósea[5] y presentan motivos vegetales. Esta espectacular fachada es comparada con la serie *Los nenúfares* de Claude Monet. El piso principal también fue reformado y decorado por Gaudí, que incluso diseñó sus muebles.

Christian Bertrand/Shutterstock

---

[1]enjoy, [2]works, [3]covered, [4]whose exact placement, [5]are shaped like bones

Casa Milá o "La pedrera"

stocker1970/Shutterstock

Este edificio fue un encargo[6] del matrimonio Pere Milá y Roser Segimon, y se levantó entre 1906 y 1910, en el n° 92 del Paseo de Gracia. Su fachada nos lleva a los paisajes[7] naturales visitados por Gaudí: la masa de piedra ondulante rematada[8] con azulejos[9] blancos en la parte superior, recuerda a una montaña nevada. También destacan los balcones de hierro en forma de plantas y la azotea[10], cuyas chimeneas semejan cabezas de guerreros. Solamente se puede visitar la azotea, el ático y la planta baja, que recrea el hogar de una familia burguesa barcelonesa de principios del siglo XX. El resto del edificio continúa habitado.

Como apunta Joan Bassegoda, experto en la obra de Gaudí: "Gaudí observó que muchas de las estructuras naturales están compuestas de materiales fibrosos como la madera[11], los huesos, los músculos o los tendones, [...] y las trasladó a la arquitectura [...]. Las Casas Batlló y Milá fueron el punto culminante de su arquitectura naturalista. La primera, revestida de pedazos de cristales de colores y rematada con formas orgánicas de cerámica vidriada, y la segunda, con su aspecto de acantilado[12], parecen símbolos del mar y de la tierra".

Texto: *De la revista Punto y coma (Habla con eñe)*

---

[6]commission, [7]landscapes, [8]topped, [9]tiles, [10]terrace roof, [11]wood, [12]cliff

DESPUÉS DE LEER

1. Responde a estas preguntas sobre el texto:
   a. ¿Cuál de los edificios es obra completa de Gaudí?
   b. ¿Qué características comparten (*share*) ambos edificios?
   c. La casa Batlló es también conocida popularmente como Casa de los Bostezos (*yawns*) y Casa de los Huesos. ¿Puedes explicar por qué?

2. En la Casa Milá y otros edificios de Gaudí aún viven familias. ¿Te gustaría vivir en una de estas casas? ¿En cuál? ¿Por qué?

PARA CONVERSAR: Bienes raíces (*Real estate*)

ASÍ SE HABLA

En su conversación, intenten usar algunas de estas frases comunes de **Paraguay** y **Uruguay:**
¡Ta! = [de "ya está"] *OK, finished, ready.*
purete = *cool, excellent*

Trabajen en grupos de tres personas. Uno/a de ustedes es agente de bienes raíces con propiedades en Latinoamérica. Dos de ustedes quieren comprar una propiedad en Costa Rica, Ecuador o Uruguay. Comparen las opciones que se presentan en la página siguiente.

- ubicación (*location*)
- precio
- tipo de vivienda
- ventajas (*advantages*) y desventajas de cada una
- su decisión

Residencias Escazú

Lujo, calidad y un elegante ambiente

Residencias Escazú Viviendas familiares amplias, luminosas, de la más alta calidad en zona residencial de San José. Áreas comunales con piscina, club, parque infantil y guardias de seguridad. Casas de 230 mts², con 3 dormitorios, 3 baños, sala de estar y oficina. Cocina equipada, suelos de madera, ventanas dobles, aire acondicionado.
Espacios exteriores con zona ajardinada y patio; garaje para dos coches.
Espléndidas vistas a los cerros de Escazú.

$ 215,000

Una nueva forma de vivir...

Entrega inmediata

© Michael Hanson/Aurora Photos,/age fotostock

En la más exclusiva ciudad vacacional de Latinoamérica, Punta del Este, Uruguay.

Condominios Vista Mar
Espectacular vista al mar, diseño moderno y múltiples servicios.

Inminente venta de condominios de nueva construcción, a 200 metros de la playa, con vistas directas al mar y próximos a restaurantes y tiendas.

- Unidades de 82 mts²
- Dos dormitorios y baños en suite; cocina abierta a sala-comedor; amplia terraza.
- Materiales y terminaciones de calidad.

- Muebles incluidos, diseño moderno.
- Plaza de garaje opcional.
- Servicios: Piscina exterior e interior, gimnasio, guardería infantil, WIFI, etc.

$ 185,000

En la bella playa de Atacames, Ecuador.

Apartamentos Delfines

Diversión y descanso para toda la familia.

➡ Disponemos de cómodos apartamentos en primera línea de playa.

➡ Apartamento de 56 mts² amueblado. Capacidad para 4 personas: 1 dormitorio, salón con sofá-cama.

➡ Cocina equipada, baño con ducha, balcón con vista al mar.

➡ Ascensor, agua caliente, carpa y sillas en la playa.

TODO ESTO POR $ 95,000

Así es mi casa • 321

PARA ESCRIBIR: Dos casas

En esta composición, vas a describir dos casas diferentes. Algunas opciones son:

- Tu casa y la casa de otra persona
- Las casas de dos personas diferentes
- Tu casa ahora y tu casa ideal
- ¿...?

ANTES DE ESCRIBIR

Elige las dos casas que vas a comparar y escribe cuáles son en el cuadro a continuación. Después, piensa en algunas características de cada una y escríbelas en el cuadro.

	Casa 1	Casa 2
Tamaño Lugar (*place/location*) Muebles ¿? _____ ¿? _____		

Para escribir mejor: Estas palabras te pueden ayudar a escribir tu composición.

pies cuadrados	*square feet*
sótano	*basement*
despensa	*pantry*
chimenea	*fireplace*
elevador/ ascensor	*elevator*
escalera de incendios	*fire escape*
camino de entrada	*driveway*

A ESCRIBIR

Escribe la primera versión de tu composición. Aquí hay un bosquejo (*outline*) que te puede ayudar.

Párrafo 1: "En esta composición, voy a describir dos casas (muy diferentes/muy parecidas, que son diferentes en algunos aspectos pero parecidas en otros aspectos). La primera es _____ y la segunda es _____".

Párrafo 2: Tres aspectos de la Casa 1. O un aspecto de las dos casas.

Párrafo 3: Tres aspectos de la Casa 2. U otro aspecto de las dos casas.

Párrafo 4: Otro aspecto de las dos casas.

Párrafo 5: Conclusión.

ESTRATEGIA DE REDACCIÓN

Organizing a comparison

There are many ways to organize a comparison. Here are two common organizational schemes.

Scheme 1: House by house
First, describe all the characteristics of one house, then describe all the characteristics of the other house, and finally, draw comparisons between the two.

Scheme 2: Characteristic by characteristic
Choose one characteristic (for example, size, location) and describe that characteristic of each house. Then, in a separate paragraph, choose another characteristic, and describe that characteristic of each house, and so on.

Can you think of another way to organize your comparison?

DESPUÉS DE ESCRIBIR

Revisar y editar: El contenido, la organización, la gramática y el vocabulario.

Después de escribir el primer borrador de tu composición, déjalo a un lado por un mínimo de un día sin leerlo. Cuando vuelvas a leerlo, corrige el contenido, la organización, la gramática y el vocabulario. Hazte estas preguntas:

☐ ¿Describí claramente tres características de cada casa?

☐ ¿Está clara la organización?

☐ ¿Es lógica la conclusión—si las casas son muy parecidas o diferentes?

Los comparativos. Subraya todos los usos comparativos que usaste, como **tan...como, tanto/a/os/as como, más...que, menos...que.** Revísalos bien para corregir posibles errores.

PARA VER Y ESCUCHAR: Los patios de Andalucía   **WileyPLUS**

ANTES DE VER EL VIDEO

Paso 1. Andalucía es una región al sur de España. En este video, vas a aprender sobre algunos de los usos y las características de los patios de esta región. Trabajando con un/a compañero/a, piensen en lo que han aprendido sobre los patios de las casas hispanas (Cultura, El patio de las casas hispanas: Un parque privado) y escriban tres o cuatro frases para describir sus características.

© John Wiley & Sons, Inc.

ESTRATEGIA DE COMPRENSIÓN

Predicting content

One way of enhancing comprehension is to make predictions about what you are about to hear. Look at the title of this segment, *Los patios de Andalucía*, and, thinking about what you read about patios in Cultura (El patio de las casas hispanas: Un parque privado), determine which of these words you think you're likely to hear in the video. Are there other words you're likely to hear?

☐ árabe   ☐ aire   ☐ cerámica

☐ luz   ☐ fuentes   ☐ plantas

A VER EL VIDEO

Ahora mira y escucha el video y contesta las preguntas a continuación. Puedes ver y escucharlo una segunda vez.

Paso 1. Los cuatro elementos básicos de los patios son:

1. _____   2. _____   3. _____   4. _____

Paso 2. Elige qué frase del video va con qué oración. Nota que cada oración usa el presente perfecto.

_____ **1.** El patio _____ un lugar muy importante en las casas.   **a.** hemos vivido

_____ **2.** En esta casa _____ desde 1987.   **b.** ha sido

_____ **3.** La casa _____.   **c.** se ha reconstruido

DESPUÉS DE VER EL VIDEO

Ahora, diseña (*design*) un patio tradicional. Es decir, en una hoja de papel, dibuja un patio que te gustaría tener en tu casa. No olvides los cuatro elementos básicos de los patios que se mencionaron en el video. Después, comparte tu dibujo con otros estudiantes.

Así es mi casa • 323

Repaso de vocabulario activo

Adverbio

peor   *worse*

Sustantivos

En el baño   *In the bathroom*

la bañera   *bathtub*

la ducha   *shower*

el espejo   *mirror*

el inodoro   *toilet*

el lavabo   *bathroom sink*

En la cocina   *In the kitchen*

la cafetera   *coffee machine*

la estufa   *stove*

el fregadero   *kitchen sink*

el horno   *oven*

el lavaplatos   *dishwasher*

el microondas   *microwave*

el refrigerador   *refrigerator*

el tostador   *toaster*

Las partes de la casa
Parts of the house

el balcón   *balcony*

el baño   *bathroom*

la chimenea   *fireplace*

la cocina   *kitchen*

el comedor   *dining room*

el dormitorio/la habitación (principal)
(master) bedroom

la escalera   *stairs*

el garaje   *garage*

el jardín   *garden/backyard*

la pared   *wall*

el patio   *patio*

la piscina   *pool*

la planta baja   *ground floor*

el primer (segundo) piso   *first (second) floor*

la sala/el cuarto de estar   *living room/ family room*

el sótano   *basement*

el suelo/el piso   *floor*

el techo   *roof/ceiling*

Las cosas en la casa/el apartamento
Things in the house/ apartment

el aire acondicionado   *air conditioning*

la alfombra   *rug, carpet*

la cómoda   *bureau, dresser*

las cortinas   *curtains*

la calefacción   *heating*

el bote de basura /reciclado   *garbage/ recycling can*

el cuadro   *painting*

el estante   *shelf*

la lámpara   *lamp*

la lavadora   *washing machine*

la luz   *light*

la mesita (de noche)   *nightstand*

los muebles   *furniture*

el póster   *poster*

la secadora   *clothes dryer*

el sillón   *armchair*

el sofá   *sofa*

Otras palabras útiles

el barrio *neighborhood*

el ruido *noise*

el vecino/la vecina *neighbor*

a la derecha/ izquierda (de) *to the right/
left (of)*

Verbos y expresiones verbales

alquilar *to rent*

apagar *to turn off*

ayudar *to help*

barrer *to sweep*

bajar *to go down*

cortar el césped *to mow the lawn*

compartir *to share*

guardar *to put away*

hacer la cama *to make the bed*

lavar/secar los platos *to wash/
dry dishes*

mover(se) (ue) *to move (oneself)*

mudarse *to move (from one residence
to another)*

ordenar *to tidy up*

pasar la aspiradora *to vacuum*

poner/quitar la mesa *to set/
clear the table*

prender *to turn on*

recoger *to pick up*

resolver (ue) *to solve*

romper *to break*

sacar la basura *to take out the trash*

sacudir *to dust*

subir *to go up*

tirar *to toss, throw (away)*

Proyecto

Una guía universitaria

En este proyecto, van a crear una guía para los estudiantes de primer año (*freshmen*) en su universidad.

Paso 1. Van a trabajar en grupos. Cada grupo escoge (*select*) un aspecto del campus y/o las zonas cercanas, por ejemplo:

- **Las actividades de ocio:** opciones como cines, música, deportes, etc.; consejos útiles como descuentos para estudiantes, etc.
- **La comida:** cafeterías, restaurantes, cafés, etc.; dónde y qué comer en diferentes situaciones, etc.
- **La vivienda:** características de las residencias, consejos para vivir en ellas, opciones para vivir fuera del campus, etc.
- **Las tiendas:** para comprar material escolar, cosas para el cuarto/la casa, comida y otras necesidades, ropa, etc.
- **La salud:** Resumen de problemas de salud comunes y consejos para prevenirlos o tratarlos, información sobre adónde ir si se enferman o tienen un accidente.
- **Los servicios:** banco, correos, lavandería (*laundry*), peluquería (*hair salon*), etc.
- **Consejos generales:** Cómo llevar la rutina diaria para tener éxito en la universidad.

Paso 2. En su grupo, hagan una lluvia de ideas (*brainstorm*) para determinar qué información deben incluir en su guía. Después, cada miembro del grupo va a buscar y a escribir detalles sobre uno o más puntos específicos.

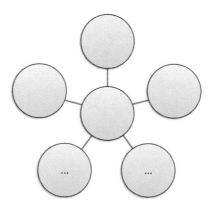

Paso 3. Los miembros del grupo van a unir (*join*) las partes escritas de cada miembro en un solo documento.

Paso 4. Cada grupo comparte su documento con los demás grupos. Piensen en la "guía general" que se forma con todos los documentos individuales: ¿Es una guía práctica y completa para los estudiantes de primer año? ¿Hay algún otro aspecto importante que se debe incluir?

Robert Johnson/OJO Images/Getty Images, Inc.

LEARNING OBJECTIVES

In this chapter, you will learn to:

- discover Panama.
- discover more about friendships in Latin America.
- talk about human relationships and the stages of life.
- express wishes and requests related to other people's actions.
- express emotional reactions and feelings about other people's actions.
- talk about what will and would happen.

Entrando al tema

1. En el amor (*love*), ¿esperas (*do you hope*) encontrar tu alma gemela (*soulmate*)? ¿Crees en el amor a primera vista (*at first sight*)?

2. ¿Conoces algo acerca del Canal de Panamá?

327

Así se dice

Amigos y algo más

La amistad

Irene y Maribel **se llevan** muy **bien**, se divierten **juntas, comparten alegrías** y **problemas** y siempre se ayudan.

—Hola, ¿qué tal?

—¡Alex! ¡Cuánto tiempo!

Maribel y Alex son amigos, pero no se ven mucho. Hoy **se encuentran** caminando por la calle.

—¡Por Maribel y su nuevo trabajo!

—¡Felicitaciones!

Este grupo de amigos **se reúne** hoy para **celebrar** el nuevo trabajo de Maribel.

El amor

—¿Adónde quieres ir, mi amor?

Ahora Maribel **sale con** Alex. **Se enamoraron** y esta noche tienen **una cita**[1] para una cena romántica.

—Te amo, Maribel. ¿Quieres **casarte** conmigo?

Alex y Maribel **se han comprometido**. Ahora viven **juntos** y son muy **felices**.

—Sí, quiero.

¡Maribel y Alex **se casan**! Es **una boda** pequeña, pero muy elegante.
Mañana viajan al Caribe para su **luna de miel**.

Formar una familia

—¿Quieres más, mi vida?

Esta es la joven familia de Alex y Maribel. Todavía **están enamorados** y están muy **contentos** con sus niñas.

—¡Nunca dices **la verdad**!

—¡Tú tampoco!

Alex está enojado. Su **matrimonio** con Marib no va bien. **Se llevan mal** y **discuten** frecuentemente. Van **a separarse**.

Alex **rompió con** Maribel y **se divorciaron**. Alex aún **se pone** triste cuando **piensa en** el Y Maribel a veces **llora** porque lo **extraña**.

¿Qué ves? Responde estas preguntas sobre la ilustración:

1. ¿Qué tipo de relación tienen Irene y Maribel? ¿Son parientes, amigas o pareja? ¿Cómo se llevan? ¿Qué comparten, su casa, sus notas de clase o sus problemas?
2. ¿Con quién se encuentra Maribel?

Puedes encontrar más preguntas de comprensión en *WileyPLUS* y en el *Book Companion Site* (BCS).

la infancia
nacer

la niñez
crecer

la adolescencia
el adolescente

la juventud
el joven

la madurez
el adulto

la vejez
el anciano

la muerte

HUGO POL
1930 – 2010

la alegría	*happiness, joy*
compartir	*to share*
contento/a	*happy, pleased*
crecer	*to grow*
discutir	*to argue*
encontrarse (ue) con	*to run into*
extrañar	*to miss*
feliz	*happy*
juntos/as	*together*
la luna de miel	*honeymoon*
llevarse bien/mal	*to get along/not get along*
ponerse (contento, triste)	*to get (happy, sad)*
reunirse (con)	*to get together (with)*
romper con	*to break up with*
salir (*irreg.*) (con)	*to go out (with)*
la verdad	*truth*

WileyPLUS

Pronunciación: Practice pronunciation of the chapter vocabulary and particular sounds of Spanish in *WileyPLUS.*

▶ NOTA DE LENGUA

Note the difference between:
ser feliz: to be happy, as a general, more permanent state.
estar feliz / contento/a: to feel happy, at a specific time or because of a particular event, **feliz** expressing a more intense feeling.

Soy feliz, tengo *una vida fantástica.*   *Estoy feliz:* ¡Saqué una A en química!

We do not use **contento/a** with **ser**, since this adjective always refers to a temporary state.

Listen to all the new vocabulary in the **Repaso de vocabulario activo** at the end of the chapter.

[1]Note that *una cita* could refer to a date, as in the example, but also to an appointment or a quote. The context will help you determine the right meaning.
Esta noche tengo una cita con mi novio.
Mañana tengo una cita para el dentista.
Busquen citas famosas sobre el amor.

¿Y tú?

1. ¿Cuándo te reúnes con tus amigos? ¿Dónde van? ¿Qué hacen?

2. ¿Te has enamorado alguna vez? ¿Cómo te enamoraste? ¿Has roto con un/a novio/a alguna vez?

[11.1] El ciclo de la vida.

Paso 1. Aunque la vida de cada persona es única, ¿cuál te parece el orden cronológico más común o frecuente para los siguientes sucesos? Escríbelos en un orden lógico en tu cuaderno.

criar (*raise*) a los hijos	irse de luna de miel	nacer
estar embarazada	morir	salir con un chico/chica
enamorarse	comprometerse	dar a luz
casarse	divertirse con amigos	crecer

 Paso 2. En grupos pequeños, comparen lo que escribieron en el Paso 1. ¿Qué diferencias encuentran? ¿Qué otras posibilidades hay?

 [11.2] Asociaciones. En parejas, escriban en un papel listas de palabras que asocian a los siguientes conceptos. Tienen cinco minutos y no pueden repetir palabras. Compartan sus listas con la clase. ¿Quién tiene más palabras?

la amistad	el amor	el matrimonio	la ruptura (*break up*)

 ## [11.3] Las etapas de la vida.

Paso 1. Escoge tres etapas de la vida y escribe una breve descripción de cada una sin mencionar la etapa explícitamente.

Modelo: **En esta etapa, la gente no trabaja; van a pasear, ven la televisión o hacen viajes. Pero a veces están enfermos y pasan mucho tiempo en casa.**

 Paso 2. Lee una de tus descripciones a tu compañero/a, que va a intentar identificarla. Túrnense hasta leer todas las descripciones.

NOTA CULTURAL

La cohabitación

Although marriages are fairly universal in the majority of Spanish-speaking countries, unmarried couples that live together are common and widely accepted in many countries.

Spain was the first Spanish-speaking country (and the first European nation) to allow homosexual couples to marry legally and adopt children. Spain and some Latin American nations, including Mexico (Mexico City), Argentina, and Uruguay legally permit same-sex marriages. Colombia and Ecuador have laws allowing same-sex civil unions, and Peru was considering similar legislation in 2014.

♟ [11.4] Una invitación a una boda hispana. Trabaja con un/a compañero/a. Examinen la siguiente invitación a una boda en América Latina e indiquen los siguientes datos:

Luis Felipe Cabezas Burgos
María Teresa Hernández de Cabezas

Víctor José Luna Castillo
Gabriela Consuelo Valladares de Luna

Los invitan a presenciar el próximo enlace de sus hijos

Mónica y Eduardo

*y tienen el gusto de invitarlo(s) a la ceremonia religiosa
que se celebrará el viernes 27 de agosto, a las 7 de la tarde,
en la Iglesia del Carmen, Avda. España con Avda. Federico Boyd,
y a la cena que se servirá a continuación
en el Salón Las Tinajas,
Hotel Paitilla, Avenida Balboa, Ciudad de Panamá*

Se ruega confirmación
sábado 27 de agosto de 2016

C/13 Condado del Rey, 2824
Apartado Postal: 87-3547
Tel. (507) 239-7100

C/50 Torrijos Carter
Apartado Postal: 87-1751
Tel. (507) 269-0205

---

los nombres de los novios: _____

los nombres de los padres de los novios: _____
_____

la fecha y hora de la boda: _____

¿Cuáles son los dos eventos que incluye esta boda? _____

¿quiénes hacen la invitación? _____

¿Qué es similar entre esta boda y las de Estados Unidos? ¿Qué es diferente? _____

En mi experiencia
Raj, Norfolk, WV

"I was invited to a wedding in Mexico along with my host family. My host mother and father were proud to be 'padrinos' (godparents) of the wedding—they and other 'padrinos' were asked to provide different items. There are **padrinos de anillos** (rings), **padrinos de pastel** (wedding cake), and **padrinos de velación**, a stable couple who is supposed to be a good example for the newlyweds and who pay for the religious ceremony. They said that this custom helps with the wedding costs, but that what's even more important is that it strengthens bonds between people."

Have you ever heard of a similar custom in weddings that take place in the U.S.? What appears to be valued by cultures that practice the "padrino" system?

ASÍ SE DICE

Buscando amor

Liliana M. Divorciada, 50 años, **sincera, cariñosa**; con mucha personalidad e independencia. Soy arquitecta, me encanta leer y viajar. Mi media naranja[1] puede ser **soltero** o **divorciado**, pero debe **comunicarse** bien. Busco un compañero. ¡No me quiero casar! **¿Está listo** para una relación así? ¡Escríbame!

Irma T. Soltera, 28 años, abogada. Busco caballero[2] de buen carácter, divertido y **comprensivo**. Soy optimista y **romántica** de pies a cabeza. **Creo** en el amor a primera vista[3]; pero no en **el divorcio**. Busco un amor para toda la vida.

Genoveva V. Viuda, 35 años, maestra, dos hijos. Mi signo es Sagitario, soy amistosa, expresiva, atractiva e inteligente. Busco a un hombre generoso y **fiel**, con sentido del humor, para compartir las cosas sencillas de la vida y, quizás[4], formar parte de mi familia.

1. *my soulmate, other half;*

2. *gentleman;*
3. *love at first sight;*

4. *maybe;*

Roberto R. Soltero, 27 años, artista comercial. Apasionado, sincero y romántico. Busco la compañera de mi vida. Soy fiel, pero no me gustan las personas celosas. **Los celos**, en mi experiencia, **matan** el amor.

Gregorio J. Soltero, 32 años, profesor universitario. Soy responsable, simpático y detallista: siempre **recuerdo** los cumpleaños. No **me quejo de** casi nada y solamente **me enojo** cuando alguien **miente**. Busco a alguien optimista, que pueda **reírse de** los problemas. No soy **celoso**, pero busco una personal fiel.

Arturo F. Divorciado, 45 años, serio, pero comprensivo, católico. Soy gerente y, en mi tiempo libre, fotógrafo. Aunque soy romántico, **olvidé** cómo es estar enamorado. Me gustan la naturaleza y el deporte. No bebo ni fumo. Busco amistades.

cariñoso/a	*affectionate*	**matar**	*to kill*
los celos	*jealousy*	**mentir**[1] **(ie, i)**	*to lie*
celoso/a	*jealous*	**olvidar**	*to forget*
creer (irreg.)	*to believe*	**quejarse de...**	*to complain about . . .*
enojarse	*to get/*	**recordar (ue)**	*to remember*
	become angry	**reírse**[2] **(de...) (irreg.)**	*to laugh (at . . .)*
estar listo/a	*to be ready*	**soltero/a**	*single*
fiel	*faithful*	**viudo/a**	*widower/widow*

[1]The present tense of **mentir** is: **miento, mientes, miente, mentimos, mentís, mienten.**
[2]The present tense of **reírse** is: **me río, te ríes, se ríe, nos reímos, os reís, se ríen.**

[11.5] ¿Quién lo dijo? Empareja cada declaración con la persona del texto en *Buscando amor* (en la página anterior) que lo dijo.

¿Qué dijeron?

1. "Siempre estaré a tu lado (*by your side*)".
2. "Entiendo cómo te sientes".
3. "Nunca he estado casada".
4. "Mi novia a veces baila con otros hombres, pero confío en ella (*I trust her*)".
5. "No lo amaba y rompí con él".
6. "Me gustan los abrazos".
7. "Nunca lo olvidaré. Fue mi gran amor".
8. "Claro que recuerdo la fecha. ¡Felicidades!"

¿Quién lo dijo y por qué?

 _6_ **a.** _Liliana_, porque es muy cariñosa.

____ **b.** _____, él no es celoso.

____ **c.** _____, ella es viuda.

____ **d.** _____, porque nunca olvida los cumpleaños.

____ **e.** _____, él dice que es fiel.

____ **f.** _____, porque es soltera.

____ **i.** _____, porque es comprensivo.

____ **h.** _____, ella está divorciada.

[11.6] Anuncios personales. En grupos, contesten las siguientes preguntas.

1. ¿Qué anuncio de la sección *Buscando amor* (en la página anterior) es el más interesante? ¿Por qué?

2. Según los anuncios, ¿quién va a tener la menor dificultad en encontrar pareja? ¿Por qué? ¿Quién va a tener la mayor dificultad para encontrar pareja? ¿Por qué?

3. ¿Qué parejas te parecen compatibles en estos anuncios? ¿Por qué?

[11.7] Preguntas personales.

 Paso 1. En parejas, entrevista a tu compañero/a y anota sus respuestas. Si alguna pregunta de tu compañero/a te parece indiscreta, puedes decir: "Prefiero no contestar".

Estudiante A

Vas a entrevistar a tu compañero/a sobre la amistad.

1. ¿Te reúnes siempre con los mismos (*the same*) amigos en tu tiempo libre? ¿Prefieres tener un grupo de amigos pequeño que ves frecuentemente o muchos amigos diferentes?

2. ¿Tienes muchos amigos fuera de la ciudad? ¿Los extrañas? ¿Cómo te mantienes en contacto con ellos?

3. ¿Quién es tu mejor amigo/a? ¿Por qué piensas en esta persona como tu mejor amigo/a? ¿Discutes con este amigo/esta amiga a veces?

4. En tu opinión, ¿qué características debe tener un/a amigo/a?

Estudiante B

Vas a entrevistar a tu compañero/a sobre las relaciones amorosas.

1. ¿Has tenido o tienes una relación romántica seria? (Si responde **no:** ¿Has estado enamorado/a?) ¿Qué características son importantes en tu pareja?

2. Respecto al matrimonio, ¿quieres casarte, o estás casado/a? (Si responde **sí:** ¿Qué tipo de boda quieres?; o ¿Cómo fue tu boda? Si responde **no:** ¿Por qué no quieres casarte?)

3. ¿Crees que es mejor vivir juntos antes de casarse? ¿Por qué?

4. ¿Piensas que el amor debe ser para toda la vida? ¿En qué casos debe divorciarse un matrimonio? ¿Qué factores deben considerar?

Paso 2. Formen grupos con personas que entrevistaron sobre el mismo tema y compartan las respuestas que obtuvieron. Basándose en sus conclusiones, escriban un breve párrafo titulado "La amistad y los jóvenes" o "El amor y los jóvenes".

[11.8] Citas sobre amistad y amor. En grupos de tres, lean las siguientes citas e indiquen la idea central de cada uno. ¿Están de acuerdo? ¿Cuáles son sus favoritos?

1. "Una amistad verdadera es parentesco (*family relationship*) sin sangre". (Calderón de la Barca, escritor español, 1600–1681)

2. "Cada uno (*Each one*) muestra lo que es en los amigos que tiene". (Baltasar Gracián, jesuita y escritor español, 1601–1658)

3. "Ama como puedas, ama a quien puedas, ama todo lo que puedas, pero ama siempre". (Amado Nervo, escritor mexicano, 1870–1919)

4. "El amor es el único tesoro (*treasure*) que se multiplica al dividirlo". (Anónimo)

Cultura
Panamá

IT Stock/SUPERSTOCK

ANTES DE LEER

1. ¿Qué océanos se conectan por el Canal de Panamá?

2. ¿Qué sabes del famoso Canal de Panamá? ¿Por qué es importante?

Después de la llegada de Cristóbal Colón en 1502 a lo que es hoy Panamá, llegaron otros españoles para explorar sus tierras y establecer rutas comerciales. Como el istmo de Panamá es el terreno más estrecho (*narrow*) entre el Atlántico y el Pacífico, ha atraído a grupos de diferentes partes del mundo.

Hoy en día, el 65% de los panameños son mestizos, el 18% son de descendencia africana, un 10% pertenece a grupos indígenas, como los kuna de las islas de San Blas, y el 7% son blancos. Aunque también hay un grupo de descendencia china (unas 200 mil personas) descendientes de los trabajadores que construyeron el ferrocarril (*railroad*).

▲ Una niña kuna

Danny Lehman/© Corbis

© Hemis/Alamy

▲ El Casco antiguo

Por su clima tropical, es posible practicar deportes acuáticos todo el año. Panamá también tiene algunas de las selvas tropicales más espectaculares del mundo. La capital del país, la Ciudad de Panamá, tiene una zona colonial, el "Casco antiguo", que contrasta con los rascacielos de la zona moderna.

El Canal de Panamá

La zona moderna ▼

Gonzalo Azumendi/Age Fotostock America, Inc.

En 1881, Panamá todavía era parte de Colombia cuando los franceses intentaron construir el canal. Trabajaron durante 13 años, pero no lo lograron (*achieve*). Las serpientes venenosas (*poisonous*), los cocodrilos, los jaguares y las enfermedades transmitidas por los mosquitos acabaron con la vida de más de 6,000 trabajadores. En 1903, Theodore Roosevelt ayudó a Panamá a declarar su independencia de Colombia, y cuatro días después, Estados Unidos empezó a construir el canal. Cambiaron el plan de los franceses: en vez de (*instead of*) excavar hasta el nivel de mar, decidieron usar un sistema de esclusas (*locks*) que funcionan como ascensores (*elevators*) para los barcos. El canal abrió oficialmente el 15 de agosto de 1914, y pasó de Estados Unidos a manos de los panameños en el año 2000. Mide 50 millas y genera unos 2 mil millones de dólares por año para el país. Actualmente se está trabajando en un programa de expansión para dejar pasar a barcos más grandes.

Dixon Hamby/Alamy

▲ La pollera es el vestido tradicional de las mujeres panameñas. Se teje con hilo fino en colores fuertes y puede tardar hasta un año en hacerse.

INVESTIG@ EN INTERNET

Investiga sobre alguno de los grupos indígenas de Panamá y después comparte la información con tus compañeros de clase. Busca información sobre dónde viven, cómo es su cultura, qué lengua hablan, etc. Si encuentras fotografías, imprímelas y tráelas a clase.

DESPUÉS DE LEER

1. Panamá tiene una población étnicamente muy variada. ¿Cuáles dos proyectos de construcción llevaron a Panamá personas de muchas partes del mundo?

2. Busca un video en Internet que muestre el funcionamiento de las esclusas del Canal de Panamá. Después busca dónde hay esclusas en Estados Unidos. Compáralas.

Amigos y algo más • 335

Así se forma

1. Introduction to the subjunctive mood: Expressions of will, influence, desire, and request

WileyPLUS

Go to *WileyPLUS* to review this grammar point with the help of the **Animated Grammar Tutorial** and **Verb Conjugator**.

> ¡Quiero que te cases conmigo!

Alex: Maribel, **quiero decirte** algo. Y **quiero que sepas** esto: eres muy importante para mí.

Maribel: Oh, Alex, ¿quieres romper conmigo? Lo sabía... ¡Adiós! **Espero que seas** muy feliz.

(Maribel empieza a llorar).

Alex: Por favor, te **pido que** me **escuches**...

Maribel: Prefiero que me **dejes** sola, por favor.

Alex: No **quiero dejarte** sola, **¡quiero que te cases** conmigo!

Introduction

Most verb tenses that you have studied (present, preterit, etc.) are part of the indicative mood, which we use to ask questions, state facts, and communicate specific knowledge about events or facts considered to be true, part of reality.

Vamos a visitar a Jaime.	*We are going to visit Jaime.*
Hoy **está** en casa.	*He is at home today.*

The subjunctive mood is another set of verb tenses. It often expresses events or ideas that are subjective or not part of reality at the time. It conveys a speaker's wishes, attitudes, hopes, fears, doubts, uncertainties, and other personal reactions to events and to the actions of others.[1] Compare the following example with the ones above.

Quiero que **visitemos** a Jaime.	*I want us to visit Jaime.*
Espero que **esté** en casa.	*I hope that he is at home.*

You have already used forms of the subjunctive in **usted/ustedes** and **tú** commands. In this and subsequent chapters, you will be introduced to some tenses and uses of the subjunctive.

Present subjunctive forms

To form the present subjunctive of <u>regular</u> verbs, delete the final **–o** from the **yo** form of the present indicative and add the endings indicated below.

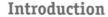

	bailar → bail~~o~~	comer → com~~o~~	vivir → viv~~o~~
(yo)	bail**e**	com**a**	viv**a**
(tú)	bail**es**	com**as**	viv**as**
(usted, él, ella)	bail**e**	com**a**	viv**a**
(nosotros/as)	bail**emos**	com**amos**	viv**amos**
(vosotros/as)	bail**éis**	com**áis**	viv**áis**
(ustedes, ellos, ellas)	bail**en**	com**an**	viv**an**

HINT

To form the present subjunctive, always think "opposite endings": **–ar** verbs have endings with **–e;** **–er** and **–ir** verbs have endings with **–a.**

---

[1] English has a subjunctive mood too, although it is not used as frequently as in Spanish. Note that the subjunctive forms are often mistaken for other forms of the indicative. Here are some examples:

It is imperative that Mr. Brown *appear* before the judge.

If I *were* you...

The director insists that the report *be* sent through express mail.

- Stem-changing verbs follow the pattern of the present indicative, but note that stem-changing **–ir** verbs have <u>an additional stem change</u> in the **nosotros** and **vosotros** forms (**e → i** and **o → u**).

pensar (e → ie)	volver (o → ue)	preferir (e → ie, i)	pedir (e → i, i)	dormir (o → ue, u)
piense	vuelva	prefiera	pida	duerma
pienses	vuelvas	prefieras	pidas	duermas
piense	vuelva	prefiera	pida	duerma
pensemos	volvamos	prefiramos	pidamos	durmamos
penséis	volváis	prefiráis	pidáis	durmáis
piensen	vuelvan	prefieran	pidan	duerman

- Verbs ending in **-gar**, **-car**, and **-zar** have spelling changes in all persons in the present subjunctive. They are the same spelling changes that occur in the **yo** form of the preterit.

–gar (g → gu)	llegar	→	llegue, llegues, ...
–car (c → qu)	tocar	→	toque, toques, ...
–zar (z → c)	almorzar	→	almuerce, almuerces, ...

- Verbs with irregular **yo** forms in the present indicative follow the same pattern in the present subjunctive, but show the irregularity in all the persons, not only the **yo** form.

conocer	(conozco)	**conozca, conozcas, ...**	salir	(salgo)	**salga, salgas, ...**
decir	(digo)	**diga, digas, ...**	tener	(tengo)	**tenga, tengas, ...**
hacer	(hago)	**haga, hagas, ...**	traer	(traigo)	**traiga, traigas, ...**
poner	(pongo)	**ponga, pongas, ...**	venir	(vengo)	**venga, vengas, ...**

- The following verbs are the only others with irregular forms in the present subjunctive.

dar	**dé, des, dé, demos, deis, den**
estar	**esté, estés, esté, estemos, estéis, estén**
ir	**vaya, vayas, vaya, vayamos, vayáis, vayan**
haber	**haya, hayas, haya, hayamos, hayáis, hayan**
saber	**sepa, sepas, sepa, sepamos, sepáis, sepan**
ser	**sea, seas, sea, seamos, seáis, sean**

- **Haya** is the subjunctive form of **hay** (*there is, there are*).

Espero que **haya** otras soluciones.   *I hope that there are other solutions.*

[11.9] Recomendaciones románticas. Tu amigo quiere mejorar su relación con su novia.

Paso 1. Subraya (*underline*) la opción más apropiada en tu opinión.

1. Espera que/ Prefiere que/ No quiere que   la llames varias veces todos los días.

2. Espera que/ Prefiere que/ No quiere que   siempre pagues en las citas.

3. Espera que/ Prefiere que/ No quiere que   la lleves a ver películas de acción.

4. Espera que/ Prefiere que/ No quiere que   la invites cuando sales con tus amigos.

5. Espera que/ Prefiere que/ No quiere que   le hagas muchos regalos.

6. Espera que/ Prefiere que/ No quiere que   siempre abras la puerta y la dejes (*let her*) pasar primero.

Paso 2. Ahora, forma oraciones subrayando la opción apropiada, en tu opinión, y usando formas del subjuntivo.

Modelo: Espera que/ Prefiere que/ No quiere que le __cuentes__ (contar) todos tus secretos.

1. Espera que/ Prefiere que/ No quiere que _____ (llegar) siempre a tiempo a las citas.

2. Espera que/ Prefiere que/ No quiere que le _____ (hablar) de tus ex-novias.

3. Espera que/ Prefiere que/ No quiere que _____ (ir) con ella de compras.

4. Espera que/ Prefiere que/ No quiere que le _____ (decir) "te quiero" todos los días.

5. Espera que/ Prefiere que/ No quiere que le _____ (dar) siempre prioridad respecto a otros amigos.

6. Espera que/ Prefiere que/ No quiere que siempre _____ (saber) lo que ella quiere.

7. Espera que/ Prefiere que/ No quiere que siempre _____ (estar) limpio y afeitado.

8. Espera que/ Prefiere que/ No quiere que _____ (hacer) cenas románticas para ella.

9. Espera que/ Prefiere que/ No quiere que siempre _____ (poner) atención a lo que dice.

En mi experiencia
Tamika, Atlanta, GA

"In Spain, I would see tons of PDA (public displays of affection): couples in their late teens or 20s in parks and plazas making out for long periods of time. I wasn't used to this, and frankly, it made me uncomfortable. I asked a local friend and she said it was very common, maybe because young people often live at home until they get married; it's too expensive to live on their own. I also noticed that male strangers make flirtatious remarks to women more commonly than back home. They're called *piropos*. They were usually respectful, like, 'You're very beautiful,' but some of my friends were bothered by the attention."

Aleksandar Mijatovic/ Shutterstock

How are "PDAs" and piropos from strangers viewed in your community? If either of them make you uncomfortable, why?

The subjunctive with expressions of will, influence, desire and request

Complex sentences express more than one idea, and therefore have more than one clause (each of which has its own verb). When a clause is dependent on another to have any meaning, it is a *subordinate clause*.

Main clause	Subordinate clause
<u>Mi novia prefiere</u>	[que la llame todos los días.]
My girlfriend prefers	[*that I call her every day.*]
<u>Espero</u>	[que te diviertas en tu cita.]
I hope	[*that you have fun on your date.*]

You have learned how to express what someone wants or prefers to do by using verbs such as **querer/preferir/desear** + infinitive.

Quiero decir la verdad.	*I want to say (that you tell) the truth.*
Luis desea tener novia.	*Luis wants to have (that I have) a girlfriend.*

Note that in the sentences above, there is only one subject. However, to express someone's wish, desire, preference, recommendation, request, or suggestion that *someone else do something* or that *something happens*, we use a structure you are now familiar with:

> expression of wish/request (*indicative*) + que + action desired/requested (*subjunctive*)

Quiero que **digas** la verdad.	*I want you to say (that you tell) the truth.*
Luis desea que yo **tenga** novia.	*Luis wants me to have (that I have) a girlfriend.*

Here are some verbs that express wishes, suggestions, and requests. They require use of the subjunctive in the subordinate clause when the subjects of the main and subordinate clauses are different:

aconsejar	*to advise*	**preferir (ie, i)**	*to prefer*
desear	*to wish*	**querer (ie)**	*to want*
insistir (en)	*to insist (on)*	**recomendar (ie)**	*to recommend*
pedir (i, i)	*to request*	**sugerir (ie, i)**	*to suggest*

Insisten en que **lleguemos** a tiempo.	*They insist that we arrive on time.*
Te **sugiero** que lo **invites** a la fiesta.	*I suggest that you invite him to the party.*

Impersonal generalizations with **es** + *adjective* also trigger the use of the subjunctive when they express a wish, recommendation or request.

> Es + (*bueno/mejor/necesario/importante/urgente...*) + que + *subjuntivo*

Es importante que **escuches** a tus amigos.	*It´s important that you listen to your friends.*
Es bueno que **usemos** Internet para conectar con los amigos, pero **es mejor** que **pasemos** tiempo con ellos.	*It´s good that we use Internet to connect with friends, but it is better that we spend time with them.*

> ▶ **NOTA DE LENGUA**
>
> The verbs **recomendar, sugerir,** and **pedir** are often used with indirect object pronouns (**me, te, le, nos, os, les**), as one recommends, suggests, etc. something to someone else.
>
> **Te** sugiero que vayas.
> *I suggest that you go.*

[11.10] La agencia *E-Namórate*.

Paso 1. En este momento, no tienes novio/a y quieres probar (*try*) un servicio de Internet para encontrar a la persona de tus sueños. Completa el cuestionario.

---

e-Namórate

4 de agosto
[Salir]

| Portada | Mi perfil | Novedades | Mi cuenta |

Datos básicos

Nombre: _____   Ciudad de residencia: _____

Edad: _____   Ocupación: _____

¿Tienes hijos? (Número que vive contigo) _____   ¿Quieres hijos? _____

Perfil personal

Describe brevemente tu personalidad: _____
_____

Indica tus intereses y pasatiempos: _____
_____

¿Qué buscas en una pareja?

Lee las siguientes afirmaciones y escribe en los espacios números del 1 al 12 para clasificarlas en orden de importancia.

Quiero que…

_____ sea fiel   _____ sea generoso   _____ tenga sentido del humor

_____ haga ejercicio   _____ no mienta nunca   _____ vaya a la iglesia regularmente

_____ sea comprensivo/a _____ sea responsable   _____ sepa expresar sus sentimientos

_____ sea sincero/a   _____ tenga integridad   _____ gane bastante dinero

¿Qué otros hábitos o características buscas? Puedes escribir varias cualidades en cada espacio.

Es indispensable que... _____

Es importante que...   _____

No es importante que... _____

Es necesario que no... _____

 Paso 2. En grupos pequeños, compartan y comparen sus preferencias sobre las cualidades que buscan en una pareja. ¿Qué es importante para todos? ¿Qué hábitos o características no quieren?

[11.11] Las mamás y los niños.

Paso 1. ¿Quién pide estas cosas: Juanito a su mamá o la mamá a Juanito?

	Juanito a la mamá	La mamá a Juanito
1. No es bueno que veas tanta televisión.	☐	☐
2. Te recomiendo que hagas la cama inmediatamente.	☐	☐
3. Es mejor que hagas la tarea ahora.	☐	☐
4. Prefiero que me des chocolate.	☐	☐
5. No quiero que me pongas el abrigo.	☐	☐
6. Es importante que me compres ese videojuego.	☐	☐
7. Te aconsejo que no seas desobediente.	☐	☐

Paso 2. ¿Qué otras cosas quiere la madre que hagan Juanito y el perro? En algunos casos hay más de una respuesta posible.

Modelo: **Quiere que Juanito se quite el pijama/se vista/se ponga calcetines y zapatos.**

1. Quiere que…

2. La madre insiste en que…

3. Le dice al perro que…

4. Le pide que…

5. Desea que…

[11.12] ¿Qué te piden a ti? Aunque ya no eres niño, tus padres y otras personas te piden que hagas o no hagas ciertas cosas.

Paso 1. Indica los deseos, las recomendaciones y las sugerencias que las siguientes personas tienen para ti. Completa cada oración con varias actividades.

1. Mi mamá me pide que...

2. Mis amigos me dicen que...

3. Mi compañero/a de cuarto insiste en que yo...

4. Mis hermanos quieren que...

 Paso 2. Comparen sus oraciones en grupos. ¿Reciben todos ustedes las mismas recomendaciones? ¿Qué indican estas recomendaciones sobre los hábitos o la personalidad de ustedes?

Modelo: Estudiante A: **Mi mamá me pide que la llame todos los días porque se preocupa cuando un día no la llamo.**

Estudiante B: **Mi mamá no, pero quiere que le mande al menos (*at least*) un mensaje de texto. Ella me pide que no gaste mucho dinero...**

[11.13] ¿Qué prefieres en un/a compañero/a de apartamento?

Paso 1. Quieres encontrar a una persona para compartir tu apartamento. Escribe qué quieres (o no quieres) de un/a compañero/a de apartamento.

Modelo: hacer la cama todos los días
Quiero/Es importante/No es necesario que haga la cama todos los días.

1. fumar

2. hablar por teléfono celular día y noche

3. llevarnos muy bien

4. tener intereses similares a los míos

5. beber mucha cerveza

6. prender la tele a las dos de la mañana

7. pagar las cuentas a tiempo

8. comerse toda la comida que yo compro

9. ayudarme a limpiar el apartamento

10. ¿? _____

 Paso 2. Ahora compartan sus preferencias en grupos pequeños, ¿quiénes de ustedes serían (*would be*) buenos compañeros de apartamento? ¿Por qué?

[11.14] Consejos para todos. Ustedes colaboran en una organización estudiantil que ofrece apoyo (*support*) a otros estudiantes en línea (*online*). En parejas, respondan a estos estudiantes, por escrito, con sus consejos y recomendaciones.

Modelo: "Mi novio ha roto conmigo y lo extraño mucho. Estoy deprimida y no puedo concentrarme en los estudios".

Recomendamos que salgas con tus amigos y también sugerimos que conozcas a otras personas. Además (*besides*), es importante que...

1. Estoy muy estresado y no duermo bien. Después, por el día, me duermo en mi clase de filosofía. ¡Ayúdenme, por favor!".

2. Mi compañera de cuarto es muy desordenada y nuestro cuarto es un desastre. Además toma prestadas mis cosas sin pedir permiso y me despierta cuando llega (¡muy tarde!) por la noche. ¿Qué puedo hacer?

3. Como casi todos los estudiantes, tengo poco dinero. ¿Tienen algunas ideas sobre cómo puedo vivir bien y divertirme sin gastar mucho?

NOTA CULTURAL

"Panama" hats and *molas*

© Danita Delimont/Alamy

"Panama" hats are actually made in Ecuador, but became known as "the Panama" when workers on the Panama Canal used them as protection against the sun. They are woven by hand with straw made from palm leaves. Coarser hats may take a few hours and cost around $20, while finer hats may take up to five months and cost several hundred dollars. True examples of Panamanian craftsmanship are the *molas* made by the Kuna Indians, which have their origin in body-painting rituals. They use a reverse appliqué technique: Two to seven layers of different-colored cotton cloth are sewn together, and the design is formed by cutting away parts of each layer to reveal the color underneath.

Do you know of a cotton cloth-based handicraft made in the U.S.?

Así se dice

Para estar en contacto: Las llamadas telefónicas

Martina: Vamos a llamar a Carlos. ¿Tienes el número de teléfono de su casa?, ¿y la **tarjeta telefónica?** La necesitas porque es una **llamada de larga distancia.**

Adriana: Sí, busqué el número en la **guía telefónica** del hotel. El **código de área** de la ciudad de Colón es 4, y su número es 308235. Si no está, **deja un mensaje** en **el contestador automático.**

Martina: La línea está ocupada, voy a intentarlo otra vez. Sí, vamos a ver si contesta...

Carlos, padre: **¿Aló?**

Martina: Hola, ¿se puede poner Carlos?

Carlos, padre: Al habla.

Martina: Pero... Oh, usted debe ser el padre de mi amigo, tienen el mismo nombre, ¿verdad? ¿Está él?

Carlos, padre: Creo que sí, **¿de parte de quién?**

Martina: Martina.

Carlos, padre: Muy bien, un momento. (...) Pues Carlos **no está en este momento.** ¿Quiere **dejar un mensaje?**

Martina: Sí, **¿le puede decir que he llamado?** No tengo **celular,** pero me puede llamar al Hotel Roma.

Carlos, padre: Muy bien, Martina. Adiós.

Martina: Gracias, buenos días.

dejar (un mensaje)	*to leave (a message)*	**ocupado/a**	*busy*
largo/a	*long*	**la tarjeta**	*card*

▶ NOTA DE LENGUA

Here are some common expressions to use on the phone:

Greetings:
¡Aló!   ¡Hola! (Argentina)   ¡Bueno! (Mexico)   ¡Sí!/¡Diga!/¡Dígame! (Spain)

To ask for someone:
¿Está Carlos?   ¿Se puede poner Carlos?   ¿(Podría hablar) con Carlos, por favor?

How to respond:
Él habla.   Sí, soy yo.   Un momento, ¿de parte de quién?
Ahora no se puede poner/no está disponible.

Leaving a message:
¿Puedo dejarle un mensaje, por favor?   ¿Le puede decir que ha llamado/que llamó (Martina)?

[11.15] Las llamadas telefónicas. Escucha las siguientes descripciones e identifica el término al que se refieren.

1. _____   4._____

2. _____   5._____

3. _____   6._____

a. el código de área

b. el contestador automático

c. el mensaje

d. el teléfono celular

e. la tarjeta

f. la guía telefónica

[11.16] Llamadas telefónicas. Escucha las siguientes expresiones y selecciona una forma apropiada de continuar la conversación. En algunos casos hay varias opciones.

1. _____

2. _____

3. _____

4. _____

5. _____

6. _____

a. Soy su amiga Rosa.

b. Hola, ¿se puede poner Hugo?

c. Al habla.

d. Sí, claro. ¿De parte de quién?

e. Sí, soy yo.

f. Ah, bueno. ¿Le puede decir que ha llamado Rosana?

[11.17] Hábitos telefónicos. Primero, contesta las siguientes preguntas en la columna *Yo*. Después, en parejas, háganse las preguntas y completen la columna *Mi compañero/a* con la información obtenida. ¿Tienen hábitos parecidos o diferentes?

	Yo	Mi compañero/a
1. ¿A quién llamas con mucha frecuencia?		
2. ¿Quién te llama mucho?		
3. ¿Haces muchas llamadas de larga distancia? ¿A quién?		
4. ¿Te comunicas con tus amigos más por teléfono, mensajes de texto o algo diferente? ¿Y con tus padres?		
5. ¿Tienes un teléfono en casa o usas solamente un teléfono celular?		
6. ¿Qué aspectos negativos tienen los teléfonos celulares?		

[11.18] Una llamada. En parejas, sentados dándose la espalda (*back to back*), completen la conversación telefónica como indican sus instrucciones.

> **Estudiante A**
> Llamas a casa de tu amigo Martín, quieres invitarlo a una fiesta en tu casa esta noche. No tiene tu dirección (Avenida Ricardo Arias, 38) ni número de teléfono (507 215-9078) y quieres dárselo ahora.

> **Estudiante B**
> Tu compañero de cuarto, Martín, no está en casa. Atiende la llamada de teléfono y toma un mensaje si es necesario.

Cultura
Amistades aquí y allá

ANTES DE LEER

1. Normalmente, ¿te ves con tus amigos en la casa de alguien o salen a algún lugar público?

2. Cuando sales a tomar algo (*have something to drink*) con un grupo de amigos, ¿cómo pagan la cuenta (*bill*) al final?

Hacer amigos es crucial para todos. Los métodos para lograrlo pueden ser múltiples: desde entablar (*start up*) una conversación en la universidad o en el trabajo, conocer gente en fiestas o discotecas, o incluso sin salir de casa gracias a Internet.

Sea como sea que conozcamos por primera vez a los amigos, puede ser de gran ayuda para los estadounidenses que visitan un país hispano entender algunas diferencias en cómo se llevan las amistades. Una característica general que marca muchas relaciones en el mundo hispano es la tendencia hacia lo comunal en vez de hacia lo individual, que se puede manifestar de diferentes maneras. Por ejemplo, al salir en grupo a tomar algo, es común que una sola persona pague para todos; la idea es que, tarde o temprano, cada individuo contribuirá de manera igual al grupo. Esto

puede chocar un poco a los estadounidenses que acostumbran a calcular y contribuir la cantidad exacta de cada consumición. De hecho, en Argentina muchos lugares ni siquiera sirven cervezas para el consumo individual, sino solo por litro con vasos para cada persona. Si sales con amigos hispanos, recuerda que es importante mirar a los ojos a las personas con quienes brindas (*toast*).

También es muy común salir en grupos bastante más numerosos de los que se ven en Estados Unidos. ¡Ir al cine en compañía de 10 personas no es nada extraño! Sin duda esta tendencia está relacionada con la de encontrarse con los amigos en lugares públicos en vez de en casas particulares (sin embargo, no queda excluida la posibilidad de que un amigo o un vecino llegue a tu casa, incluso (*even*) sin aviso (*warning*)).

Otra expresión de este valor se encuentra en el tiempo que se dedica a saludar a los amigos. Aún si tienes mucha prisa (*you are in a rush*), si ves a un amigo en la calle lo más común es detenerte para hablarle, aunque sea un minuto. Se considera más importante fomentar la colectividad de la amistad que tú como individuo llegar a tiempo a tu cita. La colectividad también se expresa en el ámbito escolar, donde los amigos se ayudan con tareas y hasta en los exámenes, prácticas que muchos estadounidenses considerarían casos de 'copiar' de manera tramposa (*cheating*).

A veces llamamos "amigo" en Estados Unidos a alguien que es más bien un "conocido" (*acquaintance*), pero en los países hispanos un amigo de verdad es alguien de gran confianza con quien se procura mantener una estrecha relación durante toda la vida.

DESPUÉS DE LEER

1. ¿Haces algunas de las prácticas descritas en la lectura con tus amigos? Si no, ¿hay alguna que te parece interesante?

2. ¿Alguna vez has hecho un amigo por Internet? Busca por Internet "amistades en Latinoamérica" o "en España". ¿Qué sitios encuentras?

○ VideoEscenas

WileyPLUS

¿Con quién estabas hablando?

▲ Cristina se enoja con su marido, Enrique.

ANTES DE VER EL VIDEO

1. ¿Por qué razones discuten (*argue*) frecuentemente las parejas?

2. ¿Te consideras (*Do you consider yourself*) una persona celosa?

A VER EL VIDEO

Paso 1. Mira el video e indica si estas afirmaciones son **ciertas** o **falsas**. Si son falsas, corrígelas.

	Cierto	Falso
1. Enrique tiene una cita con otra mujer.	☐	☐
2. Cristina le pide a Enrique que explique la situación.	☐	☐
3. Cristina ha pedido el divorcio.	☐	☐
4. La madre de Enrique está en la fiesta de cumpleaños de Cristina.	☐	☐

Paso 2. Lee las siguientes preguntas. Si sabes algunas respuestas (*answers*), puedes escribirlas ahora. Después mira el video otra vez para comprobar (*check*) y completar tus respuestas.

1. ¿Por qué cree Cristina que Enrique tiene una amante (*lover*)?

2. ¿Qué le pide Enrique a Cristina? ¿Cómo responde ella?

3. ¿Qué le sugiere Cristina a Enrique?

4. ¿Con quién hablaba Enrique por teléfono? ¿Qué le dijo esa persona?

DESPUÉS DE VER EL VIDEO

¿Te molesta que tu novio/a tenga amigos cercanos del sexo opuesto? ¿Te molestaría (*would it bother you*) que hablen mucho por teléfono o que vayan solos al cine o a un restaurante?

Así se forma

2. The subjunctive with expressions of emotion

WileyPLUS

Go to *WileyPLUS* to review this grammar point with the help of the **Animated Grammar Tutorial**.

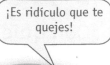

¡Es ridículo que te quejes!

Alex: Maribel, **me molesta** mucho **que** me **critiques siempre**.

Maribel: ¿Ah, sí? Pues a mí **me sorprende que** tú **digas** eso. Para ti, todo lo que hago está mal también. La verdad, **es increíble que estemos** juntos todavía.

Alex: **Siento admitir**lo, pero tienes razón en eso...

Earlier you learned that, in complex sentences, when the main clause expresses a request, desire, or suggestion for someone else to do something, the subordinate verb is in subjunctive. Similarly, when the main clause expresses emotional reactions and feelings (joy, hope, sorrow, anger, etc.) about the actions or condition of someone or something subject, the subordinate verb is also in subjunctive.

expression of emotion (*indicative*) + que + action/condition of another person/thing (*subjunctive*)
Me alegro de   que   mi amigo me **visite**.

Me sorprende que Laura no **esté** aquí.   *I am surprised that Laura is not here.*

Es increíble que **llegue** ya mañana.   *It´s incredible that he is arriving tomorrow.*

Here are some verbs and expressions of emotion that require use of the subjunctive in the subordinate clause when the subject is different:

alegrarse (de)	to be glad (about)	**temer**	to fear, be afraid
esperar	to hope, expect	**¡Ojalá que**[1]**...!**	I hope, wish
sentir (ie, i)	to be sorry, regret		

Me alegro de que **estén comprometidos**.   *I am glad that they are engaged.*

¡Ojalá que me **inviten** a la boda!   *I hope that they invite me to the wedding.*

Gustar, **encantar** and similar verbs can also be used to express emotional reactions and preferences. Here are a few more:

fascinar	to be fascinating, fascinate	**sorprender**	to be surprising, surprise
molestar	to be annoying, bother		

---

[1]This expression comes from Arabic and it means literally "God willing." In modern Spanish, it is synonymous with "I hope." It is always followed by a verb in the subjunctive.

Me gusta que Celia **vaya** a la boda	*I like that Celia is going to the wedding,*
pero **me molesta** que siempre **llegue** tarde.	*but it bothers me that she is always late.*

As before, if there is no change of subject in the subordinate clause, the infinitive is used, not **que** + *subjunctive*.

Espero poder ir a la boda.	*I hope I can go to the wedding.*
Espero que ellos **puedan** ir a la reunión.	*I hope they can go to the meeting.*

There are also some impersonal expressions of emotion.

> Es + (*fantástico/terrible/increíble...*) + **que** + subjuntivo

es una lástima	*it´s a shame*	**es ridículo**	*it´s ridiculous*
es extraño	*it´s strange*	**es horrible**	*it´s horrible*
es fantástico	*it´s wonderful*	**no es justo**	*it´s not fair*

Es una lástima que no **puedas** venir.	*It´s a shame that you cannot come.*

▶ NOTA DE LENGUA

The structure **¡Qué** + **noun/adjective!** can be used to express a variety of emotional reactions.

¡Qué (mala) suerte!   ¡Qué desastre!   ¡Qué triste!   ¡Qué divertido!

Sometimes, these structures take a subordinate clause with the verb in subjunctive:

¡Qué suerte que **tengas** tantos amigos!	*You are lucky to have so many friends!*
¡Qué triste que se **divorcien** sus padres!	*It's so sad that his parents are divorcing!*

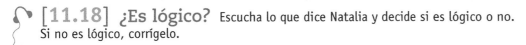

[11.18] ¿Es lógico? Escucha lo que dice Natalia y decide si es lógico o no. Si no es lógico, corrígelo.

	Lógico	**Ilógico**		**Lógico**	**Ilógico**
1.	☐	☐	**5.**	☐	☐
2.	☐	☐	**6.**	☐	☐
3.	☐	☐	**7.**	☐	☐
4.	☐	☐	**8.**	☐	☐

[11.19] Reacciones y emociones. Describe las reacciones o emociones de las personas según las situaciones.

Modelo: Juanito, Elena y el perro **temen que llueva toda la tarde.**

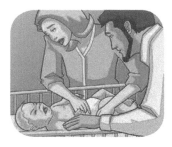

1. Juanito, Elena y el perro se alegran de que...

2. Isabel y su marido temen que...

3. Esteban se alegra de que...

4. Linda y Manuel esperan que...

5. Elena siente que Natalia...

6. Camila espera que su ex-novio..., pero teme que...

[11.20] Tu vida social. Continúa cada oración usando las frases entre paréntesis para expresar tus sentimientos (*feelings*) respecto a cada situación. Presta atención a si hay un cambio de sujeto o no.

Modelo: Jaime no estudió mucho. (pasar el examen)
Espero que pase el examen.
No estudié mucho. (pasar el examen)
Espero pasar el examen.

1. Mi amiga Sonia se queja de que no tiene novio. (no encontrar a alguien especial)

2. Bea y su compañera de cuarto siempre discuten (*argue*). (llevarse mal)

3. No me acordé del cumpleaños de Marta. (no enojarse conmigo)

4. Marta no se enojó porque olvidé su cumpleaños. (tener una amiga tan comprensiva)

5. Pedro rompió con su novia y no sale de casa. (estar muy deprimido)

6. El próximo mes me gradúo. (empezar una nueva etapa de la vida)

[11.21] Reacciones.

Paso 1. En parejas, uno de ustedes hace una declaración. El/La otro/a responde, expresando sus sentimientos o deseos. Túrnense.

Modelo: Estudiante A lee: Mi abuelo está en el hospital.
Estudiante B ve: estar enfermo, salir pronto
Estudiante B dice: **¡Qué triste! Es una lástima que esté enfermo. ¡Ojalá que salga pronto!**

Estudiante A
Situaciones
El mes pasado me comprometí.
Mi sobrinito nació hoy.
Mi mejor amigo/a tiene novio/a y ya no nos vemos nunca.
Reacciones
decir la verdad, pedirte perdón (*apologize*)
estar perdido, encontrar pronto
(inventa una reacción y un deseo)

Estudiante B
Reacciones
estar enamorado/a, ser muy feliz
tener un sobrinito, todo ir bien
(inventa una reacción y un deseo)
Situaciones
¡Mi amigo me miente!
¡No encuentro mi celular!
Estoy enfermo/a y no puedo salir esta noche.

Paso 2. Ahora, escribe en tu cuaderno dos situaciones más, reales o imaginarias, de tu vida. Después, compártelas con tu compañero/a, quien va a ofrecer su reacción y deseos.

Situaciones

Los dos están pasando por unos días difíciles. Hablen por teléfono para contarse sus problemas. Expliquen cómo se sienten, qué quieren o esperan. Escuchen también la situación de su amigo/a. Reaccionen con empatía, ofrezcan sugerencias y expresen sus deseos para él/ella.

Estudiante A: Estás deprimido/a porque tu pareja rompió contigo.

Estudiante B: Estás enojado/a por algo que hizo tu amigo/a.

ASÍ SE FORMA

[11.22] La vida en la universidad.

Paso 1. Escribe sobre tu experiencia en la universidad, describiendo qué es interesante, qué te gusta, sorprende, molesta, etc. de la vida aquí. Puedes mencionar aspectos académicos, de la vida social, etc.

Paso 2. En grupos pequeños, compartan y comenten sus ideas. ¿Tienen experiencias e impresiones similares?

En mi experiencia
Lupe, San Antonio, TX

"In Argentina, I noticed that good friends and family members have more physical contact than in the U.S. For example, while walking down the street, one man might rest his hand on the shoulder of another, or two women will have their arms interlocked. My friends who studied abroad in Spain and Italy said it's common there, too. I was also surprised by how closely people stand to each other in casual conversation. I had to get used to having people so close in my face when chatting. And where I'm from, the average volume of speaking is considerably lower, and people don't interrupt each other. For them, though, it's not 'interrupting,' but having a normal conversation."

How much physical proximity are you accustomed to when speaking to people you know? Where you're from, do people tend to interrupt or "overlap" when speaking? What values might such cultures be expressing in such physical and verbal behaviors?

NOTA CULTURAL

Rubén Blades

Rubén Blades is a singer and songwriter from Panama City. His Cuban mother and Colombian father were both musicians. He is famous for salsa music with socially conscious lyrics that address urban problems and seek unification among all Latin Americans. Having earned a law degree from Harvard University, he ran for the presidency of Panama in 1994 as the head of a movement with a platform of social equity between cultural and social groups across all economic classes. In September 2004, he was appointed minister of tourism for a five-year term.

One of his most famous songs is *Pedro Navaja* (1978), a narrative about a mugging with a surprise ending. It topped all records for salsa songs, selling more than a million copies and earning gold and platinum records in Spanish-speaking countries as well as in the United States. Go online to listen to the song and locate the lyrics.

Así se forma

3. Talking about what will and would happen: The future and the conditional

The future

"Prometo que te **amaré** siempre, **estaré** a tu lado cada día, y cada día te **respetaré**, te **admiraré**, te **consolaré**, te **cuidaré** y **haré** todo lo posible para que seas feliz. **Tendrás** en mí un compañero fiel y constante. Un día la muerte **separará** nuestros cuerpos, pero mi amor por ti nunca **morirá**".

WileyPLUS
Go to *WileyPLUS* to review this grammar point with the help of the **Animated Grammar Tutorial** and **Verb Conjugator**.

The future tense of almost all –**ar**, –**er**, or –**ir** verbs is formed by adding the same set of endings to the infinitive.

	llamar	volver	ir
(yo)	llamar**é**	volver**é**	ir**é**
(tú)	llamar**ás**	volver**ás**	ir**ás**
(usted, él, ella)	llamar**á**	volver**á**	ir**á**
(nosotros/as)	llamar**emos**	volver**emos**	ir**emos**
(vosotros/as)	llamar**éis**	volver**éis**	ir**éis**
(ustedes, ellos, ellas)	llamar**án**	volver**án**	ir**án**

—¿**Irás** a la fiesta con Jorge? *Will you go to the party with George?*
—**Iré** si me invita. *I'll go if he invites me.*

> **HINT**
>
> Remember: Add the future endings to the entire infinitive, not the stem.

The following verbs add regular future endings to the irregular stems shown (not to the infinitive).

Infinitivo	Raíz	Formas del futuro
haber	hab-	**habr**á
hacer	har-	**har**é, **har**ás, **har**á, **har**emos, **har**éis, **har**án
decir	dir-	**dir**é, **dir**ás, …
poder	podr-	**podr**é, **podr**ás, …
querer	querr-	**querr**é, **querr**ás, …
saber	sabr-	**sabr**é, **sabr**ás, …
poner	pondr-	**pondr**é, **pondr**ás, …
salir	saldr-	**saldr**é, **saldr**ás, …
tener	tendr-	**tendr**é, **tendr**ás, …
venir	vendr-	**vendr**é, **vendr**ás, …

Habrá muchos invitados en la boda. *There will be many guests at the wedding.*

Los novios **harán** un viaje a Antigua. *The bride and groom will take a trip to Antigua.*

[11.23] En el año 2050.

Paso 1. Indica si estás de acuerdo o no con las siguientes predicciones sobre el futuro de las relaciones personales. Escribe una predicción más al final.

1. Los amigos pasarán mucho más tiempo juntos.   Cierto   Falso
2. El uso de la tecnología cambiará las relaciones entre amigos y parejas.   Cierto   Falso
3. Casi todos conoceremos a nuestras parejas por Internet.   Cierto   Falso
4. Las "citas rápidas" (*speed dating*) se harán con hologramas.   Cierto   Falso
5. Más parejas vivirán juntas sin casarse.   Cierto   Falso
6. Se harán bodas "virtuales".   Cierto   Falso
7. Nacerán muchos menos niños.   Cierto   Falso
8. También, dentro de cincuenta años _____

 Paso 2. En grupos, comparen sus respuestas y predicciones, explicando sus razones.

Paso 3. En sus grupos, escojan uno de los siguientes temas (u otro diferente) y escriban 5 predicciones para 2050.

       La medicina   La educación   La tecnología

Modelo: **Encontraremos curas para muchos tipos de cáncer.**

[11.24] Nuestro futuro.

Paso 1. Ahora que conoces bien a tus compañeros de clase, completa las siguientes predicciones indicando el/la compañero/a o compañeros para quienes (*for whom*) posiblemente será verdad.

Modelo: (escribir un libro)   **Sarah escribirá un libro.**

1. viajar por todo el mundo
2. hacerse muy rico/a
3. ser un/a artista famoso/a
4. querer estar en casa con sus hijos
5. hacer descubrimientos científicos importantes
6. ganar unas elecciones políticas
7. ir a vivir en una granja
8. trabajar ayudando a otros

 Paso 2. Comparen sus respuestas en grupos, justificando sus predicciones.

[11.25] Quiromancia (*Palmistry*). La quiromancia es el arte de pronosticar el futuro leyendo las líneas de la palma de la mano.

Paso 1. Observa la ilustración en la siguiente página mientras examinas la palma de la mano de tu compañero/a y dile cómo será su futuro. Usa tu imaginación para interpretar las líneas de su mano. Túrnense.

graduarte en...	ser... (profesión)	vivir en...	hacer un viaje a...
	casarte con...	tener... (hijos/nietos)	ganar la lotería...

Modelo: **Esta línea de tu mano me dice que... tendrás cinco hijas.**

Paso 2. ¿Qué te parecen las predicciones de tu compañero/a? Escribe 4 o 5 oraciones describiendo algunas de sus predicciones y explica si estás de acuerdo o no.

Modelo: **Andrew dice que tendré muchos hijos y creo que tiene razón: ¡tendré muchos hijos porque me encantan los niños!**

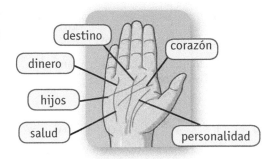

The conditional

Esther: Imagina que te ofrecen un empleo perfecto en otro continente, ¿qué **harías**?, ¿lo **aceptarías**?

Laura: No, nunca **dejaría** a mi familia y amigos por un trabajo. Bueno, supongo que **consideraría** un puesto temporal en un lugar muy interesante. ¿Por qué lo preguntas?

Esther: ¿**Irías** conmigo a Panamá para ser maestra de inglés por un año? Di que sí: es temporal, en un lugar interesante y no **tendríamos** que separarnos de todos nuestros amigos porque ¡**estaríamos** juntas!

In *Capítulo 4,* you learned a form of the conditional (**me gustaría**) to make a polite request. A more frequent meaning of the conditional, as in English, is to express what *would* potentially happen in certain circumstances. Note below that the conditional endings are identical to the imperfect tense endings of -**er** and -**ir** verbs, but the conditional is formed by adding those endings to the *entire infinitive.*

	llamar	volver	ir
(yo)	llamar**ía**	volver**ía**	ir**ía**
(tú)	llamar**ías**	volver**ías**	ir**ías**
(usted, él, ella)	llamar**ía**	volver**ía**	ir**ía**
(nosotros/as)	llamar**íamos**	volver**íamos**	ir**íamos**
(vosotros/as)	llamar**íais**	volver**íais**	ir**íais**
(ustedes, ellos, ellas)	llamar**ían**	volver**ían**	ir**ían**

Verbs that have an irregular stem in the future tense also form the conditional with that same irregular stem and regular conditional endings.

Infinitivo	Futuro	Formas del condicional
haber (**hay**)	habrá	**habr**ía
hacer	haré	**har**ía, **har**ías, **har**ía, **har**íamos, **har**íais, **har**ían
poder	podré	**podr**ía, **podr**ías, ...
poner	pondré	**pondr**ía, **pondr**ías, ...
querer	querré	**querr**ía, **querr**ías, ...
saber	sabré	**sabr**ía, **sabr**ías, ...
tener	tendré	**tendr**ía, **tendr**ías, ...
decir	diré	**dir**ía, **dir**ías, ...
salir	saldré	**saldr**ía, **saldr**ías, ...
venir	vendré	**vendr**ía, **vendr**ías, ...

Amigos y algo más • 355

Here are some more examples that illustrate the use of the conditional:

—**¿Podrías** ayudarnos? *Would you be able to help us?*

—Hoy no puedo, pero mañana no **habría** ningún problema. *I cannot today, but tomorrow there wouldn't be any problem.*

 [11.26] ¿Lo harías?

Paso 1. En grupos de 3 personas, escriban sus nombres en la primera línea de la siguiente tabla. Después, háganse las preguntas y anoten las respuestas en las columnas.

	_____	_____	_____
1. ¿Romperías con tu pareja por correo electrónico o con un mensaje de texto?			
2. ¿Invitarías a una pareja nueva a casa de tus padres?			
3. ¿Apoyarías la prohibición de "demostraciones públicas de afecto" en todos los espacios públicos?			
4. ¿Cambiarías la edad legal para casarse? ¿Qué edad te parece apropiada?			
5. ¿Irías a vivir a otro país por amor?			
6. ¿Donarías dinero para la prevención del embarazo de adolescentes (*teenage pregnancy*)?			

Paso 2. Compartan sus datos con la clase y calculen los porcentajes (*percentages*) de estudiantes a favor y en contra para cada pregunta.

[11.27] Soluciones. Estos son algunos problemas que a veces aparecen en las relaciones humanas. ¿Qué harían ustedes para empezar a resolverlos? En grupos de 3 o 4 personas, propongan dos o tres ideas para cada categoría. Añadan (*add*) un problema más, y posibles pasos para resolverlos, al final.

1. el acoso (*bullying*)   **3.** el embarazo adolescente   **5.** los abusos sexuales

2. el abandono infantil   **4.** la violencia doméstica   **6.** _____

Situaciones

Tu amigo/a y tú tienen situaciones complicadas en sus relaciones. Por turnos, escucha a tu amigo/a, haz preguntas para entender mejor la situación y sus sentimientos, y dile qué harías tú en su lugar (*in his/her place*).

Estudiante A:
A tu novio/a no le gustan tus amigos y no quiere salir con ellos.

Estudiante B:
Tu novio/a va a vivir en otro país por dos años por trabajo. No sabes si quieres mantener una relación a larga distancia.

DICHO Y HECHO

PARA LEER: Los amantes de Teruel

ANTES DE LEER

1. ¿Conoces alguna historia famosa sobre dos personas que se amaban pero a quienes les ocurrió una tragedia?

2. Busca en Internet imágenes de Teruel y de la celebración "Las Bodas de Isabel Segura". ¿Qué puedes imaginar sobre la ciudad y la historia de *Los amantes de Teruel* a través de estas imágenes?

ESTRATEGIA DE LECTURA

Establishing the chronological order of events When reading a text that narrates events that happened in the past, it can be helpful to plot out the order in which the various events took place. For example, as you read the article that follows, jot down what happened in the following years:

1217: _____

1222: _____

1555: _____

Using your completed timeline, write a brief and basic synopsis of the story of these famous lovers.

▲ Representación teatral de "Las Bodas de Isabel Segura" en Teruel, España.

A LEER

En 1555, durante las obras de reforma de la Iglesia de San Pedro de Teruel (España), se descubrieron dos momias enterradas[1] juntas, y con ellas, un antiguo documento donde se narraba su triste historia. Fue el inicio de una de las leyendas más románticas de la tradición española: *Los amantes de Teruel*, la tragedia de un amor solo unido en la muerte.

La leyenda de los amantes

Nuestra historia tuvo lugar en el año 1217, en Teruel, reconocido actualmente por la UNESCO como Patrimonio de la Humanidad. Los protagonistas fueron dos jóvenes que, poco a poco, descubrieron que la amistad que les había unido desde pequeños se convertía en un sentimiento mucho más fuerte: amor.

Pero como en las grandes tragedias de la literatura clásica, su pasión se interrumpiría por diferencias económicas. Ella, Isabel de Segura, pertenecía a una de las familias más ricas de la ciudad. Pero él, Juan Diego Martínez de Marcilla, solo era el segundo hijo de nobles empobrecidos. Cuando el joven Diego ganó suficientes fuerzas para pedir a Don Pedro Segura la mano de su hija, este le dijo que no, porque no tenía las riquezas que su hija se merecía[2]. Solo la insistencia de Isabel hizo cambiar de opinión a Don Pedro y concedió[3] a Juan un plazo[4] de cinco años —o sea, hasta el año 1222— para juntar el dinero necesario. El joven se fue a la guerra[5] mientras su amada se quedaba contando los días que pasaban hasta su regreso. Durante todo ese tiempo, Don Pedro trataba de[6] casar a su hija con alguien digno y, cuando faltaban unos días para que concluyera el plazo, la convenció para que aceptara en matrimonio a Don Pedro Fernández de Azagra.

El mismo día de la boda, regresó un triunfante Marcilla, que, al entrar en la ciudad, escuchó las campanas de boda. Al saber que era su querida Isabel, por quien tan valerosamente[7] había peleado batalla tras batalla, se fue corriendo hacia el lugar donde se celebraba el enlace. Cuando ambos se encontraron, Juan le pidió un beso de despedida que ella, mujer casada, se negó[8] a darle para no atentar contra[9] su honor. En ese momento, Juan, con el corazón roto, cayó muerto a sus pies.

Al día siguiente, en la iglesia de San Pedro, tuvo lugar el funeral de Juan. Durante la ceremonia, una dama cubierta[10] se acercó al joven y, tras descubrir su cara, se reclinó[11] para darle un beso. Ya no volvió a separarse de él. Era la bella Isabel, que no pudo soportar el daño[12] causado a su amado y abandonó la vida rozando[13] sus labios. La ciudad decidió enterrarlos juntos para que, por fin, pudieran descansar eternamente unidos.

---

[1]buried, [2]deserved, [3]granted, [4]period of time, [5]war, [6]**trataba de** tried to, [7]bravely, [8]refused to, [9]**atentar contra** to challenge, [10]veiled, [11]leaned over, [12]hurt/pain, [13]brushing

Representaciones artísticas de Los amantes de Teruel

Versos, óperas, esculturas y cuadros han intentado captar la esencia de una gran historia de amor que ha conquistado los corazones de la gente desde que se dio a conocer a mediados del siglo XVI. Entre ellos se encuentra la gran obra del pintor Antonio Muñoz Degrain (1840-1924), maestro de Pablo Picasso, que se puede contemplar en el Museo del Prado de Madrid. Representa a Isabel, ya fallecida[14], abrazando el cuerpo sin vida de su amado.

En un tono más cubista y colorido, el pintor de Zaragoza Jorge Gay (1950) también se inspiró en los amantes en su cuadro "El amor nuevo", que puede verse en el Mausoleo de los Amantes, situado en el pueblo de Teruel. Pero sin duda, la pieza estrella de este edificio creado para honrar la memoria de los enamorados es la escultura de Juan de Ávalos (1911-2006). En ella se representan las figuras de Isabel y Diego con las cabezas inclinadas una hacia la otra y con la mano izquierda de ella extendida hacia la de él, sin apenas rozarla, como símbolo de su amor imposible.

Además, la ciudad que los vio nacer celebra cada año las "Bodas de Isabel Segura". En estas fiestas, la gente se transporta al siglo XIII llevando trajes medievales y participando en representaciones teatrales del drama.

La música también se ha acordado de ellos. El compositor Tomás Bretón (1850-1923) les dedicó una ópera en 4 actos. Por último, la literatura ha querido honrar su memoria con varias obras de teatro que narran la historia de los enamorados. Entre las más famosas se encuentra *Los amantes de Teruel*, de Juan Eugenio Hartzenbusch (1806-1880), que cerró su obra con la despedida de Isabel que resume todo lo que fue su historia: "El cielo que en la vida nos aparta nos unirá en la tumba".

Texto: Noemí Monge / *De la revista Punto y Coma (Habla con eñe)*

[14]dead

DESPUÉS DE LEER

1. ¿Cierto o falso?

	Cierto	Falso
a. La familia de Juan era rica y no quería que él se casara con una muchacha pobre.	☐	☐
b. Juan se fue a la guerra durante cinco años para juntar el dinero necesario y poderse casar con Isabel.	☐	☐
c. En el día de su boda con Don Pedro, Isabel le dio un último beso a Juan.	☐	☐
d. Isabel murió al darle un beso al cadáver de Juan.	☐	☐

2. ¿Qué semejanzas y diferencias encuentras entre la historia de "Los amantes de Teruel" y la de "Romeo y Julieta" de Shakespeare?

3. De todas las obras mencionadas, ¿cuál te gustaría conocer más y por qué? Busca más en Internet sobre ella:

☐ El cuadro del pintor Antonio Muñoz Degrain, en el Museo del Prado de Madrid, que representa a Isabel, ya fallecida, abrazando el cuerpo sin vida de su amado.

☐ El cuadro cubista del pintor Jorge Gay, en el Mausoleo de los Amantes en el pueblo de Teruel.

☐ La escultura de Juan de Ávalos, que representa las figuras de Isabel y Diego con las cabezas inclinadas una hacia la otra y con la mano izquierda de ella extendida hacia la de él, sin apenas rozarla, como símbolo de su amor imposible.

☐ La ópera de Tomás Bretón.

☐ La obra de teatro de Juan Eugenio Hartzenbusch, *Los amantes de Teruel*, en la que Isabel dice: "El cielo que en la vida nos aparta nos unirá en la tumba".

PARA CONVERSAR: Problemas en una relación amorosa

La famosa "Doctora Isabel" es un programa muy popular en Radio Cadena Univisión. Ofrece consejos a las personas que llaman con problemas de todo tipo.

 Dos de ustedes van a crear un diálogo entre una persona que llama y la doctora Isabel. Antes de interpretar el diálogo, anoten aquí sus ideas sobre el problema y los consejos.

El problema amoroso

- ¿Entre quiénes es el problema?
- ¿Cuál es el problema?
- ¿Cuánto tiempo ha durado?
- Otros detalles

Los consejos que da la doctora Isabel

- ¿Qué debe hacer la persona que llama?
- ¿Qué se recomienda para la pareja de la persona que llama?
- Otros detalles

Después, interpreten el diálogo como si fueran una persona que llama y la doctora Isabel.

ESTRATEGIA DE COMUNICACIÓN

Checking for understanding When talking on the phone, you don't have the benefit of seeing your listener's facial expressions or body language, and therefore aren't always aware of how they are receiving your message or of when they might have something to interject. It's a good idea to make sure the person you're talking to is "still with you" by providing the information you want to communicate in small chunks, followed either by brief pauses (to allow your listener to interject a question, ask for clarification, etc.) or by simple questions to make sure she/he is following you. Here are some questions you can use.

¿Entiende?/¿Entiendes?
¿Ve?/¿Ves?

Act out your dialog standing or sitting back to back so that you can't see each other's faces and apply these strategies in your conversation.

ASÍ SE HABLA

En su conversación, intenten usar estas frases muy comunes en Panamá:
vaina = cosa, asunto
¿Qué cosa? = *What?*
chuleta = *shoot!*

PARA ESCRIBIR: La reseña (*review*) de una película

En esta composición vas a escribir una reseña de una película con una historia de amor. Es para un periódico de la comunidad del lugar donde vives —quieren publicar reseñas de películas recientes y también de algunas más viejas.

ANTES DE ESCRIBIR

Paso 1. ¿Qué película voy a reseñar?

Piensa en una película que tenga una historia de amor. No tiene que ser una película romántica, pero sí debe tener una historia de amor en algún momento. Algunas películas de amor o con un tema romántico son:

Gone with the Wind	*Casablanca*
Thor	*When Harry Met Sally*
The Great Gatsby	*Ghost*
Frozen	*Shrek*
Slumdog Millionaire	*Sex and the City*
Twilight	*Avatar*

El título de la película que voy a reseñar: _____

Año: _____

Director: _____

Actores principales: _____

Un resumen de la trama (*plot*)[1]: _____

_____

_____

Paso 2. **Las cualidades positivas y negativas de la película.** Probablemente ya tienes una opinión general sobre la película que vas a reseñar: lo que te gusta o no te gusta de la película, si es buena o mala, etc. En una reseña normalmente se incluyen comentarios positivos y negativos. Escribe algunos aquí.

Cualidades positivas	Cualidades negativas
1.	1.
2.	2.
3.	3.

[1]Las reseñas generalmente cuentan partes de la trama en presente, por ejemplo: **El hombre quiere que la chica lo espere, pero ella le pide que la olvide...**

ESTRATEGIA DE REDACCIÓN

Justifying your opinion In writing something such as a movie review, an underlying goal is to share your opinion and make it credible for your reader. To support your opinion, you may...

- cite other people, especially experts in a particular topic.
- use anecdotes from your own experience.
- interview or poll others, looking for opinions similar to your own.

Use one or more of these strategies to make your movie review convincing for your readers.

A ESCRIBIR

Escribe una primera versión de tu reseña.

Primer párrafo: Presenta la película que vas a reseñar, incluyendo los datos más relevantes y un breve resumen de la trama sin revelar el final.

Párrafos centrales: Elabora tu opinión sobre las cualidades y/o partes débiles de la película. También considera las estrategias de redacción que leíste antes: puedes citar a otros, usar anécdotas de tu experiencia o encuestar a varias personas sobre su opinión acerca de la película.

Párrafo final: Indica si recomiendas al público que vea esta película y por qué.

Para escribir mejor

Estas palabras te pueden ayudar a escribir tu reseña:

la actuación = *performance*

la adaptación (de una novela, un cuento o una obra de teatro) = *adaptation*

la banda sonora = *soundtrack*

los efectos especiales = *special effects*

el guión = *script*

la estrella = *the star*

protagonizar = *to star* (*in a movie*)

el personaje (principal) = (*main*) *character*

la trama = *plot*

DESPUÉS DE ESCRIBIR

Revisar y editar: el contenido, la organización, la gramática y el vocabulario. Después de escribir el primer borrador de tu reseña, déjalo a un lado por un mínimo de un día sin leerlo. Cuando vuelvas a leer la reseña, corrige el contenido, la organización, la gramática y el vocabulario. Hazte estas preguntas:

☐ ¿Describí con claridad mi opinión sobre la película, incluyendo las cualidades negativas y positivas?

☐ ¿Tiene cada párrafo una oración temática?

☐ ¿Tienen todas las ideas de cada párrafo relación con la oración temática?

☐ ¿Describí los eventos de la película con suficientes detalles?

☐ Además de otros aspectos generales de gramática, ¿usé el subjuntivo correctamente en las oraciones que expresan deseos, peticiones o emociones?

WileyPLUS

PARA VER Y ESCUCHAR: La tecnología une a las familias

ANTES DE VER EL VIDEO

En parejas o grupos pequeños, respondan a estas preguntas.

1. ¿Cómo se comunican con su familia y sus amigos? ¿Usan los mismos medios de comunicación o no? ¿Qué medio prefieres tú? ¿Por qué?

2. Muchas personas usan programas de redes sociales como Facebook o Twitter para mantenerse en contacto con sus amigos. ¿Cuáles son algunos aspectos positivos y negativos de estos medios de comunicación?

ESTRATEGIA DE COMPRENSIÓN

Interpret and guess meaning through context As mentioned in *Capítulo 2*, it is very likely that you will not know or understand every word when you listen to a text in a foreign language. Although you can still ignore unknown words and focus on what you do understand, now that you know more Spanish, you can also use the general context (topic) and the textual context (the sentence where the word appears) to guess what certain words might mean.

A VER EL VIDEO

Paso 1. Mira el video prestando atención a las ideas principales y responde a estas preguntas.

1. ¿Qué sistema de comunicación usa la familia del video? ¿Por qué?

2. ¿Qué ventajas ofrece este sistema de comunicación en comparación con otros como el teléfono?

3. ¿Qué ventajas ofrece la comunicación en línea a la madre en su trabajo?

Paso 2. Abajo hay algunas palabras del video que probablemente no conoces. Mira el video prestando atención a las oraciones donde aparecen estas palabras (el principio de cada oración aparece entre paréntesis) y adivina (*guess*) su significado.

(Para ellos es importante...)	a pesar de	_____
(Skype es un programa...)	gratuitamente	_____
(y te permite comunicarte...)	cualquier	_____
(Skype es muy...)	útil	_____

DESPUÉS DE VER EL VIDEO

En grupos pequeños, respondan a estas preguntas.

¿Creen que el uso de Internet nos ayuda a comunicarnos o nos aísla (*isolate*) más? ¿Qué peligros existen?

Repaso de vocabulario activo

Adjetivos

cariñoso/a *affectionate*
celoso/a *jealous*
comprensivo/a *understanding*
contento/a *happy (at a specific time)*
divorciado/a *divorced*
extraño *strange*
fantástico *wonderful*
feliz *happy*
fiel *faithful*
horrible *horrible*
juntos/as *together*
justo *fair*
romántico *romantic*
sincero/a *sincere, honest*
soltero/a *single*
viudo/a *widower/widow*

Expresiones útiles

el amor a primera vista *love at first sight*
es una lástima *it's a shame*
felicidades *congratulations*
Ojalá que... *I hope . . .*

Sustantivos
Las llamadas telefónicas
Telephone calls

el código de área *area code*
el contestador automático *answering machine*
la guía telefónica *phone book*
la línea está ocupada *the line is busy*
la llamada *the phone call*
   de larga distancia *long distance*
la tarjeta telefónica *phone card*
el teléfono celular *cell phone*

Las relaciones y más Relationships and more

el/la adulto/a *adult*
la alegría *joy, happiness*
la amistad *friendship*
el amor *love*
los ancianos *the elderly*
   el/la anciano/a *old man/lady*
la boda *wedding*
la cita *date; appointment; quote*

el divorcio *divorce*
las etapas de la vida *stages of life*
la infancia *infancy*
los jóvenes/los adolescentes *young people/adolescents*
la juventud/la adolescencia *youth/adolescence*
la luna de miel *honeymoon*
la madurez *maturity*
el marido *husband*
el matrimonio *marriage*
la muerte *death*
el nacimiento *birth*
la niñez *childhood*
los niños *children*
el problema *problem*
la vejez *old age*
la verdad *truth*
la vida *life*

Verbos reflexivos

acordarse de (ue) *to remember*
alegrarse (de) *to be glad (about)*
casarse (con) *to get married (to)*
comprometerse (con) *to get engaged (to)*
comunicarse *to communicate*
divorciarse (de) *to get divorced*
enamorarse (de) *to fall in love (with)*
encontrarse (ue) (con) *to meet up (with) (by chance)*
enojarse *to get angry*
irse *to leave, go away*
olvidarse (de) *to forget (about)*
ponerse (triste, contento) *to get (happy, sad)*
quejarse (de) *to complain (about)*
reírse (de) *to laugh (at)*
reunirse (con) *to meet, get together (with)*
separarse (de) *to separate (from)*

Otros verbos y expresiones verbales

aconsejar *to advise*
celebrar *to celebrate*
compartir *to share*

crecer   *to grow*

creer (irreg.)   *to believe*

criar   *to raise*

dejar un mensaje   *to leave a message*

discutir   *to argue*

encantar   *to delight*

es una lástima   *it's a shame*

esperar   *to hope, expect*

estar casado/a (con)   *to be married (to)*

estar comprometido/a   *to be engaged*

estar enamorado/a (de)   *to be in love (with)*

estar juntos/as   *to be together*

estar listo/a   *to be ready*

extrañar   *to miss*

fascinar   *to fascinate*

insistir (en)   *to insist (on)*

llevarse bien/mal   *to get along well/poorly*

llorar   *to cry*

matar   *to kill*

mentir (ie, i)   *to lie*

molestar   *to bother*

morir   *to die*

nacer   *to be born*

olvidar   *to forget*

pensar (ie) (en)   *to think (about)*

preferir   *to prefer*

recomendar (ie)   *to recommend*

recordar (ue)   *to remember*

resolver (ue)   *to resolve*

romper (con)   *to break up (with)*

salir (irreg.) (con)   *to go out (with)*

sentir (ie, i)   *to feel regret, be sorry that*

sugerir (ie, i)   *to suggest*

temer   *to fear*

tener celos   *to be jealous*

Robin MacDougall/Photographer's Choice RF/Getty Images

Así se dice

Así se forma

Cultura

Dicho y hecho

LEARNING OBJECTIVES

In this chapter, you will learn to:
- talk about travel and carry out simple travel transactions.
- state recommendations, emotional reactions, and doubts through impersonal expressions.
- refer to unspecified or nonexistent persons and things.
- indicate how long an action has been going on, or how long ago it happened.
- learn about Guatemala and El Salvador.
- discover more about types of lodging in Latin America.

Entrando al tema

1. ¿Te gusta viajar? ¿Cuál ha sido tu viaje favorito hasta (*until*) ahora? ¿Adónde quieres viajar?

2. Cuando viajas, ¿prefieres un lugar para descansar con comodidad (*comfort*) o vivir experiencias diferentes?

391

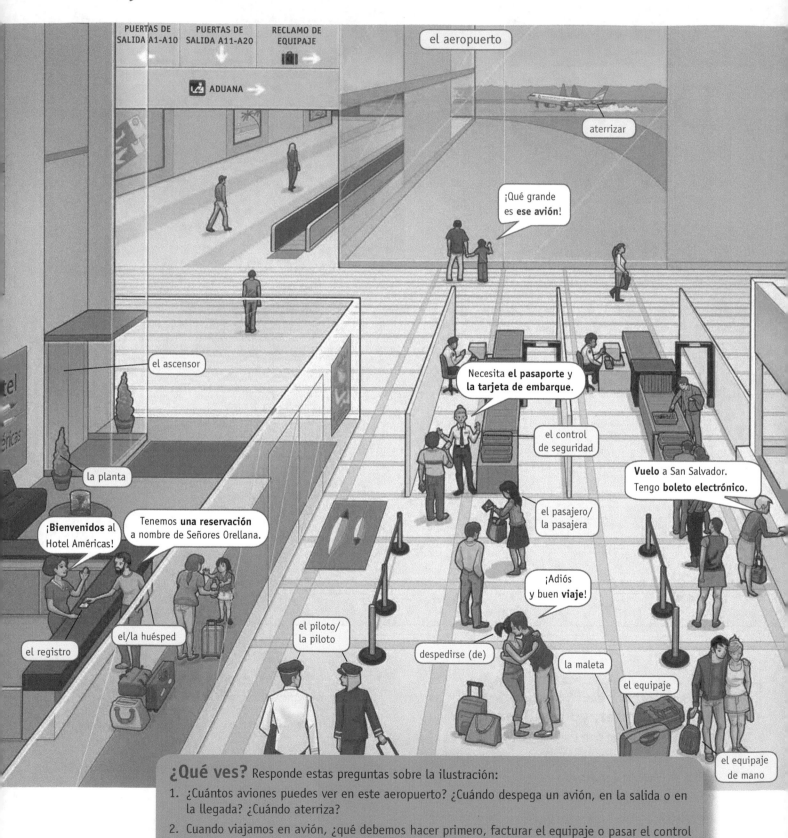

¿Qué ves? Responde estas preguntas sobre la ilustración:

1. ¿Cuántos aviones puedes ver en este aeropuerto? ¿Cuándo despega un avión, en la salida o en la llegada? ¿Cuándo aterriza?

2. Cuando viajamos en avión, ¿qué debemos hacer primero, facturar el equipaje o pasar el control de seguridad? Después de llegar a nuestro destino, ¿qué debemos hacer primero, ir al reclamo de equipaje o pasar por la aduana?

Puedes encontrar más preguntas de comprensión en *WileyPLUS* y en el *Book Companion Site* (BCS).

el ascensor	*elevator*
bienvenido/a/os/as	*welcome*
el boleto (Lat. Am.)/	*ticket*
el billete (Sp.)	
la demora	*delay*
despedirse (i, i) (de)	*to say goodbye (to)*
embarcar	*to board*
facturar (el equipaje)	*to check (baggage)*
el/la huésped	*guest*
la llegada	*arrival*
la salida	*departure*
la tarjeta de embarque	*boarding pass*
volar (ue)	*to fly*

WileyPLUS

Pronunciación: Practice pronunciation of the chapter vocabulary and particular sounds of Spanish in *WileyPLUS*.

▶ NOTA DE LENGUA

Planta has two meanings: plant (vegetation) and floor (as in ground, first, etc., floors in a building). Remember that **la planta baja** is the first floor in the USA and Canada (see Capítulo 10, **Así se dice 1**).

Listen to all the new vocabulary in the **Repaso de vocabulario activo** at the end of the chapter.

¿Y tú?

1. ¿Te gustan los viajes? ¿Has viajado en avión? ¿Cómo fue la experiencia? O si no has viajado en avión, ¿quieres hacerlo?

2. Imagina que ganas un boleto de avión gratis (*free*) a cualquier ciudad hispanohablante. ¿Adónde te gustaría ir? ¿Por qué?

Se van de viaje

Para viajar a otro **país**, tienes que **sacar** un pasaporte. En Estados Unidos, se **obtiene** en la oficina de correos. A veces, también necesitas **un visado**.

Estos amigos viajan hoy a Guatemala. Antes del viaje deben **hacer las maletas** (o **empacar**).

¡Bienvenidos a bordo!

Cuando **suben al** avión, **un asistente de vuelo** les **saluda** y les **indica** dónde está su **asiento**.

la ventanilla

el asiento

el pasillo

Con **un asiento de ventanilla** puedes mirar afuera, pero es más fácil salir de **un asiento de pasillo**. Es obligatorio **abrocharse el cinturón** durante el vuelo.

¡Espero que **disfruten de** su estancia en Guatemala!

Después de **hacer escala** en Dallas, **bajan del** avión en el aeropuerto de Guatemala. **Parece que** tuvieron un buen vuelo.

abrocharse	*to fasten*	**el país**	*country*
disfrutar (de)	*to enjoy (something)*	**parecer (que)**	*to seem (that)*
hacer escala	*have a layover*	**volar (ue)**	*to fly*
obtener (irreg.)[1]	*to obtain, get*		

▶ NOTA DE LENGUA

Note some uses of the verb **parecer**:

Parece que hay demora.	*It looks like there is a delay.*
Me parece muy caro.	*It seems very expensive to me. /I think it is very expensive.*
Juan parece cansado.	*Juan looks tired.*

En mi experiencia
Danielle, Stamford, CT

"I noticed that in many places in Central America, people rarely formed organized lines for things, especially when getting on a bus and even at the airport. It felt like a free-for-all. I learned that it's not considered rude to push your way to the front—it's actually sometimes necessary if you want a seat."

Are you accustomed to respecting lines, and if so, how do you feel when someone cuts in front of you? What might be the values underlying the practice described by this student?

[1]The verb **obtener** is conjugated like **tener**.

[13.1] Conexiones.

Paso 1. Lee las palabras del cuadro y, en 5 minutos, anota las asociaciones que observas, explicando la conexión entre las palabras. Se pueden repetir palabras y asociar más de dos palabras.

aterrizar	el/la piloto	el boleto	el ascensor	el hotel
la demora	el/la huésped	el/la pasajero/a	el equipaje	la llegada
la maleta	despegar	el aeropuerto	subir	la tarjeta de embarque

Modelo: el boleto
         la tarjeta de embarque

 Paso 2. Ahora compara tus asociaciones con un/a compañero/a. ¿Son similares o diferentes? Explica las asociaciones.

Modelo: **Para mí el boleto y la tarjeta de embarque porque son documentos de viaje, generalmente son de papel, y necesitas el boleto para obtener la tarjeta de embarque.**

[13.2] ¿Antes, durante o después?

Paso 1. Decide si las siguientes actividades normalmente se hacen antes, durante o después de un vuelo.

	Antes del vuelo	Durante el vuelo	Después del vuelo
llegar al aeropuerto			
abrocharse el cinturón de seguridad			
despedirse de la asistente de vuelo			
sacar el pasaporte			
pedirle un refresco al asistente de vuelo			
enviar una tarjeta postal			
esperar porque hay una demora			
facturar el equipaje			
registrarse en el hotel			
ir a la puerta de salida con la tarjeta de embarque			
hacer escala			

Paso 2. Ahora, imagina que tienes una amiga que va a viajar por primera vez en avión. Elige cuatro de las actividades mencionadas arriba y escribe recomendaciones para tu amiga con las siguientes frases. Puedes añadir detalles a tus recomendaciones. ¡Recuerda que debes usar el subjuntivo!

Te recomiendo que...	Te sugiero que...	Te aconsejo que...

Modelo: **Te recomiendo que llegues al aeropuerto dos horas antes de tu vuelo.**

[13.3] Hablando de viajar. En parejas, tomen turnos entrevistándose. Lee las preguntas a tu compañero/a y anota sus respuestas. Pide más detalles (ejemplos, explicar por qué, etc.).

> **Estudiante A**
>
> **1.** ¿Cuántas veces has viajado en avión? ¿A qué lugares?
>
> **2.** ¿Disfrutas de los viajes? ¿Te gusta viajar en avión o no? ¿Por qué?
>
> **3.** ¿Cuál es tu parte favorita del viaje? ¿Qué no te gusta? ¿Te gusta despegar? ¿Y aterrizar?
>
> **4.** ¿Qué aerolínea prefieres? ¿Prefieres un asiento de ventanilla o de pasillo? ¿Tienes una cuenta de viajero frecuente con alguna aerolínea? ¿Has podido viajar gratis con tus millas?
>
> **5.** ¿Te gustan los aeropuertos? Si conoces más de uno, ¿cuál te gusta más y cuál menos? ¿Por qué?

> **Estudiante B**
>
> **1.** ¿Has tenido una demora en algún viaje? ¿Cuánto tiempo tuviste que esperar? ¿Qué hiciste?
>
> **2.** ¿Viajas ligero (*light*) o empacas muchas cosas? ¿Alguna vez has perdido (o ha perdido la aerolínea) tu equipaje? ¿Qué pasó?
>
> **3.** ¿Ha habido algún pasajero problemático cerca de ti? ¿Qué hacía?
>
> **4.** ¿Has sido huésped en algún hotel? ¿Qué te gusta o no te gusta de quedarte en un hotel?
>
> **5.** Cuando viajas, ¿prefieres hoteles de cadenas (*chain hotels*) que son familiares para ti, u hoteles locales para conocer y disfrutar más de la cultura local?

[13.4] Mis preferencias.

Paso 1. Escribe un párrafo describiendo lo que más te gusta y lo que menos te gusta de viajar en avión.

Modelo: **Lo que más me gusta es empacar las maletas porque...**
Lo que menos me gusta son las demoras y hacer escala porque...

Paso 2. Comparte tus respuestas con un/a compañero/a y después, con toda la clase. ¿Hay algunas cosas que mencionaron muchas personas?

Situaciones

Estás en un vuelo internacional y quieres dormir porque estás muy cansado/a. El/La pasajero/a a tu lado quiere conversar contigo. Intenta evitar la conversación sin ser grosero/a (*rude*). Primero, él/ella se presenta (**Hola. Me llamo... ¿Y tú?...**).

Así se forma

1. The subjunctive with impersonal expressions (A summary)

WileyPLUS

Go to *WileyPLUS* to review this grammar point with the help of the **Animated Grammar Tutorial** and **Verb Conjugator**.

Antes de un viaje internacional, **es importante revisar** toda la documentación necesaria. Por ejemplo, **es esencial que** su pasaporte no **esté** caducado (*expired*) y **que obtenga** los visados oportunos. A veces, es aconsejable (*advisable*) **que reciba** algunas inmunizaciones contra enfermedades locales. **Es verdad que**, durante un viaje, **puede** haber situaciones imprevistas. Por eso, para poder disfrutar de su viaje, **es mejor tener** paciencia y flexibilidad.

In previous chapters, you learned that impersonal expressions with **ser** and a subordinate clause often require the subjunctive:

> **Es** + *importante/bueno/necesario...* + **que** + subjuntivo

- to express wishes, recommendations, and requests for someone else to do something or something to happen:

es bueno/buena idea	*it's good/a good idea*	**es necesario**	*it's necessary*
es importante	*it's important*	**es urgente**	*it's urgent*
es mejor/peor	*it's better/worse*		

Es necesario que **compres** tu boleto de avión, pero **es urgente** que **saques** tu pasaporte.

- to express emotional reactions to the actions or conditions of another person or thing:

es extraño	*it's strange*	**es ridículo**	*it's ridiculous*
es fantástico	*it's wonderful*	**es una lástima**	*it's a shame*
es horrible	*it's horrible*	**no es justo**	*it's unfair*

¡Es fantástico que te **den** un asiento en primera clase (*first class*)!

- to express doubts and uncertainties:

es posible/imposible	*it's impossible*	**es probable/improbable** *it's improbable*

Es **posible** que **tengamos** demora y **perdamos** la conexión en Miami.

- Remember that if there is no specific subject after the impersonal expression, the *infinitive* is used instead of **que** + *subjunctive*. Compare these examples:

Es necesario ir al aeropuerto temprano.
Es necesario **que vayamos** al aeropuerto temprano.

- Expressions such as **es verdad, es cierto,** and **es obvio** <u>used affirmatively require the indicative</u>, not the subjunctive, as they introduce factual statements.

Es verdad/cierto que los aviones **son** muy seguros (*safe*).

Note that when the statement is negative, the subjunctive is used:

No es verdad/cierto que yo **tenga** miedo a volar.

[13.5] ¡Qué situación! Las vacaciones de primavera están cerca y el periódico de la universidad quiere publicar una sección sobre cómo reaccionar en situaciones problemáticas durante los viajes. En grupos, escriban sus reacciones y algunos consejos para cada situación con expresiones de la lista u otras similares.

Es posible/imposible que...	Es urgente que...	Es importante/necesario que...
Es una lástima que...	Es obvio que...	Es cierto/verdad que...

1. Me voy de viaje mañana y ¡no puedo encontrar mi pasaporte!

   Es obvio que... En primer lugar, es importante que... Es urgente que...

2. Tengo que salir para el aeropuerto en veinte minutos y ¡no estoy listo/a!

3. Estoy en el aeropuerto y anuncian que el vuelo tiene una demora de cinco horas.

4. Estoy en el avión y el piloto anuncia que vamos a pasar por una zona de tormenta y que el avión tiene problemas mecánicos.

5. Estoy en la aduana y la inspectora sospecha que tengo algo ilegal en la maleta.

6. Estoy en un hotel y descubro que en el baño no hay agua caliente y que hay una araña en la cama.

 [13.6] Un vuelo en la aerolínea Buena Suerte. En parejas, imaginen que vuelan juntos en el vuelo 13 con destino a Antigua, Guatemala. Este vuelo tiene algunas "sorpresas". Primero, el/la Estudiante A lee sus opiniones y el/la Estudiante B escucha y reacciona con oraciones completas. Después, cambien los papeles (*switch roles*).

Modelo: **Estudiante A:** Es interesante que no haya asientos reservados.

Estudiante B: **¿Interesante? ¡Es muy extraño que no haya asientos reservados!**

Estudiante A
1. Es extraño que la asistente de vuelo no dé instrucciones.
2. Es posible que el asistente de vuelo sirva langosta.
3. Es emocionante que haya muchas turbulencias.
4. Es obvio que este vuelo es un poco diferente.

Estudiante B
1. Es mejor tener asientos pequeños.
2. Es posible fumar en el baño.
3. Es fenomenal que el piloto esté tomando un cóctel.
4. Es probable que no vuele con la aerolínea en el futuro.

[13.7] Un viaje terrible. Durante tus últimas vacaciones tu experiencia con la aerolínea fue terrible. Primero, haz una lista de los problemas que tuviste. Después, escribe una carta al presidente de la aerolínea explicando lo que pasó y expresando tu indignación. Usa expresiones impersonales.

Estimado Señor Presidente:

Le escribo para expresar mi indignación por la terrible experiencia que tuve con su aerolínea durante mis últimas vacaciones. (Es ridículo/inaceptable/increíble/frustrante que...)

Deben ustedes mejorar su servicio. Por ejemplo, (es esencial/necesario/importante que...)

Atentamente,

Cultura

Guatemala y El Salvador

▲ Guatemala

▲ El Salvador

ANTES DE LEER

Estudia el mapa al principio del libro. Indica si las frases se refieren a Guatemala, El Salvador o los dos.

	Guatemala	El Salvador	Los dos
1. Tiene cuatro países vecinos.	☐	☐	☐
2. Su capital tiene un nombre igual o muy similar al nombre del país.	☐	☐	☐
3. Es el país más pequeño de Centroamérica.	☐	☐	☐
4. Tiene costa en el océano Pacífico solamente.	☐	☐	☐

Guatemala

las ruinas de Tikal

Como la mitad de la población de Guatemala es de origen maya, el país tiene la cultura indígena más dinámica de todos los países centroamericanos. Las ruinas mayas más impresionantes están en Tikal, en la selva guatemalteca.

En la década de 1960, la lucha entre grupos revolucionarios y el ejército nacional desató (*initiated*) una guerra civil. Rigoberta Menchú, una mujer maya cuyos familiares murieron durante la guerra, ganó el Premio Nobel de la Paz por contribuir a poner fin a los treinta y seis años de guerra. Hoy en día, el país goza de un gobierno y elecciones democráticas.

▲ Rigoberta Menchú

La capital, la Ciudad de Guatemala, tiene casi 4 millones de habitantes —un poco más que la ciudad de Los Ángeles, California— y está dividida en 22 zonas (París y Nueva Orleans también están divididas en zonas enumeradas).

El Salvador

El Salvador es el país más pequeño de Centroamérica pero el más poblado. El Salvador se encuentra en el Anillo de Fuego del Pacífico y está sujeto a frecuentes terremotos y actividad volcánica. El país tiene impresionantes volcanes, como el Izalco, que estuvo activo entre 1770 y 1966. Allí viven más de 6 millones de personas en 8,124 millas cuadradas. Su capital, San Salvador, tiene 2.5 millones de habitantes (un poco menos que Chicago, Illinois) y su Teatro Nacional, inaugurado en el año 1917, es el más antiguo de Centroamérica.

▲ el volcán Izalco

De 1980 a 1992, el país vivió una terrible guerra civil que se cobró unas 75,000 vidas. Durante ese tiempo, muchos salvadoreños salieron del país para mudarse a Estados Unidos. Hoy en día, El Salvador tiene un gobierno democrático.

DESPUÉS DE LEER

1. Decide a qué país le corresponde cada oración: El Salvador, Guatemala o los dos.

	El Salvador	Guatemala	Los dos
a. El 50% de la población es de origen maya.	☐	☐	☐
b. Hoy en día tiene un gobierno democrático.	☐	☐	☐
c. Una mujer de este país ganó el Premio Nobel.	☐	☐	☐
d. La bandera es azul y blanca.	☐	☐	☐
e. Tiene volcanes famosos.	☐	☐	☐

2. Busca por Internet más información sobre la comida y la música en Guatemala y El Salvador. ¿Cuál te parece más interesante?

○ Así se dice

En el hotel y en la estación

En el hotel

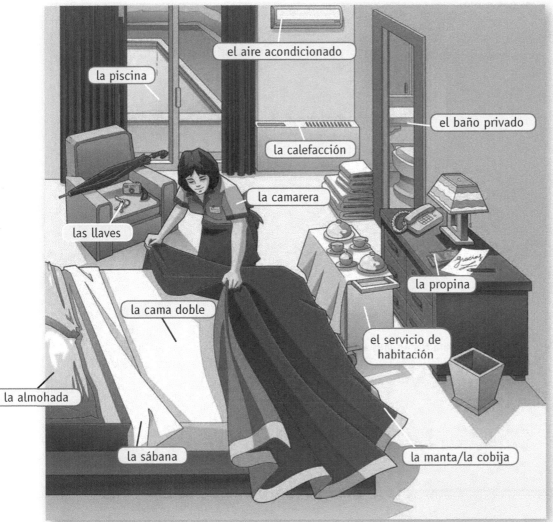

- el aire acondicionado
- la piscina
- el baño privado
- la calefacción
- la camarera
- las llaves
- la propina
- la cama doble
- el servicio de habitación
- la almohada
- la sábana
- la manta/la cobija

Cuando viajas, ¿prefieres un hotel con servicios (*amenities*), **una pensión** donde puedes integrarte en la cultura local o **un hostal** donde puedes conocer a muchos otros jóvenes que viajan? Este es un **hotel de cuatro estrellas.** Los huéspedes han salido a visitar la ciudad. **Dejaron** una nota y **una propina** para **la camarera.** Además, **dejaron** olvidadas algunas cosas: **las llaves**, la cámara y un paraguas.

▶ NOTA DE LENGUA

Note the difference between **salir** (*to leave, go out*) and **dejar** (*to leave an object behind*):

David **salió** de su habitación. **Dejó** su chaqueta porque no hacía frío.

dejar	*to leave, to leave behind, forget*	**la pensión/el hostal**	*guesthouse*
el hotel de (tres/cuatro...) estrellas	*(three-/four-...) star hotel*	**sencilla/doble (habitación/cama)**	*single/double (room/bed)*

[13.8] Buscan hotel. Imaginen que van a ir a Antigua, Guatemala, para participar en un curso intensivo de español y necesitan hacer reservaciones en un hotel.

Paso 1. Indica la importancia que los siguientes servicios y características de un hotel tienen para ti.

	Indispensable	Importante	Conveniente	No me importa
baño privado		✓		
cambio diario de toallas y sábanas			✓	
servicio de habitación		✓		
servicio diario de camarera		✓		
servicio de lavandería		✓		
teléfono privado				✓
aire acondicionado		✓		
televisión con cable			✓	
minibar				✓
acceso a Internet		✓		
piscina		✓		

 Paso 2. Compara tus respuestas con dos compañeros/as. Van a viajar juntos y deben ponerse de acuerdo (*agree*) en un hotel donde quedarse, ¿qué características debe tener? Recuerden que cada servicio aumenta el precio del hotel.

NOTA CULTURAL

Guatemalan food is similar to that of Mexico: tortillas and tacos are very common, but it also has influences from Spain, India, and France. One regional specialty is the **pepián**, consisting of chicken or beef and vegetables with a spicy salsa. Does this dish remind you of any others you're familiar with? Find a Guatemalan restaurant online—in the U.S. or in Guatemala—and find out how much the restaurant charges for **pepián**.

Pepián de pollo

LA Times/NewsCom

INVESTIG@ EN INTERNET

En este capítulo vas a descubrir muchas cosas nuevas sobre el alojamiento en el mundo hispano y, en particular, sobre la red de paradores en España (*Cultura:* El alojamiento en el mundo hispano). Haz una búsqueda de "paradores en España" e infórmate sobre las características de dos o tres que te gustaría visitar y las ofertas disponibles. ¿Hay ofertas especiales para gente joven? ¿Crees que son precios competitivos?

[13.9] ¿Hotel Best Eastern u Hostal Las Flores?

Tú y tu amigo/a buscan un hotel para alojarse durante su estancia en Guatemala. Cada uno/a tiene información sobre un hotel diferente, así que hablan por teléfono para compartir sus datos y tomar una decisión.

Paso 1.

Estudiante A: Lee la información sobre el Hotel Best Eastern y marca las características más interesantes.

El **Hotel Best Eastern** está ubicado en el centro de la ciudad y le ofrece un ambiente agradable y la comodidad necesaria para hacer su estancia placentera. Nuestras habitaciones están completamente equipadas y decoradas con elegancia, y nuestros profesionales le ofrecen servicio personalizado:

- 152 habitaciones dobles
- Servicio de limpieza (diario)
- Baños privados con ducha
- Servicio de habitación 24 horas
- Aire acondicionado
- Piscina y gimnasio
- Teléfono e Internet en la habitación
- Restaurante: Eastern Grill
- Televisión
- Parqueo ($15/día)

Precio: $125/día

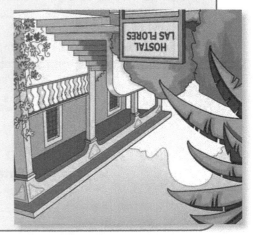

Estudiante B: Lee la información sobre el Hostal Las Flores y marca las características más interesantes.

El **Hostal Las Flores** se encuentra en una casa colonial en una tranquila área residencial de Antigua, a 15 minutos a pie del centro. Este pequeño hotel familiar se caracteriza por la atención personalizada, para que usted se sienta como en casa. Comience el día con el desayuno casero y café de Guatemala. Descanse en su habitación, disfrute del jardín o de la sala de estar donde puede ver la televisión o navegar por Internet.

- 4 suites dobles con baños privados
- 6 habitaciones sencillas con baños compartidos
- Servicio de limpieza (dos veces/semana)
- Aire acondicionado en suites
- Sala común con televisión, teléfono, Internet
- Desayuno incluido; café disponible todo el día

Precio:
Suite: $95/día
Habitación sencilla: $70/día

Paso 2. Compartan la información más relevante sobre sus hoteles y háganse preguntas sobre otros detalles que les interesan; comparen las ventajas y desventajas de cada uno, considerando que tienen un presupuesto limitado para sus vacaciones, decidan a qué hotel van a ir.

[13.10] ¿Cómo se dice? Llamas al hotel y hablas con el/la recepcionista sobre los servicios que deseas. El problema es que has olvidado algunas palabras... Explica al/a la recepcionista lo que deseas *sin usar las palabras entre paréntesis;* el/la recepcionista identifica la palabra y confirma contigo, el/la cliente. Túrnense.

Estudiante A
1. una habitación (sencilla)
2. un baño (privado)
3. (la llave)
4. otra (almohada)

Estudiante B
1. otra (toalla)
2. otra (cobija)
3. el servicio (de habitación)
4. una (sábana) más

Modelo: una habitación (doble)
Estudiante A: **Deseo una habitación para dos personas.**
Estudiante B: **¿Quiere decir usted que desea una habitación doble?**
Estudiante A: **Sí, sí, una habitación doble.**

En la estación

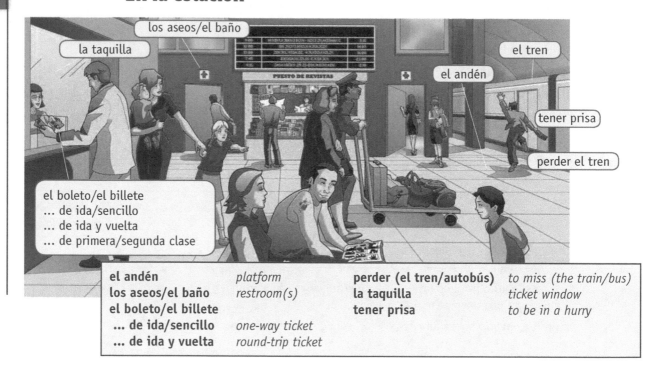

los aseos/el baño
la taquilla
el tren
el andén
tener prisa
perder el tren

el boleto/el billete
... de ida/sencillo
... de ida y vuelta
... de primera/segunda clase

el andén	*platform*	**perder (el tren/autobús)**	*to miss (the train/bus)*
los aseos/el baño	*restroom(s)*	**la taquilla**	*ticket window*
el boleto/el billete		**tener prisa**	*to be in a hurry*
... de ida/sencillo	*one-way ticket*		
... de ida y vuelta	*round-trip ticket*		

[13.11] ¿Cierto o falso? Escucha las siguientes afirmaciones e indica si son **ciertas** o **falsas**. Si son falsas, corrígelas para que sean ciertas.

Modelo: Oyes: La taquilla es el lugar donde subes al tren.
Marcas: **Falso**
Escribes: **El andén es el lugar donde subes al tren.**

   Cierto **Falso**
1. ☐ ☐ _____
2. ☐ ☐ _____
3. ☐ ☐ _____
4. ☐ ☐ _____
5. ☐ ☐ _____
6. ☐ ☐ _____

[13.12] **Un viaje a Sevilla en el AVE.** Ustedes están en Madrid (España) y quieren viajar en el tren de alta velocidad (AVE). Lean esta descripción en un folleto (*brochure*) de RENFE (Red Nacional del Ferrocarriles Españoles).

Los trenes de alta velocidad AVE conectan Madrid con el sur y noreste de España. Estos trenes, con velocidades de hasta 360 km/h, ofrecen servicios como cafetería, tienda, canales para escuchar música, películas, pasatiempos para niños, aseos y acceso para silla de ruedas[1]. Puede viajar en clase Club, Preferente o Turista. La clase Club incluye aparcamiento, servicio de restaurante a la carta y servicio de bar en su asiento. Usted puede viajar con su mascota (perros pequeños y gatos), transportar su bicicleta y llevar una maleta y una pieza de equipaje de mano.

RENFE[2] promete extrema puntualidad con demoras de solo minutos. Si su tren se demora más de quince minutos, puede obtener la devolución de una parte del costo de su viaje.

[1]*wheelchair access,* [2]**Red Nacional de Ferrocarriles Españoles** (the Spanish National Railroad System)

	Ciudad Real	Córdoba	Sevilla	Zaragoza	Lleida	Barcelona
Turista	45.05	70.40	95.10	76.40	106. 80	159.00
Preferente	66.05	105.20	122.20	93.30	121.30	188.70
Club	79.10	130.50	146.20	113.60	141.00	211.20

Ahora un/a estudiante hace el papel del empleado de la RENFE y el otro/la otra es el/la pasajero/a. Completen las siguientes transacciones (pueden inventar los detalles):

1. comprar un boleto para una de las ciudades que menciona el folleto
2. pedir información (sobre horario/ equipaje/ comida/ andenes/ aseos, etc.)
3. hablar de posibles demoras y tratar de resolver los problemas que puedan causar

Modelo: Empleado/a de RENFE: **Buenos días. ¿En qué puedo servirle?**
Pasajero/a: **Deseo comprar...**
Empleado/a: **Muy bien, señor/señorita, aquí lo tiene. Cuesta...**

En mi experiencia
Frank, Maplewood, NJ

"In Ecuador, the buses were always packed. They even have a joke about it: "How many people can you fit on the Ecovía?" (Quito's main bus system). The answer is, "Five more." On longer rides, people come on to sell small trinkets or snacks. My friend in Mexico City told me that their subways set aside several cars for women only during rush hour."

How often have you used crowded public transportation? What are some common rules of etiquette on them? Do you think separate subway cars for women is a good idea, and what are the values possibly underlying that practice?

De viaje • 405

Cultura

El alojamiento (*lodging*) en el mundo hispano

ANTES DE LEER

Mira las fotos de abajo, ¿te parecen hoteles típicos? ¿por qué?

▼ el Parador de Granada, España

El mundo hispano les ofrece a todos los viajeros el alojamiento ideal para que su visita sea memorable. Para los empresarios o los turistas exigentes (*demanding*), todas las ciudades importantes cuentan con hoteles de calibre excepcional y cadenas reconocidas mundialmente, como los hoteles Meliá o Hilton. Para los trotamundos, los jóvenes con un presupuesto módico (*modest*) o los viajeros menos exigentes, hay hostales y pensiones (hoteles modestos, a veces en casas privadas) que son más "caseros" y económicos. Estos establecimientos no tienen los lujos o las comodidades de los grandes hoteles, pero en cambio (*on the other hand*) ofrecen la oportunidad de conocer mejor a los habitantes del lugar y de estar en un ambiente amigable.

▼ Hacienda Gripiñas, Jayuya, Puerto Rico

Entre los hospedajes más bellos y pintorescos del mundo hispano están los paradores[1] nacionales o históricos. En España, algunos son antiguos monasterios, castillos o palacios. En la opulencia de la Alhambra, con vista a los Jardines del Generalife[2], se encuentra uno de los más bellos paradores de España: El Parador de Granada. El sitio fue un antiguo convento franciscano donde reposaron los restos (*remains*) de los Reyes Católicos hasta 1521, año en que fueron trasladados a la catedral de Granada.

Si dirigimos los ojos hacia América del Sur, Venezuela nos ofrece Los Frailes, un parador de excepcional belleza enclavado en lo alto de los Andes. Se trata de un antiguo monasterio convertido en hospedaje para el viajero que exige lo mejor. En México, el Hotel Parador San Javier era una hacienda en Guanajuato, pero hoy es patrimonio cultural del país. Puerto Rico también tiene un sistema de paradores por toda la isla.

No importa cuáles sean tus intereses o gustos, el mundo hispano te espera con un lugar especial para satisfacer tus necesidades y expectativas.

▲ Parador los Frailes, Venezuela

[1]Historical buildings transformed into luxurious hotels.
[2]The 14th century summer palace of the Moorish kings of Granada.

DESPUÉS DE LEER

1. ¿Qué ofrecen los paradores que no tienen los grandes hoteles?

2. ¿Qué era anteriormente el Parador de Granada?

3. ¿Te gustaría pasar unos días en uno de estos paradores? ¿En cuál? ¿Por qué?

4. ¿Hay alojamientos similares a los paradores en tu país? ¿Cómo se llaman?

Así se forma

2. Talking about unknown or nonexistent persons or things: The subjunctive with indefinite entities

WileyPLUS

Go to *WileyPLUS* to review this grammar point with the help of the **Animated Grammar Tutorial** and **Verb Conjugator**.

Sra. Orellana: Necesitamos una habitación **que tenga** dos camas, por favor.

Recepcionista: Sí, hemos reservado una habitación **que tiene** una cama doble y una sencilla.

Sra. Orellana: Gracias, ¿hay alguien **que** nos **ayude** a llevar el equipaje?

Recepcionista: Claro, tenemos un botones (*bellboy*) **que** lo **llevará**. ¿Hay algo más **que pueda** hacer por ustedes?

Sra. Orellana: Sí, hay algo **que puede** hacer, ¿me da la llave?

We use adjectives to describe or modify nouns, but often a description involves a complex idea that cannot be expressed with just one adjective, so we use an adjectival clause. Adjectival clauses are, therefore, subordinate clauses that modify a noun in the main clause. Compare the following examples:

Vamos a un hotel **lujoso.**	→	Vamos a un hotel **que tiene piscina y gimnasio.**
Busco un hotel **barato.**	→	Busco un hotel **que cueste $90** al día.

We use the *subjunctive* in adjectival clauses following **que** when the person or thing we refer to is either (1) *nonspecific* (*unidentified, hypothetical, unknown*) or (2) *nonexistent*, whether in reality or in the mind of the speaker.

Busco un hotel que **cueste** $90.	*I'm looking for a hotel that costs $90.*
Queremos un guía que **pueda** ayudarnos.	*We want a guide who can help us.*
No hay más vuelos que **salgan** hoy.	*There are no more flights that leave today.*

In contrast, if the person or thing is *known, identified,* or *definitely exists* in the mind of the speaker, the *indicative* is used in the clause following **que.**

Vamos a un hotel que **tiene** piscina.	*We are going to a hotel that has a pool.*
Hay un agente que **puede** ayudarle.	*There is an agent who can help you.*
Prefiero el vuelo que **sale** temprano.	*I prefer the flight that leaves early.*

If we are *asking whether someone/something exists* or *saying that someone/something does not exist*, we also use the *subjunctive*.

¿Hay alguien que **pueda** ayudarnos?	*Is there someone who can help us?*
No hay ningún hotel que **tenga** piscina.	*There isn't any hotel that has a pool.*

[13.13] ¿Hay o no hay?

Paso 1. Escoge (*select*) la opción apropiada para completar cada oración. Recuerda que cuando algo existe, la subordinada adjetiva que lo modifica tiene el verbo en indicativo y cuando algo no existe el verbo en la subordinada es subjuntivo.

Modelo: Existe/No existe un pueblo en Guatemala que tiene ruinas mayas.

1. Tienen/No tienen un museo en El Salvador que es especialmente para niños.

2. Hay/No hay un pueblo en El Salvador que esté a más de 100 millas de la costa.

3. Hay/No hay una activista y autora guatemalteca que ganó el Premio Nobel de la Paz.

4. Existe/No existe un volcán en Guatemala que es muy famoso.

5. Tienen/No tienen unas iglesias en El Salvador que son protestantes, no católicas.

6. Hay/No hay una ciudad en Guatemala que esté en el mar Caribe.

7. Existe/No existe una ciudad en Guatemala que sea tan grande como la Ciudad de Nueva York.

Paso 2. Completa ahora las siguientes oraciones describiendo qué hay o no hay en tu ciudad o región. Escribe una cosa más que tienen o no tienen en su ciudad

Modelo: __No hay__ un museo que __sea__ (ser) para niños. o
__Tenemos__ un museo que __es__ (ser) para niños.

Mi ciudad/región es _____

1. _____ una persona que _____ (ser) famosa en todo el país.

2. _____ un monumento que _____ (tener) importancia artística o histórica.

3. _____ un deportista o equipo que _____ (ganar) muchas competiciones.

4. _____ restaurantes que _____ (tener) comida hispana.

5. _____

[13.14] Cosas interesantes.

Paso 1. En grupos, respondan a las preguntas del cuestionario y escriban el número de personas que contesten afirmativamente. Anoten también sus nombres y algunos detalles (por ejemplo: ¿qué sabes hacer?, ¿dónde y cuándo aprendiste?, etc.)

¿En su grupo hay alguien...	Número	Nombre(s)	Detalles
1. ... que sepa hacer algo especial (hablar otra lengua, tocar un instrumento, etc.)?			
2. ... que tenga parientes (incluyendo familia extendida) en otro país?			
3. ... que sepa cocinar?			
4. ... que no viva en una residencia del campus?			
5. ... que esté comprometido/a o casado/a?			
6. ... que haga deportes de aventura?			
7. ... que tenga boletos de tren o avión para viajar pronto?			
8. ... que piense viajar a un país hispano en el futuro?			

Paso 2. Compartan con la clase sus datos y los detalles más interesantes. Un/a secretario/a anota el número total de respuestas afirmativas en la pizarra.

Modelo: **En nuestro grupo no hay nadie que esté casado/a, pero sí hay una persona que está comprometida. Se va a casar en abril, ¡en una granja!**

[13.15] Preguntas personales.

Paso 1. En parejas, decidan quién va a ser Estudiante A y quién será Estudiante B. Completen las preguntas que van a hacer a su compañero/a y escriban una pregunta más al final (*at the end*).

Modelo: ¿Hay alguien en tu familia que... __sepa__ (saber) hablar español?

> **Estudiante A**
> ¿Hay alguien en tu familia que...
> _____ (tener) más de ochenta años?
> _____ (vivir) en otro país?
> _____ (conocer) una persona famosa?
> _____ (saber) tocar un instrumento?
> _____ (ser) muy interesante o especial?
> _____

> **Estudiante B**
> ¿Conoces a algún/alguna estudiante que...
> _____ (haber) sacado una "A" en todas sus clases?
> _____ (tomar) una clase muy original?
> _____ (trabajar) mientras estudia?
> _____ (jugar) en uno de los equipos de la universidad?
> _____ (ser) muy interesante o especial?
> _____

Paso 2. Entrevístense (*interview each other*), pregunten más detalles y anoten las respuestas.

Modelo:

> Estudiante A: **¿Hay alguien en tu familia que *sepa* hablar español?**
> Estudiante B: **Sí, mi tía *sabe*... *o* No, no hay nadie en mi familia que *sepa*...**

 [13.16] El mundo real y el mundo ideal. Trabajen en grupos de tres. Su profesor/a les va a asignar un tema y van a comparar lo real y lo ideal con el mayor número de detalles posible. En cada grupo, un/a secretario/a escribe las oraciones. Al concluir, él/ella las comparte con la clase.

Modelo: Nuestros empleos

> **Tenemos empleos que son bastante aburridos / que no pagan mucho dinero... Queremos / Buscamos empleos que nos den un poquito más de dinero / que sean interesantes...**

1. Nuestros/as profesores/as
2. Nuestras clases
3. Nuestros/as compañeros/as de cuarto
4. Nuestra residencia/nuestro apartamento
5. Nuestra universidad
6. Nuestra comunidad/ciudad

○ VideoEscenas

Necesito descansar

▲ Cristina y Enrique buscan un hotel.

ANTES DE VER EL VIDEO

En tu opinión, ¿qué cosas esperas (*expect*) encontrar en cualquier hotel? ¿Y en un hotel de lujo (*luxury*)?

	Cualquier hotel	Un hotel de lujo
un secador de pelo	☐	☐
champú y gel de baño	☐	☐
una bata de baño (*bathrobe*)	☐	☐
un televisor	☐	☐
acceso a Internet	☐	☐
una cafetera	☐	☐
un reloj despertador	☐	☐
un reproductor de CD/DVD	☐	☐

A VER EL VIDEO

1. Mira el video e indica si las siguientes afirmaciones son **ciertas** o **falsas**. Si son falsas, corrígelas.

	Cierto	Falso
a. Cristina y Enrique han reservado una habitación doble en el hotel.	☐	☐
b. Cristina y Enrique esperan muchos servicios y extras en un hotel.	☐	☐
c. La recepcionista les ofrece una habitación doble con muchos servicios.	☐	☐

¿Recuerdas algunas de las cosas que quieren Enrique y Cristina? ¿Y recuerdas qué ofrece el hotel? Haz una lista con las cosas que pide Enrique, otra lista con cosas que pide Cristina y <u>subraya</u> las cosas que sí tiene el hotel. Después, mira el video otra vez para corregir y completar tus listas.

Enrique:

Cristina:

DESPUÉS DE VER EL VIDEO

En grupos imaginen que van a construir un hotel para personas que visitan su campus. Piensen dónde va a estar situado, su tamaño (número de habitaciones) y los servicios y extras que va a ofrecer. Determinen también el precio de una habitación doble con baño privado.

Así se forma

3. Indicating that an action has been going on for a period of time: *Hacer* in time constructions

Pasajero:	Señorita, estamos esperando el vuelo a San Salvador, ¿hay mucho retraso?
Asistente de tierra[1]:	**¿Cuánto tiempo hace que esperan** aquí?
Pasajero:	**Hace** 40 minutos **que esperamos**. ¿Sabe usted qué pasa?
Asistente de tierra:	El vuelo a San Salvador **salió hace** 20 minutos por la puerta A2, esta es la puerta A12.
Pasajero:	**¿Hace** 20 minutos **que salió** nuestro vuelo?

1. *Ground attendant*

WileyPLUS

Go to *WileyPLUS* to review this grammar point with the help of the **Animated Grammar Tutorial**.

Hacer to express an action that has been going on for a period of time

Spanish uses the following constructions with **hace**[1] to indicate that an action or condition started in the past is still going on.

> **hace** + *time length* + **que** + *present tense* OR *present tense* + **desde hace** + *time length*

Hace dos días **que están** en Guatemala. **Están** en Guatemala **desde hace** dos días.	*They have been in Guatemala for two days.*
Hace veinte minutos **que esperamos** el tren. **Esperamos** el tren **desde hace** veinte minutos.	*We have been waiting for the train for twenty minutes.*

To ask how long an action or condition has been going on, use the question:

> **¿Cuánto tiempo hace que** + *present tense?*

—**¿Cuánto tiempo hace que tienes** pasaporte?	*How long have you had a passport?*
—**Hace** tres años **que** lo **tengo**.	*I've had it for three years.*

- Note that in answering questions with the *ago* construction, we can mention only the time and omit the rest.

—**¿Cuánto tiempo hace que** viajas en avión?	*How long have you been traveling by plane?*
—**Hace tres años** (que viajo en avión).	*(I have traveled by plane) for three years.*

Hacer to express *ago*

We also use an expression with **hace** to indicate how long ago an action took place.

> **hace** + *time length* + **que** + *preterit tense* OR *preterit tense* + **hace** + *time length*

Hace diez minutos **que** el avión **despegó**. El avión **despegó hace** diez minutos.	*The plane took off ten minutes ago.*
Hace dos semanas que llegamos a Guatemala. **Llegamos** a Guatemala **hace dos semanas**.	*We arrived in Guatemala two weeks ago.*

[13.17] **¿Hace mucho o poco tiempo?** Lee las siguientes oraciones y escoge la opción más lógica.

1. Arturo busca un apartamento ☑ desde hace tres meses./ ☐ desde hace tres minutos.

2. ☐ Hace media hora que/ ☐ Hace medio año que Silvia espera a su amigo.

3. Carlos tiene un resfriado ☐ desde hace dos años./ ☐ desde hace dos días.

4. ☐ Hace un mes que/ ☐ Hace una hora que Miguel espera en el tráfico.

5. ☐ Hace quince minutos/ ☐ Hace quince días que Margarita navega en Internet.

Javier

[13.18] **¿Cuánto tiempo hace?** Imagina qué está pasando en las siguientes situaciones. ¿Cuánto tiempo hace que estas personas hacen estas actividades? Inventa algunos detalles o añade un comentario personal.

Modelo: **Javier tiene que hacer un trabajo de química muy difícil. Hace dos horas que trabaja en este experimento. Está un poco cansado pero no está aburrido. Parece que le gusta la química.**

Inés

Linda y Manuel

Esteban

Alfonso

Octavio

Manuel

[13.19] Entrevista. En parejas, háganse las siguientes preguntas y compartan unos detalles más, como en el modelo. Al final, añadan otra pregunta más.

Modelo: Estudiante A: **¿Cuánto tiempo hace que estudias en la universidad?**

Estudiante B: **Hace tres años que estudio en la universidad, ¿y tú?**

Estudiante A: **Yo estudio en esta universidad hace dos años, pero antes estudiaba en otra universidad.**

> **Estudiante A**
>
> **1.** ¿Cuánto tiempo hace que estudias en la universidad?
>
> **2.** ¿Dónde vives ahora? ¿Cuánto tiempo hace que vives allí?
>
> **3.** ¿Tienes novio/a? ¿Cuánto tiempo hace que lo/la conoces?
>
> **4.** ¿Tocas algún instrumento musical? ¿Cuánto tiempo hace que lo tocas?
>
> **5.** _____

> **Estudiante B**
>
> **1.** ¿Cuánto tiempo hace que estudias español?
>
> **2.** ¿Quién es tu mejor amigo/a? ¿Cuánto tiempo hace que lo/la conoces?
>
> **3.** ¿Cuánto tiempo hace que no hablas con tus padres? ¿Y con tus abuelos?
>
> **4.** ¿Practicas algún deporte? ¿Cuánto tiempo hace que lo practicas?
>
> **5.** _____

[13.20] Nuestra vida social.

Paso 1. Contesta las preguntas de la tabla indicando en la columna "Yo" cuánto tiempo hace (horas, días, semanas, meses, años) que haces o hiciste estas cosas. Añade otra pregunta al final y contéstala también.

Modelo: Ir a un concierto fantástico

Hace seis meses que fui a un concierto fantástico. *o* **Fui a un concierto hace seis meses.** *o* **Hace seis meses.**

	Yo	Mi compañero/a
1. ir a un concierto fantástico		
2. comer algo delicioso en un restaurante		
3. ir al cine		
4. jugar a un deporte con amigos		
5. salir con tus amigos		
6. hacer un viaje divertido		
7. asistir a una reunión/celebración familiar especial		
8. ¿...?		

Paso 2. Ahora, en parejas, hagan estas preguntas a su compañero/a y escriban sus respuestas en la columna derecha. Pregunten también sobre algunos detalles. Túrnense.

Modelo: Estudiante A: **¿Cuándo fue la última vez que fuiste a un concierto?**

Estudiante B: **Hace seis meses.**

Estudiante A: **¿De quién? / ¿Te gustó? / ¿Dónde fue?...**

[13.21] Otras actividades memorables.

Paso 1. Prepara una lista de tres cosas interesantes que hiciste hace un tiempo *(some time ago)*.

Modelo: Visité Antigua.

 Paso 2. En grupos pequeños, compartan sus actividades y háganse preguntas para averiguar cuándo se hicieron las actividades y otros detalles.

Modelo: Estudiante A: **¿Cuándo visitaste Antigua?**
Estudiante B: **Hace cinco años.**
Estudiante C: **¿Con quién fuiste?/¿Cómo fuiste?/¿Qué viste?...**

INVESTIG@ EN INTERNET

La actual Guatemala fue, continúa siendo, el centro de la civilización maya. Elige uno de los siguientes aspectos de la civilización maya ancestral o moderna para investigar y compartir en la clase. Si encuentras imágenes que puedas imprimir, tráelas a clase también.

la arquitectura   las matemáticas
la religión   la escritura
la astronomía   el arte y la artesanía

Situaciones

Tu amigo/a y tú van a ir de vacaciones juntos/as y tienen que organizar el viaje. Deben decidir adónde van a ir, qué medio de transporte van a usar y dónde van a alojarse.

Estudiante A: Te encantan la naturaleza y las montañas, pero ir a una playa es aceptable también. Eres muy activo/a y prefieres unas vacaciones activas y de aventura.

Estudiante B: Te fascinan la arquitectura, los museos y el teatro, así que prefieres ir a una ciudad interesante. Para ti, las vacaciones son para disfrutar de pequeños lujos y relajarte.

DICHO Y HECHO

PARA LEER: Maravillas iberoamericanas

ANTES DE LEER

1. Hay muchas listas "oficiales" de las "maravillas del mundo". Empareja las siguientes listas con sus ejemplos.

_____ **1.** Las maravillas del mundo antiguo

_____ **2.** Las maravillas del mundo medieval[1]

_____ **3.** Las maravillas de la ingeniería (*engineering*)

_____ **4.** Las maravillas del mundo natural

a. Stonehenge y la Gran Muralla China

b. El Monte Everest y el Gran Cañón

c. La Gran Pirámide de Giza y la estatua de Zeus en Olimpia

d. El Puente Golden Gate y el Canal de Panamá

2. La organización UNESCO (*United Nations Educational, Scientific and Cultural Organization*) ha nombrado muchos sitios como "Patrimonios de la Humanidad" (*World Heritage Sites*). Preservar estos lugares se considera parte del interés internacional. En el año 2010, había un total de 911 sitios con esta denominación. De la lista a continuación, elige los lugares que crees que pertenecen a esta lista.

☐ El Parque Nacional Iguazú, Argentina y Brasil
☐ La ciudad de Venecia, Italia
☐ El Parque Nacional Yellowstone, Wyoming, Montana e Idaho, EE. UU.
☐ Los centros históricos de Guanajuato y de Oaxaca, México
☐ Las Vegas, Nevada, EE. UU.
☐ La catedral de Colonia, Alemania
☐ EuroDisney, París, Francia

ESTRATEGIA DE LECTURA

Skim, question, read, recall, and review (SQ3R)

"SQ3R" is a five-step strategy to improve reading comprehension. Read the steps that follow, then apply them to the text you're about to read.

1. **Skim** (two minutes): Glance through the whole reading. Identify the major headings and the subheadings, check for introductory and summary paragraphs, etc. Resist reading further at this point, but see if you can identify three or four major ideas.

2. **Question** (usually less than 30 seconds): Ask what the text is about: What is the question that this text is trying to answer? Or, ask yourself, what question do I have that this text might help answer? Repeat this process with each subsection of the text, turning each heading into a question.

3. **Read** (at your own pace): Read one section at a time, looking for the answer to the question you proposed for each section.

4. **Recall** (about a minute): Say out loud or write down a key phrase that sums up the major point of the section and answers the question. This should be in your (the reader's) own words, not just a phrase from the text.

5. **Review** (less than five minutes): After repeating steps 2–4 for each section, test yourself by covering up the key phrases you jotted down and seeing if you can recall them. Do this right after you finish reading the text. If you can't recall one of your major points, that's a section you need to reread.

---

[1]Aunque la lista fue elaborada en la Edad Media, las estructuras contenidas no pertenecen a esa época necesariamente.

A LEER

El 7 del julio de 2007 se conocieron los resultados de la votación de las Nuevas Maravillas del Mundo. Entre las seleccionadas, tres pertenecen a Iberoamérica: Chichén Itzá en la Península del Yucatán, el Cristo Redentor de Río de Janeiro y el Machu Picchu en Cuzco.

El empresario suizo Bernard Weber anunció una competencia para elegir los mejores monumentos del siglo XXI. Para ello, pidió la participación de todo el mundo a través de sus votos en la página Web oficial o vía SMS. Finalmente, el 7 de julio de 2007, el resultado se hizo público en un programa de televisión, y todos pudimos conocer las siete Nuevas Maravillas del mundo moderno.

Pero el evento tuvo su polémica. Algunos protestaron porque veían en el concurso solamente un fin lucrativo, y otros se quejaron porque la participación no fue igualitaria, ya que[1] no todo el mundo tiene acceso a Internet o a un teléfono móvil. Estos motivos fueron secundados por la UNESCO, que no aceptó los resultados, indicando que la lista de candidatos no se había realizado con criterios artísticos o educativos sino[2] con demasiada importancia al valor sentimental.

CHICHÉN ITZÁ (MÉXICO)

Curiosamente, el florecimiento[3] de esta ciudad coincidió con la agonía de la cultura maya que tuvo lugar en el siglo IX. Chichén Itzá llegó a ser considerada la capital del Yucatán después de la ocupación del caudillo tolteca[4] Quetzalcóatl- Kukulcán.

© Pomidorisgogo/iStockphoto

Como si el paso del tiempo no le hubiese afectado[5], en la ciudad todavía se pueden ver grandes templos como el de los Guerreros[6], conjuntos arquitectónicos como el grupo de las Mil Columnas y, sobre todo, la Pirámide de Kukulcán, una de las más altas de la arquitectura maya. En 1988, la UNESCO le dio el estatus de Patrimonio de la Humanidad.

CRISTO REDENTOR (BRASIL)

Inaugurado el 12 de octubre de 1931, vigila[7] la ciudad de Río de Janeiro desde lo más alto del Cerro[8] del Corcovado, a más de 700 metros de altura. Aunque la escultura es relativamente joven, la idea de su creación data de 1859, cuando el padre Pedro Maria Boss buscó financiación para construir una gran figura religiosa.

Rika/dpa/©Corbis

Con motivo del centenario de la Independencia se dio el visto bueno[9] al proyecto. En abril de 1922 se puso la primera piedra y cuatro años más tarde empezó su construcción sobre el diseño del escultor francés Paul Landowski.

MACHU PICCHU (PERÚ)

Construida en el siglo XV, está localizada en el llamado Santuario Histórico de Machu Picchu, que tiene más de 32,592 hectáreas. La existencia de la ciudad está marcada por dos fechas: 1532 y 1911. En 1532, los españoles conquistan Perú, y Machu Picchu se abandona y se olvida. 1911 es el año de su descubrimiento por el historiador estadounidense Hiram Bingham.
Situada a 2,432 metros de altitud, sirvió de zona de descanso y escondite[10] para el Emperador Inca Pachakuteq. En ella hay tres tipos de edificios: las residencias del rey, las de la aristocracia y las religiosas. También es Patrimonio de la Humanidad desde 1983.

Texto: Noemí Monge / *De la revista Punto y coma (Habla con eñe)*

Steven Miric/iStockphoto

---

[1]given that, since, [2]but rather, [3]flourishing, [4]**caudillo tolteca** leader of the Toltec tribe, [5]**como si... no le hubiese afectado** as if... had not affected it, [6]warriors, [7]watches over, [8]hill, [9]**se dio el visto bueno** gave the green light, [10]hideout

1. ¿Quién eligió las nuevas maravillas del mundo?

2. ¿Por qué fue esta competencia criticada por algunas personas y por la UNESCO?

3. ¿Qué características tienen en común Chichén Itzá y Machu Picchu? ¿En qué aspecto es diferente el Cristo Redentor?

4. ¿Cuál de los tres lugares te gustaría visitar y por qué? Busca en Internet cuántas horas de vuelo hay entre tu ciudad y ese lugar.

PARA CONVERSAR: ¡Problemas en el viaje!

 En grupos, seleccionen una de las siguientes situaciones y resuelvan el problema. Al final, dos grupos pueden representar las situaciones frente a la clase.

ESTRATEGIA DE COMUNICACIÓN

Resolving conflict

In situations such as those described below, it's a good idea to assume the person on the other side of the conversation has as much interest as you do in resolving the conflict or problem. However, you should assess the situation quickly when conflict arises, and decide what you're willing to compromise on and what you're willing to give up. That way, you're prepared to work with the other person to achieve an outcome that is satisfactory to both sides.

1. En la aduana:

Personajes: Dos pasajeros/as y el/la inspector/a de aduanas.
Situación: Dos pasajeros/as jóvenes llegan a la aduana del aeropuerto. El/La inspector/a de aduanas sospecha que hay un problema.

Modelo: Inspector/a: *(a los pasajeros)* **Abran las maletas, por favor... ¿Qué es esto?**
Pasajero/a 1: ...
Inspector/a: ...
Pasajero/a 2: ...

2. En la recepción de un hotel:

Personajes: Tú, tu amigo/a y el/la recepcionista.
Situación: Ustedes están un poco desilusionados/as con el hotel porque su habitación, las condiciones del baño, etc. no son buenas. Hablan con el/la recepcionista para tratar de resolver los problemas.

Modelo: Tú: **Perdón, señor/señorita, pero tenemos algunos problemas con nuestra habitación.**
Recepcionista: **¿Sí? ¿Qué tipo de problemas?**
Tú: ...
Amigo/a: ...

ASÍ SE HABLA

En su conversación, intenten usar estas frases muy comunes de Guatemala y El Salvador:

El Salvador:
Cabal = *exactly*
¡Púchica! = *Oh!*

Guatemala:
Chilero/a = *Good, nice*
Casaca = *lie*

PARA ESCRIBIR: Un nuevo alojamiento

Imagina que quieres abrir un nuevo hotel, parador u hostal en algún lugar de América Latina. Ya has pensado qué tipo de alojamiento va a ser y dónde, pero ahora necesitas dinero para construirlo. Por eso vas a escribir una descripción del lugar que capte la atención de los inversores (*investors*).

ANTES DE ESCRIBIR

Paso 1. El tipo de alojamiento. Primero debes pensar en el tipo de alojamiento que quieres abrir. Lo único que es obligatorio es que sea en algún lugar de América Latina. Puedes usar una de estas ideas o inventar otra:

☐ un hotel boutique de cuatro estrellas   ☐ un parador

☐ una pensión (*guest house*)   ☐ un hostal para jóvenes

☐ ¿…? _____

Paso 2. El lugar. Ahora piensa en el lugar donde quieres abrir tu alojamiento. Aquí hay algunas ideas:

☐ una ciudad grande   ☐ un sitio arqueológico

☐ un pueblo en las montañas   ☐ una atracción turística importante

☐ ¿…? _____

Si no sabes mucho sobre ese lugar, busca información en Internet.

ESTRATEGIA DE REDACCIÓN

Using figurative language to draw attention

In this prospectus, you're trying to convince investors to invest in your project. You can make the information more engaging by using figurative language such as similes and metaphors. Look at the examples that follow, and try to use figurative language of your own in your prospectus.

El hotel va a ser un paraíso en la Tierra.
La piscina será una fuente de la juventud.
Quiero ofrecer a mis clientes camas tan suaves como las nubes.

A ESCRIBIR

Escribe una primera versión de tu folleto. Piensa en los siguientes factores:

- El número de cuartos individuales, dobles y *suites*.

- El precio por noche para cada tipo de cuarto.

- Otros servicios: piscina, portero (*doorman*), transporte al aeropuerto, excursiones con guía a los sitios locales, renta de equipo de deportes, etc.

Para escribir mejor

Es importante que los inversores entiendan bien tus planes: cómo será tu hotel, qué cosas son necesarias y qué cosas son simplemente buena idea o preferibles. El uso de verbos en el futuro y las siguientes construcciones con el subjuntivo te pueden ayudar:

Estará junto al mar.

Es importante que haya piscina.

Es preferible que tenga un restaurante de cinco tenedores.

Quiero ofrecer habitaciones que tengan aire acondicionado.

Necesito empleados que hablen varios idiomas.

DESPUÉS DE ESCRIBIR

Revisar y editar: El contenido, la organización, la gramática y el vocabulario.

Después de escribir el primer borrador de tu folleto, déjalo a un lado por un mínimo de un día sin leerlo. Cuando vuelvas a leerlo, corrige el contenido, la organización, la gramática y el vocabulario. Hazte estas preguntas:

☐ ¿Describí claramente el lugar y el tipo de hotel que he planificado?

☐ ¿Di muchos detalles sobre los servicios que debe ofrecer el hotel?

☐ ¿Está clara la organización del folleto?

☐ Además de revisar otros aspectos generales de gramática, ¿usé el subjuntivo correctamente cuando era necesario?

WileyPLUS PARA VER Y ESCUCHAR: Alojamientos en España

ANTES DE VER EL VIDEO

Mira las fotos e indica qué tipo de alojamiento es. Si no estás seguro/a, intenta adivinar.

© John Wiley & Sons, Inc.

1. _____

© John Wiley & Sons, Inc.

2. _____

© John Wiley & Sons, Inc.

3. _____

© John Wiley & Sons, Inc.

4. _____

ESTRATEGIA DE COMPRENSIÓN

Recognizing cognates

In *Capítulo 1*, you saw how many English and Spanish words are cognates and how recognizing those cognates helps comprehension. However, because of differences in stress and pronunciation in both languages, it is more challenging to recognize cognates you hear. Being aware of corresponding suffixes that do not look alike (see below) and different pronunciations for those that do (e.g., Sp. –**ción** vs. Eng. –*tion*), and trying to "visualize" how the words you hear are written, will help you to better identify cognates.

Spanish		English	
-mente	simplemente, claramente	*-ly*	*simply, clearly*
-dad	nacionalidad, ciudad	*-ity*	*nationality, city*

What other patterns have you identified in Spanish-English cognates?

A VER EL VIDEO

Paso 1. Mira el video y anota los cognados que escuches (no importa si son palabras que has estudiado o si no los sabes escribir bien). Después, en grupos de tres personas, comparen sus listas.

Paso 2. Mira el video de nuevo y anota las características principales de cada tipo de alojamiento.

	Camping Villsom	Hostal Callejón del Agua
Precio		
Servicio		
Otros		

	Hotel San Gil	Parador de Carmona
Precio		
Servicio		
Otros		

DESPUÉS DE VER EL VIDEO

En grupos pequeños, expliquen en qué alojamiento preferirían quedarse en una visita a Sevilla.

Repaso de vocabulario activo

Adjetivos

importante   *important*

interesante   *interesting*

necesario   *necessary*

preciso   *it's necessary*

ridículo   *ridiculous*

urgente   *urgent*

Sustantivos

En el aeropuerto/En el avión   *In the airport/In the plane*

la aduana   *customs*

la aerolínea   *airline*

el asiento   *seat*

el/la asistente de vuelo   *flight attendant*

el avión   *plane*

el boleto/el billete (electrónico)   *(e-) ticket*

el control de seguridad   *security check*

la demora   *delay*

el equipaje *(de mano)*   *(hand) luggage*

el horario   *schedule*

la llegada   *arrival*

la maleta   *suitcase*

el país   *country*

el/la pasajero/a   *passenger*

el pasaporte   *passport*

el pasillo   *aisle*

el/la piloto   *pilot*

la puerta de salida   *gate (at airport)*

el reclamo de equipaje   *baggage claim*

la salida   *departure*

la tarjeta de embarque   *boarding pass*

la ventanilla   *window*

el viaje   *trip*

el visado   *visa*

el vuelo   *flight*

En el hotel/En la habitación   *In the hotel/In the room*

el aire acondicionado   *air conditioning*

la almohada   *pillow*

el ascensor   *elevator*

el baño privado   *private bath*

la calefacción   *heating*

la cama doble   *double bed*

la cama sencilla   *single bed*

la cobija/la manta   *blanket*

la habitación doble   *double room*

la habitación sencilla   *single room*

el hostal   *hostel*

el hotel de... estrellas   *...-star hotel*

la llave   *key*

la pensión   *guest house*

la piscina   *pool*

la planta/la planta baja   *(main) plant, floor*

la propina   *tip*

la reservación   *reservation*

la sábana   *sheet*

el servicio de habitación   *room service*

Las personas en el hotel   *People in the hotel*

la camarera   *maid (hotel)*

el/la huésped   *guest*

el/la recepcionista   *receptionist*

En la estación   *In the station*

el andén   *platform*

los aseos/el baño   *restrooms*

el boleto/el billete   *ticket*

   ... de ida/sencillo   *one-way...*

   ... de ida y vuelta   *round-trip...*

la taquilla   *ticket window*

perder (el tren, el autobús...)   *to miss (the train, the bus...)*

Verbos y expresiones verbales

abrocharse el cinturón   *to fasten one's seatbelt*

aterrizar   *to land*

bajar de   *to get off*

dejar   *to leave, leave behind, forget*

despedirse (i, i) de   *to say goodbye to*

despegar   *to take off*

disfrutar (de)   *to enjoy*

embarcar   *to board*

empacar   *to pack*

facturar   *to check (baggage)*

hacer escala   *have a layover*

hacer las maletas   *to pack*

indicar   *to indicate*

irse (de viaje)   *to leave/go away*
     (on a trip)

obtener   *to obtain*

parece que...   *it seems that...*

registrarse   *to register, check in*

sacar un pasaporte   *to get a passport*

saludar   *to greet*

subir a   *to get on, board*

tener prisa   *to be in a hurry*

volar (ue)   *to fly*

Regular Verbs: Simple Tenses

Infinitive / Present Participle / Past Participle	Indicative					Subjunctive		Imperative (commands)
	Present	**Imperfect**	**Preterit**	**Future**	**Conditional**	**Present**	**Imperfect**	
hablar *to speak* hablando hablado	hablo hablas habla hablamos habláis hablan	hablaba hablabas hablaba hablábamos hablabais hablaban	hablé hablaste habló hablamos hablasteis hablaron	hablaré hablarás hablará hablaremos hablaréis hablarán	hablaría hablarías hablaría hablaríamos hablaríais hablarían	hable hables hable hablemos habléis hablen	hablara hablaras hablara habláramos hablarais hablaran	habla/ no hables hable hablemos hablad/ no habléis hablen
comer *to eat* comiendo comido	como comes come comemos coméis comen	comía comías comía comíamos comíais comían	comí comiste comió comimos comisteis comieron	comeré comerás comerá comeremos comeréis comerán	comería comerías comería comeríamos comeríais comerían	coma comas coma comamos comáis coman	comiera comieras comiera comiéramos comierais comieran	come/ no comas coma comamos comed/ no comáis coman
vivir *to live* viviendo vivido	vivo vives vive vivimos vivís viven	vivía vivías vivía vivíamos vivíais vivían	viví viviste vivió vivimos vivisteis vivieron	viviré vivirás vivirá viviremos viviréis vivirán	viviría vivirías viviría viviríamos viviríais vivirían	viva vivas viva vivamos viváis vivan	viviera vivieras viva viviéramos vivierais vivieran	vive/ no vivas viva vivamos vivid/ no viváis vivan

Regular Verbs: Perfect Tenses

Indicative								Subjunctive			
Present Perfect		**Past Perfect**		**Future Perfect**		**Conditional Perfect**		**Present Perfect**		**Past Perfect**	
he has ha hemos habéis han	hablado comido vivido	había habías había habíamos habíais habían	hablado comido vivido	habré habrás habrá habremos habréis habrán	hablado comido vivido	habría habrías habría habríamos habríais habrían	hablado comido vivido	haya hayas haya hayamos hayáis hayan	hablado comido vivido	hubiera hubieras hubiera hubiéramos hubierais hubieran	hablado comido vivido

Stem-changing -ar and -er Verbs: e → ie; o → ue

Infinitive / Present Participle / Past Participle	Indicative					Subjunctive		Imperative (commands)
	Present	Imperfect	Preterit	Future	Conditional	Present	Imperfect	
pensar (ie) *to think* / pensando / pensado	pienso	pensaba	pensé	pensaré	pensaría	piense	pensara	piensa/ no pienses
	piensas	pensabas	pensaste	pensarás	pensarías	pienses	pensaras	piense
	piensa	pensaba	pensó	pensará	pensaría	piense	pensara	pensemos
	pensamos	pensábamos	pensamos	pensaremos	pensaríamos	pensemos	pensáramos	pensad/ no penséis
	pensáis	pensabais	pensasteis	pensaréis	pensaríais	penséis	pensarais	piensen
	piensan	pensaban	pensaron	pensarán	pensarían	piensen	pensaran	
volver (ue) *to return* / volviendo / vuelto (irreg.)	vuelvo	volvía	volví	volveré	volvería	vuelva	volviera	vuelve/ no vuelvas
	vuelves	volvías	volviste	volverás	volverías	vuelvas	volvieras	vuelva
	vuelve	volvía	volvió	volverá	volvería	vuelva	volviera	volvamos
	volvemos	volvíamos	volvimos	volveremos	volveríamos	volvamos	volviéramos	volved/ no volváis
	volvéis	volvíais	volvisteis	volveréis	volveríais	volváis	volvierais	vuelvan
	vuelven	volvían	volvieron	volverán	volverían	vuelvan	volvieran	

Other verbs of this type are:

e → ie: cerrar, despertarse, empezar, entender, nevar, pensar, perder, preferir, querer, recomendar, regar, sentarse

o → ue: acordarse de, acostarse, almorzar, costar, encontrar, jugar, mostrar, poder, recordar, resolver, sonar, volar, volver

Stem-changing -ir Verbs: e → ie, i; e → i, i; o → ue, u

Infinitive / Present Participle / Past Participle	Indicative					Subjunctive		Imperative (commands)
	Present	Imperfect	Preterit	Future	Conditional	Present	Imperfect	
sentir (ie, i) *to feel, to regret* / sintiendo / sentido	siento	sentía	sentí	sentiré	sentiría	sienta	sintiera	siente/ no sientas
	sientes	sentías	sentiste	sentirás	sentirías	sientas	sintieras	sienta
	siente	sentía	sintió	sentirá	sentiría	sienta	sintiera	sintamos
	sentimos	sentíamos	sentimos	sentiremos	sentiríamos	sintamos	sintiéramos	sentid/ no sintáis
	sentís	sentíais	sentisteis	sentiréis	sentiríais	sintáis	sintierais	sientan
	sienten	sentían	sintieron	sentirán	sentirían	sientan	sintieran	
pedir (i, i) *to ask (for)* / pidiendo / pedido	pido	pedía	pedí	pediré	pediría	pida	pidiera	pide/ no pidas
	pides	pedías	pediste	pedirás	pedirías	pidas	pidieras	pida
	pide	pedía	pidió	pedirá	pediría	pida	pidiera	pidamos
	pedimos	pedíamos	pedimos	pediremos	pediríamos	pidamos	pidiéramos	pedid/ no pidáis
	pedís	pedíais	pedisteis	pediréis	pediríais	pidáis	pidierais	pidan
	piden	pedían	pidieron	pedirán	pedirían	pidan	pidieran	

Stem-changing -ir Verbs: e → ie, i; e → i, i; o → ue, u (continued)

Infinitive Present Participle Past Participle	Indicative						Subjunctive		Imperative (commands)
	Present	Imperfect	Preterit	Future	Conditional		Present	Imperfect	
dormir (ue, u) *to sleep* **durmiendo** dormido	**duermo** **duermes** **duerme** dormimos dormís **duermen**	dormía dormías dormía dormíamos dormíais dormían	dormí dormiste **durmió** dormimos dormisteis **durmieron**	dormiré dormirás dormirá dormiremos dormiréis dormirán	dormiría dormirías dormiría dormiríamos dormiríais dormirían		**duerma** **duermas** **duerma** durmamos durmáis **duerman**	**durmiera** **durmieras** **durmiera** **durmiéramos** **durmierais** **durmieran**	**duerme**/ no **duermas** **duerma** **durmamos** dormid/ no **durmáis** **duerman**

Other verbs of this type are:

e → ie, i: divertirse, invertir, preferir, sentirse, sugerir

e → i, i: conseguir, despedirse de, reírse, repetir, seguir, servir, vestirse

o → ue, u: morir(se)

Verbs with Spelling Changes

Infinitive Present Participle Past Participle	Indicative					Subjunctive		Imperative (commands)
	Present	Imperfect	Preterit	Future	Conditional	Present	Imperfect	

1. c → qu: tocar (model); buscar, explicar, pescar, sacar

Infinitive Present Participle Past Participle	Present	Imperfect	Preterit	Future	Conditional	Present	Imperfect	Imperative (commands)
tocar *to play (musical instr.), to touch* tocando tocado	toco tocas toca tocamos tocáis tocan	tocaba tocabas tocaba tocábamos tocabais tocaban	**toqué** tocaste tocó tocamos tocasteis tocaron	tocaré tocarás tocará tocaremos tocaréis tocarán	tocaría tocarías tocaría tocaríamos tocaríais tocarían	**toque** **toques** **toque** **toquemos** **toquéis** **toquen**	tocara tocaras tocara tocáramos tocarais tocaran	toca/ no **toques** **toque** **toquemos** tocad/ no **toquéis** **toquen**

2. z → c: abrazar; Also almorzar (ue), cruzar, empezar (ie)

abrazar *to hug* abrazando abrazado	abrazo abrazas abraza abrazamos abrazáis abrazan	abrazaba abrazabas abrazaba abrazábamos abrazabais abrazaban	**abracé** abrazaste abrazó abrazamos abrazasteis abrazaron	abrazaré abrazarás abrazará abrazaremos abrazaréis abrazarán	abrazaría abrazarías abrazaría abrazaríamos abrazaríais abrazarían	**abrace** **abraces** **abrace** **abracemos** **abracéis** **abracen**	abrazara abrazaras abrazara abrazáramos abrazarais abrazaran	abraza/ no **abraces** **abrace** **abracemos** abrazad/ no **abracéis** **abracen**

3. g → gu: pagar; Also apagar, jugar (ue), llegar

	Present	Imperfect	Preterite	Future	Conditional	Present Subjunctive	Imperfect Subjunctive	Commands
pagar *to pay (for)*	pago	pagaba	**pagué**	pagaré	pagaría	**pague**	pagara	
pagando	pagas	pagabas	pagaste	pagarás	pagarías	**pagues**	pagaras	paga/ no **pagues**
pagado	paga	pagaba	pagó	pagará	pagaría	**pague**	pagara	**pague**
	pagamos	pagábamos	pagamos	pagaremos	pagaríamos	**paguemos**	pagáramos	**paguemos**
	pagáis	pagabais	pagasteis	pagaréis	pagaríais	**paguéis**	pagarais	pagad/ no **paguéis**
	pagan	pagaban	pagaron	pagarán	pagarían	**paguen**	pagaran	**paguen**

4. gu → g: seguir (i, i); Also conseguir

	Present	Imperfect	Preterite	Future	Conditional	Present Subjunctive	Imperfect Subjunctive	Commands
seguir (i, i) *to follow*	**sigo**	seguía	seguí	seguiré	seguiría	**siga**	**siguiera**	
siguiendo	sigues	seguías	seguiste	seguirás	seguirías	**sigas**	**siguieras**	sigue/ no **sigas**
seguido	sigue	seguía	**siguió**	seguirá	seguiría	**siga**	**siguiera**	**siga**
	seguimos	seguíamos	seguimos	seguiremos	seguiríamos	**sigamos**	**siguiéramos**	**sigamos**
	seguís	seguíais	seguisteis	seguiréis	seguiríais	**sigáis**	**siguierais**	seguid/ no **sigáis**
	siguen	seguían	**siguieron**	seguirán	seguirían	**sigan**	**siguieran**	**sigan**

5. g → j: recoger; Also escoger, proteger

	Present	Imperfect	Preterite	Future	Conditional	Present Subjunctive	Imperfect Subjunctive	Commands
recoger *to pick up*	**recojo**	recogía	recogí	recogeré	recogería	**recoja**	recogiera	
recogiendo	recoges	recogías	recogiste	recogerás	recogerías	**recojas**	recogieras	recoge/ no **recojas**
recogido	recoge	recogía	recogió	recogerá	recogería	**recoja**	recogiera	**recoja**
	recogemos	recogíamos	recogimos	recogeremos	recogeríamos	**recojamos**	recogiéramos	**recojamos**
	recogéis	recogíais	recogisteis	recogeréis	recogeríais	**recojáis**	recogierais	recoged/ no **recojáis**
	recogen	recogían	recogieron	recogerán	recogerían	**recojan**	recogieran	**recojan**

6. i → y: leer; Also caer, oír. Verbs with additional i → y changes (see below): construir; Also destruir

	Present	Imperfect	Preterite	Future	Conditional	Present Subjunctive	Imperfect Subjunctive	Commands
leer *to read*	leo	leía	leí	leeré	leería	lea	**leyera**	
leyendo	lees	leías	leíste	leerás	leerías	leas	**leyeras**	lee/ no leas
leído	lee	leía	**leyó**	leerá	leería	lea	**leyera**	lea
	leemos	leíamos	leímos	leeremos	leeríamos	leamos	**leyéramos**	leamos
	leéis	leíais	leísteis	leeréis	leeríais	leáis	**leyerais**	leed/ no leáis
	leen	leían	**leyeron**	leerán	leerían	lean	**leyeran**	lean
construir *to construct, to build*	**construyo**	construía	construí	construiré	construiría	**construya**	construyera	
construyendo	**construyes**	construías	construiste	construirás	construirías	**construyas**	construyeras	**construye**/ no **construyas**
construido	**construye**	construía	**construyó**	construirá	construiría	**construya**	construyera	**construya**
	construimos	construíamos	construimos	construiremos	construiríamos	**construyamos**	construyéramos	**construyamos**
	construís	construíais	construisteis	construiréis	construiríais	**construyáis**	construyerais	construid/ no **construyáis**
	construyen	construían	**construyeron**	construirán	construirían	**construyan**	construyeran	**construya**

Irregular Verbs

Infinitive Present Participle Past Participle	Indicative						Subjunctive		Imperative (commands)
	Present	**Imperfect**	**Preterit**	**Future**	**Conditional**	**Present**	**Imperfect**	
caer *to fall* **cayendo** caído	**caigo** caes cae caemos caéis caen	caía caías caía caíamos caíais caían	caí caíste **cayó** caímos caísteis **cayeron**	caeré caerás caerá caeremos caeréis caerán	caería caerías caería caeríamos caeríais caerían	caiga caigas caiga caigamos caigáis caigan	cayera cayeras cayera cayéramos cayerais cayeran	cae/ no caigas caiga caigamos caed/ no caigáis caigan
conocer *to know, to be acquainted with* conociendo conocido	**conozco** conoces conoce conocemos conocéis conocen	conocía conocías conocía conocíamos conocíais conocían	conocí conociste conoció conocimos conocisteis conocieron	conoceré conocerás conocerá conoceremos conoceréis conocerán	conocería conocerías conocería conoceríamos conoceríais conocerían	conozca conozcas conozca conozcamos conozcáis conozcan	conociera conocieras conociera conociéramos conocierais conocieran	conoce/no conozcas conozca conozcamos conoced/no conozcáis conozcan
conducir *to drive* conduciendo conducido	**conduzco** conduces conduce conducimos conducís conducen	conducía conducías conducía conducíamos conducíais conducían	**conduje** **condujiste** **condujo** **condujimos** **condujisteis** **condujeron**	conduciré conducirás conducirá conduciremos conduciréis conducirán	conduciría conducirías conduciría conduciríamos conduciríais conducirían	conduzca conduzcas conduzca conduzcamos conduzcáis conduzcan	condujera condujeras condujera condujéramos condujerais condujeran	conduce/no conduzcas conduzca conduzcamos conducid/no conduzcáis conduzcan
dar *to give* dando dado	**doy** das da damos dais dan	daba dabas daba dábamos dabais daban	**di** **diste** **dio** **dimos** **disteis** dieron	daré darás dará daremos daréis darán	daría darías daría daríamos daríais darían	**dé** **des** **dé** **demos** **deis** **den**	diera dieras diera diéramos dierais dieran	da/no des **dé** demos dad/no déis den
decir *to say, to tell* **diciendo** dicho	**digo** **dices** **dice** decimos decís **dicen**	decía decías decía decíamos decíais decían	**dije** **dijiste** **dijo** **dijimos** **dijisteis** **dijeron**	**diré** **dirás** **dirá** **diremos** **diréis** **dirán**	**diría** **dirías** **diría** **diríamos** **diríais** **dirían**	diga digas diga digamos digáis digan	dijera dijeras dijera dijéramos dijerais dijeran	di/no digas diga digamos decid/no digáis digan

Infinitive	Present	Imperfect	Preterite	Future	Conditional	Present Subjunctive	Imperfect Subjunctive	Commands
estar *to be*	estoy	estaba	estuve	estaré	estaría	esté	estuviera	
estando	estás	estabas	estuviste	estarás	estarías	estés	estuvieras	estés/ no estés
estado	está	estaba	estuvo	estará	estaría	esté	estuviera	esté
	estamos	estábamos	estuvimos	estaremos	estaríamos	estemos	estuviéramos	estemos
	estáis	estabais	estuvisteis	estaréis	estaríais	estéis	estuvierais	estad/ no estéis
	están	estaban	estuvieron	estarán	estarían	estén	estuvieran	estén
haber *to have*	he	había	hube	habré	habría	haya	hubiera	
habiendo	has	habías	hubiste	habrás	habrías	hayas	hubieras	
habido	ha	había	hubo	habrá	habría	haya	hubiera	
	hemos	habíamos	hubimos	habremos	habríamos	hayamos	hubiéramos	
	habéis	habíais	hubisteis	habréis	habríais	hayáis	hubierais	
	han	habían	hubieron	habrán	habrían	hayan	hubieran	
hacer *to do, to make*	hago	hacía	hice	haré	haría	haga	hiciera	
haciendo	haces	hacías	hiciste	harás	harías	hagas	hicieras	haz/ no hagas
hecho	hace	hacía	hizo	hará	haría	haga	hiciera	haga
	hacemos	hacíamos	hicimos	haremos	haríamos	hagamos	hiciéramos	hagamos
	hacéis	hacíais	hicisteis	haréis	haríais	hagáis	hicierais	haced/ no hagáis
	hacen	hacían	hicieron	harán	harían	hagan	hicieran	hagan
ir *to go*	voy	iba	fui	iré	iría	vaya	fuera	
yendo	vas	ibas	fuiste	irás	irías	vayas	fueras	ve/ no vayas
ido	va	iba	fue	irá	iría	vaya	fuera	vaya
	vamos	íbamos	fuimos	iremos	iríamos	vayamos	fuéramos	vayamos
	vais	ibais	fuisteis	iréis	iríais	vayáis	fuerais	id/ no vayáis
	van	iban	fueron	irán	irían	vayan	fueran	vayan
oír *to hear*	oigo	oía	oí	oiré	oiría	oiga	oyera	
oyendo	oyes	oías	oíste	oirás	oirías	oigas	oyeras	oye/ no oigas
oído	oye	oía	oyó	oirá	oiría	oiga	oyera	oiga
	oímos	oíamos	oímos	oiremos	oiríamos	oigamos	oyéramos	oigamos
	oís	oíais	oísteis	oiréis	oiríais	oigáis	oyerais	oíd/ no oigáis
	oyen	oían	oyeron	oirán	oirían	oigan	oyeran	oigan

Irregular Verbs (continued)

Infinitive / Present Participle / Past Participle	Indicative					Subjunctive		Imperative (commands)
	Present	Imperfect	Preterit	Future	Conditional	Present	Imperfect	
poder (ue) *to be able, can* podiendo podido	**puedo** **puedes** **puede** podemos podéis **pueden**	podía podías podía podíamos podíais podían	**pude** **pudiste** **pudo** **pudimos** **pudisteis** **pudieron**	**podré** **podrás** **podrá** **podremos** **podréis** **podrán**	**podría** **podrías** **podría** **podríamos** **podríais** **podrían**	pueda puedas pueda podamos podáis puedan	pudiera pudieras pudiera pudiéramos pudierais pudieran	
poner *to put, to place* poniendo **puesto**	**pongo** pones pone ponemos ponéis ponen	ponía ponías ponía poníamos poníais ponían	**puse** **pusiste** **puso** **pusimos** **pusisteis** **pusieron**	**pondré** **pondrás** **pondrá** **pondremos** **pondréis** **pondrán**	**pondría** **pondrías** **pondría** **pondríamos** **pondríais** **pondrían**	ponga pongas ponga pongamos pongáis pongan	pusiera pusieras pusiera pusiéramos pusierais pusieran	**pon**/ no pongas ponga pongamos poned/ no pongáis pongan
querer (ie) *to wish, to want, to love* queriendo querido	**quiero** **quieres** **quiere** queremos queréis **quieren**	quería querías quería queríamos queríais querían	**quise** **quisiste** **quiso** **quisimos** **quisisteis** **quisieron**	**querré** **querrás** **querrá** **querremos** **querréis** **querrán**	**querría** **querrías** **querría** **querríamos** **querríais** **querrían**	quiera quieras quiera queramos queráis quieran	quisiera quisieras quisiera quisiéramos quisierais quisieran	quiere/ no quieras quiera queramos quered/ no queráis quieran
saber *to know* sabiendo sabido	**sé** sabes sabe sabemos sabéis saben	sabía sabías sabía sabíamos sabíais sabían	**supe** **supiste** **supo** **supimos** **supisteis** **supieron**	**sabré** **sabrás** **sabrá** **sabremos** **sabréis** **sabrán**	**sabría** **sabrías** **sabría** **sabríamos** **sabríais** **sabrían**	**sepa** **sepas** **sepa** **sepamos** **sepáis** **sepan**	supiera supieras supiera supiéramos supierais supieran	sabe/ no sepas sepa sepamos sabed/ no sepáis sepan
salir *to leave, to go out* saliendo salido	**salgo** sales sale salimos salís salen	salía salías salía salíamos salíais salían	salí saliste salió salimos salisteis salieron	**saldré** **saldrás** **saldrá** **saldremos** **saldréis** **saldrán**	**saldría** **saldrías** **saldría** **saldríamos** **saldríais** **saldrían**	salga salgas salga salgamos salgáis salgan	saliera salieras saliera saliéramos salierais salieran	sal/ no salgas salga salgamos salid/ no salgáis salgan

Infinitivo / Gerundio / Participio	Presente	Imperfecto	Pretérito	Futuro	Condicional	Presente de subjuntivo	Imperfecto de subjuntivo	Imperativo
ser *to be* siendo sido	soy	era	fui	seré	sería	sea	fuera	
	eres	eras	fuiste	serás	serías	seas	fueras	sé/ no seas
	es	era	fue	será	sería	sea	fuera	sea
	somos	éramos	fuimos	seremos	seríamos	seamos	fuéramos	seamos
	sois	erais	fuisteis	seréis	seríais	seáis	fuerais	sed/ no seáis
	son	eran	fueron	serán	serían	sean	fueran	sean
tener *to have* teniendo tenido	tengo	tenía	tuve	tendré	tendría	tenga	tuviera	
	tienes	tenías	tuviste	tendrás	tendrías	tengas	tuvieras	ten/ no tengas
	tiene	tenía	tuvo	tendrá	tendría	tenga	tuviera	tenga
	tenemos	teníamos	tuvimos	tendremos	tendríamos	tengamos	tuviéramos	tengamos
	tenéis	teníais	tuvisteis	tendréis	tendríais	tengáis	tuvierais	tened/ no tengáis
	tienen	tenían	tuvieron	tendrán	tendrían	tengan	tuvieran	tengan
traer *to bring* trayendo traído	traigo	traía	traje	traeré	traería	traiga	trajera	
	traes	traías	trajiste	traerás	traerías	traigas	trajeras	trae/ no traigas
	trae	traía	trajo	traerá	traería	traiga	trajera	traiga
	traemos	traíamos	trajimos	traeremos	traeríamos	traigamos	trajéramos	traigamos
	traéis	traíais	trajisteis	traeréis	traeríais	traigáis	trajerais	traed/ no traigáis
	traen	traían	trajeron	traerán	traerían	traigan	trajeran	traigan
venir *to come* viniendo venido (also **prevenir**)	vengo	venía	vine	vendré	vendría	venga	viniera	
	vienes	venías	viniste	vendrás	vendrías	vengas	vinieras	ven/ no vengas
	viene	venía	vino	vendrá	vendría	venga	viniera	venga
	venimos	veníamos	vinimos	vendremos	vendríamos	vengamos	viniéramos	vengamos
	venís	veníais	vinisteis	vendréis	vendríais	vengáis	vinierais	venid/ no vengáis
	vienen	venían	vinieron	vendrán	vendrían	vengan	vinieran	vengan
ver *to see* viendo visto	veo	veía	vi	veré	vería	vea	viera	
	ves	veías	viste	verás	verías	veas	vieras	ve/ no veas
	ve	veía	vio	verá	vería	vea	viera	vea
	vemos	veíamos	vimos	veremos	veríamos	veamos	viéramos	veamos
	veis	veíais	visteis	veréis	veríais	veáis	vierais	ved/ no veáis
	ven	veían	vieron	verán	verían	vean	vieran	vean

Apéndice 2: Países, profesiones y materias

Países

Afganistán (el) – afgano/a
Albania – albanés, albanesa
Alemania – alemán, alemana
Andorra – andorrano/a
Angola – angoleño/a
Antigua y Barbuda – antiguano/a
Arabia Saudí o Arabia Saudita – saudí
Argelia – argelino/a
Argentina (la) – argentino/a
Armenia – armenio/a
Australia – australiano/a
Austria – austriaco/a
Azerbaiyán – azerbaiyano/a

Bahamas (las) – bahameño/a
Bahréin – bahreiní
Bangladesh – bengalí
Barbados – barbadense
Bélgica – belga
Belice – beliceño/a
Benín – beninés, beninesa
Bielorrusia – bielorruso/a
Bolivia – boliviano/a
Bosnia-Herzegovina – bosnio/a
Botsuana – bostuano/a
Brasil (el) – brasileño/a
Brunéi Darussalam – bruneano/a
Bulgaria – búlgaro/a
Burkina Faso – burkinés, burkinesa
Burundi – burundés, burundesa
Bután – butanés, butanesa

Cabo Verde – caboverdiano/a
Camboya – camboyano/a
Camerún (el) – camerunés, camerunesa
Canadá (el) – canadiense
Chad – (el) – chadiano/a
Chile – chileno/a
China – chino/a
Chipre – chipriota
Ciudad del Vaticano – vaticano/a
Colombia – colombiano/a
Comoras – comorense/a
Congo (el) – congoleño/a
Corea del Norte – norcoreano/a
Corea del Sur – surcoreano/a
Costa Rica – costarricense
Costa de Marfil – marfileño/a
Croacia – croata
Cuba – cubano/a

Dinamarca – danés, danesa
Dominica – dominiqués/dominiquesa

Ecuador (el) – ecuatoriano/a
Egipto – egipcio/a
Emiratos Árabes Unidos (los) – emiratense
Eritrea – eritreo/a
Eslovaquia – eslovaco/a
Eslovenia – esloveno/a
España – español/a
Estados Unidos de América (los) – estadounidense

Estonia – estonio/a
Etiopía – etíope

Filipinas – filipino/a
Finlandia – finlandés, finlandesa
Francia – francés, francesa
Fiyi – fiyiano/a

Gabón (el) – gabonés, gabonesa
Gambia – gambiano/a
Georgia – georgiano/a
Ghana – ghanés, ghanesa
Granada – granadino/a
Grecia – griego/a
Guatemala – guatemalteco/a
Guinea – guineano/a
Guinea-Bissáu – guineano/a
Guinea Ecuatorial (la) – guineano, ecuatoguineano/a
Guyana – guyanés, guyanesa

Haití – haitiano/a
Honduras – hondureño/a
Hungría – húngaro/a

India (la) – indio/a
Indonesia – indonesio/a
Irán – iraní
Iraq – iraquí
Irlanda – irlandés, irlandesa
Islandia – islandés, islandesa
Islas Cook (las) – cookiano/a
Islas Marshall (las) – marshalés, marshalesa
Islas Salomón (las) – salomonense
Israel – israelí
Italia – italiano/a

Jamaica – jamaicano/a
Japón (el) – japonés, japonesa
Jordania – jordano/a

Kazajstán – kazako/a
Kenia – keniata
Kirguistán – kirguís
Kiribati – kiribatiano/a
Kuwait – kuwaití

Laos – laosiano/a
Lesotho – lesothense
Letonia – letón, letona
Líbano (el) – libanés, libanesa
Liberia – liberiano/a
Libia – libio/a
Liechtenstein – liechtensteiniano/a
Lituania – lituano/a
Luxemburgo – luxemburgués, luxemburguesa

Macedonia – macedonio/a
Madagascar – malgache
Malasia – malayo/a
Malawi – malawiano/a
Maldivas – maldivo/a
Malí – malí
Malta – maltés, maltesa

Marruecos – marroquí
Mauricio – mauriciano/a
Mauritania – mauritano
México – mexicano/a
Micronesia – micronesio/a
Moldavia – moldavo/a
Mónaco – monegasco/a
Mongolia – mongol/a
Montenegro – montenegrino/a
Mozambique – mozambiqueño/a
Myanmar – birmano/a

Namibia – namibio/a
Nauru – nauruano/a
Nepal – nepalés, nepalesa
Nicaragua – nicaragüense
Níger – nigerino/a
Nigeria – nigeriano/a
Noruega – noruego/a
Nueva Zelanda o Nueva Zelandia – neozelandés, neozelandesa

Omán – omaní

Países Bajos (los) – neerlandés, neerlandesa
Pakistán (el) – pakistaní
Paláu – palauano/a
Panamá – panameño/a
Papúa Nueva Guinea – papú
Paraguay (cl) – paraguayo/a
Perú (el) – peruano/a
Polonia – polaco/a
Portugal – portugués, portuguesa
Puerto Rico – puertorriqueño/a

Qatar – catarí

Reino Unido – británico/a
República Centroafricana (la) – centroafricano/a
República Checa (la) – checo/a
República Democrática del Congo (la) – congoleño/a
República Dominicana (la) – dominicano/a
Ruanda – ruandés, ruandesa
Rumania o Rumanía – rumano/a
Rusia – ruso/a

Salvador (el) – salvadoreño/a
Samoa – samoano/a
San Cristóbal y Nieves – sancristobaleño/a
San Marino – sanmarinense
Santa Lucía – santalucense
Santo Tomé y Príncipe – santotomense/a
San Vicente y las Granadinas – sanvicentino/a
Senegal (el) – senegalés, senegalesa
Serbia – serbio/a
Seychelles – seychellense
Sierra Leona – sierraleonés, sierraleonesa
Singapur – singapurense
Siria – sirio/a
Somalia – somalí
Sri Lanka cingalés, cingalesa
Suazilandia – suazi
Sudáfrica – sudafricano/a

Sudán (el) – sudanés, sudanesa
Suecia – sueco/a
Suiza – suizo/a
Surinam – surimanés, surimanesa

Tailandia – tailandés, tailandesa
Tanzania – tanzaniano/a
Tayikistán – tayiko/a
Togo (el) – togolés, togolesa
Tonga – tongano/a
Trinidad y Tobago – trinitense
Túnez – tunecino/a
Turkmenistán – turcomano/a
Turquía – turco/a
Tuvalu – tuvaluano/a

Ucrania – ucraniano/a
Uganda – ugandés, ugandesa
Uruguay (el) – uruguayo/a
Uzbekistán – uzbeko/a

Vanuatu – vanuatuense
Vaticano – vaticano/a
Venezuela – venezolano/a
Vietnam – vietnamita

Yemen (el) – yemení
Yibuti – yibutano/a

Zambia – zambiano/a
Zimbabue – zimbabuense

Más profesiones

actor   *actor m*
actress   *actriz f*
administrator   *administrador/a*
ambassador   *embajador/a*
anchorperson   *presentador/a (de radio y televisión)*
artist   *artista m/f*
astrologer   *astrólogo/a*
astronaut   *astronauta m/f*
astronomer   *astrónomo/a*
baker   *panadero/a*
barber   *barbero m*
bodyguard   *guardaespaldas m/f*
bricklayer   *albañil m*
butler   *mayordomo m*
captain   *capitán/a*
carpenter   *carpintero/a*
cartographer   *cartógrafo/a*
chauffeur   *chofer*
consultant, advisor   *consejero/a (en asuntos técnicos)*
cook   *cocinero/a*
counselor   *consejero/a (en asuntos personales)*
dancer   *bailarín m/ f*
dentist   *dentista m/f*
designer   *diseñador/a*
diplomat   *diplomático/a*
dishwasher   *lavaplatos*
electrician   *electricista m/f*

engineer   *ingeniero/a*
farmer   *agricultor/a*
firefighter   *bombero/a*
fisherman, fisherwoman   *pescador/a*
flight attendant   *azafata f, sobrecargo m/f*
florist   *florista m/f*
flower grower   *floricultor/a*
foreman, forewoman   *capataz/a*
forest ranger   *guardabosque m/f*
gardener   *jardinero/a*
geographer   *geógrafo/a*
geologist   *geólogo/a*
governor   *gobernador/a*
hairdresser   *peluquero/a*
historian   *historiador/a*
janitor   *conserje m/f*
jeweler   *joyero/a*
journalist   *periodista m/f*
judge   *juez m/f*
laborer, worker   *obrero/a*
librarian   *bibliotecario/a*
maid   *sirvienta f*
make-up artist   *maquillador/a*
male nurse, nurse   *enfermero/a*
manager   *gerente m/f*
manufacturer   *fabricante m*
masseur, masseuse   *masajista m/f*
mathematician   *matemático/a*
mayor, mayoress   *alcalde/sa*
mechanic   *mecánico/a*
miner   *minero/a*
minister   *ministro/a*
musician   *músico/a*
notary (public)   *notario/a*
novelist   *novelista m/f*
office worker   *oficinista m/f*
painter   *pintor/a*
parking attendant   *guardacoches m/f*
pastry cook   *pastelero/a*
philosopher   *filósofo/a*
photographer   *fotográfo/a*
pianist   *pianista m/f*
pilot   *piloto m/f*
playwright, dramatist   *dramaturgo/a*
plumber   *plomero, fontanero m*
poet, female poet   *poeta/isa*
police superintendent   *comisario/a*
policeman, policewoman   *policía m/f*
politician   *político/a*
priest   *sacerdote m*
psychiatrist   *psiquiatra m/f*
psychologist   *psicólogo/a*
radio announcer   *locutor/a*
real estate agent   *agente de bienes raíces m/f*
sailor   *marinero/a*
sculptor, sculptress   *escultor/a*
shopkeeper   *tendero/a*
singer   *cantante m/f*
soldier   *soldado/mujer soldado*
tailor   *sastre m*
technician   *técnico/a*
teller   *cajero/a (en banco)*
tour guide   *guía m/f turístico*

tradesman, tradeswoman   *comerciante m/f*
translator   *traductor/a*
truck driver   *camionero/a*
veterinarian   *veterinario/a*
warder, jailer   *carcelero/a*
wrestler   *luchador/a*
writer   *escritor/a*

Otras materias académicas

anatomy   *anatomía*
anthropology   *antropología*
architecture   *arquitectura*
Arabic (language)   *árabe*
astronomy   *astronomía*
biochemistry   *bioquímica*
botany   *botánica*
business administration   *administración de empresas*
Chinese (language)   *chino*
civil engineering   *ingeniería civil*
computer science   *computación*
creative writing   *escritura creativa*
dramatic arts   *teatro, artes dramáticas*
drawing   *dibujo*
electrical engineering   *ingeniería eléctrica*
film   *cine*
finance   *finanzas*
genetics   *genética*
geography   *geografía*
geology   *geología*
geometry   *geometría*
gymnastics   *gimástica*
Hebrew (language)   *hebreo*
industrial engineering   *ingeniería industrial*
Italian (language)   *italiano*
Japanese (language)   *japonés*
journalism   *periodismo*
jurisprudence   *derecho*
Latin (language)   *latín*
law   *derecho*
linguistics   *lingüística*
mechanical engineering   *ingeniería mecánica*
microbiology   *microbiología*
nursing   *enfermería*
nutrition   *nutrición*
obstetrics   *obstetricia*
painting   *pintura*
pharmacology   *farmacología*
philology   *filología*
physical education   *educación física*
physiology   *fisiología*
Russian (language)   *ruso*
sculpture   *escultura*
social work   *trabajo social*
statistics   *estadística*
swimming   *natación*
theology   *teología*
zoology   *zoología*

Vocabulario: Spanish-English

A

a at, to 2
a veces sometimes 2
abierto/a open 3
abogado/a lawyer 6
aborto *m* abortion 15
abrazar to hug 3
abrigo *m* coat 8
abril April 1
abrir to open 7
abrocharse el cinturón to fasten one's seat belt 13
abuela *f* grandmother 3
abuelo *m* grandfather 3
abuelos *m, pl.* grandparents 3
aburrido/a bored 3; boring 3
acampar to camp 12
accidente *m* accident 14
aceite *m* oil 4
aceituna *f* olive 4
aconsejar to advise 11
acordarse (ue) de to remember 11
acostarse (ue) to go to bed 6
acuerdo *m* **de paz** *f* peace agreement 15
adiós good-bye 1
adicto/a addicted 14
adolescencia adolescence 10
adolescentes *m, pl.* adolescents 10
¿adónde? (to) where? 2
aduana *f* customs 13
adultos *m, pl.* adults 11
aerolínea *f* airline 13
aeropuerto *m* airport 13
afeitarse to shave 6
afiche *m* poster 10
afinar el motor tune the motor 14
agosto August 1
agua *f* (*but el agua*) water 4
ahora now 2
ahorrar to save (money) 7
aire acondicionado air conditioning 13
aire libre *m* outdoors 12
ajo *m* garlic 4
al + *infinitivo* upon (doing something) 7
al lado de beside 7
alegrarse (de) to be glad (about) 11
alemán *m* German (language) 2
alergia *f* allergy 9
alfombra *f* rug, carpet 10

álgebra *f* (**but el álgebra**) algebra 2
algo anything, something 8
algodón *m* cotton 8
alguien anyone, someone, somebody 8
algún (alguno/a/os/as) any, some, someone 8
allí there 3
almacén *m* department store 7
almohada *f* pillow 13
almorzar (ue) to have lunch 4
almuerzo *m* lunch 4
alpinismo/andinismo *m* mountain climbing 12
alquilar to rent 10
alto/a tall 3
alumno/a student 2
amo/a de casa homemaker 6
amable friendly, kind 3
amar to love 3
amarillo/a yellow 5
ambulancia *f* ambulance 9
amigo/a friend 3
amistad *f* friendship 11
amor *m* love 11; **amor a primera vista** love at first sight 11
anaranjado/a orange (color) 5
ancianos *m/pl.* **la anciana** *f*/**el anciano** *m* elderly 11
andén *m* platform 13
andinismo *m,* **alpinismo** *m* mountain climbing 11
anillo *m* ring 8
animal *m* animal 11
año *m* year 4; **tener... años** to be ... years old 3
anoche last night 6
anteayer day before yesterday 6
antes de *prep.* before 2; **antes de que** *conj.* before 15
antipático/a disagreeable, unpleasant (persons) 3
apagar to turn off 10
aparato *m* device, appliance, machine 14
apartamento *m* apartment 2
apoyar to support (a candidate/cause) 15
aprender to learn 2
apuntes *m, pl.* notes 2
aquel/aquella *adj.* that 6; **aquél/aquélla** *pron.* that one 6
aquellos/as *adj.* those 6; **aquéllos/as** *pron.* those 6

aquí here 3
araña *f* spider 12
árbol *m* tree 5
arena *f* sand 12
aretes *m, pl.* earrings 8
argentino/a *n., adj.* Argentinian 1
arma *f* weapon 15
arroz *m* rice 4
arte *m* (*but las artes*) art 2
ascensor *m* elevator 13
aseos *m, pl.* restroom 13
asiento *m* seat 13
asistente de vuelo *m/f* flight attendant 13
asistir (a) to attend 2
aterrizar to land 13
audífonos *m, pl.* headphones 2
aula *f* (*but el aula*) classroom 1
aumento *m* increase 12
auricular *m* earphone 14
auto *m* car 3
autobús *m* bus 7; **parada** *f* **de autobús** bus stop 7
autopista *f* highway 14
¡Auxilio! Help! 14
avenida *f* avenue 7
aventura *f* adventure 12
averiguar to find out, inquire 6
avión *m* airplane 13
ayer yesterday 6
ayudar (a) to help 10
azúcar *m* sugar 4
azul blue 5

B

bailar to dance 5
bajar to go down 10; **bajarse de** to get off, to get out of... 13
bajo/a short 3
baloncesto *m* basketball 5
balsa *f* raft 12
balsismo *m* rafting 12
banana *f* banana 4
bañarse to take a bath, bathe 6
banco *m* bank 7; bench 7
bañera *f* bathtub 10
baño *m* bathroom 10, restroom 14; **baño privado** private bath 13
bar *m* bar 7
barato/a inexpensive 8
barco *m* boat 12
barrer to sweep 10
básquetbol *m* basketball 5
basura *f* garbage 12

bebé *m/f* baby 3
beber to drink 2
bebida *f* drink, beverage 4
beige beige 5
béisbol *m* baseball 5
besar to kiss 3
biblioteca *f* library 2
bicicleta *f* bicycle 5
bien fine 1; well 3
bienvenido/a welcome 13
billete *m* ticket 13; **billete de ida y vuelta** round trip ticket 13, **de ida/sencillo** one-way ticket 13
billetera/la cartera *f* wallet 8
biología *f* biology 2
bisabuela *f* great-grandmother 3
bisabuelo *m* great-grandfather 3
bistec *m* steak 4
blanco/a white 5
blusa *f* blouse 8
boca *f* mouth 9
bocadillo *m* sandwich 4
boda *f* wedding 11
boleto *m* ticket 13; **boleto de ida y vuelta** round trip ticket 13; **boleto de primera/ segunda clase** *m* first/second class ticket 13
bolígrafo *m* pen 2
boliviano/a *n., adj.* Bolivian 1
bolso/a purse, bag 8
bomba bomb 15
bonito/a good-looking, pretty 3
borrador *m* eraser 2
bosque *m* forest 12
botas *f, pl.* boots 8
bote *m* boat (small) 12; **bote de basura** *m* garbage can 10
botones *m/pl.* bellhop 13
brazo *m* arm 9
brócoli *m* broccoli 4
bucear to scuba dive, skin dive 12
bueno/a good 3; **es bueno** it's good 13
bufanda *f* scarf 8
buscador *m* search engine 14
buscar to look for 2
buzón *m* mailbox 7

C

caballo *m* horse 12
cabeza *f* head 9; **dolor** *m* **de cabeza** headache 9
cable *m* cable 14
cada each, every 9
cadena *f* chain 8

café *m* coffee 4; coffee place 7
cafetería *f* cafeteria 2
cajero *m* **automático** ATM machine 7
cajero/a cashier 6
calcetines *m, pl.* socks 8
calculadora *f* calculator 2
cálculo *m* calculus 2
calefacción *f* heating 13
calentamento global *m* global warming 12
caliente hot (temperature, not spiciness) 5
calle *f* street 7
cama *f* bed; **cama doble** double bed; **cama sencilla** single bed 6, 13
cámara *f* camera 12
cámara (de video) *f* (video) camera 14
camarera *f* maid (hotel) 13
camarón *m* shrimp 4
cambiar to change, exchange 7
cambio *m* change, small change, exchange 7
cambio climático *m* climate change 12
camilla *f* gurney 9
caminar to walk 5
camino *m* road 14
camión *m* truck 14
camisa *f* shirt 8
camiseta *f* T-shirt, undershirt 8
campamento *m* camp 12
campo *m* country 3
cáncer *m* cancer 15
candidato/a candidate 15
cansado/a tired 3
cansarse to get tired 9
cantar to sing 5
capa *f* **de ozono** ozone layer 12
capítulo *m* chapter 2
cara *f* face 9
¡Caramba! Oh my gosh! 14
cariñoso/a affectionate 11
carne *f* meat, beef 4; **carne de cerdo** pork 4; **carne de res** beef 4
caro/a expensive 8
carretera *f* road 14
carro *m* car 3
carta *f* letter 7
cartera *f* wallet 8
casa *f* home, house 2; **amo/a de casa** homemaker 6; **en casa** at home 3

casado/a married 11; **recién casados** *m, pl.* newlyweds 11
casarse (con) to get married (to) 11
cascada *f* waterfall 12
casi almost; **casi nunca** rarely; **casi siempre** almost always 2
catarata *f* waterfall 12
causa (a causa de) because of 12
CD *m* CD, compact disk 2
cebolla *f* onion 4
celebrar to celebrate 11
celoso/a jealous 11
cena *f* supper, dinner 3
cenar to have dinner 2
centro comercial mall, shopping center 7; **centro estudiantil** student center 2
cepillarse el pelo to brush one's hair 6; **cepillarse los dientes** to brush one's teeth 6
cepillo *m* brush 6; **cepillo de dientes** toothbrush 6
cerca de near 7
cerdo *m* pig 12; **chuleta** *f* **de cerdo** pork chop 4; **carne** *f* **de cerdo** pork 4
cereal *m* cereal 4
cereza *f* cherry 4
cerrado/a closed 3
cerrar (ie) to close 7
cerveza *f* beer 4
champú *m* shampoo 6
chao bye, so-long 1
chaqueta *f* jacket 8
cheque *m* check 7
chica *f* girl 3
chico *m* boy 3
chileno/a *n., adj.* Chilean 1
chimenea *f* fireplace, chimney 10
chocar to crash, collide 14
choque *m* crash 14
chorizo *m* sausage 4
chuleta *f* **de cerdo** pork chop 4
ciclismo *m* **de montaña** mountain biking 12
cielo *m* sky 12
ciencias *f, pl.* **políticas** political science 2
cierto: es... it's true, correct 13
cine *m* movie theater, cinema 7
cinturón *m* belt 8; **abrocharse el cinturón** to fasten one's seat belt 13
cita *f* date, appointment 11
ciudad *f* city 3

ciudadano/a citizen 15
¡Claro! Of course! 14
clase f class 2
clima *m* weather 5
cobija *f* blanket 13
cobrar to cash, to charge 7
coche *m* car 3
cocina *f* kitchen 10
cocinar to cook 4
código *m* **de área** area code 11
cola *f* line (of people or things) 7
colegio *m* high school 3
colina *f* hill 12
collar *m* necklace 8
colombiano/a *n., adj.* Colombian 1
comedor *m* dining room 10
comer to eat 2
comida *f* food, main meal 3
¿cómo? how? 4; **¿Cómo está usted?** How are you? (*formal*) 1; **¿Cómo estás?** How are you? (*informal*) 1; **¿Cómo se llama usted?** What's your name (*formal*)? 1; **¿Cómo te llamas?** What's your name? (*informal*) 1
cómoda *f* bureau 10
cómodo/a comfortable 14
compañero/a de cuarto roommate 6
compañía *f* company 6
compartir to share 10
comprar to buy 2
comprender to understand 2
comprensivo/a understanding 11
comprometerse (con) to get engaged (to) 11
computación *f* computer science 2
computadora *f* computer 2; **computadora portátil** laptop/ notebook computer) 13
computadora portátil f laptop 14
comunicarse to communicate 11
con with 4; **con permiso** pardon me, excuse me 1; **con tal (de) que** provided that 14
con... de anticipación ...ahead of time 13
conducir to drive 14
conductor/a driver 14
conexión *f* connection 14
congestión f nasal nasal congestion 9
conocer to meet, know, be acquainted with 5
conservar to save, conserve 12

constantemente constantly 6
control remoto *m* remote control 14
construir construct 15
consultorio *m* **del médico/de la médica** doctor's office 9
contabilidad *f* accounting 2
contador/a accountant 6
contaminación *f* pollution 12
contar (ue) to count, tell, narrate (a story or incident) 7, 8
contento/a happy 3
contestar to answer 7
contestador automático *m* answering machine 11
continuar to continue 14
contribuir (y) to contribute 12
copa *f* goblet 10
corazón *m* heart 9
corbata *f* tie 8
correo electrónico *m* e-mail 2
correr to run 5
corrupción *f* corruption 15
cortar:... el césped to cut the lawn 10; **cortarse** to cut oneself 5; **cortarse el pelo/ las uñas/ el dedo** to cut one's hair/nails/a finger 6
cortina *f* curtain 10
corto/a short 8; de manga corta short- sleeved 8
cosa *f* thing 8
costar (ue) to cost 4
costarricense *m/f, n., adj.* Costa Rican 1
creer to believe 11
crema *f* cream 4; **crema de afeitar** shaving cream 6
criar to rise 11
crucero *m* cruise ship 12
cruzar to cross 14
cuaderno *m* notebook 2
cuadra *f* (city) block 14
cuadro *m* picture, painting 10
¿cuál? which (one)? 4
¿cuáles? which (ones)? 4
cuando when 4; **¿cuándo?** when? 2
¿cuánto/a? how much? 4
¿cuántos/as? how many? 3
cuarto a quarter 1
cuarto *m* room 2; **cuatro de estar** *m* living room/family room 10
cuarto/a fourth 12
cubano/a *n., adj.* Cuban 1
cubo *m* **de la basura** trash can 10
cuchara *f* spoon 10

cucharita *f* teaspoon 10
cuchillo *m* knife 10
cuello *m* neck 9
cuenta *f* bill, check 7; account 7
cuero *m* leather 8
cuerpo *m* body 9
cuidar to take care of 2
cumpleaños *m* birthday 2
cuñada *f* sister-in-law 3
cuñado *m* brother-in-law 3
cura *f* cure 15

D

dar to give 5; **dar a luz** to give birth 11
dar de comer to feed 15
dar un paseo to take a walk/stroll 5; **dar una caminata** to take a hike 12
de *prep.* of, from 1; **de repente** suddenly 9
debajo de beneath, under 7
deber + *infinitive* ought to, should (do something) 5
débil weak 3
décimo/a tenth 14
decir (i) to say, tell 5
dedo *m* finger 9
desforestación *f* deforestation 12
dejar to leave 13; **dejarse** to leave behind 13; **dejar un mensaje** to leave a message 11
delante de in front of 7
delfín *m* dolphin 12
delgado/a thin 3
delincuente *m* delinquent, offender, criminal 15
delito *m* misdemeanor, crime 15
demasiado *adv.* too, too much 14
demora *f* delay 13
dentro de inside 7
dependiente/a store clerk 6
deporte *m* sport 5
depositar to deposit 7
deprimido/a depressed 9
derecha: a la... to the right 14
derecho straight, straight ahead 14
derechos *m, pl.* **humanos** human rights 15
desafortunadamente unfortunately 6
desamparados *m, pl.* homeless people 15
desarrollar to develop 12
desayunar to have breakfast 2

desayuno *m* breakfast 3
descansar to rest 5; **descanse** rest 9
desear want, wish 4
desempleo *m* unemployment 15
desinflado/a flat, deflated (tire) 14
desodorante *m* deodorant 6
despedirse (i, i) to say good-bye 13
despegar to take off 13
desperdiciar to waste 12
despertador *m* alarm clock 6
despertarse (ie) to wake up 6
después de after 2; afterward, later 7; **después de** *prep* after 7; **después de que** *conj.* after 15
destruir (y) destroy 12
destrucción *f* destruction 12
detrás de behind 7
devolver (ue) to return (something) 8
día *m* day 1; **buenos días** good morning 1
diarrea *f* diarrhea 9
diccionario *m* dictionary 2
diciembre December 1
diente *m* tooth 9
digital digital 14
difícil difficult, hard 3
dinero *m* money 6
dirección address 7; **dirección** *f* **electrónica** e-mail address 2
disco compacto *m* CD, compact disk 2
discriminación *f* discrimination 15
Disculpe I am sorry. 1
disfrutar de to enjoy (something) 13
divertido/a amusing, fun 3
divertirse (ie) to have a good time 6
divorciado/a divorced 11
divorciarse to get divorced 11
divorcio divorce 11
doblar to turn 14
doctor/a doctor 2
dolor *m* **de cabeza** *f* headache 9; **dolor de estómago** *m* stomachache 9
dolor de garganta *f* sore throat 9
domingo *m* Sunday 1
dominicano/a *n., adj.* Dominican 1
¿dónde? where 3; **¿adónde?** (to) where? 2; **¿de dónde...?** from where? 4

dormir (ue) to sleep 4; **dormirse (ue)** to go to sleep, to fall asleep 6
dormitorio *m* bedroom 10
drogadicción *f* drug addiction 15
drogas *f, pl.* drugs 15
ducha *f* shower 10
ducharse to take a shower 6
dudar to doubt 12
durazno *m* peach 4

E

echar gasolina to put gas (in the tank) 14
economía *f* economics 2
ecuatoriano/a *n., adj.* Ecuadorian 1
edificio *m* building 7
efectivo *m* cash 7
ejercicio *m* exercise 2; **hacer ejercicio** to exercise, to do exercises 5
ejército *m* army 15
el *m, definite article* the 2
él *m, subj.* he 1; *obj. prep. pron.* him 6
elección *f* election 15
elefante *m* elephant 12
eliminar to eliminate 15
ella *f, subj.* she 1; *obj. of prep.* her 6
ellas *f, subj.* they 1; *obj. of prep.* them 6
ellos *m, subj.* they 1; *obj. of prep.* them 6
embarazada pregnant 9
emergencias emergency *f, pl.* 9
emocionante exciting 12
empacar to pack 13
empezar (ie) (a) to begin 7
empleado/a employee 6
empleo *m* job 15
empresa *f* business 6
en in, at 2; on 7; **en caso de que** in case 14
en vez de instead of 7
enamorarse (de) to fall in love (with) 11
encantado/a delighted (to meet you) 1
encantar to delight 12
encima de on top of, above 7
encontrar (ue) to find 7; **encontrarse (ue) (con)** to meet up (with) (by chance) 11
enero January 1

enfermarse to get/become sick 9
enfermero/a nurse 6
enfermo/a sick 3
enfrente de in front of, opposite 7
enlace *m* link 14
enojado/a angry 11
enojarse to get angry 11
ensalada *f* salad 4
entender (ie) to understand 4
entonces then 6
entrada *f* (admission) ticket 7
entrar (en/a) to enter, go into 7
entre between, among 7
entrevista *f* interview 15
enviar to send 2
equipaje *m* luggage 13
equipo *m* team 5
escalar (la montaña) to climb (the mountain) 12
escalera *f* stairs 10
escalofrío *m* chill 9
escoger to choose 15
escribir to write 2
escritorio *m* (teacher's) desk 2
escuchar to listen to 2
escuela *f* elementary school 3
ese/a *adj.* that 6; **ése/a** *pron.* that one 6
esos/as *adj.* those 6; **ésos/as** *pron.* those 6
espalda *f* back 9
español *m* Spanish (language) 2
español/a *n., adj.* Spanish 1
espejo *m* mirror 10
esperar to wait (for) 7; to hope, expect 11
esposa *f* wife 3
esposo *m* husband 3
esquiar to ski 5
esquina *f* (street) corner 14
esta this, that 6; **esta mañana** this morning 2; **esta noche** tonight 2; **esta tarde** this afternoon 2
estación *f* season 4; **estación de autobuses** bus station 14
estación de servicio/la gasolinera service/gas station 14
estación de ferrocarril railroad station 14
estacionamiento *m* parking 14
estacionar to park 14
estadounidense *m/f, n., adj.* American (from the United States) 1

estampilla *f* stamp 7
estante *m* bookshelf, shelf 10
estar to be 3; **estar a favor de** to be in favor of 15
estar casado/a (con) to be married (to) 11
estar comprometido/a to be engaged 11
estar de pie to be standing 8
estar de vacaciones *f, pl.* to be on vacation 12
estar embarazada to be pregnant 11
estar enamorado/a de to be in love (with) 11
estar en contra de to be against 15
estar juntos/as to be together 11
estar listo to be ready 12
estar prometido/a to be engaged 11
estar seguro/a (de) to be sure of 12
estar sentado/a to be seated 9
estatua *f* statue 7
este/a *adj.* this 6; **éste/a** *pron.* this one 6
estéreo *m* stereo 10
estómago *m* stomach 9; **dolor** *m* **de estómago** stomachache 9
estornudar to sneeze 9
estos/as *adj.* these 6; **estos/as** *pron.* these 6
estrella *f* star 12
estresado/a stressed 3
estudiante *m/f* student 2
estudiar to study 2
estufa *f* stove 10
etapas *f, pl.* **de la vida** stages of life 11
evitar to avoid 12
examen *m* exam 2
examinar to examine 9
exploración *f* **del espacio** (outer) space exploration 15
explosión *f* explosion 15
extrañar to miss 11
extraño: es... it's strange 13

F

fábrica *f* factory 6
fácil easy 3
fácilmente easily 6
facturar to check (baggage) 13
falda *f* skirt 8
familia *f* family 2

farmacia *f* pharmacy 9
fascinar to be fascinating to, to fascinate 11
favor (por favor) please 1
febrero February 1
fecha *f* date 1
felicidades *f* congratulations 11
fenomenal terrific 1; **es fenomenal** it's wonderful 13
feo/a ugly 3
fiebre *f* fever 9
fiel faithful 11
fiesta *f* party 2
fila *f* line (of people or things) 7
filosofía *f* philosophy 2
fin *m* **de semana** weekend 2; **fin de semana pasado** last weekend 6; **por fin** finally 9
finanzas *f, pl.* finances 2
física *f* physics 2
flaco/a skinny 3
flores *f, pl.* flowers 5
fogata *f* campfire 12
fracturar(se) (el brazo/ la pierna) to break one's (arm/leg) 9
francés *m* French (language) 2
frecuentemente frequently 6; **con frecuencia** frequently 2
fregadero *m* sink (kitchen) 10
frenos *m, pl.* brakes 14
frente a in front of, opposite, facing 7
fresa *f* strawberry 4
frijoles *m, pl.* beans 4
frío/a cold 5; **hace (mucho) frío** it's (very) cold 5
frito/a fried 4
frontera *f* border 15
fruta *f* fruit 3
fuego *m* fire 12
fuera de outside 7
fuerte strong 3
fumar to smoke 5
funcionar to run, work, function (machine) 14
fútbol *m* soccer 5; **fútbol americano** football 5

G

gafas *f, pl.* eyeglasses 8; **gafas de sol** sunglasses 8
galleta *f* cookie 4
gallina *f* chicken 12
gamba *f* shrimp 4

ganar to win 5; to earn, make money 6
garaje *m* garage 10
garganta *f* throat 9; **dolor** *m* **de garganta** sore throat 9
gasolina *f* gas 14
gasolinera *f* gas station 14
gastar to spend 7
gato *m* cat 3
gel *m* gel 6
generalmente generally 6
gente *f* people 7
gerente *m/f* manager 15
gimnasio *m* gym, gymnasium 2
gobierno *m* government 15
golf *m* golf 5
gordo/a fat 3
gorra *f* cap 8
gracias thank you/thanks 1
grande big, large 3
granja *f* farm 12
gratis free of charge 14
gripe *f* flu 9
gris gray 5
guantes *m, pl.* gloves 8
guapo/a good-looking, pretty/ handsome 3
guardar to keep 10, to save 14
guatemalteco/a *n., adj.* Guatemalan 1
guerra *f* war 15
guía *f* **telefónica** phone book 11
guisante *m* pea 4
guitarra *f* guitar 4
gustar to like 4; **el gusto es mío** the pleasure is mine 1

H

habitación *f* room 10
habitación doble double room 13
habitación sencilla single room 13
hablar to speak 2
hace buen/mal tiempo the weather is nice/bad 5
hace (mucho) calor/fresco/frío/ sol/viento it's (very) hot/cool/ cold/sunny/windy 5
hace sol it's sunny 5
hacer to do, make 2
hacer la cama to make the bed 10
hacer cola to get (stand) in line 7
hacer ejercicio to exercise, work out, do exercises 5
hacer escala to have a layover 13
hacer *esnórquel* to go snorkeling 12

hacer fila to get (stand) in line 6
hacer las maletas to pack 13
hacer reservaciones/reservas to make reservations 14
hacer surf to surf 12
hacer un análisis de sangre do a blood test 9
hacer una cita to make an appointment 9
hambre *f (but el hambre)* hunger 15
hamburguesa *f* hamburger 4
hasta: hasta mañana see you tomorrow 1; **hasta pronto** see you soon 1; **hasta que** until 15
hay there is/are 2
helado *m* ice cream 4
herida *f* **grave** serious wound 9
hermana *f* sister 3
hermanastra *f* stepsister 3
hermanastro *m* stepbrother 3
hermano *m* brother 2
hermoso/a good-looking, pretty/handsome 3
híbrido *m* hybrid 14
hielo *m* ice 4
hierba *f* grass 12
hija *f* daughter 3
hijo *m* son 3
historia *f* history 2
hoja *f* **de papel** sheet of paper 2; **hojas** *f, pl.* leaves 5
hola hello/hi 1
hombre *m* man 3; **hombre de negocios** businessman 6
hombro *m* shoulder 9
hondureño/a *n., adj.* Honduran 1
hora *f* time 1
horario *m* schedule 13
horno *m* oven 10; **al horno** baked 4
horrible: es... it's horrible 13
hospital *m* hospital 9
hostal *m* hostel 13
hotel *m* hotel 13
hoy today 1
hueso *m* bone 9
huésped/a guest 13
huevo *m* egg 4; **huevos fritos** fried eggs 4; **huevos revueltos** scrambled eggs 4

I

iglesia *f* church 7
igualdad *f* equality 15

igualmente nice meeting you too 1
impermeable *m* raincoat 8
importante: es... it's important 13
importar to be important to, to matter 12
imposible: es... it's impossible 13
impresora *f* printer 2
imprimir to print 2
improbable: es... it's improbable 13
incendios *m, pl.* **forestales** forest fires 12
infancia *f* infancy 11
infección *f* infection 9
informar/reportar to inform 15
informática *f* computer science 2
inglés *m* English (language) 2
inmediatamente immediately 6
inodoro *m* toilet 10
improbable: es... it's improbable 13
insectos *m, pl.* insects 12
insistir (en) to insist (on) 11
inteligente intelligent 3
intentar to try 14
interesante: es... it's interesting 13
interesar to be interesting to, to interest 12
invertir (ie, i) to invest 7
investigación *f* research 15
invierno *m* winter 5
invitar (a) to invite 7
inyección *f* injection 9
ir to go 2
ir de compras to go shopping 5
ir(se) de vacaciones to go on vacation 12
irse leave, depart, to go away 11
isla *f* island 12
italiano *m* Italian (language) 5
izquierda: a la... to the left 14

J

jabón *m* soap 6
jamón *m* ham 4
japonés *m* Japanese (language) 5
jardín *m* garden 10
jeans *m, pl.* jeans 8
jefa *f* boss 15
jefe *m* boss 15
joven young 3
jóvenes *m, pl.* **/los adolescentes** young people, adolescents 11
joyas *f, pl.* jewelry 8
joyería *f* jewelry shop 7

judía *f* **verde** green bean 4
jueves *m* Thursday 1
jugar (ue) to play 5; **jugar al (deporte)** to play (sport) 5
jugo *m* juice 4
julio July 1
junio June 1
juntos/as: estar... to be together 11
justicia *f* justice 15
justo fair 13; **no es...** it's unfair 13
juventud *f* youth 11

K

kayak *m* kayak 12
kilómetro *m* kilometer 14

L

la *f, definite article* the 2; *dir. obj.* her, you (*f*), it (*f*) 5
labio *m* lip 9
laboratorio *m* laboratory 2
lado: al... de beside 7
lago *m* lake 5
lámpara *f* lamp 10
lana *f* wool 8
langosta *f* lobster 4
lápiz *m* pencil 2
largo/a long 8; **de manga larga** long-sleeved 8
las *dir. obj.* them (*f*), you (*f, pl.*) 5
las *f, pl. definite article* the 2
lástima: es una... it's a shame 13
lastimarse to hurt oneself 9
lavabo *m* sink (bathroom) 10
lavadora *f* washer 10
lavamanos *m* bathroom sink 10
lavaplatos *m* dishwasher 10
lavar:... los platos to wash the dishes 10
lavarse to wash oneself 5; **lavarse las manos/la cara** to wash one's hands/face 6
le *ind. obj.* you, him, her (to/for ...) 8
lección *f* lesson 2
leche *f* milk 4
lechuga *f* lettuce 4
lector electrónico *m* electronic reading device 14
leer to read 2
legalizar to legalize 15
legumbre *f* vegetable 3
lejos de far from 7
lengua *f* tongue 9

lento/a slow 14
lentamente slowly 6
lentes *m* **de contacto** contact lenses 8
león *m* lion 12
les *ind. obj.* you, them (to/for you, them) 8
levantar pesas to lift weights 5
levantarse to get up 6
ley *f* law 15
libertad *f* freedom 15
librería *f* bookstore 2
libro *m* book 2
licencia *f* **de conducir** driver's license 14
líder *m/f* leader 15
límite de velocidad *m* speed limit 14
limón *m* lemon 4
limpiar to clean 5
limpio/a clean 8
línea está ocupada the line is busy 11
listo/a: estar... to be ready 11
literatura *f* literature 2
llamada *f* **telefónica** telephone call 11; **llamada de larga distancia** long-distance call 11
llamar to call 3
llanta *f* tire 14; **llanta desinflada** flat tire 14
llave *f* key 13
llegada *f* arrival 13
llegar to arrive 2
llenar (el tanque) to fill (the tank) 14
llevar to wear 8
llevarse bien/mal to get along well/badly 11
llorar to cry 11
llover (ue) to rain 5; **está lloviendo** it's raining 5; **llueve** it's raining, it rains 5
lluvia *f* rain 5
lo *dir. obj. m* him, you, it 5; **lo que** what, that which 4; **lo siento (mucho)** I'm (so) sorry 1
los *m, dir. obj.* them, you 6; *m, pl., definite article* the 2
los aseos/el servicio *m* bathroom 14
Lo siento mucho. I'm very sorry. 14
luchar (por) to fight (for) 15

luego then 6
lugar *m* place 7
luna *f* moon 12; **luna de miel** honeymoon 11
lunes *m* Monday 1
luz *f* light 10

M

madrastra *f* stepmother 3
madre *f* mother 3
madurez *f* adulthood, maturity 11
maestro/a teacher 2
maíz *m* corn 4
mal bad, badly 3
maleta *f* suitcase 13
maletero *m* trunk 14
malo/a bad 3
mañana tomorrow, morning *f* 1; **de la mañana** A.M. (in the morning) 1; **hasta mañana** see you tomorrow 1; **por/en la mañana** in the morning 2
mandar to send 2
manejar to drive 5
manga *f* sleeve 8; **de manga larga/corta** long-/short-sleeved 8
mano *f* hand 9
manos libres *m* handsfree 14
manta *f* blanket 13
mantequilla *f* butter 4
manzana *f* apple 4
mapa *m* map 2
maquillaje *m* makeup 6
maquillarse to put on makeup 6
máquina *m* **de afeitar** electric shaver 6
mar *m* sea 12
marido *m* husband 3
mariposa *f* butterfly 12
marisco *m* seafood 3
marrón brown 5
martes *m* Tuesday 1
marzo March 1
más more 4; **más tarde** later 2
matar to kill 11
matemáticas *f, pl.* mathematics 2
mayo May 1
mayor old (elderly) 3; older 3
me *dir. obj.* me 5; *ind. obj.* me (to/for me) 8; *refl. pron.* myself 5; **me llamo...** my name is... 1
media *f* half 1; **media hermana** half-sister 3; **mi media naranja** my soul mate, other half 11

medias *f, pl.* stockings, hose, socks 8
medianoche *f* midnight 1
médico/a doctor 2
medicina *f* medicine 15
medio hermano *m* half-brother 3
medio *m* **ambiente** environment 12
mediodía *m* noon 1
mejor best 7; **mejor amigo/a** best friend 3; **es mejor** it's better 13
melocotón *m* peach 4
menor younger 3
menos less 4; **a menos (de) que** unless 14
mensaje de texto *m* text message 14
mensaje *m* **electrónico** e-mail message 2
mentir to lie 11
mercado *m* market 3
merienda *f* snack 3
mermelada *f* jam 4
mes *m* month 1
mesa *f* table 2
mesero/a waiter/waitress 6
mesita *f* **de noche** nightstand 10
metro *m* metro, subway 7
mexicano/a *n., adj.* Mexican 1
mí *obj. prep. pron.* me 6; **¡Ay de mí!** Poor me! (What am I going to do?) 14
mi/mis my 2
microondas *m* microwave 10
mientras while 9
miércoles *m* Wednesday 1
mío/a/os/as (of) mine 7; **el gusto es mío** the pleasure is mine 1
mirar to look at 8
mochila *f* backpack 2
moda *f* fashion; **a la moda** in style 8
molestar to be annoying to, to bother 11
moneda *f* currency, money, coin 7
monitor *m* monitor 14
mono *m* monkey 12
montañas *f, pl.* mountains 3
montar a caballo to ride horseback 12
morado/a purple 5
moreno/a brunette, dark-skinned 3
morir (ue, u) to die 7
mosca *f* fly 12
mosquito *m* mosquito 12
mostrar (ue) to show 8

motocicleta *f* motorcycle 14
motor *m* motor 14; **afinar el motor** to tune the motor 14
mover(se) (ue) to move (oneself) 10
muchacha *f* girl 3
muchacho *m* boy 3
mucho *adv.* much, a lot 4; **mucho/a/os/as** *m/f, adj.* much, a lot 4; **(muchas) gracias** thank you (very much) 1; **muchas veces** *f, pl.* many times, often 8; **mucho gusto** pleased to meet you 1
mudarse to move (from house to house) 10
muebles *m, pl.* furniture 10
muerte *f* death 11; **pena de muerte** death penalty 15
mujer *f* woman, wife 3; **mujer de negocios** businesswoman 6
mujer policía policewoman 14
muletas *f, pl.* crutches 9
multa *f* fine, ticket 14
mundo *m* world 12
museo *m* museum 7
música *f* music 2
muy very 3; **muy bien** very well 1

N

nacer to be born 11
nacimento *m* birth 11
nada nothing 8; **de nada** you're welcome 1
nadar to swim 12
nadie no one, nobody 8
naranja *f* orange (fruit) 4
narcotráfico *m* drug trafficking 15
nariz *f* nose 9
naturaleza *f* nature 12
náuseas *f, pl.* nausea 8
nave *f* **espacial** space ship 15
navegador *m* browser 14
navegar por la red to surf the Web 2
necesario: es... it's necessary 13
necesitar to need 4
negro/a black 5
nervioso/a nervous 3
nevar (ie) to snow 5; **está nevando** it's snowing 5
ni not, not even 8
ni... ni neither... nor 8
nicaragüense *m/f, n., adj.* Nicaraguan 1

nieta *f* granddaughter 3
nieto *m* grandson 3
nieva it's snowing 5
nieve *f* snow 5
ningún (ninguno/a) no, none, no one 8
niña *f* child 3
niñez childhood 11
niño *m* child 3
niños *m, pl.* children 11
noche *f* night 1; **buenas noches** good evening/night 1; **de la noche** p.m. (in the evening, at night) 1; **por/en la noche** in the evening, at night 2
normalmente normally 6
nos *dir. obj.* us 5; *ind. obj.* us (to/ for us) 7; *refl. pron.* ourselves 5
nosotros/as *subj. pron.* we 1; *obj. prep.* us 6
nota *f* grade, score 2
noticias *f, pl.* news 7
noticiero *m* newscast 15
noveno/a ninth 14
novia *f* girlfriend 3
noviembre November 1
novio *m* boyfriend 3
nube *f* cloud 5
nublado cloudy 5; **está (muy) nublado** it's (very) cloudy 5
nuestro/a/os/as our 2; (of) ours 8
nuevo/a new 3
nunca never 2

O

o or 8; **o... o** either ... or 8
obra *f* **de teatro** play 7
obvio: es... it's obvious 13
océano *m* ocean 12
octavo/a eighth 14
octubre October 1
ocupado/a busy 3
oficina *f* office 2; **oficina de correos** post office 8
ojo *m* eye 9
oído *m* ear (inner) 9
oír to hear 5
ojalá que... I hope 11
ola *f* wave 12
olvidar to forget 11; **olvidarse de** to forget 11
ordenar (el cuarto) to tidy (the room) 10
oreja *f* ear (outer) 9

oro *m* gold 8
ordenar to tidy up 10
os *dir. obj.* you *pl.* 5; *ind. obj.* you (to/for you) 7; *refl. pron.* yourselves 5
oscuro/a dark 5
otoño *m* autumn, fall 5
otro/a another 4
otros/as other 4
oveja *f* sheep 12

P

paciente *m/f* patient 9
padrastro *m* stepfather 3
padre *m* father 2
padres *m, pl.* parents 3
pagar to pay (for) 7
página *f* page 2; **página web** Web page 2
país *m* country 13
pájaro *m* bird 12
pan *m* **(tostado)** bread (toast) 4
pantalla *f* screen 2
pantalones *m, pl.* pants 8; **pantalones cortos** shorts 8
papa *f* potato 4; **papas fritas** french fries 4
papel *m* paper 2; **papel higiénico** toilet paper 6
papelera *f* wastebasket 2
paquete *m* package 7
para for, in order to, toward, by 12; **para que** so that, in order that 14; **para + *infinitivo*** in order to (do something) 7
parabrisas *m* windshield 14
parada *f* **de autobús** bus stop 7
paraguas *m* umbrella 8
paramédicos *m, pl.* paramedics 9
parar to stop (movement) 14
parece que it seems that... 13
pared *f* wall 10
pareja *f* partner, significant other 3; couple 11
pariente *m* relative 3
parque *m* park 7
parrilla (a la parrilla) grilled 4
partido *m* game, match 5
pasado: el año/ mes/ verano... last year/ month/ summer 6
pasajero/a passenger 13
pasaporte *m* passport 13
pasar to spend (time), to happen, pass, 7

pasar la aspiradora to vacuum 10

pasillo *m* aisle (between rows of seats) 13

pasta *f* **de dientes** toothpaste 6

pastel *m* pie, pastry 4

pastelería *f* pastry shop, bakery 7

patata *f* potato 4

patio *m* yard 10

paz *f* peace 15

pedir (i, i) to ask for, request, order 4

pecho *m* chest, breast 9

peinarse to comb one's hair 6

peine *m* comb 6

película *f* film, movie 7

peligroso/a dangerous 12

pelo *m* hair 9; **secador** *m* **de pelo** hair dryer 6

pelota *f* ball 5

pendientes *m, pl.* earrings 8

pensar (ie) to think 4; **pensar (ie) + infinitivo** to intend/plan (to do something) 5; **pensar (ie) en** to think about (someone or something) 11

peor worse 10

pequeño/a small, little 3

pera *f* pear 4

perder (ie) to lose 7; **perder el tren** to miss the train 13

perdón pardon me, excuse me 1

perezoso/a lazy 3

periódico *m* newspaper 7

periodista *m/f* journalist 6

pero but 3

perro *m* dog 3

personalmente personally 6

pescado *m* fish 4

pescar to fish 12

pez *m* **(los peces)** fish 12

pie *m* foot 9; **estar de pie** to be standing 9

pierna *f* leg 9

piloto *m/f* pilot 13

pimienta *f* pepper 4

piña *f* pineapple 4

pintar to paint 5

piscina *f* swimming pool 13

piso *m* floor (of a building) 10

pizarra *f* chalkboard, board, blackboard 2

pizzería *f* pizzeria 7

planeta *m* planet 12

planta *f* plant 12

planta baja main floor 13

plata *f* silver 8

plátano *m* banana 4

plato *m* dish, course 3; plate 10

playa *f* beach 3

plaza *f* plaza, town square 7

pluma *f* pen 2

pobre poor 3

pobreza *f* poverty 15

poco *adv.* little 4; **un poco** *adv* a bit, a little, somewhat 3

poco/a *adj.* little (quantity) 4; **pocos/ as** *adj.* few 4

poder (ue) to be able, can 4

policía *m* policeman 14

política *f* **mundial** world politics 15

pollo *m* chicken 4

polución *f* pollution 12

poner to put, place 5; **poner la mesa** to set the table 10

poner una inyección/una vacuna to give a shot/vaccination 9

ponerse (los zapatos, la ropa, etc.) to put on (shoes, clothes, etc.) 6

por for, down, by, along, through 7

por favor please 1

por fin finally 9

por la mañana in the morning 2

por la noche in the evening, at night 2

por la tarde in the afternoon 2

¿por qué? why? 4

¡Por supuesto! Of course! 14

porque because 4

posible: es... it's possible 13

posiblemente possibly 6

póster *m* poster 10

postre *m* dessert 3

practicar to practice 2

practicar el descenso de ríos to go white-water rafting 12

practicar el *parasail* to go parasailing 12

precio *m* price 8

preciso: es... it's necessary 13

preferir (ie, i) to prefer 4

pregunta *f* question 2

prejuicio *m* prejudice 15

prender to turn on 10

preocupado/a worried 3

preocuparse (por) to worry (about) 9

preparar to prepare 2

prevenir to prevent 12

primavera *f* spring 5

primer first 14; **primer piso** *m* first floor, 10

primero *adv.* first 6; **primero/a** first 14; **de primera clase** first class 14

primo/a cousin 3

probable: es... it's probable 13

probablemente probably 6

problema *m* problem 12

profesor/a professor 2

programa (de computadora) *m* software 14

programador/a computer programmer 2

prohibir to prohibit 15

propina *f* tip 13

proteger to protect 12

próximo/a next 5; **el próximo mes/ año / verano** next month/year/ summer 5

prueba *f* quiz 2

psicología *f* psychology 2

pueblo *m* village (small town) 12

puente *m* bridge 14

puerta *f* door 2; **puerta de salida** gate 13

puerto (USB) *m* (USB) port 14

puertorriqueño/a *n., adj.* Puerto Rican 1

pues well 1

pues nada *(informal)* not much 1

pulmón *m* lung 9

pulsera *f* bracelet 8

pupitre *m* (student) desk 2

Q

que that 4; **lo que** what, that which 4; **¿qué?** what?, which? 4; **¿qué hay de nuevo?** what's new? *(informal)* 1; **¿qué pasa?** what's happening? *(informal)* 1; **¿qué tal?** how are you? *(informal)* 1

¡Qué barbaridad! How awful! 14

¡Qué lástima! What a shame! 14

¡Qué lío! What a mess! 14

¡Qué suerte! What luck!/ How lucky! 14

quedarse to stay 9

quejarse de to complain about 11

querer (ie) to want, love 4

queso *m* cheese 4

¿quién/quiénes? who? 3; **¿de quién?** whose? 4

química *f* chemistry 2

quinto/a fifth 14

quiosco *m* newsstand 7
quisiera I would like 4
quitar:... la mesa to clear the
    table 10
quitarse la ropa to take off
    (clothes, etc.) 6

R

rafting: **practicar el...** to go white-
    water rafting 12
rápidamente rapidly 6
rápido/a fast 14
rascacielos *m* skyscraper 7
rasuradora *f* razor 6
ratón *m* mouse 2
rebajas *f* sales 8
recámara *f* bedroom 10
recepción *f* reception, front desk 9
recepcionista *m/f* receptionist 13
receta *f* prescription 9
recibir to receive 7
reciclar to recycle 12
recientemente recently 6
reclamo de equipajes *m,*
    pl. baggage claim 13
recoger to pick up, gather 12
recomendar (ie) to recommend 11
recordar (ue) to remember 11
recursos *m, pl.* **naturales** natural
    resources 12
red social *f* social network 14
reducir to reduce 12
refresco *m* soft drink 4
refrigerador *m* refrigerator 10
regalo *m* gift 8
registrarse to register 13
regresar to return 2
regular OK, so-so 1
reírse (de) to laugh at 11
religión *f* religion 2
reloj *m* clock 2; watch 8
reparar to repair 14
repente all of a sudden, suddenly 9
repetir (i, i) to repeat 7
reportar to report 15
reportero/a reporter 15
reproductor de DVD *m* DVD player 2
reservación *f* reservation 13
resfriado *m* cold 9
residencia f **estudiantil** student
    dorm 2
resolver (ue) to solve/resolve 10
responsable responsible 3
respuesta *f* answer 2

restaurante *m* restaurant 2
retirar take out, to withdraw 7
reunirse (con) to meet, get
    together 11
revisar to check over 14
revista *f* magazine 7
rico/a rich 3
ridículo: es... it's ridiculous 13
río *m* river 15
robar to rob, steal 15
rojo/a red 5
romper to break 10; **romper
    (con)** to break up (with) 11;
    romperse to get broken 14
ropa *f* clothes, clothing 8; **ropa** *f*
    interior underwear 8
ropero *m* closet 8
rosado/a pink 5
rubio/a blonde 3
ruido *m* noise 10
ruso *m* Russian (language) 5
rutina *f* routine 6

S

sábado *m* Saturday 1
sábana *f* sheet 13
saber to know (facts, information)
    5; to know how to (skills) 5
sacar fotos *f, pl.* to take photos 11
sacar la basura to take out the
    garbage 10
sacar los pasaportes to get
    passports 13
sacar una nota to get a grade 2
sacar una radiografía to x-ray 9
sacar sangre to draw blood 9
saco *m* **de dormir** sleeping bag 12
sacudir to dust 10
sal *f* salt 4
sala *f* living room 10; **sala de
    espera** waiting room 9; **sala de
    urgencias** emergency room 9
salchicha *f* sausage 4
salida *f* departure 13
salir to leave, go out 2; **salir
    (con)** to go out (with), date 11
salud *f* health 8
saltar en paracaídas to go
    parachute jumping 12
sandalias *f, pl.* sandals 8
sandía *f* watermelon 4
sándwich *m* sandwich 4
sano/a healthy 9
satélite *m* satellite 14

se *reflex. pron.* yourself, himself,
    herself, themselves 5
secador *m* **de pelo** hair dryer 6
secadora *f* dryer 10
secar:... los platos to dry the
    dishes 9; **secarse** to dry
    (oneself) 6
secretario/a secretary 6
seda *f* silk 8
seguir (i, i) to continue, follow 14
segundo/a second 14; **de segunda
    clase** second class 14
segundo piso second floor 10
seguro *m* insurance 14
seguro/a safe 14
sello *m* stamp 7
selva *f* jungle 12
semáforo *m* traffic light 14
semana *f* week 1; **semana** f
    pasada last week 6
sentarse (ie, i) to sit down 9
sentir (ie, i) to be sorry, regret 11;
    lo siento (mucho) I'm (so) sorry
    1; **sentirse (ie, i)** to feel 9
señal *f* sign 14
separarse (de) to separate 11
septiembre September 1
séptimo/a seventh 14
ser to be 2
serio/a serious, dependable 3
serpiente *f* snake 12
servicio de habitación room
    service 13
servilleta *f* napkin 10
servir (i, i) to serve 4
sexto/a sixth 14
SIDA *m* AIDS 15
silla *f* chair 2; **silla de
    ruedas** wheel chair 9
sillón *m* easy chair 10
simpático/a nice, likeable 3
sin without 4
sincero/a honest, sincere 11
sistema GPS *f* GPS 14
sitio web *m* Web site 2
sobre on 7; **sobre** *m* envelope 7
sobrepoblación f overpopulation 15
sobrina *f* niece 3
sobrino *m* nephew 3
sociedad *f* society 15
sociología *f* sociology 2
¡Socorro! Help! 14
sofá *m* sofa 10
sol *m* sun 12

solo *adv.* only 5

solicitar to apply for (job) 15

solicitud *f* application 15

soltero/a single 11

sombrero *m* hat 8

sonar (ue) to ring, to sound 6

sopa *f* soup 4

sortija *f* ring 8

sótano *m* basement 10

su/sus his, her, its, your (*formal*), their 2

subir to go up 10; **subirse a** to get on, board 13

sucio/a dirty 8

suegra *f* mother-in-law 3

suegro *m* father-in-law 3

suelo *m* floor 10

suéter *m* sweater 8

sufrir to suffer 15

sugerir (ie, i) to suggest 11

suyo/a/os/as (of) his, (of) hers, (of) theirs, (of) yours (*formal*) 8

T

talla *f* size (clothing) 8

taller *m* **mecánico** shop 14

también also 8

tampoco neither, not either 8

tan: tan... como as... as 9; **tan pronto como** as soon as 15

tanque *m* tank 14

tanto: tanto como as much as 10; **tanto/a/os/as... como** as much/many... as 10

taquilla *f* ticket window 13

tarde *f* afternoon 1; **buenas tardes** good afternoon 1; **de la tarde** P.M. (in the afternoon) 1; **por/en la tarde** in the afternoon 2

tarea *f* homework, assignment, task 2

tarjeta *f* card; **tarjeta de crédito/ débito** credit/debit card 7

tarjeta de embarque boarding pass 13

tarjeta postal post card 7

tarjeta telefónica calling card 11

taxi *m* taxi 7

taza *f* cup 10

te *dir. obj.* you (*informal*) 5; *ind. obj.* you (to/for you) (*informal*) 8; **¿Te duele?** Does it hurt? 9

te presento (*informal*) I want to introduce ... to you 1; *reflex. pron.* yourself (*informal*) 5

té *m* tea 4

teatro *m* theater 7

techo *m* roof 10

teclado *m* keyboard 2

teléfono *m* **celular** cell phone 15

televisor *m* television set 2

temer to fear, be afraid of 11

temprano early 2

tenedor *m* fork 10

tener calor/frío to be hot/cold 5

tener celos to be jealous 11

tener cuidado to be careful 14

tener éxito to be successful 15

tener ganas de + infinitivo to feel like (doing something) 5

tener hambre/sed to be hungry/ thirsty 4

tener miedo to be afraid 12

tener prisa to be in a hurry 13

tener que + infinitivo to have to ... (do something) 5

tener sueño to be sleepy, tired 6

tenis *m* tennis 5

tercero/a third 14

terminar to finish 7

termómetro *m* thermometer 9

terrorismo *m* terrorism 15

ti *obj. prep.* you (*informal*) 6

tía *f* aunt 3

tiempo *m* weather 5; **a tiempo** on time 2

tienda *f* store, shop 6; **tienda de campaña** tent 12

tienda *f* **de ropa** clothing store 5

tienda por departamentos *f* department store 8

tierra *f* earth, land 12

tigre *m* tiger 12

tijeras *f, pl.* scissors 6

tío *m* uncle 3

tirar to toss, throw (away) 10

tiza *f* chalk 2

toalla *f* towel 6

tobillo *m* ankle 9

tocar to play (instruments) 5

tocineta *f* bacon 4

tocino *m* bacon 4

todo *m, adj.* everything 8

todo/a/os/as *adj.* **toda la mañana** all morning 2; **toda la noche** all night 2;

toda la tarde all afternoon 2; **todas las mañanas** every morning 2; **todas las noches** every evening, night 2; **todas las tardes** every afternoon 2; **todo el día** all day 2; **todos los días** every day 2

todavía still, yet 4

tomar to take, drink 4; **tomar apuntes** *m, pl.* to take notes 2; **tomar el sol** to sunbathe 5; **tomar fotos** *f, pl.* to take photos 12

tomar la temperatura to take one's temperature 9; **tomar la presión arterial** to take one's blood pressure 9; **tomar el pulso** to take one's pulse 9

tomate *m* tomato 4

Tome aspirinas/las pastillas/las cápsulas Take aspirin/the pills/ the capsules. 9

tonto/a dumb, silly 3

torcer(se) (ue) to sprain (one's ankle) 9

torta *f* cake 4

tos *f* cough 9

toser to cough 9

trabajador/a hardworking 3

trabajar to work 2; **trabajar para...** to work for 6

trabajo *m* work 6; **trabajo** *m* **a tiempo completo** full-time job 5; **trabajo a tiempo parcial** part-time job 5; **trabajo** *m* **(escrito)** paper (academic) 2; **trabajo voluntario** *m* volunteer work 15; **en el trabajo** at work 3

traer to bring 5

tráfico *m* traffic 14

traje *m* suit 8; **traje de baño** bathing suit 8

tranquilamente calmly 6

tránsito *m* traffic 14

tratar de + infinitivo to try to (do something) 14

tren *m* train 14

triste sad 3

tú *subj. pron.* you (*informal*) 1 **tu/ tus** your (*informal*) 2

tutor/a tutor 15

tuyo/a/os/as (of) yours (*informal*) 7

U

un/uno/una a 2; one 1; **un poco** *adv.* a bit, a little, somewhat 3; **una vez** once, one time 9

una lástima: es... it's a pity 13

unos/unas some 2

universidad *f* college/university 2

uña *f* fingernail 9

urgente: es... it's urgent 13

uruguayo/a *n., adj.* Uruguayan 1

usar to use 2

usted *subj. pron.* you (*formal*) 1; *obj. prep.* you (*formal*) 6

ustedes *subj. pron.* **you** (*pl.*) 1; *obj. prep.* you (*pl.*) 6

uva *f* grape 4

V

vaca *f* cow 12

vacaciones *f, pl.* vacation 12

vacuna *f* vaccination 9

valle *m* valley 12

vaqueros *m, pl.* jeans 8

vaso *m* glass (drinking) 10

VCR *m* VCR, video 2

vecino/a neighbor 10

vejez old age 11

velocidad *f* speed 14

venda *f* bandage 9

vender to sell 4

venir (ie) to come 5

ventana *f* window 2

ventanilla *f* window (airplane, train, car) 13

ver to see 5; **ver la tele(visión)** to watch TV 5

verano *m* summer 5

verdad: es... it's true 13

verde green 5

verdura *f* vegetable 3

vestido *m* dress 8

vestirse (i) to get dressed 6

viajar to travel 5

viaje *m* a trip 14

víctima *f* victim 15

vida *f* life 11

videoconsola *f* video game playing device 14

videojuego *m* video game 14

viejo/a old 3

viernes Friday 1

vinagre *m* vinegar 4

vino *m* wine 4

violencia *f* violence 15

visitar to visit 3

viudo/a widower/widow 11

vivir to live 2

volante *m* steering wheel 14

volar (ue) to fly 13

voleibol *m* volleyball 5

voluntario/a volunteer 15

volver (ue) to return, to go back 4

vomitar to vomit 9

vómito *m* vomit 9

vosotros/as *subj.* you (*informal, pl., Sp.*) 1; *obj. prep.* you (*informal, pl., Sp.*) 6

votar (por) to vote (for) 15

vuelo *m* flight 13

vuestro/a/os/as your (*informal*) 2; (of) yours (*informal*) 7

Y

y and 3

ya already 6

yeso *m* cast 9

yo *subj. pron.* I 1

Z

zanahoria *f* carrot 4

zapatería *f* shoe store 7

zapatos *m, pl.* shoes 8; **zapatos de tenis** tennis shoes 8

zumo *m,* juice 4

Vocabulario: English-Spanish

A

a bit, a little, somewhat un poco *adv.* 3
a quarter cuarto 1
a trip viaje *m* 14
a.m. (in the morning) de la mañana 1
a; one un/uno/una 1; 2
abortion aborto *m* 15
accident accidente *m* 14
accountant contador/a 6
accounting contabilidad *f* 2
addicted adicto/a 14
address dirección 7
admission ticket entrada *f* 7
adolescence adolescencia 10
adolescents adolescentes *m, pl.* 10
adulthood, maturity madurez *f* 11
adults adultos *m, pl.* 11
adventure aventura *f* 12
affectionate cariñoso/a 11
after después de que *conj.* 15
after después de 2
afternoon tarde *f* 1
afterwards, later después de *prep.* 7
ahead of time con... de anticipación 13
AIDS SIDA *m* 15
air conditioning aire acondicionado 13
airline aerolínea *f* 13
airplane avión *m* 13
airport aeropuerto *m* 13
aisle (between rows of seats) pasillo *m* 13
alarm clock despertador *m* 6
algebra álgebra *f* (*but el* álgebra) 2
all afternoon toda la tarde 2
all day todos los días 2
all morning todo/a/os/as *adj.*: toda la mañana 2
all night toda la noche 2
all of a sudden, suddenly repente 9
allergy alergia *f* 9
(almost) always (casi) siempre 2
already ya 6
also también 8
ambulance ambulancia *f* 9
American (from the United States) estadounidense *m/f, n., adj.* 1

amusing, fun divertido/a 3
and y 3
angry enojado/a 11
animal animal *m* 11
ankle tobillo *m* 9
another otro/a 4
answer respuesta *f* 2
answering machine contestador automático *m* 11
any, some, someone algún (alguno/a/os/as) 8
anyone alguien 8
anything algo, nada 8
apartment apartamento *m* 2
apple manzana *f* 4
application solicitud *f* 15
April abril 1
area code código *m* de área 11
Argentinian argentino/a *n., adj.* 1
arm brazo *m* 9
army ejército *m* 15
arrival llegada *f* 13
art arte *m* (*but las* artes) 2
as... as tan: tan... como 9
as much as tanto: tanto como 10
as much/ many... as tanto/a/os/ as... como 10
as soon as tan pronto como 15
at home en casa 6
at work en el trabajo 3
at, to a 2
ATM machine cajero *m* automático 7
August agosto 1
aunt tía *f* 3
autumn, fall otoño *m* 5
avenue avenida *f* 7

B

baby bebé *m/f* 3
back espalda *f* 9
backpack mochila *f* 2
bacon tocineta *f* 4
bacon tocino *m* 4
bad malo/a 3
bad, badly mal 3
baggage claim reclamo de equipajes *m, pl.* 13
baked al horno 4
ball pelota *f* 5
banana banana *f* 4
banana plátano *m* 4
bandage venda *f* 9

bank; bench banco *m* 7
bar bar *m* 7
baseball béisbol *m* 5
basement sótano *m* 10
basketball baloncesto *m* 5
basketball básquetbol *m* 5
bathing suit traje de baño 8
bathroom baño *m* 10
bathroom los aseos/el servicio *m* 14
bathtub bañera *f* 10
beach playa *f* 3
beans frijoles *m, pl.* 4
because porque 4
because of causa (a causa de) 12
bed cama *f* 6
bedroom dormitorio *m* 10
bedroom recámara *f* 10
beer cerveza *f* 4
before antes de que *conj.* 15
before antes de *prep.* before 2
behind detrás de 7
beige beige 5
bellhop botones *m, pl.* 13
belt cinturón *m* 8
beneath, under debajo de 7
beside al lado de 7
beside lado: al... de 7
best mejor 7
best friend mejor amigo/a *m* 3
between, among entre 7
bicycle bicicleta *f* 5
big, large grande 3
bill, check; account cuenta *f* 7
biology biología *f* 2
bird pájaro *m* 12
birth nacimiento *m* 11
birthday cumpleaños *m* 2
black negro/a 5
blanket cobija *f* 13
blanket manta *f* 13
blonde rubio/a 3
blouse blusa *f* 8
blue azul 5
boarding pass tarjeta de embarque 13
boat barco *m* 12
boat (small) bote *m* 12
body cuerpo *m* 9
Bolivian boliviano/a *n., adj.* 1
bomb bomba 15
bone hueso *m* 9
book libro *m* 2
bookshelf, shelf estante *m* 10

bookstore librería *f* 2
boots botas *f, pl.* 8
border frontera *f* 15
bored/boring aburrido/a 3
boss jefe/a 15
boy chico *m* 3
boy muchacho *m* 3
boyfriend novio *m* 3
bracelet pulsera *f* 8
brakes frenos *m, pl.* 14
bread (toast) pan *m* (tostado) 4
breakfast desayuno *m* 3
bridge puente *m* 14
briefcase, carry-on bag maletín *m* 13
broccoli brócoli *m* 4
brother hermano *m* 2
brother-in-law cuñado *m* 3
brown marrón 5
browser navegador 14
brunette, dark-skinned moreno/a 3
brush cepillo *m* 6
building edificio *m* 7
bureau cómoda *f* 10
bus autobús *m* 7
bus station estación de autobuses 14
bus stop parada *f* de autobús 7
business empresa *f* 6
businessman hombre de negocios 6
businesswoman mujer de negocios 6
busy ocupado/a 3
but pero 3
butter mantequilla *f* 4
butterfly mariposa *f* 12
bye, so-long chao 1

C

cable cable *m* 14
cafeteria cafetería *f* 2
cake torta *f* 4
calculator calculadora *f* 2
calculus cálculo *m* 2
calling card tarjeta telefónica 11
calmly tranquilamente 6
camera cámara *f* 12
camp campamento *m* 12
campfire fogata *f* 12
cancer cáncer *m* 15
candidate candidato/a *m/f* 15
cap gorra *f* 8
car auto *m* 3
car carro *m* 3
car coche *m* 3
card tarjeta *f* 7
carne de cerdo carne *f* de cerdo 4

carrot zanahoria *f* 4
cash efectivo *m* 7
cashier cajero/a 6
cast yeso *m* 9
cat gato *m* 3
cathedral catedral *f* 7
CD, compact disk CD *m* 2
CD, compact disk disco compacto *m* 2
cell phone teléfono *m* celular 15
cereal cereal *m* 4
chain cadena *f* 8
chair silla *f* 2
chalk tiza *f* 2
chalkboard, board, blackboard pizarra *f* 2
change, small change, exchange cambio *m* 7
chapter capítulo *m* 2
check cheque *m* 7
cheese queso *m* 4
chemistry química *f* 2
cherry cereza **f** 4
chest, breast pecho *m* 9
chicken gallina *f* 12
chicken pollo *m* 4
child niña *f* 3
child niño *m* 3
childhood niñez 11
children niños *m, pl.* 11
Chilean chileno/a *n., adj.* 1
chill escalofrío *m* 9
church iglesia *f* 7
citizen ciudadano/a 15
city ciudad *f* 3
city block cuadra *f* 14
class clase *f* 2
classroom aula *f* (*but el* aula) 1
clean limpio/a 8
clock; watch reloj *m* 2; 8
climate change cambio climático *m* 12
closed cerrado/a 3
closet clóset *m* 8
clothes, clothing ropa *f* 8
clothing store tienda *f* de ropa 5
cloud nube *f* 5
cloudy está (muy) nublado 5
coat abrigo *m* 8
coffee; coffee place café *m* 4
cold frío/a 5
cold resfriado *m* 9
college/university universidad *f* 2
Colombian colombiano/a *n., adj.* 1
comb peine *m* 6

comfortable cómodo/a 14
company compañía *f* 6
computer computadora *f* 2
computer programmer programador/a 2
computer science computación *f* 2
computer science informática *f* 2
congratulations felicidades *f, pl.* 11
connection conexión *f* 14
constantly constantemente 6
construct construir 15
contact lenses lentes *m* de contacto 8
cookie galleta *f* 4
corn maíz *m* 4
corruption corrupción *f* 15
Costa Rican costarricense *m/f, n., adj.* 1
cotton algodón *m* 8
cough tos *f* 9
country campo *m* 3
country país *m* 13
cousin primo/a *m/f* 3
cow vaca *f* 12
crash choque *m* 14
cream crema *f* 4
credit/debit card tarjeta de crédito/débito 7
crime delito *m* 15
cruise ship crucero *m* 12
crutches muletas *f, pl.* 9
Cuban cubano/a *n., adj.* 1
cup taza *f* 10
cure cura *f* 15
currency, money, coin moneda *f* 7
curtain cortina *f* 10
customs aduana *f* 13

D

dangerous peligroso/a 12
dark oscuro/a 5
date fecha *f* 1
date, appointment cita *f* 11
daughter hija *f* 3
day día *m* 1
day before yesterday anteayer 6
death muerte *f* 11
death penalty pena de muerte 15
December diciembre 1
deforestation desforestación *f* 12
delay demora *f* 13
delighted (to meet you) encantado/a 1
delinquent, offender, criminal delincuente *m* 15

deodorant desodorante *m* 6
department store tienda por departamentos *f* 7
departure salida *f* 13
depressed deprimido/a 9
dessert postre *m* 3
destroy destruir (y) 12
destruction destrucción *f* 12
device aparato *m* 14
diarrhea diarrea *f* 9
dictionary diccionario *m* 2
digital digital 14
difficult, hard difícil 3
dining room comedor *m* 10
dirty sucio/a 8
disagreeable, unpleasant (persons) antipático/a 3
discrimination discriminación *f* 15
dish, course, plate plato *m* 3, 10
dishwasher lavaplatos *m* 10
divorce divorcio 11
divorced divorciado/a 11
do a blood test hacer un análisis de sangre 9
doctor doctor/a 2
doctor médico/a 2
doctor's office consultorio *m* del médico/de la médica 9
Does it hurt? ¿Te duele? 9
dog perro *m* 3
dolphin delfín *m* 12
Dominican dominicano/a *n., adj.* 1
door puerta *f* 2
double bed cama doble 6
double room habitación doble 13
dress vestido *m* 8
drink, beverage bebida *f* 4
driver conductor/a 14
driver's license licencia *f* de conducir 14
drug addiction drogadicción *f* 15
drug trafficking narcotráfico *m* 15
drugs drogas *f, pl.* 15
dryer secadora *f* 10
dumb, silly tonto/a 3
DVD player el (reproductor) de DVD 2

E

each, every cada 9
ear (inner) oído *m* 9
ear (outer) oreja *f* 9
early temprano 2
earphone auricular *m* 14
earrings aretes *m, pl.* 8

earrings pendientes *m, pl.* 8
earth, land tierra *f* 12
easily fácilmente 6
easy fácil 3
easy chair sillón *m* 10
economics economía *f* 2
Ecuadorian ecuatoriano/a *n., adj.* 1
egg/fried eggs/scrambled eggs huevo *m*/huevos fritos/ huevos revueltos 4
eighth octavo/a 14
either...or o...o 8
elderly ancianos *m, pl.*/la anciana *f* /el anciano *m* 11
election elección *f* 15
electric shaver máquina *m* de afeitar 6
electronic reading device lector electrónico *m* 14
elephant elefante *m* 12
elementary school escuela *f* 3
elevator ascensor *m* 13
e-mail correo *m* electrónico 2
e-mail address dirección *f* electrónica 2
e-mail message mensaje *m* electrónico 2
emergency *f, pl.* emergencias 9
emergency room *f, pl.* sala de urgencias 9
exciting emocionante 12
employee empleado/a 6
English (language) inglés *m* 2
envelope sobre *m* 7
environment medio *m* ambiente 12
equality igualdad *f* 15
eraser borrador *m* 2
every afternoon todas las tardes 2
every day todo el día 2
every evening, night todas las noches 2
every morning todas las mañanas 2
everything todo *adj.* 8
exam examen *m* 2
exciting emocionante 12
exercise ejercicio *m* 2
expensive caro/a 8
explosion explosión *f* 15
eye ojo *m* 9
eyeglasses gafas *f, pl.* 8

F

face cara *f* 9
factory fábrica *f* 6

fair justo/a 13
faithful fiel 11
family familia *f* 2
family room la sala/el cuarto de estar *f/m* 10
far from lejos de 7
farm granja *f* 12
fashion moda *f* 8
fast rápido/a 14
fat gordo/a 3
father padre *m* 2
father-in-law suegro *m* 3
February febrero 1
fever fiebre *f* 9
few pocos/as *adj.* 4
fifth quinto/a 14
film, movie película *f* 7
finally por fin 9
finances finanzas *f, pl.* 2
fine, well bien 3
fine, ticket multa *f* 14
finger dedo *m* 9
fingernail uña *f* 9
fire fuego *m* 12
fireplace, chimney chimenea *f* 10
first primer 14
first primero/a 6
first class de primera clase 13
first floor primer piso *m* 10
first/second-class ticket boleto de primera/ segunda clase round trip ticket 13
fish pescado *m* 4
fish pez *m* (los peces) 12
flat tire llanta desinflada 14
flat, deflated (tire) desinflado/a 14
flight vuelo *m* 13
flight attendant asistente de vuelo 13
floor suelo *m* 10
floor (of a building) piso *m* 10
flowers flores *f, pl.* 5
flu gripe *f* 9
fly mosca *f* 12
food, main meal comida *f* 3
foot pie *m* 9
football fútbol americano *m* 5
for, down, by, along, through por 7
for, in order to, toward, by para 14
forest bosque *m* 12
forest fires incendios *m, pl.* forestales 12
fork tenedor *m* 10
fourth cuarto/a 14
free of charge gratis 14

freedom libertad *f* 15
French (language) francés *m* 2
French fries papas fritas 4
frequently frecuentemente 6
frequently con frecuencia 2
Friday viernes 1
fried frito/a 4
friend amigo/a 3
friendly, kind amable 3
friendship amistad *f* 11
from where? ¿de dónde...? 4
fruit fruta *f* 3
full-time job trabajo *m* a tiempo completo 5
furniture muebles *m, pl.* 10

G

game, match partido *m* 5
garage garaje *m* 10
garbage basura *f* 12
garbage can bote de basura *m* 10
garden jardín *m* 10
garlic ajo *m* 4
gas gasolina *f* 14
gas station gasolinera *f* 14
gate puerta de salida 13
gel gel *m* 6
generally generalmente 6
German (language) alemán *m* 2
gift regalo *m* 8
girl chica *f* 3
girl muchacha *f* 3
girlfriend novia *f* 3
glass (drinking) vaso *m* 10
global warming calentamiento global *m* 12
gloves guantes *m, pl.* 8
goblet copa *f* 10
gold oro *m* 8
golf golf *m* 5
good bueno/a 3
good afternoon buenas tardes 1
good evening/night buenas noches 1
good morning buenos días 1
good-bye adiós 1
good-looking, pretty bonito/a 3
good-looking, pretty/ handsome guapo/a 3
good-looking, pretty/ handsome hermoso/a 3
government gobierno *m* 15
GPS sistema GPS *m* 14
grade, score nota *f* 2
granddaughter nieta *f* 3

grandfather abuelo *m* 3
grandmother abuela *f* 3
grandparents abuelos *m, pl.* 3
grandson nieto *m* 3
grape uva *f* 4
grass hierba *f* 12
gray gris 5
great-grandfather bisabuelo *m* 3
great-grandmother bisabuela *f* 3
green verde 5
green bean judía *f* verde 4
grilled a la parrilla 4
Guatemalan guatemalteco/a *n., adj.* 1
guest huésped/a 13
guitar guitarra *f* 4
gurney camilla *f* 9
gym, gymnasium gimnasio *m* 2

H

hair pelo *m* 9
hair dryer secador *m* de pelo 6
half media *f* 1
half-brother medio hermano *m* 3
half-sister media hermana 3
ham jamón *m* 4
hamburger hamburguesa *f* 4
hand mano *f* 9
handsfree manos libres *m* 6
happy contento/a 3
hardworking trabajador/a 3
hat sombrero *m* 8
he; *obj. prep. pron.* **him** él *m, subj.* 6
head cabeza *f* 9
headache dolor *m* de cabeza *f* 9
headphones audífonos *m, pl.* 2
health salud *f* 8
healthy sano/a 9
heart corazón *m* 9
heating calefacción *f* 13
hello/hi hola 1
help! ¡Auxilio! 14
help! ¡Socorro! 14
here aquí 3
high school colegio *m* 3
highway autopista *f* 14
hill colina *f* 12
him, you, it lo *dir. obj. m* 5
his, her, its, your (formal), their su/sus 2
(of) his, (of) hers, (of) theirs, (of) yours (formal) suyo/a/os/as 8
history historia *f* 2
home, house casa 2

homeless people desamparados *m, pl.* 15
homemaker amo/a de casa 6
homework, assignment, task tarea *f* 2
Honduran hondureño/a *n., adj.* 1
honest, sincere sincero/a 11
honeymoon luna de miel 11
horse caballo *m* 12
hospital hospital *m* 9
hostel hostal *m* 13
hot (temperature, not spiciness) caliente 5
hotel hotel *m* 13
house keeper amo/a de casa 2
how are you? (formal) ¿cómo está usted?
how are you? (informal) ¿cómo estás? 1
how are you? (informal) ¿qué pasa? 1
how awful! ¡qué barbaridad! 14
how many? ¿cuántos/as? 3
how much? ¿cuánto/a? 4
how? ¿cómo? 1
human rights derechos *m, pl.* humanos 15
hunger hambre *f* (*but el* hambre) 15
husband esposo *m* 3
husband marido *m* 3
hybrid híbrido *m* 14

I

I yo *subj. pron.* 1
I am sorry Disculpe 1
I hope ojalá que... 11
I want to introduce... to you (informal); reflex. pron. yourself (informal) te presento 1
I would like quisiera 4
I'm (so) sorry lo siento (mucho) 1
ice hielo *m* 4
ice cream helado *m* 4
immediately inmediatamente 6
in case en caso de que 14
increase aumento *m* 12
in front of delante de 7
in front of, opposite enfrente de 7
in front of, opposite, facing frente a 7
in order to (do something) para que 12
in style a la moda 8
in the afternoon por la tarde 2

in the afternoon; p.m. (in the afternoon) de la tarde; por/en la tarde 2
in the evening, at night por la noche 2
in the evening, at night; p.m. (in the evening, at night) por/en la noche 1
in the morning por/en la mañana 2
in the morning por la mañana 2
in, at; on en 2; 7
inexpensive barato/a 8
infancy infancia *f* 11
infection infección *f* 9
injection inyección *f* 9
insects insectos *m, pl.* 12
inside dentro de 7
instead of en vez de 7
insurance seguro *m* 14
intelligent inteligente 3
interview entrevista *f* 15
island isla *f* 12
it rains llueve 5
it seems that... parece que 13
it's (very) cloudy nublado 5
it's (very) cold hace (mucho) frío 5
it's (very) hot/cool/cold/sunny/windy hace (mucho) calor/fresco/frío/sol/ viento 5
it's a pity una lástima: es... 13
it's a shame lástima: es una... 13
it's better es mejor 13
it's good es bueno 13
it's horrible horrible: es... 13
it's important importante: es... 13
it's impossible imposible: es... 13
it's improbable improbable: es... 13
it's interesting interesante: es... 13
it's necessary necesario: es... 13
it's necessary preciso: es... 13
it's obvious obvio: es... 13
it's possible posible: es... 13
it's probable probable: es... 13
it's raining está lloviendo 5
it's ridiculous ridículo: es... 13
it's snowing está nevando 5
it's snowing nieva 5
it's strange extraño: es... 13
it's sunny hace sol 5
it's true verdad: es... 13
it's true, correct cierto: es... 13
it's unfair no es... 13
it's urgent urgente: es... 13

it's wonderful es fenomenal 13
Italian (language) italiano *m* 5

J

jacket chaqueta *f* 8
jam mermelada *f* 4
January enero 1
Japanese (language) japonés *m* 5
jealous celoso/a 11
jeans jeans *m, pl.* 8
jeans vaqueros *m, pl.* 8
jewelry joyas *f, pl.* 8
jewelry shop joyería *f* 7
job empleo 15
journalist periodista *m/f* 6
juice jugo *m* 4
juice zumo *m* 4
July julio 1
June junio 1
jungle selva *f* 12
justice justicia *f* 15

K

kayak kayak *m* 12
key llave *f* 13
keyboard teclado *m* 2
kilometer kilómetro *m* 14
kitchen cocina *f* 10
knife cuchillo *m* 10

L

laboratory laboratorio *m* 2
lake lago *m* 5
lamp lámpara *f* 10
laptop computadora portátil *f* 14
laptop/notebook (computer) computadora portátil *f* 13
last night anoche 6
last week semana *f* pasada 6
last weekend fin de semana pasado 6
last year/month/summer pasado: el año/ mes/ verano 6
later más tarde 2
law ley *f* 15
lawyer abogado/a 6
lazy perezoso/a 3
leader líder *m/f* 15
leather cuero *m* 8
leave, depart, to go away irse 11
leaves hojas *f, pl.* 5
leg pierna *f* 9
lemon limón *m* 4

less menos 4
lesson lección *f* 2
letter carta *f* 7
lettuce lechuga *f* 4
library biblioteca *f* 2
life vida *f* 11
light luz *f* 10
line (of people or things) cola *f* 7
line (of people or things) fila *f* 7
link enlace *f* 14
lion león *m* 12
lip labio *m* 9
literature literatura *f* 2
little (quantity) poco/a *adj.* 4
little poco *adv.* 4
living room sala *f* 10
lobster langosta *f* 4
long largo/a 8
long-distance call llamada de larga distancia 11
long-/short-sleeved de manga larga/corta 8
long-sleeved de manga larga 8
love amor *m* 11
love at first sight amor a primera vista 11
luggage equipaje *m* 13
lunch almuerzo *m* 4
lung pulmón *m* 9

M

magazine revista *f* 7
maid (hotel) camarera *f* 13
mailbox buzón *m* 7
main floor planta baja 13
makeup maquillaje *m* 6
mall, shopping center centro comercial 7
man hombre *m* 3
manager gerente *m/f* 15
map mapa *m* 2
March marzo 1
market mercado *m* 3
married casado/a 11
mathematics matemáticas *f, pl.* 2
May mayo 1
me mí *obj. prep. pron.* 6
me; ind. obj. me (to/for me); refl. pron. myself me *dir. obj.* 5
meat, beef carne *f* 4
medicine medicina *f* 15
metro, subway metro *m* 7
Mexican mexicano/a *n., adj.* 1
microwave microondas *m* 10
midnight medianoche *f* 1

milk leche *f* 4
mirror espejo *m* 10
misdemeanor, crime delito *m* 15
Monday lunes *m* 1
money dinero *m* 6
monitor monitor 14
monkey mono *m* 12
month mes *m* 1
moon luna *f* 12
more más 4
mosquito mosquito *m* 12
mother madre *f* 3
mother-in-law suegra *f* 3
motor motor *m* 14
motorcycle motocicleta *f* 14
mountain biking ciclismo *m* de montaña 12
mountain climbing alpinismo/el andinismo *m* 11, 12
mountains montañas *f, pl.* 3
mouse ratón *m* 2
mouth boca *f* 9
movie theater, cinema cine *m* 7
much, a lot; mucho/a/os/as mucho *adv. adj.*
much, a lot, many times, often muchas veces *f* 8
museum museo *m* 7
music música *f* 2
my mi/mis 2
my name is... me llamo... 1
my soul mate, other half mi media naranja 11

N

napkin servilleta *f* 10
nasal congestion congestión *f* nasal 9
natural resources recursos *m, pl.* naturales 12
nature naturaleza *f* 12
nausea náuseas *f, pl.* 8
near cerca de 7
neck cuello *m* 9
necklace collar *m* 8
neighbor vecino/a 10
neither... nor ni... ni 8
neither, not either tampoco 8
nephew sobrino *m* 3
nervous nervioso/a 3
never nunca 2
new nuevo/a 3
newlyweds recién casados *m, pl.* 11
news noticias *f, pl.* 7

newscast noticiero *m* 15
newspaper periódico *m* 7
newsstand quiosco *m* 7
next próximo/a 5
next month/year/summer el próximo mes/ año / verano 5
Nicaraguan nicaragüense *n., adj.* 1
nice meeting you, too igualmente 1
nice, likeable simpático/a 3
niece sobrina *f* 3
night noche *f* 1
nightstand mesita *f* de noche 10
ninth noveno/a 14
no one, nobody nadie 8
no, none, no one ningún (ninguno/a) 8
noise ruido *m* 10
noon mediodía *m* 1
normally normalmente 6
nose nariz *f* 9
nor, not even ni 8
not much (*informal*) pues nada 1
notebook cuaderno *m* 2
notes apuntes *m, pl.* 2
nothing nada 8
November noviembre 1
now ahora 2
nurse enfermero/a 6

O

ocean océano *m* 12
October octubre 1
Of course! ¡Claro! 14
Of course! ¡Por supuesto! 14
of mine mío/a/os/as 7
of yours (*informal*) tuyo/a/os/as 7
of, from de prep 1
office oficina *f* 2
Oh, my gosh! ¡Caramba! 14
oil aceite *m* 4
OK, so-so regular 1
old viejo/a 3
old (elderly); older mayor 3
old age vejez 11
olive aceituna *f* 4
on sobre 7
only solo 5
on time a tiempo 2
on top of, above encima de 7
once, one time una vez 9
one-way ticket billete/boleto de ida/sencillo *m* 13
onion cebolla *f* 4
open abierto/a 3

or o 8
or... either o... o 8
orange (color) anaranjado/a 5
orange (fruit) naranja *f* 4
other otros/as 4
ought to, should (do something) deber + *infinitive* 5
our; (of) ours nuestro/a/os/as 8
outdoors aire libre *m* 12
outer space exploration exploración *f* del espacio 15
outside fuera de 7
oven horno *m* 10
overpopulation sobrepoblación *f* 15
ozone layer capa *f* de ozono 12

P

package paquete *m* 7
page página *f* 2
pants pantalones *m, pl.* 8
paper papel *m* 2
paper (academic) trabajo *m* escrito 15
paramedics paramédicos *m, pl.* 9
pardon me, excuse me con permiso 1
pardon me, excuse me perdón 1
parents padres *m, pl.* 3
park parque *m* 7
parking estacionamiento, aparcamiento *m* 14
partner, significant other, couple pareja *f* 11
part-time job trabajo a tiempo parcial 5
party fiesta *f* 2
passenger pasajero/a 13
passport pasaporte *m* 13
pastry shop, bakery pastelería *f* 7
patient paciente *m/f* 9
pea guisante *m* 4
peace paz *f* 15
peace agreement acuerdo *m* de paz *f* 15
peach durazno *m* 4
peach melocotón *m* 4
pear pera *f* 4
pen bolígrafo *m* 2
pen pluma *f* 2
pencil lápiz *m* 2
people gente *f* 7
pepper pimienta *f* 4
personally personalmente 6
pharmacy farmacia *f* 9

philosophy filosofía *f* 2
phone book guía *f* telefónica 11
physics física *f* 2
picture, painting cuadro *m* 4
pie, pastry pastel *m* 4
pig cerdo *m* 12
pillow almohada *f* 13
pilot piloto *m/f* 13
pineapple piña *f* 4
pink rosado/a 5
pizzeria pizzería *f* 7
place lugar *m* 7
planet planeta *m* 12
plant planta *f* 12
platform andén *m* 13
play obra *f* de teatro 7
plaza, town square plaza *f* 7
please por favor 1
pleased to meet you mucho gusto 1
policeman policía *m* 14
policewoman mujer policía 14
political science ciencias *f, pl.* políticas 2
pollution polución *f* 12
poor pobre 3
Poor me! (What am I going to do?) ¡Ay de mí! 14
pork carne de cerdo *f* 4
pork chop chuleta *f* de cerdo 4
possibly posiblemente 6
post card tarjeta postal 7
post office oficina de correos 8
poster póster, afiche *m* 10
potato patata, papa *f* 4
poverty pobreza *f* 15
pregnant embarazada 9
prejudice prejuicio *m* 15
prescription receta *f* 9
price precio *m* 8
printer impresora *f* 2
private bath baño privado 13
probably probablemente 6
problem problema *m* 12
professor profesor/a 2
psychology psicología *f* 2
Puerto Rican puertorriqueño/a *n., adj.* 1
purple morado/a 5
purse, bag bolso/a *m* 8

Q

question pregunta *f* 2
quiz prueba *f* 2

R

raft balsa *f* 12
rafting balsismo *m* 12
railroad station estación de ferrocarril 14
rain lluvia *f* 5
raincoat impermeable *m* 8
rapidly rápidamente 6
rarely casi nunca 2
razor rasuradora *f* 6
recently recientemente 6
reception, front desk recepción *f* 9
receptionist recepcionista *m/f* 13
red rojo/a 5
refrigerator refrigerador *m* 10
relative pariente *m* 3
religion religión *f* 2
remote control control remoto *m* 14
reporter reportero/a 15
research investigación *f* 15
reservation reservación *f* 13
responsible responsable 3
rest descanse 9
restaurant restaurante *m* 2
restroom aseos *m, pl.* 13
restroom baño *m* 14
rice arroz *m* 4
rich rico/a 3
ring anillo *m* 8
ring sortija *f* 8
river río *m* 15
road camino *m*, carretera *f* 14
roof techo *m* 10
room cuarto *m* 2
room habitación *f* 10
room service servicio de habitación 13
roommate compañero/a de cuarto 6
round trip ticket billete/boleto de ida y vuelta *m* 13
routine rutina *f* 6
rug, carpet alfombra *f* 10
Russian (language) ruso *m* 5

S

sad triste 3
safe seguro/a 14
salad ensalada *f* 4
sales rebajas *f* 8
salt sal *f* 4
sand arena *f* 12
sandals sandalias *f, pl.* 8

sandwich bocadillo *m* 4
sandwich sándwich *m* 4
satellite satélite *m* 14
Saturday sábado *m* 1
sausage chorizo *m* 4
sausage salchicha *f* 4
scarf bufanda *f* 8
schedule horario *m* 13
scissors tijeras *f, pl.* 6
screen pantalla *f* 2
sea mar *m* 12
seafood marisco *m* 3
search engine buscador *m* 14
season estación *f* 4
seat asiento *m* 13
second segundo/a 14
second class de segunda clase 14
second floor segundo piso 10
secretary secretario/a 6
see you soon hasta pronto 1
see you tomorrow hasta mañana 1
sign señal *f* 14
September septiembre 1
serious wound herida *f* grave 9
serious, dependable serio/a 3
service/gas station estación de servicio/la gasolinera 14
seventh séptimo/a 14
shampoo champú *m* 6
shaving cream crema de afeitar *f* 6
she *obj. of prep.* **her** ella *f, subj.* 1
sheep oveja *f* 12
sheet sábana *f* 13
sheet of paper hoja *f* de papel 2
shirt camisa *f* 8
shoe store zapatería *f* 7
shoes zapatos *m, pl.* 8
shop taller *m* mecánico 14
short bajo/a 3
short corto/a 8
short-sleeved de manga corta 8
shorts pantalones cortos 8
shoulder hombro *m* 9
shower ducha *f* 10
shrimp camarón *m* 4
sick enfermo/a 3
silk seda *f* 8
silver plata *f* 8
single soltero/a 11
single bed cama sencilla 6
single room habitación sencilla 13
sink (bathroom) lavabo *m* 10
sink (kitchen) fregadero *m* 10
sister hermana *f* 3
sister-in-law cuñada *f* 3

sixth sexto/a 14
size (clothing) talla *f* 8
skinny flaco/a 3
skirt falda *f* 8
sky cielo *m* 12
skyscraper rascacielos *m* 7
sleeping bag saco *m* de dormir 12
sleeve manga *f* 8
slow lento 14
slowly lentamente 6
small, little pequeño/a 3
snack merienda *f* 3
snake serpiente *f* 12
snow nieve *f* 5
so that, in order that para +
  infinitivo 7
soap jabón *m* 6
soccer fútbol *m* 5
social network red social *f* 14
society sociedad *f* 15
sociology sociología *f* 2
socks calcetines *m*, *pl.* 8
sofa sofá *m* 10
soft drink refresco *m* 4
software programa (de
  computadora) *m* 14
some unos/unas 2
someone, somebody alguien 8
something algo 8
sometimes a veces 2
son hijo *m* 3
sore throat dolor *m* de garganta 9
soup sopa *f* 4
space ship nave *f* espacial 15
Spaniard español/española *n.*,
  adj. 1
Spanish (language) español *m* 2
speed velocidad *f* 14
speed limit límite de velocidad
  m 14
spider araña *f* 12
spoon cuchara *f* 10
sport deporte *m* 5
spring primavera *f* 5
stages of life etapas *f, pl.* de la
  vida 11
stairs escalera *f* 10
stamp estampilla *f* 7
stamp sello *m* 7
star estrella *f* 12
statue estatua *f* 7
steak bistec *m* 4
steering wheel volante *m* 14
stepbrother hermanastro *m* 3

stepfather padrastro *m* 3
stepmother madrastra *f* 3
stepsister hermanastra *f* 3
stereo estéreo *m* 10
still, yet todavía 4
stockings, hose, socks medias *f,*
  pl. 8
stomach estómago *m* 9
stomachache dolor *m* de
  estómago 9
store clerk dependiente/a 6
store, shop tienda *f* 6
stove estufa *f* 10
straight, straight ahead derecho 14
strawberry fresa *f* 4
street calle *f* 7
street corner esquina *f* 14
stressed estresado/a 3
strong fuerte 3
student alumno/a 2
student estudiante *m/f* 2
student center centro estudiantil 2
student desk pupitre *m* 2
student dorm residencia *f*
  estudiantil 2
suddenly de repente 9
sugar azúcar *m* 4
suit traje *m* 8
suitcase maleta *f* 13
summer verano *m* 5
sun sol *m* 12
Sunday domingo *m* 1
sunglasses gafas de sol 8
supper, dinner cena *f* 3
sweater suéter *m* 8
swimming pool piscina *f* 13

T

table mesa *f* 2
Take aspirin/the pills/the
  capsules. Tome aspirinas/las
  pastillas/las cápsulas. 9
take out, to withdraw retirar 7
tall alto/a 3
tank tanque *m* 14
taxi taxi *m* 7
tea té *m* 4
teacher maestro/a 2
teacher's desk escritorio *m* 2
team equipo *m* 5
teaspoon cucharita *f* 10
telephone call llamada *f*
  telefónica 11
television set televisor *m* 2

tennis tenis *m* 5
tennis shoes zapatos de tenis 8
tent tienda de campaña 12
tenth décimo/a 14
terrific fenomenal 1
terrorism terrorismo *m* 15
text message mensaje de texto *m* 14
thank you (very much) (muchas)
  gracias 1
thank you/thanks gracias 1
that aquel/aquella *adj.* 6
that ese/a *adj.* 6
that que 4
that on aquél/aquélla *pron.* 6
that one ése/a *pron.* 6
that which lo que 14
the el *m, definite article* 2
the las *f, pl. definite article* 2
the line is busy línea está
  ocupada 11
the pleasure is mine el gusto es
  mío 1
the weather is nice/bad hace
  buen/ mal tiempo 5
the; *dir. obj.* her, you *f,* it *f* la *f,*
  definite article 5
theater teatro *m* 7
them *f,* you *f, pl.* las *dir. obj.* 5
them, you; *m, pl., definite article*
  the los *m, dir. obj.* 6; 2
then entonces 6
then luego 6
there allí 3
there is/are hay 2
thermometer termómetro *m* 9
these estos/as *adj.* 6
these estos/as *pron.* 6
they *obj. of prep.* them ellas *f,*
  subj 1
they *obj. of prep.* them ellos *m,*
  subj 1
thin delgado/a 3
thing cosa *f* 8
third tercero/a 14
this este/a *adj.* 6
this afternoon esta tarde 3
this morning esta mañana 2
this one éste/a *pron.* 6
this, that esta 6
those aquéllos/as *pron.*; aquellos/
  as *adj.* 6
those esos/as *adj.* 6
those ésos/as *pron.* 6
throat garganta *f* 9

Thursday jueves *m* 1
ticket billete, boleto *m* 13
ticket window taquilla *f* 13
tie corbata *f* 8
tiger tigre *m* 12
time hora *f* 1
tip propina *f* 13
tire llanta *f* 14
tired cansado/a 3
to advise aconsejar 11
to answer contestar 7
to apply for (job) solicitar 15
to arrive llegar 2
to ask for, request, order pedir (i, i) 4
to attend asistir (a) 2
to avoid evitar 12
to be estar 3
to be ser 2
to be able, can poder (ue) 4
to be afraid tener miedo 12
to be against estar en contra de 15
to be annoying to, to bother molestar 11
to be born nacer 11
to be careful tener cuidado 14
to be engaged estar comprometido/a 11
to be engaged estar prometido/a 11
to be fascinating to, to fascinate fascinar 11
to be glad (about) alegrarse (de) 11
to be hot/cold tener calor/frío 5
to be hungry/thirsty tener hambre/ sed 4
to be important to, to matter importar 12
to be in a hurry tener prisa 13
to be in favor of estar a favor de 15
to be in love (with) estar enamorado/a de 11
to be interesting to, to interest interesar 12
to be jealous tener celos 11
to be married (to) estar casado/a (con) 11
to be on vacation estar de vacaciones *f, pl.* 12
to be pregnant estar embarazada 11
to be ready estar listo 12
to be ready listo/a: estar... 11
to be seated estar sentado/a 9
to be sleepy, tired tener sueño 6
to be sorry, regret sentir (ie, i) 11
to be standing estar de pie 8

to be successful tener éxito 15
to be sure of estar seguro/a (de) 12
to be together estar juntos/as 11
to be together juntos/as: estar... 11
to begin empezar (ie) (a) 7
to believe creer 11
to break romper 10, romperse 14
to break one's (arm/ leg) fracturar(se) (el brazo/ la pierna) 9
to break up (with) romper (con) 11
to bring traer 5
to brush one's hair cepillarse el pelo 6
to brush one's teeth cepillarse los dientes 6
to buy comprar 14
to call llamar 3
to camp acampar 12
to celebrate celebrar 11
to cash, to charge cobrar 7
to change, exchange cambiar 7
to check over revisar 14
to check (baggage) facturar 13
to choose escoger 15
to clean limpiar 5
to clear the table quitar:... la mesa 10
to climb (the mountain) escalar (la montaña) 12
to close cerrar (ie) 7
to comb one's hair peinarse 6
to come venir (ie) 5
to communicate comunicarse 11
to complain about quejarse de 11
to continue continuar 14
to continue, follow seguir (i, i) 14
to contribute contribuir (y) 12
to cook cocinar 4
to cost costar (ue) 4
to cough toser 9
to count, narrate (a story or incident) contar (ue) 7, 8
to crash, collide chocar 14
to cross cruzar 14
to cry llorar 11
to cut one's hair/nails/a finger cortarse el pelo/ las uñas/ el dedo 6
to cut oneself cortarse 5
to cut the lawn cortar:... el césped 10
to dance bailar 5
to delight encantar 11

to deposit depositar 7
to develop desarrollar 12
to die morir (ue, u) 7
to do, make hacer 2
to doubt dudar 12
to draw blood sacar sangre 9
to drink beber 2
to drive conducir 14
to drive manejar 5
to dry (oneself) secarse 6
to dry the dishes secar:... los *platos* 9
to dust sacudir 10
to eat comer 2
to eliminate eliminar 15
to enjoy (something) disfrutar de 13
to enter, go into entrar (en/a) 7
to examine examinar 9
to exercise, to do exercises hacer ejercicio 5
to exercise, work out, do exercises hacer ejercicio 5
to fall in love (with) enamorarse (de) 11
to fasten one's seat belt abrocharse el cinturón 13
to fear, be afraid of temer 11
to feed dar de comer 15
to feel sentirse (ie, i) 9
to feel like (doing something) tener ganas de + *infinitivo* 5
to fight (for) luchar (por) 15
to fill (the tank) llenar (el tanque) 14
to find encontrar (ue) 7
to find out, inquire averiguar 6
to finish terminar 7
to fish pescar 12
to fly volar (ue) 13
to forget olvidar/ olvidarse de 11
to get (stand) in line hacer cola 7
to get (stand) in line hacer fila 6
to get a grade sacar una nota 2
to get along well/badly llevarse bien/mal 11
to get angry enojarse 11
to get broken romperse 14
to get divorced divorciarse 11
to get dressed vestirse (i) 6
to get engaged (to) comprometerse (con) 11
to get married (to) casarse (con) 11

to get off, to get out of ... bajarse de 13

to get on, board subirse a 13

to get passports sacar los pasaportes 13

to get tired cansarse 9

to get up levantarse 6

to get/become sick enfermarse 9

to give dar 5

to give a shot/vaccination poner una inyección/ una vacuna 9

to give birth dar a luz 11

to go ir 2

to go down bajar 10

to go on vacation ir(se) de vacaciones 12

to go out (with), date salir (con) 11

to go parachute jumping saltar en paracaídas 12

to go parasailing practicar el *parasail* 12

to go shopping ir de compras 5

to go snorkeling hacer *esnórquel* 12

to go to bed acostarse (ue) 6

to go to sleep, to fall asleep dormir (ue) 6

to go up subir 10

to go white-water rafting *rafting*: practicar el... 12

to go white-water rafting practicar el descenso de ríos 12

to have a good time divertirse (ie) 6

to have a layover hacer escala 13

to have breakfast desayunar 2

to have dinner cenar 2

to have lunch almorzar (ue) 4

to have to... (do something) tener que + *infinitivo* 5

to hear oír 5

to help ayudar (a) 10

to hug abrazar 3

to hurt oneself lastimarse 9

to inform informar/ reportar 15

to insist (on) insistir (en) 11

to intend/plan (to do something) pensar (ie) + *infinitivo* 5

to invest invertir (ie, i) 7

to invite invitar (a) 7

to keep guardar 10

to kill matar 11

to kiss besar 3

to know (facts, information); to know how to (skills) saber 5

to land aterrizar 13

to laugh at reírse (de) 11

to learn aprender 2

to leave dejar 13

to leave a message dejar un mensaje 11

to leave behind dejarse 13

to leave, go out salir 2

to legalize legalizar 15

to lie mentir 11

to lift weights levantar pesas 5

to like gustar 4

to listen to escuchar 2

to live vivir 2

to look at mirar 8

to look for buscar 2

to lose perder (ie) 7

to love amar 3

to make an appointment hacer una cita 9

to make reservations hacer reservaciones/ reservas 14

to make the bed hacer la cama 10

to meet up (with) (by chance) encontrarse (ue) (con) 11

to meet, get together reunirse (con) 11

to meet, know, be acquainted with conocer 5

to miss extrañar 11

to miss the train perder el tren 13

to move (from house to house) mudarse 10

to move (oneself) mover(se) (ue) 10

to need necesitar 4

to open abrir 7

to pack empacar 13

to pack hacer las maletas 13

to paint pintar 5

to park estacionar 14

to pay (for) pagar 7

to pick up, gather recoger 12

to play (instruments) tocar 5

to play/to play (sport) jugar (ue)/ jugar al (deporte) 5

to practice practicar 2

to prefer preferir (ie, i) 4

to prepare preparar 2

to prevent prevenir 12

to print imprimir 2

to prohibit prohibir 15

to protect proteger 12

to put gas (in the tank) echar gasolina 14

to put on (shoes, clothes, etc.) ponerse (los zapatos, la ropa, etc.) 6

to put on makeup maquillarse 6

to put, place poner 5

to rain llover (ue) 5

to raise criar 11

to read leer 2

to delight encantar 12

to receive recibir 7

to recommend recomendar (ie) 11

to recycle reciclar 12

to reduce reducir 12

to register registrarse 13

to remember acordarse (ue) de 11

to remember recordar (ue) 11

to rent alquilar 10

to repair reparar 14

to repeat repetir (i, i) 7

to report reportar 15

to rest descansar 5

to return regresar 2

to return (something) devolver (ue) 8

to return, to go back volver (ue) 4

to ride horseback montar a caballo 12

to ring, to sound sonar (ue) 6

to rob robar 15

to run correr 5

to run, work, function (machine) funcionar 14

to save guardar 14

to save (money) ahorrar 7

to save, conserve conservar 12

to say good-bye despedirse (i, i) 13

to say, tell decir (i) 5

to scuba dive, skin dive bucear 12

to see ver 5

to sell vender 4

to send enviar 2

to send mandar 2

to separate separarse (de) 11

to serve servir (i, i) 4

to set the table poner la mesa 10

to shave afeitarse 6

to share compartir 10

to show mostrar (ue) 8

to sing cantar 5

to sit down sentarse (ie, i) 9

to ski esquiar 5
to sleep dormirse (ue) 4
to smoke fumar 5
to sneeze estornudar 9
to snow nevar (ie) 5
to solve/resolve resolver (ue) 10
to speak hablar 2
to spend gastar 7
**to spend (time), to happen,
pass** pasar 7
to sprain (one's ankle) torcer(se)
(ue) 9
to stay quedarse 9
to stop (movement) parar 14
to study estudiar 2
to suffer sufrir 15
to suggest sugerir (ie, i) 11
to sunbathe tomar el sol 5
to support (a candidate/cause)
apoyar 15
to surf hacer surf 12
to surf the Web navegar por la
red 2
to sweep barrer 10
to swim nadar 12
to take a bath, bathe bañarse 6
to take a hike dar una
caminata 12
to take a shower ducharse 6
to take a walk/stroll dar un
paseo 5
to take care of cuidar 2
to take notes tomar apuntes *m,
pl.* 2
to take off despegar 13
to take off (clothes, etc.) quitarse
la ropa 6
to take one's blood pressure tomar
la presión arterial 9
to take one's pulse tomar el
pulso 9
to take one's temperature tomar la
temperatura 9
to take out the garbage sacar la
basura 10
to take photos sacar fotos *f, pl.* 11
to take photos tomar fotos *f, pl.* 12
to take, drink tomar 4
to the left izquierda *f*: a la... 14
to the right derecha *f*: a la ... 14
to think pensar (ie) 4
**to think about (someone or
something)** pensar (ie) en 11
to tidy up ordenar 10

to toss, throw (away) tirar 10
to travel viajar 5
to try intentar 14
to try to (do something) tratar de
+ *infinitivo* 14
to tune the motor afinar el
motor 14
to turn doblar 14
to turn off apagar 10
to turn on prender 10
to understand comprender 2
to understand entender (ie) 4
to use usar 2
to vacuum pasar la aspiradora 10
to visit visitar 3
to vomit vomitar 9
to vote (for) votar (por) 15
to wait (for); to hope, expect
esperar 7; 11
to wake up despertarse (ie) 6
to walk caminar 5
to want, love querer (ie) 4
to wash one's hands/face lavarse
las manos/ la cara 6
to wash oneself lavarse 5
to wash the dishes lavar:... los
*pl*atos 10
to waste desperdiciar 12
to watch TV ver la tele(visión) 5
to wear llevar 8
to win, to earn, make money
ganar 5; 6
**to work; trabajar para... to work
for** trabajar 6
to worry (about) preocuparse
(por) 9
to write escribir 2
to x-ray sacar una radiografía 9
today hoy 1
toilet inodoro m 10
toilet paper papel higiénico 6
tomato tomate m 4
tomorrow, morning mañana *f* 1
tongue lengua *f* 9
tonight esta noche 2
too, too much demasiado *adv.* 14
tooth diente *m* 9
toothbrush cepillo de dientes 6
toothpaste pasta f de dientes 6
towel toalla *f* 6
traffic tráfico *m* 14
traffic tránsito *m* 14
traffic light semáforo *m* 14

train tren *m* 14
trash can cubo *m* de la basura 10
tree árbol *m* 5
truck camión *m* 14
trunk maletero *m* 14
T-shirt, undershirt camiseta *f* 8
Tuesday martes *m* 1
tune the motor afinar el motor 14
tutor tutor/a 15

U

ugly feo/a 3
umbrella paraguas *m* 8
uncle tío *m* 3
understanding comprensivo/a 11
underwear ropa *f* interior 8
unemployment desempleo *m* 15
unfortunately desafortunadamente 6
unless a menos (de) que 14
until hasta que 15
upon (doing something) al +
infinitivo 7
Uruguayan uruguayo/a *n., adj.* 1
(USB) port puerto (USB) *m* 14
**us; ind. obj. us (to/for us); *refl.
pron.* ourselves** nos *dir. obj.* 5

V

vacation vacaciones *f, pl.* 12
vaccination vacuna *f* 9
valley valle *m* 12
VCR, video VCR *m* 2
vegetable legumbre *f* 3
vegetable verdura *f* 3
very muy 3
very well muy bien 1
victim víctima *f* 15
(video) camera cámara (de video)
f 14
video game videojuego *m* 14
**video game playing
device** videoconsola *f* 14
village (small town) pueblo 12
vinegar vinagre *m* 4
violence violencia *f* 15
volleyball voleibol *m* 5
volunteer voluntario/a 15
volunteer work trabajo voluntario
m 15
vomit vómito *m* 9

W

waiter/waitress mesero/a 6
waiting room sala de espera 9
wall pared *f* 10
wallet billetera/la cartera *f* 8
want, wish desear 4
war guerra *f* 15
washer lavadora *f* 10
wastebasket papelera 2
water agua *f (but el* agua) 4
waterfall cascada *f* 12
waterfall catarata *f* 12
watermelon sandía *f* 4
wave ola *f* 12
we; *obj. prep.* **us** nosotros/as *subj. pron.* 1
weak débil 3
weapon arma *f* 15
weather clima *m* 5
weather tiempo *m* 5
Web page página web 2
website sitio web *m* 2
wedding boda *f* 11
Wednesday miércoles *m* 1
week semana *f* 1
weekend fin *m* de semana 2
welcome bienvenido/a 13
well pues 1
what ¿qué? 4
What a mess! ¡Qué lío! 14
What a shame! ¡Qué lástima! 14
What luck!/ How lucky! ¡Qué suerte! 14
what, that which lo que 4
what's happening? (informal) ¿qué tal? 1

what's new? (*informal*) ¿qué hay de nuevo? 1
What's your name (*formal*)? ¿Cómo se llama usted? 1
What's your name? (*informal*) ¿Cómo te llamas? 1
wheel chair silla de ruedas 9
when cuando 4
when? ¿cúando? 2
where ¿dónde? 3
(to) where? ¿adónde? 2
which (one)? ¿cuál? 4
which (ones)? ¿cuáles? 4
while mientras 9
white blanco/a 5
who? ¿quién/quiénes? 3
whose? ¿de quién? 4
why? ¿por qué? 4
widower/widow viudo/a 11
wife esposa *f* 3
window ventana *f* 2
window (airplane, train, car) ventanilla *f* 13
windshield parabrisas *m* 14
wine vino *m* 4
winter invierno *m* 5
with con 4;
without sin 4
woman, wife mujer *f* 3
wool lana *f* 8
work trabajo *m* 6
world mundo *m* 12
world politics política *f* mundial 15
worried preocupado/a 3
worse peor 10

Y

yard patio *m* 10
year año *m* 4
years old tener... años 3
yellow amarillo/a 5
yesterday ayer 6
you (*formal*); *obj. prep.* **you (*formal*)** usted *subj. pron.* 1; 6
you (*informal*) ti *obj. prep.* 6
you (*informal*) tú *subj. pron.* 1
you (*informal*) ; *ind. obj.* **you (to/for you) (*informal*)** te *dir. obj.* 5
you (informal, pl., Sp.); *obj. prep.* **you (*informal, pl., Sp.*)** vosotros/as *subj.* 6
you (*pl.*); *ind. obj.* **you (to/for you);** *refl. pron.* **yourselves** os *dir. obj.* 5
you (*pl.*); *obj. prep.* **you (*pl.*)** ustedes *subj. pron.* 1; 6
you, him, her (to/for...) le *ind. obj.* 8
you, them (to/for you, them) les *ind. obj.* 8
you're welcome de nada 1
young joven 3
young people, adolescents jóvenes *m, pl.* /los adolescentes 11
younger menor 3
your (*informal*) tu/tus 2
your (*informal*); (of) yours (*informal*) vuestro/a/os/as 7
yourself, himself, herself, themselves se *reflex. pron.* 5
youth juventud *f* 11

Índice